CHRISTOPH REUTER

Selbstmordattentäter

Buch

Zwar reicht die Geschichte der Selbstaufopferung von den mittelalterlichen Assassinen über die Kamikaze-Piloten des Zweiten Weltkriegs bis in die Gegenwart – und über die Grenzen des Nahen Osten hinaus. Doch ist die Geschichte der »menschlichen Bomben« eine moderne Geschichte. Sie handelt von grotesken Verschwörungstheorien und blinder Ergebenheit, von politischer Ohnmacht und Verzweiflung.

Nur wer die Mechanismen begreift und die lange, unheilvolle Vorgeschichte versteht, kann dem Terror wirkungsvoll begegnen. Christoph Reuter, Kenner der islamischen Welt, analysiert Ziele und Motive der Attentäter vor dem Hintergrund der islamisch-arabischen Religion, Kultur und Gesellschaft. Glänzend recherchiert und hochinformativ gibt sein Buch Einblicke in die sozialen und politischen Hintergründe. Eine mögliche Lösung für die dramatische Situation skizziert Reuter am Beispiel Irans.

Autor

Christoph Reuter, Jahrgang 1968, hat Islamwissenschaften studiert, arbeitet für den »Stern« und berichtet seit zwölf Jahren aus der islamischen Welt zwischen Marokko und Kirgistan, mit den Schwerpunkten Naher Osten und Iran. 1997 erhielt er den Springer-Journalistenpreis.

Christoph Reuter

Selbstmord-attentäter

Warum Menschen zu lebenden Bomben werden

GOLDMANN

Die Originalausgabe erschien bei C. Bertelsmann
unter dem Titel »Mein Leben ist eine Waffe.
Selbstmordattentäter – Psychogramm eines Phänomens«.

Umwelthinweis:
Alle bedruckten Materialien dieses Taschenbuches
sind chlorfrei und umweltschonend.

Der Goldmann Verlag ist ein Unternehmen
der Verlagsgruppe Random House GmbH.

1. Auflage
Überarbeitete Taschenbuchausgabe Oktober 2003
Wilhelm Goldmann Verlag, München,
in der Verlagsgruppe Random House GmbH

Umschlaggestaltung: Design Team München
Satz: Uhl+Massopust, Aalen
Druck: Elsnerdruck, Berlin
Verlagsnummer: 15240
KF · Herstellung: Sebastian Strohmaier
Made in Germany
ISBN 3-442-15240-2
www.goldmann-verlag.de

Zum Gedenken
an Thomas Dreger
(1965–2002)

Inhalt

1. Selbstmordattentate – Der Anschlag auf die Regeln der Welt 9
2. Woher kamen die Assassinen? – Die Geschichte von Glaube und Macht in der islamischen Welt 29
3. Ein Schlüssel um den Hals fürs Paradies – Wie alles begann: Irans Selbstmordbataillone 45
4. Marketingstrategen des Märtyrertums – Die Hisbollah im Libanon 66
5. Die Kultur des Todes – Israel und Palästinenser 100
6. Die Fehde der Fatwas – Der Koran, ein Allzweckwerkzeug 188
7. Die Verschwörung – Warum dem Westen und der islamischen Welt die gemeinsame Realität abhanden gekommen ist 206
8. Bushido statt Allahu akbar – Der japanische Weg 223
9. Die Parasiten des Zorns – Al-Qaida und die sunnitische Internationale 234
   Al-Qaida: der lange Weg von Freiheitskämpfern zur Endzeitsekte 234
   Pakistans nützliche Selbstmordbomber: Der Kampf um Kaschmir 255
   Tschetscheniens Bürgerkrieg: Mit Gott gegen die Russen 259

10. Tödliche Emanzipation – Selbstmordattentäterinnen in Kurdistan und Sri Lanka 268
Sterben für ein letztes Abendmahl: Die Tamil Tigers auf Sri Lanka 268
Der Kampf der PKK: Wo Gott Abdullah Öcalan ist 278

11. »Gottlose« vs. »Terroristen« – Warum Amerikas Krieg gegen Selbstmordattentäter kein Sieg beschieden ist . . 283

12. Aufklärung aus der Mitte des Radikalismus – Der Iran und die verlorene Sehnsucht nach dem Opfertod 296

Danksagung 312
Anmerkungen 313
Personenregister 334
Sachregister 340

I

Selbstmordattentate – Der Anschlag auf die Regeln der Welt

»Du wirst bemerken, dass das Flugzeug anhalten und dann erneut fliegen wird. Dies ist die Stunde, in der du Gott treffen wirst.«

Aus der spirituellen Anleitung für den Selbstmordanschlag auf das World Trade Center, gefunden in der Reisetasche von Mohammed Atta

»Wenn wir von Mut sprechen, der einzigen moralisch neutralen Tugend, dann kann man den Attentätern – was immer sonst auch über sie zu sagen wäre – eines nicht vorwerfen: dass sie Feiglinge waren.«

Susan Sontag

Als ich Mitte der Neunzigerjahre mit den Recherchen zu Selbstmordattentätern begann, erst in Israel, dann im Libanon und Iran, da waren sie ein rares Phänomen: Teil des Schreckens im Nahen Osten, nur gelegentlich wahrgenommen im Westen, zugeschrieben dem islamischen Fundamentalismus, aber eigentlich wusste man kaum etwas darüber, wer die Täter waren und was sie bewog. Al-Qaida war höchstens Afghanistan-Experten ein Begriff. Dass Menschen sich selbst opfern, um andere zu töten, dass sie den Nutzwert ihres Lebens nur noch als Waffe sehen, hat etwas Beängstigendes, Verstörendes. Aber es geschah immer so weit weg, nicht in Europas Metropolen, nicht in den USA, sondern im Libanon, in Israel. Es betrifft uns nicht. Dachten wir. Dass das Phänomen der lebenden Bomben sich epidemisch ausgebreitet, Sri Lanka noch vor Israel 1987 erreicht hatte, in den Neunzigerjahren die Türkei, Kaschmir, Tschetschenien, war fast unbemerkt geblieben.

Heute, im Sommer 2003, haben sie die Welt verändert. Das »Ende der Geschichte«, gern und häufig beschworen von den Gewinnern des Kalten Krieges, war, so scheint es, in Wirklichkeit das Ende der alten Regeln. Unversehens haben 19 Selbstmordattentäter, die an Waffen nicht mehr als ein paar Tapeziermesser bei sich trugen, mit ihren vier Anschlägen am 11. 9. 2001 die USA dazu gebracht, eine neue Form des Weltkriegs zu führen. George W. Bushs »war on terror« hat die Regime in Afghanistan und im Irak gestürzt, die westliche Welt tief gespalten, hat anti-amerikanische Ressentiments in der islamischen Welt angeheizt, und ein Ende ist nicht abzusehen. Doch der eigentliche Gegner, im Kern zur Selbstopferung entschlossene, mordwillige Gefolgsleute Osama Bin Ladens und seiner Ideologie vom Dschihad in einer nihilistischen, alles zerstören wollenden Form, ist nicht besiegt – wie die immer neuen Attentate in Casablanca, Riyadh, Mombasa, Karachi, Indonesien, Tunesien und anderen Orten zeigen. Denn dieser Gegner ist nicht zu besiegen mit militärischer Übermacht; er entzieht sich allen unverrückbar gültig geglaubten Regeln von Macht und Krieg.

»Feige« nannten die ersten Kommentatoren in der Hilflosigkeit des Entsetzens, was am 11. September geschah. Obwohl sie rasch merken konnten, dass die Anschläge eines ganz sicher nicht waren: feige.

Das Selbstmordattentat, es trifft uns mit Macht, tief, erinnert uns an etwas, dessen Existenz wir längst vergessen hatten: dass es Menschen gibt, denen ihr Kampf, wofür auch immer, wichtiger ist als ihr eigenes Leben. Es rührt unsere Angst. Es raubt uns den Boden unter den Füßen. Denn nichts ist auszurichten gegen Täter, die nicht bloß entschlossen sind zu töten, sondern die selbst sterben wollen dabei. Alle Logik der Macht setzen sie außer Kraft, denn wer nicht überleben will, ist auch mit nichts zu bedrohen.

Auf dieser stillen, für selbstverständlich gehaltenen Übereinkunft ruht unsere Vorstellung von Sicherheit, unsere zivilisatorische Ordnung insgesamt: Nehmen wir, im Kleinen, die Sicherheitsüberprüfungen am Flughafen; bisher genügte es, wenn jedes Gepäckstück einem Passagier zuzuordnen war, denn niemand würde sich schließlich selbst in die Luft sprengen. Dachten wir.

Die Rationalität von Eigeninteresse und Todesfurcht, auf der Marktwirtschaft und Staatsmacht beruhen: Der Selbstmordattentäter setzt sie außer Kraft. Abschreckung, Strafe und Sühne werden bedeutungslos angesichts eines Täters, der sich im Moment seines Siegs zugleich die schwerste Strafe selbst auferlegt. Die Todesfurcht ist das ultimative Machtmittel sowohl des Staates wie der Glaubensverwalter, seien es die Kirche oder die Gelehrtenschaft im Islam. Mit mehr als dem Tod kann weder der Staat noch sonst eine Macht drohen. Das Tabu des Selbstmords wiederum hält die Macht der Religion aufrecht, denn über Leben und Tod zu entscheiden ist Gottes Angelegenheit. Wenden sich nun aber Menschen gegen den Staat oder einen übermächtigen Gegner und setzen dabei sein Drohpotential außer Kraft, ist er, aller Stärke zum Trotz, machtlos. Er hat, über den Tod hinaus, nichts aufzubieten.

Was wir in den vergangenen Jahren erleben, ist die Wiederauferstehung einer vergangen geglaubten historischen Figur: des Märtyrers. Eine Figur aus den Epochen der Aussichtslosigkeit, als es nicht zwei polare Supermächte gab, wo man mit einer im Rücken der jeweils anderen paroli bieten konnte, sondern als man antrat gegen allmächtige Gegner. Märtyrer sind von unschätzbarem Propagandawert. Sie zeigen den Ihren: Folgt unserem Beispiel. Die Sache ist wichtiger als unser Leben und also auch als euer Leben. Und sie zeigen den anderen: Fürchtet euch. Denn wir fürchten die Unterwerfung mehr als den Tod und also fürchten wir euch nicht! Je schwächer sich der Kandidat für eine Selbstmordmission vor der Tat gefühlt haben mag, desto stärker wird dieser Tod ihn erheben: Er, dessen Leben vorher vielleicht kaum bemerkenswert verlief, wird zum beeindruckenden Idol und verbreitet Angst mit seinem Namen. Auf eine mörderischer Art setzt er das Diktum Andy Warhols um von jenen »15 minutes of fame« für jedermann.

Ebenso wichtig wie das Töten ist das Sterben dabei. Wie ein winziges Spiegelbild, eine ahnungslose Vorausschau des Kommenden wirkte jenes Selbstmordattentat, das einen Monat vor New York geschah, am 12. August 2001, im Wallstreet Café von Shiriat Motzkin, einem Vorort der nordisraelischen Stadt Haifa: Fast niemand berichtet später darüber. Denn der 28jährige Mohammed Mahmud Nassr trug zwar genügend Sprengstoff um den Bauch, um ein Blutbad anzurichten, als er zur Kellnerin an den Tresen ging, sein T-

Shirt hochzog und sie fragte, ob sie wisse, was das sei. Als alle schrien, Stühle in seine Richtung warfen, ins Freie stürzten und Mohammed Mahmud Nassr noch *»Allahu akbar«*, Gott ist groß, rief – und sich dann in der Einsamkeit des leeren Cafés zu einem zerfetzten Torso sprengte, dessen Kopf auf einem Tisch zu liegen kam. Ein rätselhafter, zum Glück vergeblicher Anschlag, der einging ins große Nichtverstehen dieser Taten. Die Welt und selbst Israels Öffentlichkeit gingen darüber hinweg, allgemein froh, dass niemand ums Lebens gekommen war – außer dem Täter, aber das war ja seine Sache. Doch was aussah wie sein Scheitern, war auf die Spitze getriebener Hintersinn: Seht her, lautete die Botschaft: Ihr habt Angst. Furchtbare Angst. Und ihr habt sie zu Recht.

Die frühen Jahrhunderte des Christentums wimmeln von Märtyrern, der frühe Islam kennt sie gleichermaßen. Noch heute heißen die wichtigsten Plätze etwa in Beirut oder Damaskus »Platz der Märtyrer«. Mit der Asymmetrie unserer Welt, die nur noch eine Supermacht kennt, ist die vollkommene Unterlegenheit zurückgekehrt. In einer Zeit, in der normale Kriege per se für den zum Selbstmordkommando geraten, dessen Gegner mit den USA verbündet ist, gewinnt der alte Mythos vom Märtyrer wieder an Wert. Nur: Heute verfügt er über Mittel und Methoden, die es früher nicht gab. Aus dem Märtyrer, der als Opfer Verpflichtung und Heldenstatur für die Nachwelt repräsentierte, ist der »sich-selbstmärtyrernde« geworden, für den es im Arabischen sogar ein eigenes Wort gibt: der Istischhadi, der Angriffsselbstmörder.

Menschen, die mit dem sicheren Tod vor Augen in den Kampf gehen, hat es schon vor zwei Jahrtausenden gegeben: von den frühen Formen der jüdischen Sicarier in der Antike, über die Assassinen des Mittelalters und muslimische Kämpfer gegen die westlichen Kolonialmächte im 18. Jahrhundert an der Malabar-Küste in Südwestindien, auf Nordsumatra und auf den südlichen Philippinen.[1] Ein Gefühl von religiöser Pflicht und persönlichem Heldentum befeuerte die Aktivisten von damals. In Gedichten und Gesängen bewahrten sie die Erinnerung an die Toten und animierten Nachahmer. Ein kurzes Wiederaufleben unter anderen Vorzeichen fand das Selbstmordattentat bei den japanischen Kamikaze-Fliegern im Zweiten Weltkrieg, die mit ihm wieder verschwanden und ohnehin nur sehr bedingt Freiwillige waren.

Der Wille eines Menschen, sich und andere zu morden, mag erschütternd genug sein. Dafür spricht die Macht der Assassinen und der Kamikaze-Flieger, die sich trotz aller militärischen Machtlosigkeit ins kulturelle Gedächtnis der Völker eingebrannt haben mit ihren Namen, die Synonym für Meuchelmord oder lebensmüde Taten wurden.

Aber die Möglichkeiten des Einzelnen blieben vor Beginn der Neuzeit beschränkt auf den Mord am Einzelnen, solange ihm nicht mehr Waffen zur Verfügung standen als Dolch, Schwert, Pfeil und Bogen. Dann kamen Schusswaffen auf, Alfred Nobel erfand das Dynamit, und Zeitungsredakteure schrieben: »Dynamite: Politicians don't like its sound«[2]. Eine makabre Doppeldeutigkeit: Mit Dynamit, dem Klang der Explosionen, begingen Russlands antizaristische Terroristen, die noch stolz waren auf diesen Namen, ihre Anschläge gegen Zar Alexander III. und andere. Sprengstoffe waren die Waffe der Zukunft für Terrorgruppen aller Couleur.

Das Auto wurde erfunden, schließlich das Flugzeug und mit ihm die Möglichkeit, allein kraft Opferbereitschaft, fliegerischen Könnens und einiger Tapeziermesser drei Passagiermaschinen in Mordmaschinen für 3000 Menschen zu verwandeln. Die technischen Möglichkeiten, die Beschleunigung unserer Welt haben sie anfällig werden lassen, haben die Konsequenz des selbstmörderischen Willens potenziert. Ein paar Kilo TNT um den Bauch, ein Griff ins Lenkrad des Busfahrers können genügen, Dutzende zu töten, ein paar Tapeziermesser, Tausende auszulöschen. Doch trotzdem verschwand das Phänomen nach Japans Kamikaze-Einsätzen für Jahrzehnte aus dem Kriegsgeschehen.

Seit 20 Jahren hingegen haben sich diese Attentate verbreitet, aber hat sich auch das Spektrum derer erweitert, die sie begehen: Islamistische wie nationalistische Palästinenser töten Israelis, linksradikale Türken sprengen sich in die Luft, tschetschenische Frauen rasen mit Sprengstoff-LKWs in russische Kasernen, Saddam Husseins letzte Getreue rissen US-Soldaten mit in den Tod, marokkanische Juden in Casablanca, französische Ingenieure in Karachi, amerikanische Gastarbeiter in Riyadh, australische Touristen auf Bali sind Ziel jählings zuschlagender Islamistengruppen.

Doch so allgegenwärtig die Taten sind – wer sie wo warum begeht, rückt erst langsam aus dem Dämmerlicht der Klischees, der politisch motivierten Fehlannahmen und schlichter Unkenntnis ans Licht. Selbstmordattentate sind ein hochkomplexes Phänomen. Um zu verstehen, wie sie – wieder – in die Welt kamen, welche Gesellschaften ihre Entstehung, welche Situationen ihre Verbreitung begünstigten und welche unterschiedlichen Formen des Selbstmordattentates sich entwickelt haben, vollzieht dieses Buch in der Argumentation weite Kreise. Der Autor nimmt Sie mit auf verschiedene Reisen: in die Frühzeit islamischer Machtkämpfe, in die Welt der Verschwörungstheorien, in Kriegsgebiete, in den Alltag verzweifelter Völker. Denn zieht man alle Gruppen zusammen, die in den vergangenen zwei Jahrzehnten zum Mittel der Selbstmordanschläge gegriffen haben, so ergibt sich am Ende eigentlich nur eine Schnittmenge: das Attentat selbst.

Ansonsten aber, wenn es darum geht, ob eine isolierte Gruppe oder die Mehrheit der Bevölkerung dahinter steht, ob es Inländer oder Ausländer sind, ob der Islam oder ein anderer Glaube oder gar keiner eine Rolle spielt, ob die Täter aus den Slums oder den Universitäten stammen, ob die Gegner verfeindete Nachbarn, Kriegsgegner oder wahllos westliche Ausländer sind – Unterschiede, wohin man schaut.

Nach dem 11. 9. zeichneten viele Journalisten, Politiker, Psychologen Bilder von Dämonen: Selbstmordattentäter seien Fanatiker, Verrückte. Sie glaubten daran, hieß es, himmelwärts ins Paradies zu fahren, denn dort warteten in der Vorstellung dieser Fanatiker bereits 72 Jungfrauen auf jeden von ihnen.

Doch selbst wenn diese Erklärung zuträfe: Warum tauchen diese »Verrückten« gerade jetzt auf? Terroristen gab es auch schon in den Sechziger- und Siebzigerjahren, doch die wollten überleben. Gefragt, ob deutsche Terroristen in den Siebzigerjahren in den Trainingscamps im Südjemen auch zu Selbstmordattentätern ausgebildet wurden, verneinte das Ex-RAF-Mitglied Peter-Jürgen Boock: »Nein, niemand, der dort ausgebildet wurde, wollte Selbstmord begehen, auch die Palästinenser nicht. Wir wollten Ziele erreichen: Flugzeuge entführen, Gefangene befreien, Geld beschaffen, Geiseln nehmen. Dass wir dabei unser Leben verlieren können, wusste jeder. Aber es war nicht unsere Absicht.«[3]

Viele haben nach dem 11. 9. eine gigantische Masse an Informationen zusammengetragen, haben penibel die letzten Stunden, Tage, Wochen der meisten Attentäter rekonstruiert und noch das Gewicht der Seifenstücke im letzten Motelzimmer ihres Anführers Mohammed Atta zehntelgrammgenau gemessen. Und doch: Kommt es zur entscheidenden Frage, wie es funktionieren konnte, 19 junge Männer zu finden, die partout in ihren Tod eine höchstmögliche Zahl Unbeteiligter mitreißen wollten, bleiben auch diese detailversessenen Rekonstruktionen eigentümlich blass. Die Attentäter waren weder arm, noch stammten sie aus der Ghettoenge von Gaza, noch waren sie von irgendeiner westlichen Macht persönlich schlecht behandelt, gar ihrer Freiheit beraubt worden. Sie waren keine einsiedlerischen Fanatiker, keine, die in isolierten Lagern jahrelanger Gehirnwäsche unterzogen wurden, bevor man sie wie ein mechanisches Laufwerk die gekaperten Flugzeuge in den Tod steuern ließ. Gerade die drei, die lange Zeit in Deutschland gelebt hatten, repräsentierten die Bandbreite der Normalität: Sie waren introvertiert und schroff; sie waren warmherzig und freundlich. Mohammed Atta, der mutmaßliche Kopf der Gruppe, studierte jahrelang an der Technischen Universität Harburg, galt seinem Professor Dittmar Machule als begabter Stadtplaner, seine Abschlussarbeit absolvierte er mit Note 1,7. Sein Thema: der behutsame Erhalt eines multikonfessionellen Viertels in der traditionell toleranten syrischen Stadt Aleppo. Er sollte zum größten Feind und Zerstörer der multikonfessionellen, traditionell toleranten Stadt New York werden.

Die Attentäter waren streng religiös und kratzten, wie Mohammed Atta, in Amerika noch die Glasur von den Muffins, weil sie Schweinefett enthalten könnte[4] – und sie ließen Gott einen guten Mann sein, zechten, tanzten, flirteten wie der Libanese Ziad Jarrah, der sich in seinem letzten Telefonat am Morgen des 11. September noch von seiner Freundin in Bochum verabschiedete. Sie verhängten die harmlosen Halbakte an der Wand ihrer Motelzimmer in Florida mit Handtüchern – und schauten im selben Motel einen Pornovideo im Pay-TV-Kanal.[5] Sie bildeten Gegensatzpaare, aber in der Summe kein Profil, das ihr Tun auch nur im Entferntesten voraussehbar gemacht hätte. Und was die Sehnsucht nach den 72 Jungfrauen im Paradies angeht: Was hätte ein Mohammed Atta davon? Der eine solche Panik vor Frauen besaß, dass er in seinem Testament verfügte, keine Frauen sollten sein Grab besuchen, die Leichenwäsche dürfe nur in Handschuhen vorgenommen werden und niemand seine Genitalien berühren? Ein manischer Frauenphobiker, der sich auf endlosen Sex im Himmel freut? Kaum.

Psychologen haben versucht, ausgehend von ihren Behandlungserfahrungen in westlichen Sekten, die generellen Rekrutierungsformen von Selbstmordattentätern zu rekonstruieren: Da ist von »mentaler Programmierung« die Rede, von »destruktiven Kulten«, deren hoch raffinierte Strategien der subtilen Gehirnwäsche »sich in drei grundlegende Phasen gliedern: auftauen, verändern und erneut einfrieren. Beim Auftauen wird die Identität der Person angegriffen und desorientiert. Schlafentzug, Nahrungsmanipulation, Drogen, getarnte Hypnose, Überschwemmung mit Sinneseindrücken und Manipulation durch Schuld und Angstgefühle sind nur einige der Methoden, die eingesetzt werden, um das Selbstwertgefühl zu zerstören. (...) Die Person erhält einen neuen Namen, andere Kleidung und wird gezwungen, Rituale auszuüben, um das neue Bewusstsein zu stärken.«[6] Immer wieder taucht dasselbe Grundmotiv auf: Die Seele des Attentäters sei eine leere Festplatte, die nur programmiert werden müsse: »Da ist der Halbwüchsige aus dem Elendsquartier, der zuerst in einer Koranschule, dann in einem Trainingscamp monatelang präpariert wird. Militärischen Exzerzitien wird er unterworfen, asketischen Übungen und Meditationen. Sein Gehirn wird leer gewaschen und mit den Parolen des Geheimordens wieder aufgefüllt. (...) Das Lächeln ewiger Glückseligkeit überzieht sein Gesicht.«[7] Derlei würde sich gut im Hollywood-Drehbuch machen. Doch die Realität funktioniert anders.

Individualpsychologische Deutungsmuster, so wichtig sie sind, können als alleinige Erklärung gar nicht funktionieren. Denn sie reichen zwar in die Motivlage hinein – aber sie reichen nicht aus. Sie vermögen nicht zu erklären, warum diese Attentate zu einer bestimmten Zeit an einem bestimmten Ort begannen und sich auf einem ganz bestimmten Weg in der Welt ausbreiteten und warum manche militanten Vereinigungen dazu gegriffen haben, andere nicht. Dasselbe Muster der Taten täuscht darüber hinweg, dass die Wege dorthin, die Sozialisierung der Täter, ganz verschieden verlaufen ist. Die psychologischen Grundmuster sind vertraut: Wie ein sadistischer KZ-Kommandant auch Feingeist und liebender Familienvater sein konnte, so funktionierten die 19 als normale Durchschnittsmenschen, bevor sie zu Massenmördern wurden. Aber was brachte sie überhaupt zur Tat, was ließ sie zusammenkommen? »Wir sehen nur den Endpunkt, das Drama«, warnte der irische Terrorexperte John Horgan nach dem 11. September vor vorschnellen Deutungen: »Und das diktiert dann unsere Annahmen über die Natur dieser Leute.«[8] Man kann die 19 vom 11.9. nicht isoliert sehen – genauso falsch aber wäre es, *alle* Selbstmordattentäter von New York bis Colombo über einen Kamm zu scheren. Um dieses Phänomen zu verstehen, muss man es in seine Einzelteile zerlegen.

Denn einerseits funktionierte das klischeehafte Modell von der Gehirnwäsche tatsächlich bei manchen, sektenartig isolierten Gruppen wie Ansar al-Islam im kurdischen Nordirak. Andererseits funktioniert es gerade nicht bei Palästinensern, wo der Psychologe Ariel Merari die Biographien Dutzender Täter untersucht hat und zum Schluss kam, dass Gruppen keinen Selbstmordbomber »erschaffen« können, sondern lediglich vorhandene Dispositionen verstärken. Genauso falsch ist das Vorurteil, nur fanatische alleinstehende Männer ohne Bildung aus Elendgebieten seien unter den Tätern zu finden – es sprengen sich ebenso Säkulare und Frauen, und nach einer Untersuchung des palästinensischen Demoskopen Khalil Shikaki steigt die Bereitschaft zur Tat mit dem Bildungsniveau. Auch das statische Elend der Verhältnisse ist nicht ausschlaggebend – denn dann müsste sich morgen die Hälfte der somalischen Bevölkerung sprengen – sondern das Verhältnis der

Menschen zu ihrer Lage, ihre Erwartungen, mehr noch: ihre enttäuschten Erwartungen.

Aber wie kann diese widersprüchliche Gleichung letztlich aufgehen: den Kampf für ein anderes, nach eigener Annahme besseres Leben zu führen, indem man sein eigenes zerstört? Woher kommt dieses Phänomen, das in den vergangenen zwei Jahrzehnten über Iran, Libanon, Israel, Sri Lanka gekommen ist, bis es nun uns erreicht hat? So verzweigt der Weg auch ist, den Selbstmordattentate genommen haben, so wenig beliebig ist er: Warum haben Hamas und Hisbollah sie eingesetzt, aber die IRA in Irland nicht, ebenso wenig die Roten Brigaden in Italien, der Sendero Luminoso in Peru, Aum Shinrikyo in Japan, aber auch nicht die PLO und andere palästinensische Guerillagruppen oder die muslimischen Kämpfer in Bosnien und im Kosovo? Warum begann es in der islamischen Welt, und warum hat es sie in manchen Fällen verlassen? Wieso haben mit der säkularen PKK in der Türkei oder den mehrheitlich hinduistischen Separatisten der Tamil Tigers Gruppen zum Mittel der Opfermordes gegriffen, die mit dem Islam nichts zu tun haben?

Einerseits gibt es islamistische Terrorgruppen wie die GIA in Algerien, die zwar in einer Nacht Hunderten Dorfbewohnern die Kehle durchschneiden, aber nicht darangehen, sich selbst in die Luft zu sprengen.[9] Im Westen erhalten algerische Radikale der GIA, libanesische Hisbollahis und Hamas-Kader unisono das Label »Terroristen«; aber spätestens beim Selbstmordattentat sortieren sich die Gruppen: in solche, deren Übergang zu konventioneller Kriminalität, zu mafiosen Strukturen fließend ist – und solche, die ihre »Sache«, ihre Ziele höher setzen als ihr Leben und damit sich und ihre Anhänger in eine Position manövrieren, die eine Kapitulation kaum noch zulässt.

Warum schließlich war es Osama Bin Ladens Netzwerk möglich, mindestens 19 entschlossene »Märtyrer« aus verschiedenen Nationen zu finden, von denen mehrere jahrelang völlig unauffällig in Deutschland und den USA leben konnten? Wenn es mit dem radikalisierten Islam an sich zu tun hat, warum sind Selbstmordattentate dann erst in den letzten zwei Jahrzehnten aufgekommen? Und was haben dann Hindus und kurdische Nationalisten dabei verloren? Wenn Armut und Elend ausschlaggebend sind, warum kamen – soweit man weiß – alle Täter vom 11. September aus eher wohlhabenden Mittelstandsfamilien? Wenn muslimische Attentäter sich sprengen, um der 72 Paradiesjungfrauen teilhaftig zu werden, warum tun es dann auch Frauen, Säkulare und Sexualphobiker?

Unter welchen Voraussetzungen können Selbstmordattentate zu einem regelmäßig eingesetzten Mittel des Kampfes, respektive des Terrors, werden? Warum schwanken – unter Palästinensern – binnen Monaten je nach der politischen Lage Anzahl und Zustimmung derart heftig? Und: Wie erträgt eine Gesellschaft ein solch perverses, allen Regeln des Lebens und Überlebenwollens entgegengesetztes Konzept? Sind sie alle Monster, jene Mütter und Väter, die stolz sind darauf, dass ihr Sohn sich soeben in Stücke gesprengt hat? Was ist von der iranischen Mutter zu halten, die verkündete, sie sei froh um ihre fünf als Märtyrer gefallenen Söhne und bedauere nur, nicht noch mehr Söhne zu haben? Und was sagt sie heute, 20 Jahre später?

Unter Iranern begann, auf den Schlachtfeldern an der Front des irakisch-iranischen Krieges, Anfang der Achtzigerjahre die Renaissance des Opfermordes: als Zehntausende iranischer Jugendlicher mit kleinen Schlüsseln fürs Paradies um den Hals in die irakischen Maschinengewehrstellungen liefen, im Namen Gottes, im Namen Chomeinis. Als ob dieser charismatische iranische Revolutionsführer ein lange Zeit still liegendes Instrument wieder zum Klingen gebracht hätte, mobilisierte er die uralten, fundamentalen Opfermythen des schiitischen Islam: jener rebellischen Spielart des Glaubens, die 1300 Jahre zuvor entstanden war als Revolte gegen die Kalifen. Chomeini gelang es, die Idee des Selbstopfers wieder zu erwecken als Waffe im Krieg.

Im Rückblick scheint es widersinnig, aber diese Idee, die Zigtausende das Leben kostete, ohne dass damit irgendein Kriegsgewinn erzielt worden wäre, wurde zum erfolgreichen Exportprodukt: Iranische Revolutionsgardisten brachten sie in den Libanon und halfen ihren Glaubensbrüdern, den libanesischen Schiiten, beim Aufbau der *Hisbollah*, der »Partei Gottes«. Hatten die Iraner den Boden bereitet für den Selbstmord als Mittel des Kampfes, so hat die Hisbollah ihn perfektioniert. Libanesen waren seine begabtesten Strategen: geschult im winzigen Vielvölkerstaat, im härtesten Wettbewerb der Ideologien, Glaubensschulen und Machtspiele, schufen sie mit der »Partei Gottes« erst einen perfekten Markenartikel – und dann die »Märtyreroperation«. Seit jenen ersten fünf Suizidattacken der Hisbollah 1982/83 im Libanon wissen die Guerillatruppen dieser Welt: Es genügen fünf Menschen, die bereit sind, sich zu opfern, fünf Lieferwagen, fünf Tonnenladungen Sprengstoff, eine umsichtige Vorbereitung – und eine kleine Bewegung kann den Supermächten der Welt die Stirn bieten. Die Anschläge zwischen Herbst 1982 und Herbst 1983 in Beirut und Tyros veranlassten die USA und Frankreich, ihre Truppen gänzlich aus dem Libanon zurückzurufen; Israel zog sich auf jenen Streifen im Süden zurück, den es im Mai 2001 schließlich auch noch räumte.

Aber nicht allein die Tat zählte. Entscheidend war, dass sie eingebettet wurde in ein Geflecht aus uralten, reaktivierten Mythen, Heldenpop und Sammelbildchen, Filmmusik, Videoclips und Ansprachen, die direkt aus dem siebten Jahrhundert zu stammen schienen. Der Selbstmord der Täter wurde religiös legitimiert, umgedeutet zur höchsten Stufe der Todesverachtung. Dazu kamen die wirtschaftliche Absicherung der Hinterbliebenen – und ein Feind, der geeigneter nicht hätte sein können: das bis dato unbesiegte, allmächtige Israel, ebenfalls ein Gottesstaat, der völkerrechtswidrig libanesisches Territorium besetzt hielt.

Die Hisbollah beging nicht einmal die Hälfte aller Selbstmordattentate gegen Israel. Aber sie schaffte es, ihren Namen untrennbar damit zu verbinden, schuf den Mythos des selbst gewählten Märtyrertums. Das – in militärischen Maßstäben – so erfolgreich war, dass es sich vom Libanon aus weiter verbreitete, geographische und konfessionelle Grenzen übersprang. Denn in den späten Achtziger-, frühen Neunzigerjahren geschah etwas, das sich mit religiösen Motiven und Sedimenten allein nicht mehr erklären ließ. Ein Phänomen, das bis auf ein, zwei Ausnahmefälle zuvor seit einem halben Jahrhundert nicht existiert hatte, tauchte auf einmal in ganz verschiedenen Gesellschaften und Situationen auf: erst 1987 in Sri Lanka, wo die nicht religiösen, sondern nationalistischen Tamil Tigers für die Autonomie ihrer Volksgruppe kämpfen; 1993 dann in Israel; später in der Türkei, Kaschmir, Tschetschenien, bis es sich schließlich, in den Händen der al-Qaida, gänzlich von Staatsgrenzen gelöst hat.

Was Psychologen bei Individuen den Werther-Effekt nennen, dass ein Selbstmord zum Vorbild, die Person zum Idol wird und andere ihr nacheifern, vollzog sich hier für ganze Gesellschaften: dass die Taten und mehr noch ihre Inszenierung, ihre politische Wirkung, das Selbstmordattentat wie eine neue Waffe in die Welt der Kriege brachten. Es ist, um diesen alten Ausdruck zu wählen, die Propaganda der Tat gewesen, die dem Selbstmordattentat zu seiner verstörenden Konjunktur verholfen hat: Die sichtbaren Erfolge dieser neuen Waffe haben sie ins Bewusstsein von Kriegsparteien ganz verschiedener Couleur gerufen.

Der Selbstmordanschlag lebt in seiner Wirkung so sehr von der Tat wie von seinem Widerhall in beiden Gesellschaften: jener der Opfer und der des Täters. Die erste – sei es Israel, die USA, der Westen – wird erfasst von Angst, zeigt sich irritiert, weil die anderen mit jeder Vergeltungsmaßnahme entschlossener werden, nicht nachzugeben. Doch auch die Gesellschaft der Täter hält das selbstzerstörerische Tun nicht lange durch: Auch unter Palästinensern schwankte in den vergangenen Jahren die Zustimmung zu Selbstmordattentaten dramatisch. In Zeiten des relativen Friedens und der Hoffnung überwog die Ablehnung. In heutigen Zeiten der tagtäglichen Erniedrigung dagegen votiert die Mehrheit dafür: Angesichts der allgegenwärtigen Präsenz israelischer Straßensperren, der Abriegelung der Städte und der »präventiven Liquidierung« militanter Führer, denen ebenso spielende Kinder und schwangere Frauen auf dem Weg zur Entbindung zum Opfer fallen, hat sich entwickelt, was eine palästinensische Literaturwissenschaftlerin in Gaza eine »Kultur des Todes« genannt hat. Die allgemeine Akzeptanz von Selbstmordbombern hat etwas Hoffnungsloses, Destruktives – aber zugleich potenziert sie die Botschaft der Tat: Seht her! Nicht nur der Einzelne ist bereit, sich zu opfern. Wir alle sind es.

Wie zum Hohn auf alle Abwehrmaßnahmen sprengen sich in Israel die Täter immer wieder an denselben Stellen in Jerusalems Stadtzentrum, nahe der Pizzeria Sbarro, in der Pizzeria Sbarro, vor der Pizzeria Sbarro, als wollten sie mitteilen: Es gibt keinen Schutz. Und Israels Regierung verspricht ein ums andere Mal, nun noch härter zurückzuschlagen, den Terroristen mit Macht endlich Einhalt zu gebieten. Und der Nächste geht los.

Wie fatal es ist, wider besseren Wissens den sehr speziellen Antriebsmechanismus des Selbstmords zu ignorieren, zeigt sich in Israel: Der wiedergewählte Ministerpräsident Ariel Scharon trat damit an, »die Armee siegen lassen« zu wollen, um die »Infrastruktur des Terrors zu zerstören«. Doch nie zuvor starben mehr israelische Zivilisten bei Selbstmordanschlägen als zu seinen Amtszeiten. Denn jede gezielte »Liquidierung« militanter Führer von Hamas, Dschihad oder den al-Aqsa-Brigaden hat deren zerstörerische Wucht nicht gebrochen, sondern gesteigert. Denn die Täter handeln aus zwei Überzeugungen heraus, die einer Kapitulation entgegenstehen. Die erste lautet: Der Feind ist stärker als wir. Eine nüchterne Realität. Die zweite lautet: In Wirklichkeit aber ist der Feind schwach – denn er ist verweichlicht, will leben, gut leben und hat Angst vor dem Tod. Diese Annahme von der Feigheit des Gegners lässt sich aber nur aufrechterhalten, wenn man selbst diese Feigheit nicht teilt. Nur dann sind die westlichen Gesellschaften im Allgemeinen und die israelische im Besonderen schwach. Wenn die Rahmenbedingungen der herrschenden Verhältnisse keine Veränderung erlauben, wird eben der Rahmen erweitert. Wenn es gelingt, den unbedingten Überlebenswillen des Einzelnen außer Kraft zu setzen, das – nur vermeintlich – Irrationale in den rationalen Machtkampf einfließen zu lassen, gelten eben die alten Regeln von Überlegenheit, Drohpotenzial und Macht nicht mehr. Das ist der archimedische Punkt zum Verständnis von Selbstmordattentaten.

Selbstmordattentate sind eine Furcht erregende Waffe. Doch zugleich sind sie ein flüchtiges Phänomen, ein Aggregatzustand, der nur Bestand hat, solange die Antriebskräfte stark genug bleiben und ausreichend Nahrung erhalten, den zutiefst inhumanen Widerspruch des Opfermords aufzuheben. Er ist selbst für die Gesellschaft der Täter ein enorm kostspieliger, nachhaltig traumatisierender Weg, negiert er doch den grundsätzlichen Wert des Lebens. Auch ein noch so junger Märtyrer kommt ja nicht mit zehn Kilo TNT um den Bauch auf die Welt, sondern wird gestillt, gewickelt, geliebt von seinen Eltern. Diese ältesten Instinktreflexe außer Kraft zu setzen: möglichst viele Kinder großzuziehen, um sie mit Erreichen der Märtyrerreife ebenso zahlreich sich und andere umbringen zu lassen, würde jede Gesellschaft auf Dauer zerreißen und lässt sich nur für eine bestimmte Zeit durchhalten.

Die Bilder stolzer Eltern, die Glückwünsche zum Martyrium ihres Sohnes annehmen und ausländischen Reportern lächelnd von ihrer Freude über dessen Tat erzählen, lassen einen frösteln. Aber würden Eltern in dieser Situation nicht stolz darauf sein, wäre es doppelter Verrat: an ihrem Kind, das in diesem Fall ja umsonst gestorben wäre, und an seiner Gruppe oder der Gesellschaft insgesamt, die ihrerseits darauf stolz ist, dass ihr Kampf so wichtig ist und heilig gesprochen wird, indem Menschen sich für ihn opfern. Soziologisch gesehen, ist es eine Hypothek, deren Rückzahlungsmodalitäten noch völlig ungeklärt sind.

Das Selbstmordattentat, so simpel es technisch umzusetzen ist, bedarf auf einer anderen Ebene komplizierter Vorbereitungen. Um den größten Terroranschlag der modernen Geschichte in Friedenszeiten zu verüben, brauchte es an Waffen letztlich nicht mehr als ein paar stabile Tapeziermesser. Entscheidend war die Bereitschaft der Täter, ihre vergleichsweise hervorragenden Lebensperspektiven wegzuwerfen. Finden Selbstmordattentate in geographisch abgezirkelten Räumen statt, muss auch die Gesellschaft, wenigstens das soziale Umfeld der Täter sie respektieren und würdigen, was sie tun. Denn aller persönlicher Gewinn aus der Tat wird aus ihrem Angedenken bestehen. Der Glaube an ein Fortleben im Paradies spielt eine wichtige Rolle in der Rationalisierung, der Erleichterung der Tat. Aber befragt nach ihren Vorstellungen vom Paradies, geben Todeswillige immer wieder recht diesseitige Auskünfte: Helden wollen sie werden, ihr Bild an allen Mauern wissen, die Befreiung ihres Landes beschleunigen, Gottes Willen erfüllen.

Bei aller religiösen Verbrämung: Die Selbstmordattentäter sind ein modernes Phänomen, das traditionelle Glaubensauslegungen hinter sich gelassen hat und nur noch ihre Teile verwendet: eine Mixtur aus Kerbala-Schlacht und Kabel-TV, alten Mythen und neuen Medien. Sie sind keine anthropologische Konstante einer bestimmen Kultur, nicht untrennbar mit einer einzelnen Religion verbunden, sondern modern darin, dass kein Gott, kein Tabu sie mehr zurückhält. Dabei ist doch das größte Hindernis, das jede monotheistische Religion dem Selbstmordattentäter in den Weg legt, das Verbot, sich selbst zu richten. Denn das obliegt Gott. Ob aber Gott nun groß (Bin Laden) oder tot (Nietzsche) ist – für die Selbmordattentäter läuft es am Ende auf dasselbe hinaus: Sie nehmen ihr Leben, mithin ihr Sterben selbst in die Hand.

Die Religion ist ein Instrument, eine zusätzliche Rechtfertigung, ein Trost: dass die Tat moralisch vertretbar sei und vor allem, dass dieser Tod dem Leben kein Ende setze, sondern einen Höhepunkt. Dass die todessehnsüchtigen Märtyrer allerdings zuerst im Islam und dort zuerst unter Schiiten auftauchten, hat durchaus einen Grund. Der Islam, in seiner politischen Ausformung, bietet das passende Repertoire für den Kampf. Schließlich ist er einst entstanden im Zusammenhang mit einer politischen, militärischen Bewegung und hat diese Bindung nie verloren. Man kann sich Mohammed und die Schar seiner Getreuen vorstellen, wie sie unter dem Banner des Propheten zur Eroberung aufbrechen – eine Gruppe Buddhisten in solch einem Zusammenhang wäre undenkbar.

Der Koran und die Überlieferungen des Propheten lassen sich unterschiedlich lesen, und schon in einem der zentralen Worte schwingen die verschiedensten Möglichkeiten mit: *Dschihad*, Heiliger Krieg. So weit haben wir verstanden. Aber auch das Gebären der Frauen wird als Dschihad bezeichnet, das Sorgen für einen kranken Vater, die Selbstüberwindung, der Widerstand gegen die Versuchung – alles Dschihad. Im Kern bedeutet das Wort Anstrengung, Bemühen, »auf dem Pfade Gottes« für den eigenen Glauben und den Islam unterwegs zu sein. Aber der Wege sind viele, und einen Krieg als Dschihad zu bezeichnen ist gerechtfertigt im Falle der Selbstverteidigung gegen Ungläubige – was noch keinen muslimischen Potentaten vom Kampf gegen seine Nachbarn abgehalten hat, Osama Bin Laden jedoch bewegt haben dürfte, sich als angegriffenes Opfer zu stilisieren.

Der Islam ist wie ein Vexierbild. Je nach Lage und Blickwinkel zeigt sich ein anderes Bild. Begriffe wie Dschihad oder *Schahid*, Märtyrer, können aufgeladen werden mit aktuell politischer Bedeutung. Der Glaube bietet die Mythen und zugleich eine ungebrochene Tradition, die es ermöglicht, diese Mythen auch zu reaktivieren.

Doch die Täter sind, auch wenn sie sich selbst gerne so sehen, keine Cruise Missiles mit zwei Beinen, keine herkunftslosen Tötungsmaschinen mit Gottes Zielprogrammierung. Sie sind, auch wenn sie alles tun, dies vergessen zu machen, Menschen, die aus einer Familie, einer Gesellschaft kommen. Der einzelne Amokläufer mag dies abstreifen, und es wird ihn immer geben, in Diktaturen wie Demokratien. Aber der Selbstmordattentäter als Teil einer Gruppe, einer Bewegung, agiert nicht losgelöst von seinem Umfeld. Denn schon auf die Entscheidung – oder Entsendung – des zweiten Kandidaten hat es großen Einfluss, was Angehörige, Freunde, geistliche Führer über die Tat des ersten Vorgängers sagen. Tief gehender begreifen – soweit das möglich ist – wird die Täter nur, wer ihre geistige Welt erkundet, die Ideologien, die sie prägen, die Mythen, mit denen sie aufgewachsen sind; mögen diese auch noch so irrig sein wie jene Theorie einer Verschwörung jüdisch-westlicher Allmacht gegen den Islam, die Osama Bin Laden immer wieder zitiert und die Millionen Anhänger in der ganzen islamischen Welt hinter sich versammelt.

Denn mit dem Aufkommen von al-Qaida hat sich der Selbstmordanschlag von konkreten, letztlich lösbaren Konflikten, von politischen Programmen, Zielen gelöst; sie vereint Anhänger aus mehr als einem Dutzend Nationen, die nicht einmal mehr eine gemeinsame Sprache eint, sondern nur noch ein zur messianischen Zerstörungsideologie verfälschter Glaube. Sie sucht, findet und besiedelt bestehende Konflikte wie in Tschetschenien oder Kaschmir und verschärft sie, schickt die eigenen und rekrutiert örtliche Kämpfer für Suizidattacken. Eine Endzeitsekte, die sich die Fertigbauteile ihres wahnhaften Weltbildes aber mühelos beschaffen konnte: aus einer mit Verschwörungstheorien gesättigten Atmosphäre, aus dem Erleben realer Unterdrückung in den Heimatländern ihrer Mitglieder und aus der live im Fernsehen übertragenen Erniedrigung der Palästinenser – von denen bezeichnenderweise keiner unter den Flugzeugentführern war.

Al-Qaida und der Opfermord an sich sind nicht nur zur selben Zeit gewachsen, es verbinden ihren Aufstieg auch ähnliche Gründe: Antworten zu sein auf Scheitern und Ohnmacht. Al-Qaida entstand aus den »internationalen Brigaden« der Mudschaheddin im Afghanistan der Achtzigerjahre, Muslimen aus zig Ländern von Algerien bis China, die mit amerikanischer, saudi-arabischer und pakistanischer Unterstützung zum Krieg gerufen wurden. Aber auch die Mudschaheddin-Bataillone bestanden nun einmal aus Menschen, die eine Biographie besitzen, eine Aufgabe besitzen wollen. Als die Sowjets aus Afghanistan abgezogen waren, verpuffte ihre Existenzberechtigung, und sie standen vor der Wahl: Einfach wieder nach Hause gehen? Ein Dschihadistan auf möglichst menschenleerem Terrain gründen? Die afghanische Staatsbürgerschaft beantragen? Stattdessen suchte sich die heimatlose Phalanx, die nur zum Kampf geschaffen wurde, schon aus Selbsterhaltungsgründen ihren nächsten Krieg.

Dass es für al-Qaida nichts zu gewinnen gibt, kein Land, kein Territorium, stört sie nicht, es macht sie im Gegenteil unangreifbar, überall und nirgends zu sein. Den Männern Osamas ist jeder regionale Konflikt bloß noch eine Benutzeroberfläche ihrer Globalmission. Die Gruppe ist die gefährlichste Hybridform aus Terrorgruppe und Sekte, aus globalisierter Logistik und frühislamischem Vokabular. Sie hinterlässt keine Bekennerschreiben, keine Botschaft mehr, »weil sie keine hat«, sagt der Franzose Olivier Roy, weltweit einer der besten Kenner der internationalen Islamistenszene: »Es ist keine politische Organisation, sie haben keine Strategie, kein Programm. Für mich ist das eher eine Sekte, die halten sich für ›born again Muslims‹, die darf man jetzt nicht mit allen anderen islamistischen Bewegungen über einen Kamm scheren.«[10]

Genau darin aber liegt die Absicht Bin Ladens, dort folgt er einem klassischen terroristischen Muster: den Gegner so massiv zu treffen, dass dessen Vergeltung den Konflikt eskalieren lässt und keine Neutralität mehr gestattet. Dabei erliegen viele Terrorexperten und Politiker im Westen seiner Propaganda, hierbei handele es sich um einen Dschihad in Gottes Auftrag. In Wirklichkeit benutzt der neue Terrorismus die Religion als Vehikel. Und genau darin ist er durchaus traditionsverbunden. Denn die Auslegungsgeschichte des Korans und der anderen heiligen Überlieferungen zeigt vor allem eines: dass von Anfang an nach Kräften gedreht, gedehnt, sogar gefälscht wurde, um aus dem reichhaltigen, in sich widersprüchlichen Repertoire das für die jeweilige Situation Opportune herauszusuchen.

Und was sein Netzwerk dabei so gefährlich macht, ist sein Zwitterwesen: einerseits wie eine Sekte zu agieren, andererseits aber existierende Konflikte, sei es in Tschetschenien, Kurdistan, Kaschmir oder Karachi, zu besiedeln wie der Parasit ein Wirtstier und so den Hunger nach Rekruten, Motivation, Geld zu stillen.

Es hat zwei Jahrzehnte gedauert, bis das Selbstmordattentat zur wirksamsten Waffe derart unterschiedlicher Organisationen geworden ist, sich vollkommen gelöst hat von den Strängen religiöser, legitimierender Traditionen, bis es zu dem ganz eigenen Kult geworden ist, dessen sich heute militante Gruppen in aller Welt bedienen. Dem wirksam zu begegnen, erfordert höchste unterschiedliche Strategien. Man muss verstehen, wie diese Welt zusammenhängt, was es heißt, dass Menschen zwischen Marokko und Irak nicht nur Sprache und Glauben, sondern auch gemeinsame Geschichte teilen, dass sich ganz andere Mechanismen der Mobilisierung bewegen lassen. Wie kommunizierende Röhren sind die Gesellschaften miteinander verbunden. Wer das nicht sieht, wird scheitern. Was letztlich bedeutet: Wer Unrecht in Tschetschenien oder der Westbank duldet, schürt den Hass auch in Marokko und Saudi-Arabien und nährt – ob er will oder nicht – auch die Parasiten des Zorns in ihren klandestinen Zirkeln.

Doch so unterschiedlich Herkunft, Programme, Ziele und Strukturen von Hamas, Hisbollah, al-Qaida sind: In der Praxis des Selbstmordattentats treffen sie einander und treffen die Welt des

Westens, sei es nun Israel, die USA, die russische Armee, an ihrem schwachen Punkt: dass die Menschen dort ihr Leben höher schätzen als die Attentäter das ihre. Das ist das gemeinsame Ziel der selbst ernannten Märtyrer von New York über Haifa bis Neu Delhi: die Macht der Ohnmächtigen zu verwandeln in eine Ohnmacht der Mächtigen.

2

Woher kamen die Assassinen? – Die Geschichte von Glaube und Macht in der islamischen Welt

»Und du darfst ja nicht meinen, dass diejenigen, die um Gottes Willen getötet worden sind, wirklich tot sind. Nein, sie sind lebendig im Jenseits, und ihnen wird bei ihrem Herren himmlische Speise beschert.«

Koran, Sure 3, Vers 169

»Warum sind die Muslime rückständig, während andere über den Fortschritt verfügen? Weil sie vom Islam abgewichen sind, deshalb sind die Muslime rückständig!«

Shakib Arslan,
ein führender islamischer Modernist, 1930

Die Szene hätte passender kaum arrangiert sein können: Am Abend des 7. Oktober 2001, am selben Tag, an dem die US-Luftwaffe begann, Afghanistan zu bombardieren, sahen Millionen Fernsehzuschauer des Satellitenkanals al-Dschazira einen Mann vor einer Höhle sitzen. Per Video hatte sich Osama Bin Laden aus seinem Bergversteck irgendwo in Afghanistan gemeldet. Er saß zu ebener Erde, neben sich drei Getreue, am Bildrand lehnten die Kalaschnikows, und sie tranken Tee, bevor Bin Laden das Wort ergriff. Das Video war seine Reaktion auf den Feuersturm über ihnen, und es entfaltete seine Wirkung eher im Stillen – aber nachhaltig. Denn was der meistgesuchte Mann der Welt so schlicht und wirkungsvoll in Szene setzte, war die Erinnerung an alle Muslime, dass es um nichts Geringeres gehe als die Rettung des Glaubens vor dem Angriff der Ungläubigen. Genauso wie er in diesem Moment hatte Mohammed, Höchster der Propheten, im Jahr 622, auf der Flucht vor den ungläubigen Handelsherren und Mächtigen aus Mekka, mit seinem engsten Gefährten Abu Bakr Zuflucht in einer Grotte gefunden und war den Schergen um Haaresbreite entgangen. Es war der Moment allergrößter Gefahr für den Propheten, eine Bedrohung durch die Kräfte des Bösen. Aber es war zugleich der Wendepunkt, der Anbeginn einer neuen Zeitrechnung, die hier ihre Stunde Null erlebte.

Jeder gläubige Muslim sah und konnte verstehen, wie das Gleichnis gemeint war: Die Amerikaner waren die »Ungläubigen«, aber er, Osama, Wiedergänger des Propheten, werde die Seinen durch den Exodus zur Erlösung führen. Nur anschließen müssten sie sich seinem Kampf, dürften den Glauben nicht verraten in der Stunde höchster Gefahr. Dann sprach er: »Als es dem Erhabenen und Allmächtigen gefiel, ein Leuchten zu senden in die Welt, da (...) fügten die Glanzvollsten unter denen, die Glanz tragen, Amerika einen verheerenden Schaden zu. Möge Gott die Kraft und die Stärke derer belohnen, die keine Furcht kannten, und sie eingehen lassen in das höchste Paradies. (...) Was in Amerika geschah, ist eine natürliche Antwort auf die Politik der Dummheit und Torheit Amerikas.« Kurz: Nicht wir waren es. Gott hat es beliebt, 19 junge Männer aus vier verschiedenen Staaten auszubilden, finanziell auszustatten, in Flugzeuge steigen, Crewmitglieder massakrieren und schließlich ins Pentagon und die Türme Manhattans steuern zu lassen.

Absurd. Sagt der unvoreingenommene Zuschauer hier zu Lande. Was alles nichts daran änderte, dass bei einer anschließenden Online-Umfrage des Senders al-Dschazira nur 8,7 Prozent der 4600 Befragten befanden, Bin Laden sei ein Terrorist. Den meisten galt er als Mudschahid, als Freiheitskämpfer im Heiligen Krieg. Dass Osama Bin Laden für die Anschläge verantwortlich sei, glaubte nur eine kleine Minderheit in der islamischen Welt – selbst dann noch, als der indiziengestützte Verdacht sich immer weiter verdichtete.

Wie kann es funktionieren, beinahe 1400 Jahre alte Geschichten zu erzählen, die frühesten Mythen des Islam zu bemühen – und damit in der Welt von heute derart durchschlagenden Erfolg zu haben? Präziser: in der islamischen Welt. Woher kommt diese Verherrlichung der Vergangenheit, die in allen islamistischen Gruppen zu Hause ist: wenn es darum geht, dass nur die Scharia, das islamische Recht, zu befolgen und der koranischen Offenbarung buchstabengetreu nachzuleben sei? Dann werde die islamische Weltmacht wieder auferstehen und mit ihr eine gerechte Führung.

Islam und Macht sind durch die Geschichte eng miteinander verbunden gewesen: Schon in seinen Anfängen war der Islam kein Geheimglaube wie das Christentum, das sich gegen feindliche Herrscher behaupten musste, sondern Glaubensprogramm und Machtdoktrin in einem. Mohammed bekehrte nicht im Verborgenen wie die 300 Jahre lang verfolgten Christen. Im Christentum gab es auch danach immer zwei Autoritäten, den Staat und die Kirche mit ihren eigenen Gesetzen. Im Islam dagegen gab es von Anfang an nur eine Autorität: Mohammed hatte weder ein Martyrium zu erleiden, noch war es ihm wie Moses versagt, das gelobte Land auch zu betreten. Mohammed kommandierte eine Armee, gebot über Krieg und Frieden, erhob Steuern, schuf Recht und hinterließ einen ganzen Kanon präziser Verhaltensregeln – jedenfalls für seine Zeit. Innerhalb eines halben Jahrhunderts eroberten Truppen im Namen des neuen Glaubens ein Weltreich, das von der Loire bis über den Indus hinaus, von Poitiers bis nach Samarkand reichte.

Eine Tradition war geboren, die davon ausging, dass der Ursprung – die Offenbarung – das Beständige, Ewig-Unveränderliche sei. Die Zukunft dagegen bedeute eine Bedrohung durch unvorhergesehene Neuerungen, also durch das Veränderliche. Diese Spannung führt zu einem ständigen Konflikt zwischen den Traditionen auf der einen und der kreativen Erneuerung auf der anderen Seite – was sich im Begriff der Bid'a ausdrückt, der »verbotenen Neuerung«, mit deren Bann konservative Theologen alles zu belegen trachten, was eine Veränderung ihrer Machtposition bedeuten könnte.

Da der Koran seinen orthodoxen Interpreten zufolge bereits »alles gesagt hat«, hat der Mensch den Regeln zu folgen, die im »Heiligen Buch« vorgeschrieben sind. Schon die Idee der Veränderbarkeit kommt daher dem Widerstand gegenüber dem Plan gleich – dem göttlichen Plan, was den Widerstand zur Ketzerei werden lässt. Und was der Inbesitznahme des Glaubens zur Instrumentalisierung der Macht Tür und Tor geöffnet hat.

Ganz so einheitlich, wie es scheint, hat sich der Islam aber mitnichten entwickelt: Sehr früh schon hat sich, bei so viel Orientierung an der Macht, die Gruppe jener gesammelt, die von der Macht ausgeschlossen war: die Schiiten. In Iran trifft man zu Aschura, dem Feiertag zu Ehren der im Kampf gegen die sunnitischen Omaijadentruppen gefallenen Imame Hussein und Hassan, auf ein merkwürdiges Phänomen: Nach Kräften werden da die ersten drei jener vier »rechtgeleiteten Kalifen« verflucht, die nach Mohammeds Tod die Gemeinde der Muslime führten und in der sunnitischen Welt verehrt werden. In den Augen frommer Schiiten jedoch waren es Usurpatoren, die sich widerrechtlich der Führung bemächtigt hatten – wie es auch sämtliche Kalifen nach Ali taten.

Ursprung der Spaltung war der Streit um die Nachfolge des Propheten: Nach dessen Tod beanspruchte Ali, Mohammeds Schwiegersohn, die Kalifenwürde für sich mit der Begründung, dass nur ein Mitglied der Familie des Propheten dieses Amt ausüben dürfe. Gewählt wurde jedoch Abu Bakr aus dem Kreise der Gefährten Mohammeds. Die Tradition des sunnitischen Islam, nach der Sunna, den Gebräuchen und Überlieferungen des Propheten, war geboren. Erst als Vierter übernahm Ali zwar das Amt des Kalifen, fand aber zu wenig Rückhalt in der islamischen Gemeinde, um eine Erbfolge begründen zu können. In der Folgezeit übernahmen die in Damaskus ansässigen Omaijaden das Kalifat. Die Schiat Ali, die Partei Alis, unterlag 680 in der Schlacht bei Kerbala endgültig – was dem Appeal des schiitischen Glaubens aber erst recht zum Aufschwung verhalf: Der wurde zum Sammelbecken der Unterdrückten und Unterlegenen und begründete eine Tradition, aus der die Assassinen ebenso wie die Islamische Revolution eines Imam Chomeini und die gegenwärtige Entwicklung einer islamischen Reformation hervorgegangen sind.

Im sunnitischen »Staatsislam« entwickelten sich erst Jahrhunderte nach Mohammeds Tod, in der materiell prosperierenden, geistesoffenen Frühperiode der Abbasidenherrscher in Bagdad zwischen dem achten und dreizehnten Jahrhundert, eigenständige

Tendenzen der Kritik und Ideengeschichte, der Aufnahme anderer Kulturtraditionen wie etwa der Übersetzung vieler antiker Werke aus dem Altgriechischen.

Unter Beteiligung der auch in Europa frühzeitig bekannt gewordenen Denker, Wissenschaftler und Philosophen Ibn Ruschd (Averroes, 1126–1198) und Ibn Sina (Avicenna, 980–1037) entstand die Schule der Mu'taziliten (wörtlich: die sich Zurückziehenden), die dem theologischen Diskurs eine neue Richtung gab: die der Vernunft, des rationalen Begründungsversuchs, der Analyse und Infragestellung von Tradition. Vernunftgeleitetes Handeln bewerteten sie höher als die Imperative religiöser Dogmatik. Und das stand im krassen Gegensatz zur orthodoxen Lehre von der unveränderbaren Ewigkeit des göttlichen Worts. Es war das Zeitalter der Öffnung, und für zumindest ein Jahrhundert hielten sich die Ideen der Mu'taziliten als gültige Doktrin – bevor die Orthodoxie wieder die Oberhand gewann.

Es war die Verbindung von Glaube und Herrschaft versus Vernunft, Zweifel und Ungehorsam, die ihr zum Sieg verhalf. Sofort gingen die Abbasidenherrscher dazu über, ihre Gefolgsleute wieder aus jenen Geistesschulen zu rekrutieren, in denen Gehorsam ermutigt und das Denken als glaubensunwürdig verdammt wurde. Diese Tradition hat bis heute Konsequenzen, da sie den blinden Gehorsam gegenüber dem politischen Führer mit dem Respekt vor der Religion verknüpft hat. Jede rationale und kritische Einstellung ihm gegenüber wurde als Zurückweisung des Islam, als mangelnder Respekt gegenüber seinen Prinzipien und Ideen verteufelt. Die Scharia wurde – zum Wohl der Abbasidenherrscher – ihres ganzen Widerspruchspotenzials entleert.

So begann gegen Ende der Abbasidenzeit ab dem zwölften (oder fünften islamischen) Jahrhundert die Abschottung der arabischen Zivilisation. Auf die ersten sieben Jahrhunderte des Aufstiegs sollte ein ähnlich langer Zeitraum der – geistigen, nicht militärischen – Stagnation folgen. »Diese Abkapselung des Islam war der Auftakt zum Zeitalter des Niedergangs, so wie seine Offenheit zur Zeit seines Aufstiegs und seiner anfänglichen Größe der Auftakt zu seiner zivilisatorischen Entfaltung war«, hat es der im Pariser

Exil lebende syrische Essayist George Tarabischi auf den Punkt gebracht.[1]

Als die Abbasiden in Bagdad herrschten, gehörten zur islamischen Welt längst auch andere Völker als die Araber und andere Konfessionen als der Islam, der ebenfalls diverse Abspaltungen erfahren hatte. Andererseits war das einst mächtige Zentralreich zersplittert in regionale Fürstentümer, die Macht des Kalifen in Bagdad ausgehöhlt. Je schwächer die Mitte, desto munterer die Ränder. Unter all den Abspaltungen und Fraktionen dieser Zeit erwuchs in der zweiten Hälfte des elften Jahrhunderts eine radikale Sekte, die zwar nach zwei Jahrhunderten wieder spurlos verschwunden war, aber in die Geschichten eingehen sollte als Ahnherrin des Selbstmordattentats: die Assassinen. So wurden sie jedenfalls später von ihren Gegnern genannt.

Kaum eine Glaubensrichtung konnte dem Macht habenden, orthodoxen sunnitischen Islam der Kalifen ferner sein als diese kleine Gruppe von Glaubensrebellen, die zum Sturz der herrschenden Ordnung aufriefen: Denn ihrer sei der »wahre« Imam, der wahre Glaube. Von den Schiiten, die in gemäßigter Form ebenso dachten, aber auf die messianische Wiederkehr des »entrückten« Imams warteten, waren sie ein noch radikalerer Ausläufer, »eine Häresie innerhalb einer Häresie«, wie der britische Orientalist und Assassinen-Biograf Bernard Lewis sie bezeichnet.[2]

Ihr Gründer Hassan-i Sabbah sammelte als jahrelang reisender Prediger und Gelehrter erste Anhänger, geriet mit der herrschenden Geistlichkeit aneinander, weil er deren Monopol der Glaubensauslegung infrage stellte, und zog sich schließlich ins unzugängliche, von keinem Großreich je wirklich beherrschte Elbursgebirge im heutigen Nordiran zurück. Von hier aus, von der 1090 eroberten Burg Alamut, die er bis zu seinem Tod 35 Jahre später nie wieder verlassen sollte, setzte er sein Missionswerk mit allen Mitteln in Gang.

Was er verbreiten ließ, war eine Glaubensmischung, die vieles ansprach, auf das der orthodoxe Dogmatismus keine Antwort geben mochte oder konnte: irdische Ungerechtigkeit, spirituelle Sehnsüchte, philosophische Fragen der Erkenntnis; alles eingebettet in eine Geheimlehre, die nur den Eingeweihten vermittelt wurde – was einen seinerzeit gebräuchlicheren Namen der Sekte etablierte: Battini, Männer des Geheimnisses.[3] Doch da Credo und Macht, Glaube und Herrschaft nicht getrennt waren, bedeutete die Absage ans religiöse Deutungsmonopol eine Kampfansage an die Herrscher selbst: die bald ihre Truppen in Marsch setzten, um »den Eiterherd des Aufruhrs einzudämmen«[4], so der Wesir Nizam al-Mulk, oberster Minister seiner Majestät, des Sultans.

Die Assassinen antworteten auf ihre Art, wie es eine zeitgenössische Quelle überliefert hat:

> Unser Meister legte Schlingen und stellte Fallen auf, um ein so edles Wild wie Nizam al-Mulk im Netz des Todes und des Verderbens zu fangen. Durch diese Tat wurde sein Ruhm gewaltig vermehrt. Mit der Gaukelei der Täuschung und dem Kunstgriff der Lüge, mit arglistiger Verstellung und hinterhältiger Zurichtung bereitete er den Boden für die Fida'is (die Geweihten oder Sich-Opfernden), um endlich zu fragen: »Wer von euch ist willens, dieses Land von dem Übeltäter zu befreien?« Ein Mann namens Bu Tahir Arrani legte die Hand auf sein Herz, um seine Bereitschaft anzuzeigen. Und in der Nacht zum 12. Ramadan des Jahres 485 (16. Oktober 1092) näherte er sich, dem Pfade des Irrtums folgend, um auf ihm zur Seligkeit der künftigen Welt zu gelangen, als Sufi verkleidet der Sänfte Nizam al-Mulks, der vom Audienzsaal zum Zelt seiner Frauen getragen wurde, und erstach ihn mit einem Messer. Noch während er zustieß, erlitt er das Martyrium. Unser Meister (mag er nach seinen Verdiensten gerichtet werden) sagte: »Die Tötung dieses Teufels ist der Beginn der Seligkeit.«[5]

Es war der Beginn einer 170 Jahre dauernden Serie gezielter Morde, die eine kleine Sekte zum gefürchteten Gegenspieler der Großmächte machte. Hassan-i Sabbah begriff, wie er die Ohnmacht der Entschlossenen in Macht ummünzen und mit seiner kleinen Minderheit den Großmächten fatale Schläge versetzen konnte: Denn mindestens ebenso erschütternd wie der Erfolg der *Fida'ijjin*, der »Sich-Opfernden« – wie sich 900 Jahre später übrigens auch die PLO-Kämpfer bezeichnen sollten, die allerdings das Überleben vorzogen –, war ihr völliger Gleichmut gegenüber dem eigenen Tod. Sie erstachen Fürsten, Generäle, Gouverneure, zwei Kalifen, selbst feindliche Theologen und fränkische Kreuzfahrergrafen – aber keiner der Täter versuchte zu fliehen. Sie ließen sich nach vollbrachtem Mord von den Leibwachen niederstechen. Es wäre als Schande angesehen worden, den Einsatz zu überleben. Immer benutzten sie einen Dolch, nie Gift, nie Geschosse, obwohl dies dem Täter die Chance des Entkommens geboten hätte. Aber genau die galt es zu verweigern, denn wer den Tod nicht fürchte, so das Kalkül, der sei zu allem fähig.

Kaum angreifbar in ihren schier uneinnehmbaren Bergfesten, führten die Assassinen ihren erbitterten Krieg gegen die herrschenden Mächte erst der Abbasiden, dann der Seldschuken. In offener Schlacht wären sie denen nie gewachsen gewesen. Also griffen sie zu den Mitteln der Unterwanderung, Spionage, schließlich des gezielten Mordens.

Sich selbst sahen die Assassinen als Avantgarde im Kampf gegen die Unterdrücker und Verräter des wahren Islam, die mit ihrer Todesbereitschaft den äußersten Beweis für ihre Glaubensstärke lieferten. Für ihre Gegner waren die Assassinen eine Bande irrlichternder Fanatiker und Mörder, über die sie alles nur erdenkbar Schlechte verbreiten ließen; was über christliche Chronisten und Reisende wiederum seinen Weg nach Europa fand und schließlich namensprägend wurde. Denn »Assassinen« leitet sich nach Meinung der Etymologen von *Haschischijjin* ab, den Haschischkonsumenten. Die Legende, die stark durch die Reiseberichte Marco Polos Verbreitung fand, lautet wie folgt: Als Hassan-i Sabbah in seiner Bergfestung Alamut residierte, weckte er die Todessehnsucht der jungen Adepten mit einem Kulissentrick. Die Männer bekamen Haschisch – so viel, bis sie wegdämmerten. Woraufhin Hassan-i Sabbah sie in einen inmitten der Burganlage verborgenen Garten bringen ließ. Kaum waren sie dort erwacht, trugen sie nicht mehr ihre alten Lumpen, sondern golddurchwirkte Seidenkleider, lagen auf saftig grünem Gras und Polstern, Wasser und mehr noch Wein aus edlen Karaffen wurden gereicht von Dienern, vor allem aber: Die Jungfrauen des Paradieses waren auch da. Und zu Willen. Und Haschisch gab es ebenfalls wieder. Bis die vollkommen Verwirrten erneut weggedämmert waren, hinausgetragen, umgezogen wurden und nach dem vermutlich verkaterten Aufwachen ihren Meister fragten, was ihnen da eigentlich widerfahren sei. Das Paradies, antwortete der Imam von eigenen Gnaden, genauer: nur ein Vorgeschmack, ein kurzer Besichtigungstermin. Wer auf Dauer dort einkehren wolle, müsse sich als *Fida'i*, als todesfreudiger Attentäter, opfern.

So weit, im Kern, die Überlieferung Marco Polos, der sie seinerzeit aus den Legenden erfuhr, die in den Jahrhunderten nach dem Untergang der Assassinen noch über sie kursierten, mithin: die Geschichtsschreibung ihrer Gegner, die ihnen nicht nur Haschischgenuss, sondern alle möglichen Sünden nachsagten, den Genuss von Wein, Schweinefleisch, Menschenblut, sowie Inzest.[6] Dass sich die Legende vom Haschischgenuss am hartnäckigsten hielt, hat einen schlichten Grund: Schon damals suchten die europäischen Chronisten nach einer Erklärung für die Todesbereitschaft der Assassinen-Fida'ijjin. Wie heute gern das Paradiesversprechen von den 72 Jungfrauen weitererzählt wird, um sich die Motivation palästinensischer Selbstmordbomber zu erklären, war es damals die benebelnde Wirkung des Haschisch, verbunden mit einer Täuschung.

Die Absicht der Assassinen war die Erschütterung und Zerschlagung der sunnitischen, herrschenden Ordnung. Nur: Darüber hinaus gab es kein realistisches Konzept, was geschehen sollte, wenn man die Feinde zwar empfindlich schwächen, aber gleichzeitig nie besiegen konnte. Einmal aufgestiegen zur Regionalmacht, verstrickten sich die Assassinen immer tiefer in Allianzen und Rivalitäten mit ihren Nachbarn. Pendelnd zwischen messianischer Endzeitstimmung und nüchternem Kalkül des Auftragsmords, verloren sie an Anziehungskraft, bis sie im Sturm der mongolischen Eroberungszüge schließlich untergingen.

Der letzte ihrer Führer wurde im Jahr 1256 umgebracht, »man

zertrat ihn und seine Begleiter mit den Füßen und zerstückelte sie anschließend mit dem Schwert, und von ihm und von seinem Stamm blieb keine Spur. Er wurde zu einer Geschichte auf den Lippen der Menschen und zu einem Stück Überlieferung in der Welt.«[7] Die Sekte verschwand spurlos: Keine Tradition, keine konfessionellen Erben sind von ihnen geblieben, die Burgen zerfallen zu Ruinen, zu denen niemand pilgert außer westlichen Journalisten und Reisenden, die gern ein wenig schaudern möchten.

Es gibt keine Tradition, die direkt von den Assassinen zu den Selbstmordattentätern von New York und Washington führen würde – auch wenn Autoren nach dem 11.September eine ganze Reihe von Parallelen zwischen Bin Laden und Sabbah anführten: den Rückzug in unwegsame Berggegenden, die Opferbereitschaft ihrer Anhänger, den terroristischen Kampf gegen die korrumpierten Machthaber (auch) in der islamischen Welt. Es sind dies aber Parallelen nicht des Ursprungs, sondern der gleichen Ziele: Denn Bin Laden stammt aus der Tradition des sunnitischen, orthodoxen Islam in seiner strengsten Ausformung, dessen Apologeten nicht nur Christen und Juden angreifen – sondern auch und gerade die Schiiten, die sie als Ungläubige, Ketzer und Heuchler beschimpfen.[8]

Die tatsächliche Verbindung zwischen Hassan-i Sabbah und Osama Bin Laden ist etwas komplizierter. Sie hat sozusagen einen Umweg genommen: über Chomeini, die Islamische Revolution im Iran und die Genese des Selbstmordanschlags an sich. Denn Chomeini bezog sich sehr wohl auf die gemeinsamen Wurzeln des schiitischen Aufbegehrens gegen die Ungerechtigkeit der herrschenden Macht, die auch Hassan-i Sabbahs Ideologie beeinflussten. Und von der Todesbereitschaft der iranischen Kriegsfreiwilligen und den ersten »Märtyreroperationen« der libanesischen Hisbollah hat sich auf dem Wege der Beeinflussung und Nachahmung die Bereitschaft zum Selbstmordattentat auch unter Sunniten verbreitet.

Einerseits blieb nichts von den Assassinen. Andererseits hat doch etwas überdauert, gleichsam die Negativbelichtung ihres Tuns: die Angst vor ihnen – verbunden mit den Legenden ihrer Todesbereitschaft, die damals so verstörend auf den Rest der Menschen wirkten wie heute die Selbstmordattentate von New York, Tel Aviv oder Colombo. Am Ende war das Wort, das von ihnen blieb, nicht einmal ihr eigenes, sondern das Etikett ihrer Gegner: Der Assassine wurde zum Inbegriff von Mord und Meuchelmord. Als Vokabel ging er ein ins Englische, Französische, Italienische, Spanische und erhielt damit auf ewig Urheberschutz für die Bezeichnung des geplanten, gezielten Mordes.

Die Mongolen, die 1270 die allerletzte Assassinenfestung erstürmten, machten auch deren Feinden ein Ende: 1258 war Bagdad gefallen, und die islamische Welt verharrte nach Meinung vieler Historiker fast sieben Jahrhunderte lang »außerhalb der Geschichte«. Historisch auffallend ist jedenfalls, dass die Araber, die einst die Philosophie und Kultur der Griechen aufgenommen, weitergeführt und schließlich an die Westeuropäer weitergegeben hatten, dann den Kontakt zur Weiterentwicklung eben dieser Kultur verloren und zurückfielen im Vergleich zum Westen: »Diesen Bruch mit dem mittelalterlichen Staat, der das Göttliche benutzt, um die Willkür zu legitimieren und zu vertuschen, hat es in der arabischen Welt nie gegeben!«, klagt Fatima Mernissi, Marokkos prominenteste Soziologin. Weil es ihn nie gegeben hat, fällt es auch noch im 21. Jahrhundert den islamistischen Wortführern so leicht, in die Geschichte zurückzugreifen: den Fundus von 1400 Jahren und insbesondere die geheiligten Anfänge zu ihrer Rechtfertigung zu nutzen. Und zwar, weil die Dinge ihre Gültigkeit behalten haben, ihr Verkündigungscharakter nicht erschüttert wurde durch eine gründliche Reform, durch Exzesse und Aufklärung.

Auch in der fast 400 Jahre währenden Epoche des Osmanischen Reiches gelang es dessen Heeren zwar, militärisch weite Teile Südosteuropas unter seine Gewalt zu bringen. Aber die kulturelle Entwicklung des Islam verharrte trotz oder vielleicht gerade wegen der militärischen Erfolge in orthodoxer Erstarrung. Was zur Folge hatte, dass die Errungenschaften der Neuzeit, die europäische Renaissance und die Ideen der Aufklärung, die konstitutionellen Reformen und der damit verbundene Übergang in die Moderne keine Entsprechung in der Ideengeschichte des Islam fanden. Die erste und verheerende Niederlage der osmanischen Truppen vor Wien 1683 versetzte den Hof, die Generalität Konstantinopels in Bestürzung – ohne etwas daran zu ändern, dass das Osmanische Reich fortan schrumpfte wie eine Schneewehe im Frühjahr.

Dann segelte 1798 eine noch viel größere Bedrohung über das Mittelmeer an die ägyptische Küste. Mit der Landung von Napoleons Truppen, aber auch den Wissenschaftlern und Technikern, die in seinem Tross mitreisten, wurde den Muslimen endgültig ihre Unterlegenheit im bereits angebrochenen technisch-wissenschaftlichen Zeitalter vor Augen geführt. Obendrein wurden die Franzosen weder von den Ägyptern noch von ihren nominellen Oberherren, den Türken, vertrieben – sondern von der nächsten europäischen Invasionsmacht unter dem Kommando des britischen Admirals Nelson. Das Trauma war vollkommen.

Die angreifenden Europäer waren keine Kreuzritter mehr, die mit »deus lo vult« auf eine Mission gingen, der sie nicht gewachsen waren, die kein über die Eroberung Jerusalems hinausreichendes Ziel besaß und schließlich scheiterte. Sondern ein militärisch, wirtschaftlich, technisch weit überlegener Gegner, der diesen Aufstieg gerade nicht mehr dem Glauben verdankte. »Die Muslime begriffen sehr wohl, dass die Europäer sie auf der Ebene der Macht überholt hatten«, schreibt der tunesische Historiker Hischam Djait, »aber sie konnten nicht begreifen, dass es an der Basis jenes fulminanten Aufstiegs, der ihre Macht infrage stellte, in Europa zu einem Bruch mit dem religiösen Sockel – und das war das eigentliche Werk der Aufklärung – gekommen war«.[9]

Der Kampf nach außen verhinderte die innere Erneuerung und überdeckte den Widerspruch, sich der Errungenschaften der Moderne bedienen zu wollen, ohne deren Grundlagen zu besitzen oder sie sich zu erkämpfen. Denn die antikolonialen Bewegungen mussten sich, um ihren Kampf führen zu können, gegen Europa, gegen den Westen abgrenzen. Sie konnten ihre eigenen Grundlagen nicht gänzlich infrage stellen, sondern mussten sich schon aus Gründen der Selbstbehauptung stattdessen auf sie berufen. Und so blieb der religiöse Kern ihrer Gesellschaften unangetastet, ja, er wurde noch gestärkt.

Und hier, in dieser zwiegespaltenen Reaktion auf Europas Einbrechen in die jahrhundertelang stagnierende Welt des Islam, lassen sich die Anfänge jener heute so vollends widersprüchlich erscheinenden Situation beobachten, dass gerade die radikalen, in den letzten Jahrzehnten aufgekommenen Islamistenbewegungen im Gegensatz zur konservativen Gelehrtenschaft überhaupt keine Probleme damit haben, alle technischen Errungenschaften des Westens anzunehmen – aber die Konsequenzen dieser Errungenschaften, eine freie, demokratische Gesellschaft, in der Herrschaft und Glaube voneinander getrennt sind, ablehnen. Shakib Arslan, ein führender islamischer Modernist, stellte 1930 die Frage: »Warum sind die Muslime rückständig, während andere über den Fortschritt verfügen?« und erhob sie zum Titel seines Hauptwerks. Seine Antwort war einfach: »Weil sie vom Islam abgewichen sind, deshalb sind die Muslime rückständig!«[10] Es ging darum, eine Formel zu finden, die es den muslimischen Ländern ermöglichen sollte, ihre Macht zurückzugewinnen, und zwar durch die Übernahme allein der technischen, wissenschaftlichen Errungenschaften Europas. Ein Versuch, der an die – gleichermaßen vergebliche – DDR-Parole vom sozialistischen Versuch des »Überholens ohne einzuholen« erinnert.

Wie vielfach das Ende des »Goldenen Zeitalters« des Islam festgemacht wird am Sturm der Mongolen auf Bagdad 1258, so hat auch der Niedergang der Idee vom panarabischen Nationalismus sein historisch fixiertes Datum: 1967, als die Israelis im von Nasser provozierten Sechstagekrieg die vereinigten Armeen der arabischen Nachbarstaaten vernichtend schlugen. Nur einen halben Tag dauerte es, und die ägyptische Luftwaffe war praktisch ausgelöscht, nach einer knappen Woche waren die Golan-Höhen, das Westjordanland einschließlich Ost-Jerusalem, der Gazastreifen und der Sinai von israelischen Truppen besetzt – die Niederlage hätte kaum demütigender ausfallen können. Danach setzte sich die Ansicht durch, dass die Israelis gesiegt hätten, weil sie zu ihrem Glauben stünden – während die Niederlage der Muslime aus dem Verrat an ihrem Glauben resultiere. Dazu kam die Enttäuschung der Menschen über ihre neuen Herrscher, die ihren Regimen zwar alle Embleme eines demokratischen Staates gegeben hatten, sich Republik nannten, Wahlen abhielten und ein Parlament besaßen, aber nicht minder despotisch, oft noch brutaler als die Kolonialherrscher regiert hatten. Beides zusammen ruinierte die Idee vom Nationalstaat und von der Übernahme westlicher Ideologien insgesamt – und schürte gleichzeitig den Hass gegenüber dem Westen.

Und was sagt das Buch der Bücher? Der Koran selbst enthält eine heterogene Mischung von Schilderungen des Lebens Mohammeds mit Gleichnischarakter, von Gerichtsreden, Weissagungen, Ermahnungen für alle möglichen Lebensbereiche. Die Verteidiger der sakrosankten, buchstabengetreuen Übernahme des Korans ignorieren dabei, dass die »Mutter der Bücher« kein theologisches oder juristisches System enthält – so sind von 6000 Versen nur 200 klare Verhaltensregeln –, sondern lediglich erste Bausteine hierfür. Mithin als Lösung aller politischen Probleme heute die Rückkehr allein zur koranischen Verkündigung zu propagieren mag hilfreich sein beim Kampf um die Macht, wenn man dabei Gottes Offenbarung auf seiner Seite wähnt – würde aber bald sein Versagen darin erweisen, dass der Koran überhaupt kein System hinterlassen hat, mit dem sich die Detailprobleme der heutigen Gesellschaft lösen ließen. Mit Ali, dem Schwiegersohn Mohammeds und vierten Kalifen, lässt sich heute noch gegen die Orthodoxen argumentieren: »Der Koran ist eine aufgezeichnete Schrift zwischen zwei Buchdeckeln, die nicht spricht. Erst die Menschen bringen sie zum Sprechen.«

Indem die islamischen Gelehrten das Recht an das offenbarte Wort Gottes fixierten, entzogen sie es der Möglichkeit der Anpassung an eine sich verändernde Welt. Die Scharia werde »als ein unveränderbares, keinem historischen Wandel unterworfenes Recht begriffen«, schreibt der Islamwissenschaftler Bassam Tibi: »Aber der soziale Wandel findet statt, und es bleibt nur die Möglichkeit, sich verbal zum bestehenden Recht zu bekennen, um es dann legal in der gesellschaftlichen Praxis zu umgehen.«[11] Dieser Zwiespalt zwischen den Idealvorstellungen eines islamischen Rechts und den sich geschichtlich ständig verändernden Anfordernissen an jegliches Recht ist eines der größten Probleme islamischer Rechtsprechung. Und kein neues: Schon im 13. Jahrhundert, vor dem Untergang des Abbasidenreichs im Mongolensturm, wurde das soziale und wirtschaftliche Leben viel zu komplex, als dass es allein aus den Präzedenzfällen des siebten Jahrhunderts hätte abgeleitet werden können. Dieses Problem wurde durch eine für die arabisch-islamische Geschichte charakteristische Methode gelöst. Das Dogma blieb bestehen, aber es kam eine ganz neue Rechtsgattung hinzu: die Hiyal-Schriften der Rechtskniffe, die in juristischen wie religiösen Abhandlungen aufzeigen, wie man eine bestimmte Norm vollkommen legal umgehen kann. Vulgo: Es wurde gemogelt. Immer, von Anfang an, und wenn es eine Tradition gibt, die von den heutigen Islamisten bis hin zur Rechtfertigung des Selbstmordattentats bruchlos fortgeführt wird, dann ist es diese.

Islamisten von heute haben kein Problem mit den technischen Aspekten der Moderne; in ihren Reihen finden sich Ökonomen, Juristen, Naturwissenschaftler, Ingenieure, ausgebildet, aber ohne Chance auf Arbeit. »Islamisten sind nicht ärgerlich, dass das Flugzeug das Kamel ersetzt hat«, schrieb der Orientalist Stefan Rosiny Jahre vor dem 11. September 2001: »Sie sind verärgert, dass sie das Flugzeug nicht besteigen dürfen.«[12]

Der politische Islam hat mehr »appeal« als die Modelle des Westens, die in der arabischen Welt ohnehin als Täuschung betrachtet werden: Die USA und Israel mögen ihren Bürgern Demokratie bieten, aber ihren Gegnern und anderen Staaten begegnen sie mit unverhohlener Übermacht. Der Islam als Programm hat mehr Durchschlagskraft, weil er geschichtlich in der Region verwurzelt ist und begleitet wird von einem Ausschließlichkeitsanspruch: Wer nicht für uns ist, ist nicht nur gegen uns, sondern ein gottloser Ketzer.

Aber alarmierend ist nicht die Rückkehr des Islam als einer unabhängigen Größe in die Politik. Es ist seine Nutzbarmachung: Je rapider der soziale Wandel ist, je unbestimmbarer die Umwelt für die Individuen wird, desto stärker wächst das Bedürfnis nach Religion. Der Wandel wird schlechthin als eine Bedrohung empfunden, und als Folge davon kultiviert man eine Sehnsucht nach Vergangenem. Doch betrachtet man die lange Geschichte der Usurpierung des Glaubens durch die Macht, so zeigt sich, dass der Verwirklichung eines wahrhaft demokratischen Staates in den Ländern der islamischen Welt gar nicht ein religiöses Prinzip entgegensteht – sondern die jahrhundertelange Tradition seiner politischen Instrumentalisierung.

Insofern ist auch der radikale Fundamentalismus oder Islamismus nicht die Rückkehr zu den Wurzeln des Islam: sondern ein neuzeitlicher Versuch, ihn als Hebel an die Macht zu nutzen. Kein Aufstand gegen die Moderne, sondern ein moderner Aufstand. Und wenn dieser Islamismus aus der Historie eine Tradition übernommen habe, schrieb der ägyptisch-englische Politologe Nazih Ayubi, dann jene, »Politik und Religion zu verknüpfen«.[13] In einer Welt aber, die von einer solch stabilen Verbindung von Macht und Glauben geformt worden ist, gedeihen Verschwörungstheorien aller Art wie in einem Treibhaus. Wo nüchterne, selbstkritische Reflexion nie Raum und Licht bekam, sich zu entfalten, verfangen die einfachen Muster: Das Böse, der Feind, der Urheber allen Elends ist der Westen, sind Amerika und Israel, das ja jeden Tag seinen Willen unter Beweis stelle, die Muslime zu unterwerfen.

Der Islam ist nicht die Ursache für Terror und Selbstmordattentate. Aber einzelne Momente von ihm lassen sich deuten und nutzen: für eine militante Kampfansage an den Westen wie an alle Gegner in den eigenen Völkern. Und ebenso für den Aufbau einer demokratischen Gesellschaft. Der Iran hat, im Verlauf von 20 Jahren, beides erlebt. Die schiitische Tradition des Märtyrerkults und der Selbstopferung, die mit dem Untergang des Imams Ali begann, unter den Assassinen wiederbelebt wurde – sie erlebte mit der Islamischen Revolution ihre Wiederauferstehung im 20. Jahrhundert. Und mit ihr sollte auch jene Waffe wiederkehren, die so lange in Vergessenheit geraten war: das Selbstmordattentat.

3
Ein Schlüssel um den Hals fürs Paradies – Wie alles begann: Irans Selbstmordbataillone

»Je mehr Menschen für unsere Sache sterben, desto stärker werden wir.«

Ayatollah Chomeini

»Jede Gemeinschaft hat ihren Zeitpunkt. Und ist er gekommen, so kann sie ihn um keine Stunde aufschieben oder beschleunigen.«

Koran, Sure 7, Vers 32

Mohammed Salam ist ein gelassener Mensch. Seit beinahe 40 Jahren arbeitet der libanesische Journalist für Nachrichtenagenturen im Nahen Osten, und mehr als die Hälfte dieser Zeit hat er über Kriege berichtet. Er hat den Ausbruch des libanesischen Bürgerkriegs 1975 und sein Ende 16 Jahre später erlebt, hat für AP (Associated Press) erst in Beirut gearbeitet, dann während des ersten Golfkriegs jahrelang im Irak, bis er zurückgerufen wurde, die AP-Büroleitung für den von der Hisbollah entführten Terry Anderson zu übernehmen. Das schwarze Haar ist längst durchzogen von grauweißen Strähnen und am Hinterkopf gewunden zu ein paar widerborstigen Locken. Mohammed Salam hat in Luftschutzkellern gesessen. Hat gelernt, Granaten am Pfeifton zu erkennen. Hat sich schusssichere Westen über den massigen Leib gezwängt und über all die Jahre versucht, das Gesehene auch wieder zu vergessen, an der Seele heil zu bleiben zwischen den Schlachten. Er raucht zu viel, aber ansonsten ist ihm der Versuch weitgehend gelungen. Nur eine Szene, sagt er, die suche ihn heute noch heim in den Träumen, obwohl sie viele Jahre zurückliege.

Es war an der irakisch-iranischen Front Anfang 1984 nahe dem Dorf al-Usair, nicht weit von jener Tigrisbrücke, an der US-General

Norman Schwarzkopf sieben Jahre später seinen Vormarsch im nächsten Golfkrieg stoppen sollte. Nach Wochen der Ruhe hatte ein iranischer Angriff begonnen, und Mohammed Salam, einer von wenigen ausländischen Journalisten direkt an der Front, beobachtete einen irakischen Schützen: wie er hinter seinem schweren Maschinengewehr saß, den Leib so stabil verkantet, dass er eine ganze Weile in dieser Position ausharren konnte. Die Hand hielt er am Abzug. Und dann, sagt Mohammed, seien sie gekommen. Das heißt, nein, erst seien sie zu hören gewesen, ein hoher, sirrender Ton, als käme ein Heuschreckenschwarm. Der Ton wurde immer tiefer, geformt aus Tausenden von Mündern, die, »Ya Kerbala! Ya Hussein! Ya Chomeini!« brüllend, näher kamen. Wie eine Welle aus Menschen seien sie aus den Gräben und Unterständen, hinter Wällen und Hügeln hervorgekommen, Tausende, Zehntausende, immer näher. Und fast alles Kinder, Jugendliche, manche nur mühsam ihre Kalaschnikow haltend, manche ballten einfach nur die Fäuste, dazwischen ab und zu ein Älterer mit Turban, der sie anfeuerte.

Und der Maschinengewehrschütze schoss.

Und schoss. Und hörte gar nicht mehr auf, »und er hat diese Kinder erschossen, wie du auf eine Reihe aufgestellter Flaschen schießen würdest, er hat sie einfach niedergemäht, dabei waren es doch Kinder. Und sie sind immer weitergerannt, über die Toten geklettert, gesprungen, gefallen, und der Mann am Maschinengewehr schoss immer weiter. Von oben bombardierten auch noch Hubschrauber die Iraner. Aber die liefen, als ob sie nichts stoppen könne.« Mohammed Salam trennt das Filterstück der nächsten Zigarette ab, schiebt sie in eine vom Teer schon vor langer Zeit geschwärzte Filterspitze. Knisternd frisst sich die Glut nach innen: »Und irgendwann waren sie tatsächlich so dicht vor ihm, dass er plötzlich aufsprang, sich seine Kalaschnikow griff und wegrannte, hinter die nächste Verteidigungslinie zu uns. Wo sie mich kurze Zeit später schleunigst weggebracht haben, als es unsicher wurde, ob sie die auch verlieren würden. Wir hatten vorher davon gehört, aber es noch nie mit eigenen Augen gesehen: So funktionierte eine iranische Offensive.«

So funktionierte, was in den ersten Jahren des Kriegs ab 1980 tatsächlich unter dem Namen »menschliche Angriffswellen« zur effektivsten Waffe der iranischen Streitkräfte wurde. Nachdem sie in den ersten Wochen nach der irakischen Invasion am 22. September 1980 binnen Wochen überrollt worden waren, Städte und halbe Provinzen verloren hatten, gingen sie zum Jahresende wieder in die Offensive, eroberten 1982 die wichtigste Stadt Chorramschar zurück und standen bald auf irakischem Boden. Aber um welchen Preis: Jede dieser Wellen bestand aus Zehntausenden junger Iraner, oft erst 12, 13 Jahre alt. Sie rannten gegen die irakischen Stellungen bis zum Sieg, oder bis alle tot waren. »Bei einer anderen Offensive weiter im Süden kamen wir am Tag danach an die Front«, erinnert sich Mohammed Salam: »Bei Sonnenaufgang waren wir in Basra gestartet, ein jugoslawischer Kollege und ich. Gegen neun erreichten wir die Gegend, wo die Iraner versucht hatten durchzubrechen. Da lagen Tote. Nur Tote, bis zum Horizont nichts anderes. Und wir begannen, sie zu zählen. Den ganzen Tag lang. Bei 23 000 haben wir aufgehört, weil wir vor Einbruch der Dunkelheit dort wegsollten. Fertig waren wir nicht. Und haben doch von morgens um neun bis abends um fünf nichts anderes getan, als auf und ab zu gehen und Tote zu zählen. Die Offensive hatte den Namen Kerbala IV oder Kerbala V, ich weiß es nicht mehr ganz genau. Auf jeden Fall Kerbala.« Es sei ein morastiges Gelände gewesen, am Rand des Schatt al-Arab, des gemeinsamen, lang gezogenen Deltas von Euphrat und Tigris.

Überall hätten die Leichen gelegen, auf festem Grund, treibend in den ruhenden Gewässern der Bombentrichter, halb verdeckt im Schlamm, wenn die Nachfolgenden über sie hinweggelaufen waren. Die Schädel rasiert, trugen viele von ihnen rote Stirnbänder oder sogar Schärpen, und um den Hals hing jedem ein Schlüssel. Damit, so war ihnen erzählt worden, könnten sie nach ihrem Märtyrertod die Pforte zum Paradies öffnen. »Am Anfang des Krieges«, sagt Mohammed Salam und drückt die hastig aufgerauchte Zigarette aus, als könnte man Erinnerungen so einäschern, »da waren die noch aus Eisen, so altmodische Schlüssel, wie sie in Kommoden oder Schränken stecken. Aber an dem Tag bei Basra, da waren sie schon aus Plastik. Wahrscheinlich war Eisen zu teuer geworden.«

Die »menschlichen Angriffswellen« waren die verstörendsten, grauenvollsten Aufmärsche massenhafter Selbstopferung seit Menschengedenken. Seit den Schlachten in Flandern während des Ersten Weltkriegs hatte es nichts Vergleichbares mehr gegeben: Damals wurden Zehntausende auf beiden Seiten aus ihren Gräben in die neu entwickelten Maschinengewehre gejagt – das Opfer war also ein aufgezwungenes. Seither waren 70 Jahre vergangen, und es musste allen Offizieren und Heerführern klar gewesen sein, dass solche Angriffe nur um einen unfassbaren Preis an Menschenleben winzige Geländegewinne bringen konnten. Das Frappierendste an den iranischen Menschenwellen aber war das Ausmaß an Bereitschaft zum Sterben. Es ließ irakische Maschinengewehrschützen davonrennen, nicht nur, weil ihnen die Munition ausging – sondern weil sie schier wahnsinnig wurden, weil sie es nicht mehr ertragen konnten, Kinder zu erschießen, die ihre eigenen hätten sein können. Diese Kinder waren bis zur Revolution 1979 aufgewachsen wie andere Kinder auch, arm vielleicht, nicht allzu glücklich, aber doch im tiefen Gefühl, auf jeden Fall lieber zu leben als nicht zu leben. Und nun rannten sie um ihren Tod, als stünde die Welt Kopf. Und immer dieses Wort: Kerbala. Kerbala auf den Lippen, Kerbala auf den Fahnen. Kerbala?

Kerbala: Jener Name, den die Tausenden Todeswilligen vor sich her trugen wie ihre persönliche Verheißung, bezeichnet eine Stadt im Irak. In ihrer Nähe war im Jahr 680 ein aufständischer Imam zusammen mit seinen letzten 72 Gefährten von den Truppen des Kalifen niedergemacht worden. Niemand aber hätte vor 1300 Jahren ahnen mögen, welche seismische Wirkung dieses im Vergleich zu späteren Kriegen, Schlachten und Feldzügen numerisch unbedeutende Scharmützel aussenden sollte: warum diese Kinder nun zu Zehntausenden ins Feuer und in die Minenfelder rannten, warum kurz zuvor ein Ayatollah Chomeini von Paris aus im Iran eine gewaltlose Revolution zum Sieg über ein waffenstarrendes Regime führen konnte und warum wiederum 20 Jahre danach palästinensische Selbstmordattentäter ihnen fremde Riten aus dem Iran übernehmen würden.

Dazu muss man eine Geschichte erzählen, die noch einmal Jahrzehnte weiter zurückreicht in die Zeit hinter die Schlacht bei Kerbala. Nach Mekka im Jahre 632, als der Prophet Mohammed stirbt und der Streit um seine Nachfolge ausbricht: Sollte der Geeignetste aus der Schar der Gefährten nachfolgen? Oder unbedingt ein leiblicher Nachfahre? Zwei Parteien formieren sich, für kurze Zeit wird tatsächlich Mohammeds Neffe und Schwiegersohn Ali als vierter Kalif regieren – aber zugleich der letzte Verwandte des Propheten in diesem Amte sein. Die Gegner der Erbfolge setzen sich durch: Mit Muawiya, dem fünften Kalifen, verlagert sich die Herrschaft ohnehin aus Mekka ins heute syrische Damaskus. Die zweite Partei, die später als Schiiten in die Geschichte eingehen wird nach dem Namen *Schiat Ali*, Partei Alis, sammelt sich um die Nachfolger Alis – die Imame. Obschon unterlegen, stellen sie immer noch eine Bedrohung dar.

Bis zu jenem 2. Oktober 680, nach islamischer Zeitrechnung dem 2. Muharram des Jahres 61: An diesem Tag steht der kleine Trupp der Getreuen um Hussein Ibn Ali nahe des Flusses Euphrat beim Ort Kerbala einer mehrere tausend Mann starken Armee des feindlichen Kalifen Yazid gegenüber. Ali, der Enkel des Propheten und dritter Imam der Schiiten, ist einem Ruf der rebellierenden Stadt Kufa gefolgt, deren Bewohner ihn im Kampf um die rechtmäßige Herrschaft unterstützen wollen. Gegen den Kalifen, den sie als Tyrannen und Verräter an der Botschaft des Propheten verachten.

Doch niemand ist gekommen. Das Wasser geht zur Neige, der Weg zum Euphrat ist vom feindlichen Heer versperrt. Und so entlässt Hussein, im Angesicht des unvermeidlichen Untergangs, seine Gefährten aus ihrem Treueschwur und bittet sie zu fliehen, ihr Leben zu retten. Doch 72 von ihnen bleiben, wollen eher sterben als ihn im Stich lassen. Gemeinsam gehen sie in die Schlacht, die keiner von ihnen überlebt.

Das ist das Ende von Hussein. Doch es wird eine Geschichte werden, die mit diesem Ende erst wirklich beginnt. Kerbala ist eine vernichtende Niederlage für die Partei der verwandtschaftlichen Prophetennachfolge nach den vordergründigen Regeln der Politik. Doch die Historie wird einen anderen, geradewegs entgegengesetzten Weg nehmen: Erst der Opfergang ihrer Anhänger, ihr Scheitern wird die Schia zum Glauben machen. Nicht dem Sieger wird Gefolgschaft geleistet, sondern dem Untergegangenen – gerade weil er sich geopfert hat: auf der Oberfläche erst einmal für die gottgewollte Nachfolge des Propheten, aber dann auch für »die Sache«, für den Kampf gegen die als ungerecht empfundenen Machthaber im fernen Westen, und schließlich für die Schuld aller. Er, Hussein, hat Buße getan für alle, die Schuld tragen. Und wer ist frei von Schuld? Die Niederlage entfaltet ihre Kraft in der Botschaft des Opfers.

»Erst der Tod des dritten Imams und seiner Gefährten«, schreibt der Orientalist Heinz Halm, »ist der *big bang*, der den rasch expandierenden Kosmos des Schiitentums erschafft und in Bewegung setzt. Für die Schiiten ist Kerbala der Dreh- und Angelpunkt ihres Glaubens, Höhepunkt eines göttlichen Heilsplanes, dessen Verheißungen all denen zuteil werden, die auf der Seite des gemarterten Imams Partei ergreifen.«[1]

Im Anschluss an Hussein, dessen junger Sohn überlebte, kennt die schiitische Genealogie noch neun weitere Imame – bis der letzte, der zwölfte, ihrer Überlieferung nach nicht starb, sondern verschwand und seither vor den Augen der Gläubigen verborgen ist. In dieser Entrückung lebt er weiter, bis er durch Gottes Erlaubnis als *Mahdi*, als zurückgekehrter Messias, wieder erscheint. Man begründet die Entrückung mit der Gefahr, die den Imamen durch ihre Feinde drohte (die meisten von ihnen starben keines natürlichen Todes). Solange diese Gefahr besteht, bleibt der Mahdi verborgen. Seine Rückkehr wird kurz vor der Zeit des Jüngsten Gerichts stattfinden. Mit ihm werden seine Mitstreiter und seine Feinde auferstehen, und er wird seine Truppen in eine apokalyptische Schlacht führen und die Feinde besiegen. Dann wird er eine Herrschaft der Gerechtigkeit errichten.

Der Mythos des militärischen Untergangs bei Kerbala entwickelt unterdes Anziehungskraft für all jene, die von der Macht ausgeschlossen sind – sei es die Allmacht der sunnitischen Kalifen oder die Macht regionaler Herrscher. Die Mühseligen und Beladenen der islamischen Welt können in der Schia ihre Heimat finden. Zur Staatsreligion im Iran wird sie erst acht Jahrhunderte später – aber dann wird sie das Land prägen bis hinein in die Verästelungen seines Glaubens, seiner Politik, seiner Mentalität, seiner Feste, ja selbst seiner Gebärden und Grußformeln. Noch in den Gesten und Formeln des Alltags spiegelt sich die Wertschätzung des Opfers: Wer in der Gluthitze des iranischen Sommers durchs Land reist, bekommt immer wieder Wasser angeboten. Überall steht es bereit in großen, gekühlten Bottichen, denn litt nicht Husseins Truppe schrecklich am Durst? Und wer einen Brief schreibt, zeichnet nicht »mit freundlichen Grüßen«, sondern *»Qorban-e schoma«*, »Ihr Opfer«. Floskeln wie »Ich opfere mich für dich« oder »Ich will sterben für dich« sind vollkommen gängig als Ausdruck von Mitleid, Dankbarkeit oder einfach emotionaler Verbundenheit. Die Geschichte von Kerbala wird über Jahrhunderte weitergegeben, erzählt, nachgelitten, jedes Jahr erlebt in seiner karnevalistischen, seiner Büßerform: wenn die Schlacht als Passionsspiel aufgeführt wird, wenn die Männer zu Aschura, dem Jahrestag, sich geißelnd durch die Straßen ziehen. Nicht immer blutig, nicht immer ernst. Aber Kerbala ist immer da, tiefster Grund schiitischen Empfindens und Bewusstseins.

Fast zwei Jahrzehnte nach der Revolution, wenn das Land sich abermals radikal verändert hat, wird es weiterhin diese Empathie für den geben, der sich opfert: nicht mehr im eigenen Krieg, aber im Kino wie in der Politik. Iraner werden Filme wie »Titanic« oder »Das Piano« lieben, all diese Herz-Schmerz-Filme mit ihren modernen Märtyrern privater Herzensangelegenheiten, die einander verzehren und am Ende doch nicht bekommen. Und in der Politik erfährt der permanent gedemütigte, ohnmächtige Präsident Mohammed Chatami trotzdem oder gerade deshalb immer größere Zustimmung. Aber davon später.

Denn erst einmal waren es die Unerschrockenheit und das schiitische Moment der Märtyrerverehrung, die das waffenstarrende, von allen Mächten des Westens unterstützte Regime des Schahs stürzen sollten. Ein hämischer Artikel über Chomeini Anfang 1978 wurde zum Anlass der ersten Demonstration in Qom, Stadt der theologischen Seminare und Wirkungsstätte Chomeinis. Die Polizei marschierte auf, drohte, rief die Menschen auf, nach Hause zu gehen. Aber sie gingen nicht. Nicht mehr. Bis die Polizei das Feuer eröffnete. Doch nach 40 Tagen, gemäß der islamischen Trauerzeit, geriet das Gedenken an die Toten zum nächsten Protestmarsch. Der abermals zusammengeschossen wurde. Immer im Rhythmus der 40 Tage zogen größere Demonstrationen durch die Städte im Gedenken an die Ermordeten, und jedes Mal wurden erneut Menschen erschossen, und 40 Tage später ging ein noch größerer Marsch durch die Straßen – bis sich der Schah und seine Generäle, so sie rechtzeitig davonkamen, bis Mitte Januar 1979 ins Exil absetzten. Die vom Schah zuletzt noch installierte bürgerliche Regierung wurde binnen ein paar Wochen hinweggefegt.

Denn da war der Mann zurückgekommen, der das Land umwälzen sollte, wie zuvor Lenin Russland und Mao China revolutioniert hatten. Nur dass dieser Mann keine neue Ideologie präsentierte, sondern das Land vermeintlich zu den Anfängen seiner Tradition, seines Glaubens zurückführte: Großayatollah Ruhollah Mussavi Chomeini. Mit ihm hatte ein Mann die Bühne iranischer Politik betreten, in dem der Mythos von Kerbala seinen Meister finden würde.

Am 1. Februar landete Chomeini in Teheran. Nichts war sicher gewesen in jenen wilden Wintertagen 1979, bis nach tagelangem Ringen endlich die Air-France-Maschine mit Chomeini, seinem Stab und mehr als 100 Journalisten die Landegenehmigung für Teheran erhalten hatte. Noch im Flugzeug drückte einer seiner Gefolgsleute einem mitreisenden Journalisten ihren Verfassungsentwurf in die Hand: »Falls wir erschossen werden.« Weder war die Revolution vorüber, noch war klar, wer eigentlich die Macht übernehmen würde von jener Front aus Bürgerlichen, Kommunisten, Klerikern, die wenig mehr als der Widerstand gegen den Schah einte. Dann landete die Boeing 747. Und als wäre der Mahdi, der verborgene Messias, selbst heimgekehrt, erwarteten Millionen frenetisch die Ankunft jenes Mannes, der trotz ihres Erscheinens, trotz seiner Heimkehr nach 15 Jahren im Exil, auch in diesem Moment nicht lächelte.

Nach der Landung, als Chomeini das Flugzeug verlassen wollte, fragte ihn ein französischer Journalist vor laufender Kamera und im Angesicht von Millionen Jubelnden, was er in diesem Augenblick fühle. Sadegh Qotbzadeh, der später Außenminister wurde und noch später auf ausdrücklichen Befehl Chomeinis hingerichtet wurde, dolmetschte die Frage.

Chomeini: »Nichts!«

Qotbzadeh, dem die Antwort peinlich war, versuchte es nochmals.

Chomeini wiederholte barsch: »Nichts!«[2]

Die Islamische Revolution nahm ihren Lauf. Ungläubig bestaunt von der Welt, entstand ein rigoroser schiitischer Gottesstaat auf den Trümmern einer Monarchie, die den Iran in die technologische Moderne hatte führen wollen, ohne den Menschen die demokratischen Rechte der Moderne zu geben.

Das iranische Volk aber war für mehr auf die Straße gegangen als die Absetzung des Schahs, für mehr auch als den Islam, Schleierzwang für Frauen und die Verbannung der E-Gitarre. Es war eine Revolution für Freiheit, für gerechter verteilten Reichtum, für eine demokratische Republik gewesen. Doch die Menschen, darunter Zigtausende, die einst vor dem Schahregime geflohen waren und zurückströmten, fanden sich bald in neuer Unfreiheit wieder.

Es war eine Klerikaldiktatur, die Großayatollah Ruhollah Chomeini ins Leben rief. Kernstück war die *»Velayat-e Faquih«*, die »Herrschaft der Rechtsgelehrten«, die, solange der Messias noch nicht zurückgekehrt war, an seiner statt regieren sollten. Von Gottes Gnaden und folglich in Berufung auf ihn, nicht auf das Volk. An der Spitze stand der *Rahbar*, der Führer, ein Amt, das es zuvor nie gegeben hatte.

Dabei konstituierte die Verfassung, die Chomeini Ende 1979 verabschieden ließ, ein welteinmaliges Paralleluniversum: aus einer Diktatur von Gottes geborgten Gnaden, die für sich das Recht beansprucht, »über die Vorstellungen, Gedanken und das

Verhalten der Menschen zu urteilen«[3] – und einer Demokratie. Parlament und Präsident werden vom Volk gewählt. Aber daneben herrscht auf Lebenszeit und ohne Einschränkung der geistliche Führer sowohl über Streitkräfte und diverse paramilitärische Milizen als auch über die Justiz, das Fernsehen und milliardenschwere Stiftungen aus früherem Schah-Besitz. Des Weiteren kontrolliert er den Wächterrat, der als Kontrollinstanz sowohl die Kandidaten für Parlament und Präsidentenamt auswählt als auch Gesetzesvorhaben verwerfen kann. Zu Chomeinis Lebzeiten war dieser Umstand, eine Verfassung zu besitzen, die zwei Staatsmodelle enthält, nur eine papierne Ungereimtheit in einer Welt, die sein Wort als Gesetz nahm. Alles Mögliche war diese neue Regierungsform, religiös, revolutionär, nur traditionell war sie nicht.

Denn die Schia war mitnichten revolutionär; der Prototyp des Schiiten war der still duldende Märtyrer, nicht der aufbegehrende Rebell. Die Erringung der legitimen Macht durch den gottgewollten Nachfolger des Propheten blieb zwar das erklärte Ziel – dies aber war dem »Verborgenen Imam« selber vorbehalten.[4]

Das Gros der Geistlichkeit hatte immer gefunden, dass die Theologen sich aus der Politik heraushalten sollten. Nämlich aus der ganz orthodoxen Haltung, dass es vor der Rückkunft des verborgenen zwölften Imam, des messianisch erwarteten Mahdi, Sünde sei, sich in die weltlichen Belange einzumischen. Bis zu dessen Rückkunft hieß es warten, beten und hoffen. »Gewiss wird der Mahdi zurückkehren«, hatte sich der Ayatollah Sharietmadari noch 1978 über die mögliche Rückkehr und Rolle Chomeinis ausgelassen, »aber bestimmt nicht in einer Boeing 747«.

Chomeini dagegen war mit seinem politischen, revolutionären Programm vielen seiner traditionellen Kollegen suspekt. Anders als die Ayatollahs hatte Chomeini im Lauf der Jahrzehnte die Versatzstücke des Glaubens in ein politisches, ja revolutionäres Programm verwoben: »Der Islam ist Politik«, verkündete er, »oder er ist gar nichts.«[5] Während etwa der orthodoxe Islam den Selbstmord strengstens verbietet, war Chomeini der Erste, der eine religiöse Rechtfertigung für das Selbstopfer im Namen der islamischen Sache lieferte. Die *Taqiya*, das Recht der Befreiung von religiösen

Pflichten in Krisenzeiten zur Vermeidung von Schaden für Leib und Leben, setzte er herab zugunsten der Pflicht zum Dschihad.[6] Was in Jahrhunderten schiitischer Tradition zum Ritual geworden war, das legte er wörtlich aus.

Chomeini arrangierte die Versatzstücke neu. »Jeder Boden ist Kerbala, jeder Monat ist Muharram (der Trauermonat), jeder Tag ist Aschura«, lautete der Schariati entliehene Slogan auf vielen Transparenten der Demonstrationen gegen den Schah, und Chomeini würde ihn wörtlich nehmen. Kerbala sollte fortan nicht mehr Passionsgeschichte sein, sondern jäher, mörderischer Ernst und Husseins Opfergang Vorbild für jeden Schiiten. Chomeini sollte das tatenlose Weinen um Historienhelden bald durch Tränen um gefallene Angehörige ersetzen. Und die Geistlichen, sie wurden nicht abgesetzt – sondern übernahmen ihrerseits die Macht. Nicht das Volk sollte seine Herrscher wählen, sondern Gott hatte sie schon bestimmt. Ihn. Chomeini.

Hatte sich schon seine Rückkunft ausgenommen wie eine Wiederauferstehung der schiitischen Überlieferung, als er angekommen war wie der Auserwählte, versetzte anderthalb Jahre später das nächste Ereignis die Gegenwart in die Kulisse des Mythos: Der 1980 ausgebrochene Krieg gegen den Irak lieferte – zusammen mit der Idee vom Revolutionsexport – den perfekten Anlass. Als die Divisionen Saddams am 22. September 1980 auf 600 Kilometer Breite in den Iran einfielen, war dies für Chomeini nur bedingt Anlass zu Besorgnis und Trauer. Er selbst bezeichnete den Krieg als »Glücksfall« und »Geschenk des Himmels«[7].

Denn dieser Krieg bildete eine unheimliche Parallele zu Kerbala, die Chomeini sah und sich zunutze machte. Saddam hatte ihn begonnen in der irrigen Annahme, die Revolutionswirren für einen raschen Sieg und die Erbeutung der Ölprovinz Chusistan ausschlachten zu können. Stattdessen beendete der Krieg die innenpolitische Zerrissenheit des Iran und passte fugenlos ins historische Muster. Abermals hatten die Streitkräfte der sunnitischen Übermacht – in diesem Fall verkörpert durch die Unterstützung des Westens und der Golfmonarchien für den Irak – die Bewahrer des »wahren Glaubens« angegriffen. Die Rollen waren klar verteilt, und jedes Kind im Iran kannte sie: Hatte Chomeini schon Anfang der Sechzigerjahre den Schah als »Yazid unserer Zeit«[8] denunziert, als Inkarnation des verhassten Kalifen, so nahm nun Saddam Hussein den Platz des Yazid ein, des Vertreters der sunnitisch-westlichen Macht. Saddam war Kalif Yazid, Imam Hussein war Chomeini, und die 72 Getreuen – das waren die Iraner, die bereit zum Sterben sein sollten, dieses Mal jedoch den Sieg in Händen hielten. Alles passte, dasselbe Stück, nur mit neuen Darstellern. Der Krieg war ein Ventil für die in ihrem Selbstwert, ihren traditionellen Werten durch die Politik des Schahs infrage gestellten Massen – was ein Grund gewesen sein dürfte für die auffallend hohe Moral der iranischen Truppen. Während dieses Krieges wurde die Öffentlichkeit im Westen zum ersten Mal auf einen Begriff aufmerksam, der sich festsetzen sollte: »Dschihad«, fortan mit »Heiliger Krieg« übertragen. Und das, obwohl es sich hier um den Kampf zwischen zwei islamischen Staaten handelte und der Dschihad doch eigentlich den Kampf gegen »Ungläubige« zum Ziel hat. Genau dazu erklärte die iranische Propaganda erst die Führung des Irak, dann auch die Soldaten, und wieder war es der Mythos von Kerbala, der dafür herhalten musste.

Der Krieg aber, den Chomeini führte, ging rasch um weit mehr als die Rückeroberung verlorenen Terrains. Es wurde ein »gottgewollter« Krieg zur Befreiung Kerbalas, Mekkas und Jerusalems, die in der Hand der Ungläubigen lägen. Solch ein »offensiver Dschihad« allerdings, der nicht allein der Selbstverteidigung dient, dürfte im Grunde nur vom zurückgekehrten Imam ausgerufen werden und ist in dessen Abwesenheit eigentlich gar nicht möglich. Gleichwohl war der Krieg seit 1982 aus der Sicht der iranischen Kriegsideologie genau dies. Möglich wurde er nur, weil über die Jahre immer unklarer wurde, wer Chomeini eigentlich war: ob noch ein Mensch oder schon der Mahdi, der zurückgekehrte Imam, gekommen, die Scharen der Gläubigen zur letzten Schlacht und hernach ins Goldene Zeitalter zu führen.

Nachdem es den irakischen Invasionstruppen in den ersten Kriegswochen gelungen war, weit auf iranisches Terrain vorzudringen und mehrere Orte, darunter die Stadt Chorramschar, einzunehmen, setzte 1981 langsam die iranische Gegenoffensive ein. Es fehlte an vielem, Waffen, Nachschub, Soldaten. Die Pasdaran, die Revolutionsgardisten, waren erst im Aufbau, die reguläre Armee noch geschwächt von den Säuberungswellen gegen kaisertreue Offiziere. Nur an einem mangelte es nicht: Menschen. Und war nicht das Beste, was ihnen passieren konnte, gegen den ewigen sunnitischen Feind in den Tod zu gehen? »Kann es sein, dass sich jemand fürchtet, der an das Jenseits glaubt?!«, fragte Chomeini im tiefsten Glauben an die richtige Antwort: »Wir müssen Gott danken, wenn er uns mit dem Tod im Heiligen Kampf auszeichnet. Lasst uns in Scharen in die Reihen der Märtyrer drängen. (...) Sollten wir uns gefürchtet haben, so bedeutet dies, dass wir nicht an das Jenseits glauben.«[9]

Als 1982 alles an den Irak verlorene Terrain zurückerobert war, plädierte die Armeeführung für ein Ende des Kriegs – Chomeini aber bestand auf seiner Fortsetzung. So wurde die gerade rehabilitierte Armee wieder entmachtet und die Kriegsführung Mitte 1982 in die Hände der Pasdaran gelegt. Ausgerechnet jetzt, wo es nicht mehr um die Verteidigung des eigenen Landes, sondern um Sieg und Eroberung ging, wurden die meisten in den Tod gejagt: Die militärische Strategie wandelte sich zum erfolglosen Versuch, irakische Verteidigungslinien mit Frontalangriffen allein durch Menschenwellen zu durchbrechen. Erst zwei Jahre später wurde diese Strategie wieder aufgegeben, nachdem bei einer einzigen Offensive im Februar 1984 mehr als 20 000 Iraner ums Leben gekommen waren.[10]

Um neues Menschenmaterial für die Angriffswellen zu finden, durchkämmten Werber die Schulen. Sie erzählten den Kindern das Heldenepos von Kerbala wie ein märchenhaftes Abenteuer, eine grandiose Theaterbühne, auf der sie selbst als Helden, als Märtyrer auftreten könnten. Ein Rekrutierer, der es nicht mehr ertrug und nach Deutschland floh, hat später detailliert zu Protokoll gegeben, wie die Anwerbung verlief: An manchen Tagen seien ganze Klassen mit den Revolutionswächtern direkt in die Kaserne gegangen. Die Familien bekamen nur eine kurze Nachricht, ihr Sohn habe sich freiwillig für den Krieg gemeldet:

Kinder, die sich weigerten, haben wir beschimpft, gefragt, ob ihre Eltern vielleicht keine guten Muslime seien, ob wir sie ins Gefängnis sperren müssen. Am Abend eines jeden Tages standen im Kasernenhof neue Kinder: verstört, verschüchtert und ahnungslos. Kinder mit panischer Angst. Kinder mit der Vorstellung, bald bei Mohammed, dem Propheten, im Paradies zu sein – und Kinder, die mit ihrem Kriegsdienst ihre Familie ernähren wollten. Eltern erhalten für jedes Kind an der Front 6000 Tuman, den Monatslohn eines iranischen Arbeiters. Stirbt das Kind, bekommt die Familie einen Märtyrer-Ausweis. Das bedeutet Vergünstigungen beim Kauf von Lebensmitteln, Kleidung und Kühlschränken und vor allem hohes Ansehen, gesellschaftlichen Aufstieg in der fein gestaffelten, standesbewussten iranischen Gesellschaft.

Zehn Stunden jeden Tag lernten sie, mit Handgranaten und Maschinengewehren umzugehen. Manche Kinder überlebten schon die ersten Tage nicht. Sie warfen die Handgranaten in die falsche Richtung oder zu spät und sprengten sich selbst in die Luft. Nach ein paar Tagen mussten wir die Kleinen zum ersten Mal testen. Wir jagten Hunde über den Kasernenhof und schossen sie an. Die Kinder mussten die Tiere einfangen und ihnen die Kehle durchschneiden. Wer sich weigerte, bekam einen Rucksack voller Steine auf den Rücken und musste laufen, bis er zusammenbrach. Nach einer Woche waren alle Kinder bereit, die Hunde zu töten. Bevor es an die Front ging, durften die Eltern ihre Kinder zweimal besuchen. Wer von den Jungen beim Abschied weinte, musste wieder den Rucksack voller Steine schleppen. In den großen Schlafsälen hingen Parolen Chomeinis, und auf den schmalen Nachttischen lag der Koran. Kein Foto der Familie, kein Spielzeug, kein Teddy, keine Erinnerung, nichts Eigenes. Am Ende der zweiwöchigen Ausbildung mussten die Kinder funktionieren wie Maschinen: ohne Angst, ohne Hoffnung, ohne Gefühle. Uns war es verboten, mit den Kleinen zu spielen. Dann wären es wieder Kinder geworden, die lachen und weinen. Und solche Kinder gehen nicht in den Krieg, sagten unsere Vorgesetzten.[11]

Diese Kinder gingen. Unter ihnen waren zwei, deren Herkunft verschiedener kaum sein könnte, doch deren Begeisterung dieselbe war: Ahmed, Sohn eines armen Schneiders aus dem ostiranischen Meschhed, und Babak, Sohn eines reichen Bazaris aus dem vornehmen Norden Teherans, beide 14. Beide hatten sie begeistert den Männern zugehört, die in ihre Schulen gekommen waren und davon erzählt hatten, wie Hussein, der edle Führer der Rechtgläubigen, keine Furcht gekannt und sich lieber zusammen mit seinen letzten Freunden von den gottlosen Feinden hatte niedermachen lassen als sich zu ergeben. Hussein habe das für alle Schiiten getan, sagten sie dann. Und es schwang mit: auch für ihn, für Ahmed, für Babak, die nun die Chance erhalten sollten, auch Helden zu sein, bewundert zu werden. Die meisten aus beiden Klassen meldeten sich freiwillig.

Doch die Wege der beiden sollten unterschiedlich verlaufen: Babaks Vater, reich und pragmatisch, verbot seinem Sohn für eine Weile den Schulbesuch und bestach die verantwortlichen Mullahs. Ahmed lag seinen Eltern so lange in den Ohren, bis sie ihn schließlich ziehen ließen. Auf Lkws verladen, wurde er in ein Lager gebracht. Gewissermaßen die letzte Station vor der Ewigkeit. Die Männer dort drückten Ahmed ein Gewehr in die Hand und ließen ihn ein paar Mal damit schießen. Es war schon 1986, da gab es kein monatelanges Training mehr – weil die Ausbilder tot waren, weil es sich nach der diesem Krieg eigenen Mengenlehre des Sterbens nicht rechnete, einem das Schießen beizubringen, der doch sowieso gleich erschossen würde. Der Rest des Trainings für sein Ende als Märtyrer bestand in einem Amalgam aus Religion und Revolution, aus Koran und Chomeini.

Nach zwei Wochen war Ahmed sich seiner Sache absolut sicher. Würde er als Märtyrer im Kampf gegen die »ungläubigen« Iraker, gegen Saddam Hussein, den »Satan« im Präsidentengewand, fallen, hätte er sich damit unsterblich gemacht. Mit dem letzten Atemzug würde er, gekleidet in Samt und Brokat, hinüberwechseln in die grünen Gärten des Paradieses. Sie gaben Ahmed eine rote Schärpe, die ihn als *Chat-Schekan*, als Frontbrecher, auswies. Sie hängten ihm den kleinen »Schlüssel zum Paradies« um den Hals, und auf dem Rücken seines etwas zu großen Hemdes war der Spruch zu lesen: »Ich habe die besondere Erlaubnis des Imam Chomeini, den Himmel zu betreten.« So schickten sie ihn ins Feuer.

So hatten sie seit 1981 Zehntausende Kinder ins Feuer geschickt, über Minenfelder gehetzt. Damit ihre Körper den Weg freisprengten für die nachrückenden Soldaten und »weil Esel zu störrisch waren, es zu tun«[12], wie ein Überlebender später zu Protokoll gab: »Wir haben gekämpft, indem wir uns vor die Panzer warfen, auf die Minen sprangen, den Feind mit einem Stock oder einem Gewehr bekämpften. Wir haben es immer wieder versucht, aber wir sind keine Märtyrer geworden.«

An der Front gibt es Sand, Sumpf, Hitze, Malaria, oft kaum Wasser, nicht einmal genug Waffen für alle oder Blutkonserven für Verwundete. Aber in den Beschreibungen wird die Atmosphäre dort beschrieben als derart gesättigt von Frömmigkeit, Selbstlosigkeit, Gebeten und Sterbenswünschen, dass sie schon fast nicht mehr von dieser Welt zu sein scheint. In den iranischen Zeitungen erscheinen täglich Meldungen wie die vom 14-jährigen Ali Reza Najar Adabi: »Wir waren elf Brüder, als wir plötzlich dem irakischen Feind gegenüberstanden. Zwei von uns wurden sofort zu Märtyrern. Doch dann erschien der Heilige Geist am Himmel und gab uns neue Kampfeskraft. Bald war der Feind zurückgeschlagen.«[13]

Wer stirbt, von dem erzählen die Überlebenden, ihm seien Ort und Zeitpunkt des Todes in bedeutungsschweren Träumen zuvor erschienen, er habe es gewusst. Denn der Tod eines Märtyrers trete ja nicht zufällig ein, sondern dann, wenn Gott sein Geschenk annehme. Es geht nicht darum zu siegen – es geht darum, auf der richtigen Seite zu sterben. »Nach fester Überzeugung der Märtyrer-Gefallenen ist der Wiederkunft des Mahdi, überhaupt seinem anbrechenden Reich, (…) nichts dienlicher als ihr bahnbrechender Opfertod. Aus dem Blut der Märtyrer wächst das Heil, der Baum des wahren Islam, nicht aus dem Tod der Feinde. Die Bedeutung jeglichen irdischen Handelns liegt im Jenseits, im Triumph am Ende der Zeit.« Wer sich schuldig fühlt, nicht, weil er getötet hat, sondern weil er selbst nicht getötet, sondern nur verwundet wurde, darf als Kriegsversehrter den Titel »lebender Märtyrer« tragen.[14]

Im Herbst 1982 erlässt Chomeini »eine Reihe von Anordnungen. Darin erklärte er, für junge Leute, die an die Front wollten, sei die Zustimmung der Eltern unnötig. Freiwillige Meldung zum Dienst sei eine religiöse Pflicht, und der Dienst in den Streitkräften habe Vorrang vor allen anderen Formen des Dienstes«.[15] Im selben Jahr weist er ein Angebot des Irak zurück, im Rahmen eines Gefangenenaustausches die iranischen Kindersoldaten zurückzuschicken. »Krieg, Krieg, bis zum Sieg«, repetieren Lautsprecher, und in der Tageszeitung Etelat wird ein Fortschritt verkündet: »Früher sah man freiwillige Kinder, wie Knospen auf Wiesenfeldern, die in der Morgendämmerung zur Blüte gelangt waren. Sie gingen über Minenfelder. Ihre Augen sahen nichts, ihre Ohren hörten nichts. Und wenige Augenblicke später sah man Staubwolken aufsteigen. Als sich der Staub wieder gelegt hatte, war nichts mehr von ihnen zu sehen. Irgendwo, weit entfernt in der Landschaft, lagen Fetzen von verbranntem Fleisch und Knochenteile herum.« Dieser Zustand habe sich aber in der Zwischenzeit gebessert, versichert die Zeitung ihren Lesern: »Vor dem Betreten der Minenfelder«, heißt es, »hüllen sich die Kinder in Decken ein, damit ihre Körperteile nach der Detonation der Minen nicht auseinander fallen, man sie hinter die Front bringen und auf Händen zu den Gräbern tragen kann.«[16] Jede andere Regierung würde solche Berichte geheim halten. Nicht so die iranische. Sie strengt sich geradezu an, den Tod der Kindersoldaten so erschütternd wie nur möglich zu schildern.

Die Mobilisierung der Kinder wird als oberstes Staatsziel ausgegeben, und selbst Mohammed Chatami, anderthalb Jahrzehnte später zu Recht bejubelter Reformpräsident, ist als »Kulturbeauftragter des Kommandozentrums der Streitkräfte« mitverantwortlich für Propagandafilme[17], in denen Schauspieler auf weißen Pferden, verkleidet als himmlische Boten, die Kinder auffordern, ins Paradies zu kommen.

Für manche der hier Gefallenen gibt es eine Tradition, die viele Jahre später bei sunnitischen palästinensischen Selbstmordattentätern in ihren Lagern in Gaza ankommen wird: die makaber erscheinende Umwidmung des Todes in ein Hochzeitsfest. Eigentlich eine schiitische Tradition, findet sie ihr Motiv in der Person Qasims, des Neffen Husseins, der bei Kerbala kurz vor seiner Hochzeit fiel und dessen Hochzeitszelt dann die Leiche aufnahm – weshalb es Brauch war, den unverheirateten Kriegsgefallenen eine Miniaturausgabe des traditionellen iranischen Hochzeitstisches mit Spiegel und Kerzen in die Vitrinen über ihren Gräbern zu stellen.

Und die Familien? Sie sind gespalten, müssen gespalten sein in ihrer Trauer. Ihre Mutter, berichtet der Bruder eines Gefallenen, »hat nicht geweint, weder vor mir noch vor den anderen im Bus. Aber unterwegs zum Ort, wo sie seine Leiche aufbewahrten, saß sie hinter mir und weinte den ganzen Weg, still, es sollte niemand merken. Wir mussten doch stolz sein. In der Leichenhalle dann bat sie darum, ob sie ihrem gefallenen Sohn eine Decke geben könnten, damit er nicht friere.«

Die Trauer ist in sich ambivalent. Getrauert werden soll, aber noch die Trauer soll geopfert werden: für die gemeinsamen Gebete, die offiziellen Trauerfeierlichkeiten und Prozessionen, die fast täglich aus unterschiedlichsten Anlässen stattfinden. Das gemeinsame und öffentliche Weinen um die Toten, vor allem um die Gefallenen des Kriegs, reicht laut Chomeini zur Befriedigung menschlicher Bedürfnisse voll aus. In einer Rede an die Nation sagt der greise Imam: »Weint, weint, denn das Weinen bringt euch Gott näher!«[18]

Geweint werden soll, gilt das Weinen doch als Vorstufe zum Martyrium und als, so Chomeini, fürchterliche Waffe gegen die Unterdrückung. Er betont, die Jugend sollte sich auf keinen Fall das Weinen ausreden lassen. Denn das Weinen, die Trauer, die den Herrschenden der Islamischen Republik vorschwebt, ist nicht privat, nicht in sich gekehrt, soll nicht dem Abschiedsschmerz über einen geliebten Menschen gelten – sondern soll Zorn, soll Tat werden, soll Hussein rächen.

Der größte Ort im ganzen Land, an dem die Trauer dergestalt verdreht, benutzt wird, liegt südlich von Teheran an der Straße nach Qom: der riesige Friedhof Behescht-e Zahra, der schneller wächst als die Neubauviertel von Teheran und an dessen Eingang

Tag und Nacht Fontänen rot gefärbten Wassers in die Höhe schießen, bevor sie kaskadenartig über mehrere Stufen Marmors wieder abwärts rinnen. Der Blutbrunnen. »Der Baum des Islam kann nur wachsen, wenn er ständig mit dem Blut der Märtyrer getränkt wird«, hat Imam Chomeini gesagt.[19]

Die Friedhofsverwaltung wird noch Jahre später Fragen nach der genauen Zahl der Gräber ins Leere laufen lassen. Die Unterlagen seien gerade nicht da, der zuständige Sachbearbeiter krank, das Ganze ohnehin genehmigungspflichtig, wird der Beamte sagen und mit seinem Blick hinzufügen: Es sind zu viele. Frag nicht. Es sind bereits Mitte der Achtzigerjahre vierzig Quadratkilometer, und die Gräber stehen in dichter Reihe, rasch verwittert im Smog und im harten Klima Teherans mit seinen schneidend kalten Wintern und heißen Sommern. Viele der auf Stein gedruckten Fotos haben bald Risse bekommen, der Marmor ist dunkel geworden. Jugendliche, viele fast noch Kinder, 12, 14, 16 Jahre alt, schauen einen von diesen Gräbern an, unter dem Bild ihr Name, das Alter und dann eine Ortsmarke, irgendein Dorf, ein Schlachtfeld.

Behescht-e Zahra ist der Ort, an dem die Trauer verwandelt werden sollte in eine zornige, kampfbereite Unterwerfung. Jeden Freitag strömte auf diesem Gräberfeld während des Krieges zusammen, was ein ungenannt bleibender ausländischer Beobachter das Lager der »Kerbala-Option« nannte: »In ihm steht eine andere Armee, deren Stärke auf ungefähr zwei Millionen geschätzt wird. Sie stützt sich auf Zehntausende von Müttern und Ehefrauen, genauso viele Alte und Väter und doppelt so viele Geschwister und Kinder. Dies sind die Familien der Märtyrer. Sie zahlen den Preis im Voraus und schließen sich freiwillig dem Lager der Fanatiker an. Sie sind nicht bereit, einer anderen Logik zu folgen als der, welche die ›Kerbala-Option‹ verlangt. Sie drängen mit Nachdruck in diese Richtung. Ihre Präsenz bei jeder passenden Gelegenheit und bei allen Versammlungen ist beachtlich.«

Doch noch während der Krieg andauert, begann im Iran die fatale Desillusionierung der Menschen. Die »Märtyrerfamilien« sind die Verlorenen, Verratenen dieses Krieges. Es hat Proteste gegeben, Appelle in den Zeitungen, denn sie sind, jawohl, sie sind doch die Eltern der Märtyrer. Sie waren doch etwas Besonderes; es war ihre Investition: für Gott, aber auch, um aufzusteigen in der standesbewussten iranischen Gesellschaft, die zu allen Zeiten auf die fein gestaffelten Unterschiede zwischen oben und unten geachtet hat.

Doch je miserabler die wirtschaftliche Lage wird, desto spärlicher fließen die staatlichen Zuwendungen und, schlimmer noch: Ihre Söhne, Männer waren sinnlos gestorben. Für einen Krieg, der keine Zugewinne bringt, für eine Gesellschaft, die sich an den Krieg nicht mehr erinnern lassen will von den Familien der Opfer, die meist aus der Unterschicht stammen und lautstark alle immer wieder daran erinnern, dass sie ihnen etwas schuldig seien.

Ahmed und Babak, die zwei vom Martyrium begeisterten Schüler, werden es beide überleben. Aber während Babak Abitur macht, zu studieren beginnt und überschüssige Lebensenergie darein investiert, ungestörte Treffen mit seiner Freundin zu organisieren, tastet sich Ahmed nur langsam zurück in die Welt, die er durch einen Schuss verlassen hat: auf dem Weg über die winzigen Erhebungen im Papier, die zur Brailleschrift gehören. Ahmed war einer von zweien, die aus seiner 25-köpfigen Gruppe überlebt hatten. Aber was heißt überlebt – erstarrt auf halbem Weg ins Paradies, zum Blinden geschossen von einer Kugel, die den Schläfenknochen hinter seinem rechten Auge durchschlagen, den Sehnerv zerstört hat, bis sie oberhalb der Nase stecken geblieben war. Nach wenigen Wochen an der Front, ganz im Süden bei Chorramschar. Als er zurück bei seiner Familie ist, zu Hause in Meschhed, zeigt man sich nicht allzu erfreut. Schneider kann Ahmed nun nicht mehr werden, und den Nachbarn traut der Vater nicht in die Augen zu sehen, denn die haben einen Märtyrer zum Sohn. Er nur einen Krüppel.

Während die Stiftung der Kriegsversehrten die Blindenschule finanziert und Ahmed ein zweites Mal lesen lernt, will Babak in Teheran nichts mehr wissen von Krieg und Blut und Märtyrern und der ganzen Todesbesessenheit. Wie ihm geht es den meisten Iranern. Kein Kult, der auf der massenweisen Opferung von Menschenleben beruht, lässt sich endlos aufrechterhalten.

Die Rechnung mit Gott ist nicht aufgegangen. Es waren einfach zu viele, das Wort von der »Märtyrerinflation« macht die Runde. Der Preis war zu hoch, das Ergebnis zu niederschmetternd: Als der Krieg nach acht Jahren endet, der Iran am 18.7. 1988 die UN-Resolution 598 und einen Waffenstillstand akzeptiert, wird sein Preis bei zwei ruinierten Volkswirtschaften und 600 000 bis einer Million Gefallenen liegen. Der Gewinn: Um keinen Meter hat sich die Grenze zwischen beiden Staaten verschoben, geschweige dass Kerbala, Mekka, Jerusalem »befreit« worden wären. Eine unfassbare Opferbereitschaft ist in einem unvorstellbaren, am Ende vollkommen sinnlosen Gemetzel gemündet.

Aber die Idee vom Märtyrertum ist (wieder) in der Welt, und der iranische Revolutionsexport hat sie längst weitergetragen: in den Libanon. Zur Hisbollah. Wo sich nicht 20 000 an einem Tag für wenige hundert Meter Bodengewinn, sondern fünf Attentäter binnen eines Jahres opfern – für die hundertfache Zahl an Opfern, für die Demütigung einer Supermacht, für deren Abzug aus dem Libanon, kurz: für einen Sieg.

4
Marketingstrategen des Märtyrertums – Die Hisbollah im Libanon

»Mein Mann ist nicht tot. Er ist jetzt Märtyrer.«

Umm Mohammed, Witwe eines Selbstmordattentäters

»Die stärkste Einzelkraft in der heutigen Welt ist weder der Kommunismus noch der Kapitalismus, weder die Wasserstoffbombe noch die Fernlenkgeschosse – es ist das ewige Streben des Menschen nach Freiheit und Unabhängigkeit.«

Senator John F. Kennedy 1957

Am 23. Oktober 1983, einem Sonntagmorgen, nähert sich ein großer, gelber Lastwagen dem Hauptquartier der US-Marines im Süden Beiruts. Es ist 6.20 Uhr, zehn Minuten vor dem Wecken, das wie üblich sonntags eine halbe Stunde später stattfindet. Über 300 Angehörige der Marines und der Navy schlafen noch. Nur das Küchenpersonal ist bereits auf den Beinen, um das Frühstück zuzubereiten. Der wachhabende Feldwebel am Haupteingang sieht den Lastwagen vor dem Gelände herumkurven – was nicht ungewöhnlich ist, denn sowohl die Frachtabfertigung des Flughafens als auch ein großer Gemüsemarkt liegen in der Nähe. Doch dann gibt der Fahrer plötzlich Vollgas. Er durchbricht den Zaun, rast auf den Haupteingang zu, kracht ins Gebäude, und mit einer gewaltigen Detonation explodieren der Lastwagen und über ihm der massive, vierstöckige Stahlbetonbau. Korporal Martucci, der auf dem Dach geschlafen hatte, schreckt plötzlich aus dem Schlaf: »Es gab eine Explosion. Wir sahen, wie das Dach sich in der Mitte regelrecht hob und explodierte. Danach gab es eine Verzögerung. Dann sackte das Haus, der Boden in ungefähr drei, vier Sekunden in sich zusammen, und wir fielen mit dem Dach herunter.« Die meisten werden in ihren Betten zerquetscht, als der Bau zu einem Haufen aus Zement und verbogenem Stahl zusammenbricht. Ein paar haben Glück, werden vom Luftdruck aus den berstenden Fenstern geschleudert. »Ein Blutbad wie dieses«, sagt ein verstörter Major Bob Jordan, »habe ich seit Vietnam nicht mehr gesehen.«[1] In einem Bericht der gerichtsmedizinischen Gutachter des FBI wird es später heißen, es habe sich um die gewaltigste nichtnukleare Explosion seit dem Zweiten Weltkrieg gehandelt.[2] Fünfeinhalb Tonnen TNT, chemisch angereichert und verbunden mit einer Gasflasche zur Steigerung der Explosivwirkung, sind detoniert.[3]

Oberst Timothy Geraghty, einer der Kommandanten, hat Glück, an diesem Morgen bereits in seinem Büro zu sitzen und die morgendliche Pressemappe zu studieren, als plötzlich sämtliche Fensterscheiben zerspringen. Er rennt ins Freie und ist sofort von einer Rauchwolke umgeben: »Ich lief um die Hausecke, und auch dort war alles wie vernebelt, von oben rieselten Trümmerteile herab. Und dann lichtete sich der Nebel, und ich drehte mich um (...) Das Hauptquartier war verschwunden.«[4]

Es gibt nur einen einzigen Überlebenden, der das Gesicht des Todesfahrers gesehen hat. Gefreiter Eddie DiFranco, der Wachdienst hatte, sah den Fahrer auf das Hauptgebäude zurasen. Das Einzige, was ihm von dem Mann im Gedächtnis geblieben ist, von dem er hinterher weder sagen konnte, ob er dick oder dünn, von heller oder dunkler Hautfarbe war – war dessen Lächeln: »Er schaute direkt zu mir her und lächelte. Kaum hatte ich den Lastwagen rüberkommen sehen, da wusste ich, was passieren würde.«[5]

20 Sekunden nach dem Bombenanschlag auf die US-Marines-Basis explodiert sechs Kilometer entfernt die zweite Bombe und lässt die sechsgeschossige Unterkunft der französischen Fallschirmjäger einstürzen, die im Rahmen der Multinationalen Friedenstruppe ebenfalls nach Beirut entsandt worden waren. Auch hier haben die Posten den heranrasenden Lastwagen nicht mehr stoppen können. Der gesamte Gebäudekomplex wird seitwärts umgeblasen und sieht aus wie ein gekippter Satz Spielkarten aus Beton. 58 Soldaten sterben – für Frankreich der höchste Verlust an Soldaten seit dem Ende des Algerienkrieges vor 22 Jahren.

Nachdem sich die Rettungsmannschaften der Marines eine

Woche lang – oft mit den Händen oder kleinen Werkzeugen, um eventuell noch lebende Opfer nicht zu verletzen – durch Tonnen von Schutt gearbeitet haben, muss man die letzten Vermissten aufgeben. Wie der Kamikaze-Fahrer des Lastwagens sind sie in Staub verwandelt worden. Am Ende betragen die Verluste der amerikanischen Truppe 241 Mann.

Ursprünglich hatten auch die Schiiten ihre Stationierung als Teil der Multinationalen Streitkräfte begrüßt in der Hoffnung, die könnten dem bereits seit acht Jahren währenden Bürgerkrieg endlich ein Ende bereiten. Dazu allerdings hätten sich die Amerikaner neutral verhalten müssen. Doch im libanesischen Imbroglio des Bürgerkriegs blieb niemand neutral.

Ein kleiner Anlass sollte schließlich zum Auslöser der Katastrophe werden: Alles begann damit, dass schiitische Jugendliche am 28. August 1983 Poster des legendären, seit fünf Jahren verschwundenen Schiitenführers Imam Mussa Sadr aufhängten und aus einem vorbeifahrenden Auto beschossen wurden. Die Schiiten behaupteten, es seien Schützen der Falange gewesen, der christlichen Miliz, deren Vorbilder die faschistischen Verbände Hitlers und Mussolinis waren. Also begannen Kämpfer der Falange und der Amal, der Bewegung der gemäßigten Schiiten, aufeinander zu schießen. Dieses Mal wurde auch die offizielle libanesische Armee mit hineingezogen, der es zuvor immer wieder gelungen war, sich halbwegs herauszuhalten. Zwar siegte am Ende die überwiegend christliche, von US-Offizieren ausgebildete Armee, aber die schiitischen Truppen konnten einen großen Teil Südbeiruts halten und wurden sich nach und nach ihrer Macht bewusst.

Die USA verzehnfachten ihre Truppenpräsenz, indem sie ein ganzes Kontingent ihrer Mittelmeerflotte an die libanesische Küste verlegten. Als Kämpfe zwischen Christen und Drusen ausbrachen, geriet die in der Nähe des Präsidentenpalastes im Beiruter Vorort Baabda eingekesselte libanesische Armee am 19. September 1983 in Panik – und forderte die Unterstützung der Amerikaner. Die Generäle und der Nahost-Sonderbotschafter Robert McFarlane gaben grünes Licht. Es war die endgültige Parteinahme der Amerikaner, die fortan auf Beiruts Straßen nur noch die »internationale Miliz«

genannt wurden. Eben eine von zig Bürgerkriegsparteien. Kein Schiedsrichter mehr.

Was aber bedeutete das? Was hieß »die Feuerkraft der amerikanischen See- und Luftstreitkräfte voll zum Einsatz bringen«, wenn es nicht darum ging, die eigenen Truppen zu verteidigen, sondern der belagerten libanesischen Armee auszuhelfen? Das war nur einem der Marines-Kommandanten in Beirut bewusst: Zwei Offiziere erlebten, wie Oberst Timothy Geraghty auf die Funkmeldung der Feuerfreigabe reagierte: »Sir, das kann ich nicht tun. Dann sind wir unsere Neutralität los. Ist Ihnen klar, dass wir hier unten, wenn Sie das machen, abgeschlachtet werden?«[6] Doch man überging seine Einwände, und mit ohrenbetäubendem Lärm gingen Dutzende Salven der US-Kriegsmarine auf die Gebiete der Drusen nieder.

43 Tages später sollte Geraghtys Befürchtung wahr werden, als der Mann, der lächelte, 241 Marines in den Tod sprengte.

Wer steckte dahinter? Die Amerikaner wussten nicht, wen sie überhaupt für die Anschläge verantwortlich machen sollten – war doch die gesamte CIA-Spitze der Nahostaufklärung in den Trümmern der Beiruter US-Botschaft umgekommen, die bereits am 18. April ebenfalls von einem Kamikaze-Fahrer gesprengt worden war.[7] Vom Fahrer des Lastwagens blieb keine verwertbare Spur, alles, was man je von ihm in Erfahrung gebracht hat: Er lächelte.

Dieses Lächeln, das Eddie DiFranco beobachtete, sollte später die Legende vom *Farah al-Ibtissam* begründen, dem »Lächeln der Freude«, das angeblich alle Suizidbomber im letzten Augenblick vor ihrer Mission auf den Lippen tragen. Doch zeigen jene wenigen Fälle, bei denen überlebende Zeugen des Anschlags den Täter bemerkten, dass es eher die Ausnahme war. Sonst beschrieben Augenzeugen den Gesichtsausdruck der Täter als ernst, »wie in Trance«, und auch Ariel Merari, der später Dutzende Biografien von Selbstmordattentätern nach gemeinsamen Mustern durchforschen sollte, entsinnt sich keines »Lächelns der Freude«: »Es ist einer der üblichen Mythen, geboren aus der Hilflosigkeit, sich erklären zu müssen, dass diese Männer in großer Zahl derart entschlossen sind, sich umzubringen.«

Mit vielem habe man gerechnet, sagte Oberst Geraghty im Interview, Autobomben in Krankenwagen, UN-Fahrzeugen, aber ein Lastwagen mit mehreren Tonnen Sprengstoff, »das überstieg einfach die Kapazität jeder Abwehrmaßnahme. Wann hat man je von einer so großen Bombe gehört?« Und er fügte hinzu: »Der Fahrer des Lasters mag ja ein Fanatiker gewesen sein – aber Sie können mir glauben, hinter der Planung und Ausführung des Anschlags steckte ein kühler, harter, politischer und berechnender Kopf.«[8]

Nur welcher? Bis heute sind die Identitäten der Todesfahrer nicht bekannt. Am Telefon bei den Nachrichtenagenturen meldete sich der Islamische Dschihad (bzw. der »Islamische Heilige Krieg«), doch wer war diese Gruppe? Sie hatte, anders als die anderen kamerahungrigen Bürgerkriegsmilizen, kein Büro, keinen Sprecher, kein Gesicht. Es gab nicht mehr als karge Indizien und Gerüchte: So waren Minuten nach den Anschlägen voll besetzte Wagen gesehen worden, die von der iranischen Botschaft wegfuhren.[9]

Nach Geheimdienstinformationen der libanesischen AP-Korrespondentin Hala Jaber waren vor allem zwei Schlüsselfiguren Drahtzieher des Anschlags: ein gewisser Imad Mughniyeh, der in Yassir Arafats Elitetruppe Force 17 zum Sprengstoffexperten ausgebildet worden war, und Mustafa Badredin, Mitglied der ältesten militanten schiitischen Splittergruppe in der Region, ad-Dawa. Vermutlich mit Unterstützung iranischer Instrukteure, vor allem des Botschafters Ali Akbar Mohtaschemi, und verschiedener hochrangiger syrischer Offiziere sei der Anschlag geplant worden.[10] Mughniyeh avancierte später zu einem der international meistgesuchten Terroristen, da er Entführungen mehrerer amerikanischer Geiseln sowie des britischen Gesandten Terry Waite organisiert hatte.[11]

Aber wer auch immer die Gruppe hinter den Tätern war – mit einem Schlag war sie weltbekannt. Und sie hatte die größte Supermacht in die Knie gezwungen: Die US-Marines verlegten ihr gesamtes Kontingent erst unter die Erde und in zu Bunkern umgerüstete Schiffscontainer, bevor Ronald Reagan im folgenden Februar ihren totalen Rückzug aus dem Libanon verkündete.

Nachdem die USA – wie auch die Franzosen und die Israelis – ihre Truppen abgezogen hatten, herrschten fortan schiitische Milizen in Westbeirut, wo früher die PLO das Sagen hatte. Derentwegen Israel zwei Jahre zuvor einmarschiert war, sie zu vertreiben. Doch die Geschichte wiederholte sich nicht einfach. Sie wurde furchtbarer.

Unter dem Kommando von Ariel Scharon, damals Verteidigungsminister, war im Juni 1982 unter dem Codenamen »Frieden für Galiläa« die israelische Armee im Libanon einmarschiert. Über das wahre Ziel der Operation hatte er selbst seinen Kabinettschef Menachem Begin im Unklaren gelassen, denn er wollte nicht nur Galiläa, Israels immer wieder von PLO-Kommandos attackierte Nordprovinz, aus deren Reichweite bringen, sondern die PLO selbst vernichtend schlagen. Wäre die PLO erst einmal erledigt, so Scharons Kalkulation, der alsbald sein Kabinettschef, die Armee und Israels Bevölkerungsmehrheit folgten, wäre auch das Palästinenserproblem erledigt. Die Panzerverbände rückten bis nach Beirut vor, nahmen die Stadt nach wochenlangen Kämpfen und Bombardements ein. Doch während Arafat und seine Truppen sich erneut über das Mittelmeer ins Exil begaben und schließlich die Massaker der mit Israel verbündeten Milizen in den Palästinenserlagern Sabra und Chatila Scharon um sein Amt und die US-Truppen nach Beirut brachten, waren weitgehend unbemerkt mehr als tausend iranische Revolutionsgardisten über Syrien in den Libanon gekommen, um dort einen Brückenkopf der Islamischen Revolution zu errichten. Die Schiiten, die Ärmsten und Schwächsten der libanesischen Gesellschaft, hatten mit dem Iran auf einmal einen mächtigen Verbündeten, der Geld, Waffen, Männer mitbrachte. Und vor allem: eine Idee, eine neue Sichtweise.

Zwar hatten die libanesischen Schiiten auch vorher im Bürgerkrieg mitgekämpft, das absichtsvolle Martyrium jedoch war in ihrem Arsenal bisher unbekannt. Alle Arten von Grausamkeiten gebar dieser Krieg, Massaker an Zivilisten, Folter, Verstümmelungen, doch eines hatte alle Kombattanten bislang geeint: Was immer sie taten, sie wollten es überleben. Nun gab es auf einmal welche, für die dies nicht mehr galt.

Die Grundidee vom Märtyrertum hatten iranische Revolutionsgardisten mitgebracht – aber erst in der Treibhausatmosphäre des libanesischen Bürgerkriegs und der radikalen Szene libanesischer Schiiten entwickelte sich die Taktik des Selbstmordattentats, wie es sich zwei Jahrzehnte später von New York bis Colombo verbreiten sollte.

Dabei war es gerade nicht so, dass im Libanon »ein Irrationalismus triumphiert«[12], wie der deutsche Terrorismusexperte Rolf Tophoven schrieb, sondern es ging im Kern um eine Kosten-Nutzen-Rechnung. Dass die auch einer Strategie des Märtyrertums innewohnen kann, stellte die Hisbollah in den folgenden anderthalb Jahrzehnten unter Beweis.

Bei insgesamt fünf Selbstmordanschlägen mit sprengstoffbeladenen Autos, zumeist großen Lieferwagen, kamen zwischen November 1982 und November 1983 mehr als 500 Menschen ums Leben. Die USA und Frankreich hatten als Reaktion darauf ihre Streitkräfte aus dem Libanon abgezogen, Israel seine Besatzungstruppen in den Süden zurückverlegt. Nach verzweifelten, wütenden Ankündigungen, die Täter zu bestrafen, nach einigen Vergeltungsbombardements auf mutmaßliche Hisbollah-Camps gestanden amerikanische wie israelische Politiker ihre Kapitulation ein: »Es ist nahezu unmöglich, sich dagegen zu verteidigen, wenn der Fahrer bereit ist, sich selbst mit umzubringen«, bemerkte US-Staatssekretär Lawrence Eagleburger resignierend gegenüber einem Kongressausschuss in Washington.[13]

Jener Islamische Heilige Krieg, der sich zu den Anschlägen bekannt hatte, besaß kein Gesicht, keine bekannte Führung, war die furchterregendste Kraft – und zugleich unsichtbar. Oder, wie es ein Hisbollah-Scheich einmal lächelnd formulierte: »Das ist das Schöne an der Sache. Im Süden gibt es keinen Führer. Die Befehle kommen direkt von Gott.«[14] Jahre später tauchte ein ausführlicheres Bekennerschreiben im Namen des Islamischen Dschihad auf: »Zwei Herzen haben im Namen Allahs in dem Moment geschlagen, wo sie alle Qualen der Erniedrigung und der Verachtung erlitten (…) Nur die beiden Märtyrer, die niemand auf dieser Welt kannte, wachten, während alle Übrigen schliefen. Sie waren kühn und großartig, während die anderen feige und kleinmütig waren. Sie waren begierig, ihrem großen Schöpfer zu begegnen, und sie waren enttäuscht über den Defätismus der *Umma*, der Gemeinschaft der Muslime. Sie allein haben den Sieg ermöglicht und haben die Erniedrigung beendet, während sie ohne Furcht sagten: Allah ist größer als die, vor denen ihr Furcht habt und von denen ihr sagt: Suchten sie die Macht bei den Ungläubigen? Alle Macht gehört Allah.«[15]

Experten gehen davon aus, dass diese Gruppe, die von der Bildfläche verschwand, als die Hisbollah 1985 offiziell auftauchte, nur ein Deckname für selbige war – beziehungsweise für deren Kader und einzelne Gruppen, die sich schließlich zur Hisbollah zusammenfanden. Zumal sich die Hisbollah 1985 nachträglich zum ersten Selbstmordattentat am 11. November 1982 bekannte.[16]

Im Iran war Chomeini überzeugt, sein eigenes Land sei nur der Anfang einer Islamischen Revolution, die die gesamte Umma dem Einfluss des Westens entreißen und zu neuer Macht führen sollte. Doch die autoritären Machthaber in Saudi-Arabien oder dem Irak taten alles, um den iranischen Einfluss einzudämmen. Nicht so im Libanon: Hier herrschte so recht niemand mehr über das ganze Land. »Wir betrachten den Libanon als Teil des Iran«, verkündete Chomeini, »weil wir nicht voneinander getrennt sind. Wir sind wie sie, und sie sind wie wir.«[17] Dazu kam, dass Syriens Diktator Hafiz al-Assad getreu dem Motto »Die Feinde meiner Feinde sind meine Freunde« mit der iranischen Führung in Feindschaft gegen den Irak verbunden war. Seine Truppen standen im Osten des Libanon, und so schlugen die entsandten *Pasdaran*, die iranischen Revolutionsgardisten, dort ihre Lager auf.[18] Dass Assad im selben Jahr 1982 gerade einen Aufstand der Muslimbrüder in der Stadt Hama niedergeschlagen hatte, indem er die Stadt bombardieren und Tausende umbringen ließ, störte Chomeini und seine revolutionäre Realpolitik dabei nicht.

Die Anschläge auf die amerikanischen und französischen Truppen waren in den Augen der Radikalen glorreiche Werbung für die Ausbreitung der Islamischen Revolution – hatten sie doch die Amerikaner und Franzosen ganz aus dem Land getrieben und den

Rückzug der Israelis auf den Südlibanon erzwungen, den sie als »Sicherheitszone« weiterhin besetzt hielten. Die Bereitschaft schiitischer Attentäter, sich furchtlos und ohne Zögern selbst zu opfern für die »Entrechteten der Erde«[19], machte Eindruck – und wurde ein wertvolles Propagandagut für die Hisbollah wie für den Iran.

Mit den Revolutionsgardisten war die missionsbeseelte Avantgarde der Islamischen Revolution in der arabischen Welt angekommen. Doch der Libanon war nicht der Iran, kein vergleichsweise homogenes Großreich, das genug Wucht und Masse besaß, sich gegen alle ausländischen Interventionen zur Wehr zu setzen.

Der Libanon war anders, kleiner, und ein dermaßen heterogenes Gemisch der Konfessionen und Lebensverhältnisse, dass ein Tagesmarsch genügt, eine andere Welt kennen zu lernen: Da gibt es die kosmopolitische, städtische Kultur Beiruts. Die Intelligenzia des östlichen Mittelmeerraums wird ausgebildet an Hochschulen wie der American University of Beirut oder der Université St. Joseph, die im 19. Jahrhundert von amerikanischen und französischen Missionaren gegründet wurden. Da leben ein Stück landeinwärts Armenier, griechisch-orthodoxe Mönche, dann, in den Bergen, die Maroniten, eine katholische Splittergruppe, die mit Rom uniert ist, deren Priester aber trotzdem heiraten. Hinter den Bergen, in der Bekaa-Ebene, siedeln Schiiten, nach Süden hin wieder Christen, im Schuf-Gebirge Drusen, frühe Abkömmlinge des schiitischen Glaubens mit einer Geheimlehre, zu der nur Geburt, nicht Heirat oder Konversion den Zugang eröffnet. An der Küste leben sunnitische Handwerker und Händler, im Inland des Südens die Ärmsten des Libanon: schiitische Bauern, Pächter ihrer Feudalherren, die im Laufe des libanesischen Bürgerkriegs zum ersten Mal zu einer wirklichen Macht im libanesischen Kräftefeld aufsteigen. Bis dahin sind die Schiiten immer die Ärmsten und Schwächsten im libanesischen Mächtepoker gewesen, rückständig, von ihren eigenen Feudalherren in Abhängigkeit und Analphabetismus gehalten, während in den Hafenstädten der Handel boomt und Beirut zum kosmopolitischen Zentrum des östlichen Mittelmeers wächst.

Lebensgrundlage dieses winzigen Staates von der halben Größe Hessens ist immer das Gleichgewicht seiner 17 Völkerschaften gewesen, und in diesem Kräftefeld, wo jeder zerrt, kämpft, Bündnisse schließt und ausländische Mächte ins Spiel bringt, wenn er nur kann, käme eine Islamische Revolution à la Iran gar nicht in Fahrt. Sie würde schon über ihre Nachbarn stolpern, wenn sie bloß Anlauf dazu nimmt.

Und genau das widerfährt der Hisbollah in ihren Anfängen: Angeleitet von iranischen Revolutionsgardisten, hat sie nicht nur den äußeren Gegner im Blick: Frauen haben sich zu verschleiern, Kartenspiel und Domino in den Cafés sind untersagt, Tanz, Musik, Feste werden beargwöhnt, und als den durchaus bürgerlichen Bewohnern von Tyros auch noch ihre geliebten Picknicks am Strand und gemeinsames Baden von Männern und Frauen versagt werden sollen, verliert Irans Exportschlager rasant seine Anziehungskraft. Der voreilige Traum der Hisbollah und ihrer Mentoren, den Libanon mithilfe der iranischen Revolution in einen islamischen Staat zu verwandeln, erweist sich als völlig unrealisierbar in einem Land, in dem über 40 Prozent der Bevölkerung nicht einmal Muslime, geschweige denn Schiiten sind.

Doch die Hisbollah lernt schnell, und Scheich Fadlallah hat das einmal so formuliert: »Wir glauben an den Revolutionsexport. Aber da ist ein Unterschied zwischen dem Export einer Revolution als Ganzes und dem Export einzelner Teile. Unter den gegebenen Umständen glauben wir, dass nur ihr Export in Teilen sinnvoll ist.«[20] Schikanen gegenüber der eigenen Klientel, um die schiitische Bevölkerung des Südlibanon à la Iran auf Tschador und Rigorismus einzuschwören, werden rasch wieder eingestellt. Dass Frauen nur noch vollständig bekleidet an den Strand dürfen, Männer und Frauen gar getrennt feiern sollen, vergrault selbst die treuesten Anhänger. Nichts gegen die Islamische Revolution, sagen sich die libanesischen Schiiten, aber was hat das bitte schön mit meiner Familie zu tun?

Die Hisbollah begreift – wie nach ihr die Hamas – den politischen Marktvorteil, Dogma und Flexibilität miteinander zu kombinieren. So viele Parteien kämpfen schon im libanesischen Bürgerkrieg, und nun kommt noch eine dazu. Aber eine, die klarstellt, dass sie eben nicht irgendeine Partei ist – sondern die Partei Gottes. Die nicht, wie die meisten anderen und ganz besonders ihre schiitische Konkurrenz, die Amal-Bewegung, für die eigenen Profite und Pfründe kämpft. Die sich lieber aus dem innerlibanesischen Zwist heraushält und den äußeren Gegner sucht. Anstatt gegen die Amoral wird sie ihren Kampf gegen jenen Feind führen, der sich ohne Not dazu gemacht hat: Israels Besatzungsarmee und ihre Verbündeten.

Denn im Widerstand gegen den ausländischen, dazumal noch andersgläubigen Besatzer lassen sich Religion, Patriotismus und Opferbereitschaft zusammenfügen. »Religion spielt eine wichtige Rolle im Widerstand, und die islamische Kultur hat eine psychologische Atmosphäre der Bereitschaft geschaffen, zu kämpfen und sein Leben zu opfern«, bemerkt der libanesische Soziologe Waji Kosrani. »Unter Jugendlichen können wir eine permanente Bereitschaft finden, für das Gelingen der ›Sache‹ zu sterben. Das ist die Konsequenz ihrer Weltsicht. Denn die wurzelt im Glauben und darin, füreinander einzustehen. Diese Kombination aus religiösen und sozialen Elementen in islamischen Gesellschaften ist ein Schlüssel zum Verstehen des Phänomens.«[21]

Als die Israelis schon 1978 das erste Mal den südlichsten Streifen des Libanon besetzt hatten, wurde eine der ersten UN-Friedensmissionen entsandt. Schon ihr Name sollte klarmachen, dass man eigentlich nicht lange zu bleiben vorhatte: Als United Nations Interim Forces in Lebanon, UNIFIL, wurde sie im besetzten Süden stationiert. Die Truppe sollte den »vollständigen und bedingungslosen« Abzug der israelischen Besatzer überwachen, wie es die UN-Resolution 425 verlangt. Und ist noch heute dort, um die Grenze zu sichern, nachdem die Israelis im Frühsommer 2000, 22 Jahre nach ihrem ersten Einmarsch, abgezogen sind.

Normalerweise werden die Truppen und Offiziere der UNIFIL regelmäßig ausgewechselt. Nur einer ist seit 1979 dabei, und niemand käme auf die Idee, ihn ablösen zu wollen: Denn Timur Göksel, gebürtiger Türke, ist nicht nur Sprecher der UNIFIL, sondern vor allem ihre wandelnde Enzyklopädie und ihr Führer durch unwegsames Verhandlungsterrain, wenn es wieder einmal darum geht, zwischen allen verfeindeten Parteien zu manövrieren und dabei möglichst neutral zu bleiben. Göksel, ein massiger Hüne mit rauer Stimme und kahlem Kopf, hat das Kommen und Gehen der Warlords erlebt, kennt sie alle, und ist von buddhistischer Gelassenheit – die binnen Sekunden in ein wütendes Dröhnen umschlagen kann, wenn es nötig ist. Wenn die Hisbollah mal wieder einen UN-Stützpunkt als Deckung genutzt hat, wenn Israelis die UN-Soldaten beschießen oder, nach deren Abzug, arbeitslose Lokaljournalisten Weg- und Grenzmarkierungen verwechseln und behaupten, die UNO würde libanesischen Boden an Israel abtreten.

Göksel, dessen kleines Büro im UNIFIL-Hauptquartier im verträumten Hafenstädtchen Naqoura überquillt von Zetteln, Büchern und kitschigen Emblemen aller ausländischer Bataillone, die im Südlibanon stationiert waren, erinnert sich an die Frühzeit der israelischen Invasion: »Als die hier einrollten, wurden die wirklich willkommen geheißen, denn jeder im Südlibanon war es leid, den Kopf hinzuhalten für die palästinensischen Attacken auf Israel. Aber als die Israelis immer länger blieben, Beirut bombardierten, mitten im August der halben Stadt Wasser und Strom abdrehten und gar nicht daran dachten, wieder abzuziehen, wurden die Leute skeptisch.«

Das Dorf Maarakeh ist ein armes Bergnest nahe Nabatiye, dessen Leben sich rund um seinen Donnerstagsmarkt für Gemüse, Hühner und Käse sowie seine Moschee abspielt. In den späten Siebzigerjahren war es zum Zentrum des Widerstands gegen die palästinensische Guerilla geworden, und Dutzende starben bei erbitterten Feuergefechten.[22] Als die Israelis 1982 einrückten, wurden sie von den Einwohnern Maarakehs mit Rosenwasser und Reis empfangen. Die schiitische Gemeinde im Libanon insgesamt hatte, Chomeinis wütenden Tiraden zum Trotz, den jüdischen Staat bis dato akzeptiert, sich gar keine Gedanken über den friedlichen Nachbarn gemacht.

Es sollte ein Jahr dauern, und aus Befreiern waren Feinde geworden, erinnerte sich Scheich Ali Ibrahim, ein örtlicher Geistlicher: »Sieben oder acht Monate blieb es ruhig, weil die Leute glaubten, die Israelis seien des Friedens wegen gekommen. Aber das sollte sich als Täuschung herausstellen.«[23] Es begann damit, dass die Israelis eine »Organisation für den vereinigten Süden« gründeten und so genannte »Dorfkomitees« einrichten wollten, die, von Israel bezahlt und bewaffnet, eine Art Kolonialverwaltung bilden sollten.

Die Besatzungsmacht ging vor mit Zuckerbrot und Peitsche: Jedem Komitee wurde wirtschaftliche Hilfe versprochen. Doch wer sich weigerte, gar Angehörige in israelischen Gefängnissen hatte, dem bedeutete man, dass dies für diese Gefangenen gar nicht gut sei. Dörfer, die sich komplett weigerten, wurden fremden Milizen unterstellt, und langsam fühlten sich die Schiiten des Südlibanon ans Schicksal der Palästinenser gemahnt: Jeder erinnerte sich daran, wie sie von ihrem Land vertrieben worden waren, wie sie geglaubt hatten, rasch wieder zurückkehren zu können, es aber eine Vertreibung ohne Wiederkehr geworden war. Aus alledem zogen die Libanesen einen Schluss: sich nicht zu unterwerfen und nicht zu gehen.

Anfangs verlief der Konflikt vergleichsweise harmlos mit dem Boykott israelischer Importwaren, Demonstrationen, vereinzelten Schießereien. Er eskalierte endgültig am 16. Oktober 1983, bei der alljährlichen Aschura-Prozession in Nabatiye: 50 000 Menschen hatten sich versammelt, um dem Zug der Geißler durch die Straßen der Stadt beizuwohnen, die sich im Angedenken an das Martyrium Imam Husseins in Kerbala Stirn und Rücken blutig schlugen. Auf dem Höhepunkt der Feierlichkeiten erreichte ein israelischer Militärkonvoi Nabatiye, und der diensthabende Offizier bestand darauf, durch die Menge zu fahren. Einen größeren Fehler hätte er kaum begehen können. Denn genau um den aufopferungsbereiten Kampf gegen einen übermächtigen, tyrannischen Herrscher dreht sich der Mythos von Hussein und Aschura, und die wütende Menge, ohnehin in aufgeheizter Stimmung durch die Selbstgeißelungen und Klagegesänge, stürzte sich auf die Eindringlinge, die hupend durch die engen Straßen drängten. Die Israelis riefen nach Verstärkung, begannen zu schießen, am Ende waren mehrere Libanesen tot, 15 verwundet. Der hohe schiitische Rat im Libanon gab ein religiöses Edikt, eine Fatwa heraus, die zum Widerstand gegen die israelische Besatzung aufrief – nun war der Krieg offiziell. Und die Hisbollah hatte ihren Feind gefunden.

»1984 sagte ich einem amerikanischen Journalisten, dass die Israelis einen großen Fehler machen«, erinnert sich Timur Göksel: »Wenn sie sich nicht schnell davonmachten, würden sie die Fahne der Islamischen Republik Libanon bald an ihrer Grenze wehen sehen. Die Israelis waren empört und fragten, wer denn dieser arrogante UN-Offizier sei. Sie glaubten immer noch, die Schiiten wären ihre Freunde. Sie sagten, dass ich verrückt sei und dass es Palästinenser seien, die angreifen. Was für Palästinenser?, fragte ich, die sind doch am Ende. Die Israelis wollten einfach nicht akzeptieren, dass sie von Schiiten angegriffen wurden. Sie waren doch angeblich ihre guten Freunde.«[24]

Yitzhak Rabin, damals israelischer Verteidigungsminister, hatte erst gelobt, »den Südlibanon menschenleer zu bomben«[25], aber dann so rasch wie hellsichtig erkannt, was da auf Israels Besatzungstruppen zukam: »Ich glaube, dass unter den vielen Überraschungen die gefährlichste die ist, dass der Krieg die Schiiten aus der Flasche ließ. Niemand sah das voraus. Ich konnte es in keinem Geheimdienstbericht finden. Terror kann nicht durch einen Krieg beendet werden. Das ist totaler Unsinn; es war eine Illusion. Wenn wir als ein Ergebnis des Kriegs im Libanon den PLO-Terrorismus im Südlibanon durch den schiitischen Terrorismus ersetzt haben, haben wir das Schlimmste in unserem Kampf gegen den Terrorismus getan. In den 20 Jahren zuvor machte sich nicht ein PLO-Terrorist zu einer lebenden Bombe. In meinen Augen haben die Schiiten ein Potenzial für eine Art von Terrorismus, das wir noch nicht kennen.«[26]

Die radikalen Schiiten im Libanon hatten mit der Ankunft der Iraner zum ersten Mal im Bürgerkrieg massive Hilfe aus dem Ausland erhalten: Geld, Ausbilder und der Mythos von der Islamischen Revolution nach schiitischem Muster wurden gestellt. Aber um hier, 1000 Kilometer weiter westlich, für die gleiche Sache zu kämpfen, bedurfte es eines lokalen Motivs, eines Feinds wie des

Schahs im Iran oder der irakischen Angreifer. Nun hatte Israel ihn geliefert.

Anders aber als zuvor den Iranern und später den Palästinensern gelang es der Hisbollah, das Selbstmordattentat zu einem genau kontrollierten, sehr gezielt und sparsam eingesetzten Instrument zu machen, dessen Wirkung mit maximaler Resonanz verbreitet wurde. Nichts überließ sie dabei dem Zufall. Hier konnten Menschen nicht einfach an die Front geschickt werden wie im ersten Golfkrieg zwischen Irak und Iran. Im Wettbewerb der Mächte und Ideologien musste die Hisbollah sie nachhaltiger überzeugen. Auch waren Menschenleben, nüchtern kalkuliert, kostbarer als im Iran. Die Gesamtzahl der Hisbollah-Kämpfer betrug einen kleinen Bruchteil jener 20 000, die bei einer einzigen iranischen Offensive der »menschlichen Angriffswellen« in den Tod geschickt wurden.[27]

Den Strategen in Beirut und der Bekaa-Ebene war klar: So erfolgreich diese neue Form des Schreckens auch war, sie brauchte klare Regeln und, wichtiger noch, sie musste legitimiert werden. Wann war eine menschliche Bombe theologisch gerechtfertigt? Wann durfte man, wann nicht, wo waren die Grenzen? Zumal Scheich Fadlallah sich anfangs beharrlich weigerte, die Attentate mit einer ausdrücklichen Fatwa zu billigen, stattdessen auf das historisch verbriefte Verbot des Selbstmords verwies. So besorgten sich die Hisbollah-Führer ihre religiöse Rechtfertigung eben aus dem Iran. Nach Angaben des Hisbollah-Funktionärs Ibrahim al-Amin war es Großayatollah Chomeini persönlich, der seinen Segen gab.[28] Scheich Naim Quassem, bis heute Vize der »Partei Gottes«, erläuterte in verschiedenen Interviews und Schriften, wie dieser Schritt zu rechtfertigen sei – und dass er nichts mit Selbstmord zu tun habe, der war ja tabu. Dabei ging es dem Theoretiker des Selbstmordanschlags nicht um eine logische Argumentation. Denn die wäre zwingend in die Schlussfolgerung gemündet, dass solche Attentate zwar militärisch von unschätzbarem Nutzen sein mögen, der Islam jedoch zu ihrer Legitimation nicht heranzuziehen ist, ja ihnen klar entgegensteht.

Stattdessen drehte und wendete Qassem die Fragmente der Offenbarung und Überlieferung in bruchloser Tradition der Nutzbarmachung so lange, bis es schlüssig klang. Denn wer an die Existenz des Unmöglichen glauben will, dem muss sie ja nicht bewiesen, sondern nur inszeniert werden. »Es ist religiöse Pflicht (jedes Muslims), sich in den Heiligen Krieg zu begeben und das höchste Opfer zu bringen«, setzte Qassem an und fuhr fort: »Wir sind überzeugt, dass der Moment des Todes jeder Person in Gottes Hand liegt. Wir glauben, dass solche Daten Gott bekannt sind und von den Engeln weitergegeben werden.« Zur Bestätigung flocht er eine Koransure ein: »Und ist ihr Moment des Todes gekommen, so kann man ihn nicht aufschieben oder beschleunigen.«[29] Jeder Mensch werde unweigerlich zu seiner Stunde sterben, »selbst wenn er sich versteckt. Also ist alles, was er zu tun hat, die Wahl der Art, wie er zu Tode kommt: Wenn Sie den Islam verstehen, werden Sie zweifellos begreifen, dass diese Person ja nicht vor ihrer Zeit stirbt. Von diesem Standpunkt aus betrachten wir das Märtyrertum als die Wahl des Muslims, seine Todesart selbst zu bestimmen.«[30] Um die Anschläge also zu rechtfertigen, war eine ungeheuerliche Anmaßung nötig: Die Hisbollah selbst maßte sich an Gottes Stelle an, den Todeszeitpunkt festzulegen – und hatte kein Problem damit, in einer Gedenksendung im November 1999 zum 17. Todestag ihres ersten Selbstmordbombers zu erwähnen, dass ursprünglich der 10., nicht der 11. November vorgesehen war, aber »unerwartete Umstände die Operation auf den nächsten Tag verschoben«.[31]

Nach und nach entsteht über die Jahre eine ganze Kultur des Märtyrertums: So, wie die Eskimos Namen haben für die verschiedenen Formen des Eises und die Beduinen für die Arten des Sandes, pflegt die Hisbollah den arabischen Wortschatz des ganz speziellen Todes: Da Selbstmordattentate per definitionem kein Selbstmord sein dürfen, kommt für sie der Begriff der *Amalyiat al-Istischhadiyya*, der Märtyreroperation, auf. Im Zentrum steht der *Schahid*, der Märtyrer.[32] Das kann der *Schahid as-said* sein, der »glückliche Märtyrer«, oder auch *Schahid al-muqattil*, »der im Kampf getötete Schahid«, der lebend hätte davonkommen können, aber den Tod vorzog – wie Hussein in Kerbala. Höhepunkt der Opferbereitschaft ist der *Istischhadi*, der sich selbst dem Martyrium Übereignende, mithin jeder Selbstmordattentäter. Aber da gibt es auch den *Schahid al-mazlum*, den ungeplant, auch ungewollt zu Tode Gekommenen.[33] In den Kondolenzanzeigen der Hisbollah für die Fahrer der Sprengstoffautos wird fein auf die Unterschiede geachtet. Um Selbstmordattentate zu verhindern, hatten die israelischen Kommandanten angeordnet, dass in jedem Auto in der besetzten »Sicherheitszone« zwei Leute sitzen müssten. Sie konnten sich nicht vorstellen, dass diese von ihnen für fanatisierte Amokläufer gehaltenen Täter keine Einzelgänger sind.[34] Fortan sitzen in jedem mit Hunderten Kilo TNT gefüllten Auto eben zwei Leute, und später in den Kommuniqués wird der Fahrer als *Schahid as-said*, als »glücklicher Märtyrer«, gepriesen, während der Beifahrer, als *Schahid al-mazlum*, als »unbeabsichtigter Märtyrer«, sozusagen zweiter Klasse ins Paradies eingefahren ist.

Um die Märtyrer wird ein Kult errichtet: In der Zeitung, dem Rundfunk, ab den Neunzigerjahren auch dem Fernsehsender der Hisbollah werden ihre Namen, ihre Tat gepriesen und ein vor der Tat aufgenommenes Abschiedsvideo, manchmal sogar Bilder der Tat selbst gezeigt. Die Prediger in den Moscheen halten sie den Lebenden als Beispiel vor, die Hisbollah institutionalisiert eigene Formen der Feier, Dichtung, Begriffe, selbst Kleidung.[35] Auch die Witwen der Getöteten bekommen ihren offiziellen Titel: *Awalat asch-schuhada*, Märtyrerwitwen.[36] Für deren Unterhalt sorgt die »Märtyrerstiftung«. Ein ganzes Geflecht von Organisationen kümmert sich um die Lebenden im Allgemeinen und die Hinterbliebenen im Besonderen. Es gibt Krankenhäuser, Verbrauchergenossenschaften, Schulen, Kooperativen, Kindergärten und -krippen, Wohnungsbauprojekte und Weiterbildungsmaßnahmen vom Nähkurs bis zum Imkerlehrgang.

Es scheint paradox, dass ausgerechnet jene Gruppen, die das umfassendste Sozialprogramm bieten, auch jene sind, die Selbstmordanschläge forcieren. Aber wahrscheinlich geht es nur so, lässt sich die Strategie des absichtsvollen Märtyrertums überhaupt nur durchhalten und vor der eigenen Gesellschaft rechtfertigen, wenn diese Gruppe ein soziales Netz anbietet, das die Hinterbliebenen dieses selbst gesuchten Todes auffängt.

Nach den fünf verheerenden ersten Anschlägen lenken Hisbollah-Kämpfer ihre rollenden Bomben in Unterkünfte, israelische Militärkonvois und Artilleriestellungen im Südlibanon. Sie verwenden Autos, beladen mit 150 bis 900 Kilogramm Sprengstoff, aber ebenso Gürtel wie später in Israel und Sri Lanka. Einige Male werden auch Esel beladen und gesprengt und in einigen wenigen Fällen Boote benutzt. Doch während die Hisbollah selbst ihre Anschläge immer weiter reduziert, setzt ein gespenstischer Nachahmungseffekt ein: War zuvor niemand auf die Idee gekommen, sich planvoll zu opfern oder dies von irgendwem zu verlangen, treten nun die verschiedensten Gruppen auf den Plan: Am 6. Juni 1984 rast der erst 18-jährige Bilal Fahs, zuvor einer der Leibwächter des Amal-Führers Nabih Berri, mit einem sprengstoffbepackten Mercedes in eine israelische Patrouille und wird in den folgenden Monaten auf Tausenden Plakaten verewigt: ein halber Junge noch, mit schmalem Gesicht und dünnem Schnurrbart, das Gesicht umrahmt von Paradiesquellen, darunter die Legende »Bräutigam des Südens«.[37]

Der gewaltigen Mythisierung zum Trotz bieten die blanken Zahlen ein anderes Bild: Nicht einmal die Hälfte der rund 50 Suizidanschläge ab 1983 gingen auf das Konto der Hisbollah, der Rest wurde von der Amal oder den säkularen, syrisch kontrollierten Gruppen begangen – an die sich heute niemand im Westen mehr erinnert. An die Hisbollah schon.

Statistisch gesehen machten Selbstmordanschläge in den Neunzigerjahren kaum ein Promille der militärischen Aktivitäten der Hisbollah aus. 1999 zum Beispiel zählte die israelische Armee 1500 Militäroperationen der Hisbollah – darunter nur einen Selbstmordanschlag: Am 30. Dezember 1999 sprengte sich nahe der Ortschaft Qlea im Südlibanon der Fahrer eines Chevrolets, als er auf gleicher Höhe mit einem israelischen Konvoi war. Es war der erste Anschlag dieser Art seit 1995 – und zugleich der bisher letzte.

Die Gründe sind vielfältig: Zum einen wurden Gebäude und Konvois besser gesichert, es war nicht mehr ganz so einfach, viele Menschen mit einem Schlag umzubringen. Die Hisbollah war viel zu klein, viel zu bemüht um das Überleben ihrer Kämpfer, als dass sie allzu häufig zu diesem letzten Mittel griff. Außerdem wurden andere Waffen wichtiger: elaborierte Bomben mit Fernzündung, eine umsichtige Aufklärung, Spionage, Entführungen israelischer Soldaten und Geheimdienstler. Als die Kosten-Nutzen-Rechnung der Märtyreroperationen 1985 nicht mehr so aufging wie zuvor, gab es eine heftige Debatte zwischen dem radikalen Flügel der Hisbollah und Scheich Fadlallah. Die Radikalen betrachteten selbst noch gescheiterte Anschläge, die niemanden umbrachten außer den Täter, als Erfolg – seien sie doch Ausweis der Bereitschaft, sich »auf dem Altar des Widerstands zu opfern«. Fadlallah widersprach heftig: »Das Selbst-Martyrium ist nicht gestattet, wenn es nicht den Feind erschüttert. Der Gläubige kann sich nicht einfach in die Luft sprengen, wenn die Resultate dies nicht rechtfertigen. Solche Operationen sind keine tödlichen Unfälle, sondern Pflichten, geregelt von Gesetzen, und die Gläubigen dürfen sich nicht über Gottes Gesetze hinwegsetzen!«[38] Der Selbstmordanschlag – eine Frage der Bilanz.

Nicht aufgrund ihrer Wirkungslosigkeit wurden die Selbstmordattentate eingestellt, nicht wegen des Verlustes an Menschenleben und mangelnder gesellschaftlicher Akzeptanz wie im Iran, auch nicht aufgrund der militärischen Gegenwehr der israelischen Armee – sondern vor allem, weil die Hisbollah zu erfolgreich geworden war. Aus ihrer Position der Unterlegenheit war sie so sehr in die Offensive geraten, dass sie es nicht mehr nötig hatte, ihren Anhängern die Selbstopferung abzuverlangen – und dies wahrscheinlich auch schwieriger geworden wäre.

Würde man das Selbstmordattentat nüchtern als ein bestimmtes Verfahren bezeichnen, so war es die Hisbollah, die diesem Verfahren Regeln verlieh, seine Ordnung lieferte, es auf ein stabiles Fundament stellte und dann das Marketing besorgte.

Führe man fort, die Hisbollah im Rahmen dieser Metapher zu beschreiben, so ist sie ein schillernder Mischkonzern, eine Holding für die verschiedensten Aktivitäten. Kein irrationaler, fanatisierter Haufen von Starrköpfen, sondern ein hochflexibles Gebilde, das sich selbst seit Jahren zwischen den Strudeln und Klippen libanesischer Politik mit erstaunlicher Sicherheit behaupten konnte.

Angetreten war die Hisbollah als kompromisslose, bewaffnete Kampftruppe gegen die israelischen Besatzer, aber auch gegen den Westen, gegen jedes System, dessen Souverän nicht Gott hieße, sondern Diktator – oder auch Volk. Aber als sich im November 1989 alle Bürgerkriegsparteien unter syrischer Ägide im saudischen Luftkurort Taif trafen, wurden als erster Schritt zum Frieden die Entwaffnung der Milizen und anschließend Wahlen beschlossen zur Rekonstruktion der libanesischen Demokratie. Unter syrischer Kontrolle.

Syrien willigte ein, dass die Hisbollah nach dem Taif-Abkommen als einzige Miliz ihre Waffen behalten durfte, um damit den Kampf gegen die israelischen Besatzer im Süden fortzusetzen – und konnte sie dafür als Druckmittel in den Verhandlungen mit Israel nutzen, um die besetzten Golanhöhen zurückzubekommen. Schwieriger war es mit der Teilnahme an den ersten Nachkriegswahlen 1992. Bedeutete dies doch die Anerkennung des zuvor als korrupt gegeißelten libanesischen Systems. Flugs wurden die Grundsätze ein wenig umgestellt. Die Hisbollah kandidierte und zog mit einer respektablen Fraktion ins Parlament ein – um, so werden die Radikalen beruhigt, »die Regierung auf friedlichem Wege zu stürzen«[39], wovon später nicht mehr die Rede ist.

Doch wie jede kämpfende Bewegung war auch die Hisbollah unter Druck: Nach 16 Jahren Bürgerkrieg hatten die allermeisten Libanesen einfach die Nase voll vom Kämpfen, das Land war zerstört, die Wirtschaft ruiniert, das libanesische Pfund nichts mehr wert. Es gab wichtigere Dinge als den Gottesstaat und selbst die Befreiung des noch verbliebenen besetzten Streifens im Süden.

Doch dann saß Israels Führung jener zuvor und später immer wiederholten Fehlkalkulation auf, dass man nur den »Kopf des Drachens« abschlagen müsse, um damit die gesamte Bewegung zu paralysieren: Am 16. Februar 1992 äscherte Israels Luftwaffe mit Raketen den Hisbollah-Gründer und Generalsekretär Abbas Mussawi zusammen mit seiner Frau, ihrem einjährigen Kind und mehreren Leibwächtern ein.[40] Wenn die Absicht gewesen war, die Hisbollah damit zu schwächen, so trat das Gegenteil ein. Zehntausende kamen am nächsten Tag zur Beerdigung. Sogar die Regierung sah sich genötigt zu kondolieren, und sofort folgte Hassan Nasrallah im Amt des Generalsekretärs. Im März zerstörten zwei Bomben Israels Botschaft und Kulturinstitut in Buenos Aires, wobei 29 Menschen ums Leben kamen, 250 verwundet wurden.

Die Hisbollah hatte ihre Ehre gerächt, wichtiger aber noch: Die Ermordung ihres Führers hatte der Hisbollah in einer schwierigen Phase, in der die Mehrheit der Libanesen sich nach Frieden sehnte anstatt nach Fortsetzung des endlosen Kriegführens, einen machtvollen Schub gegeben. Und als Israels Armee im April 1996 die Offensive »Früchte des Zorns« startete, den Südlibanon und die Elektrizitätswerke Beiruts bombardierte, wobei 200 Libanesen umkamen, riefen Libanesen aller Konfessionen, Muslime wie Christen, bei örtlichen Radiostationen an, fragten, wie viel eine Katjuscha koste und wie man Geld an die Hisbollah senden könne.[41]

Mit der Hisbollah direkt ins Gespräch zu kommen ist etwas schwieriger als bei anderen Parteien. Auch hier muss man sich an die Pressestelle wenden. Aber die zu finden ist nicht leicht. Sie liegt im übervölkerten Südbeiruter Stadtteil Haret ar-Rek, irgendwo im verwinkelten Häusermeer nie ganz fertiger Häuser, wilder Anbauten und viel zu schmaler Straßen, die von den Karren fahrender Händler noch zusätzlich verengt werden. Zum Pressebüro muss, wer auch nur irgendwen bei der Hisbollah offiziell sprechen möchte. Es ist das Nadelöhr.

In den Läden stehen Hisbollah-Spendendosen in Form des Jerusalemer Felsendoms. Banner über der Straße mit dem Schriftzug der »Partei Gottes« in kalligraphischer Form einer Kalaschnikow markieren, wer in den übervölkerten Armenvierteln Südbeiruts das Sagen hat. Nur die PR-Zentrale im dritten Stock eines jener gesichtslosen Betonklötze trägt kein Schild, keinen Namen auf der Klingel – und ist letztlich doch ganz einfach zu finden: Die Hisbollah findet mich.

Spätestens nach ein paar Minuten ratlosen Herumstehens, obendrein noch mit einer Kamera um die Schulter, kommt ein junger Mann auf mich zu und fragt, nicht unhöflich, was ich denn hier wolle. Zur Hisbollah? Ein knappes Nicken, der Mann geht voran, schlängelt sich durchs Menschengewühl vorbei an einem verwitterten VW-Bully, auf dem noch die alte Aufschrift »Alfons Finger Kundendienst« steht, und führt in den richtigen Hauseingang, gegenüber einem Süßwarengeschäft.

Im Konferenzraum mit braunen Cordsesseln läuft ein Videoclip, selbst produziert, in einer Endlosschleife. »Zwei Seiten desselben Terrorismus«, kündet die Schrift, und zu dramatischer Musik dreht sich, flammenumwogt, eine Art lodernde Tablette mit Davidstern auf der einen und Stars & Stripes auf der anderen Seite. Etwas missgestimmt sitzt an diesem Herbsttag des Jahres 1997 Hisbollah-Sprecher Ibrahim Mussawi in seinem Büro: »Natürlich wollen wir, dass Israel sich aus dem Südlibanon zurückzieht, und selbstverständlich halten wir uns offen, ob wir den Kampf danach einstellen.«

Denn zwar sitzt die Hisbollah längst auch mit mehreren Abgeordneten im libanesischen Parlament; zwar unterhält sie Schulen, Krankenhäuser und Sozialstationen im halben Land – aber Kern ihrer politischen Identität ist immer noch der Kampf im besetzten Süden. Bei diesem Kampf möchte die Hisbollah möglichst nicht einmal das Gedenken an die Märtyrer dem Zufall überlassen – geschweige der eigenen Recherche des ausländischen Journalisten. Mussawi spricht mit Bewunderung von der Opferbereitschaft der Mütter und Frauen und betreibt Öffentlichkeitsarbeit auf etwas irritierende Art: »Wollen Sie die Witwe eines Märtyrers treffen?« Nein, nein, das sei ganz unproblematisch, man möge auch bitte um Gottes Willen nicht kondolieren: »Unsere Awalat asch-schuhada sind stolz auf ihr Schicksal. Wir werden das organisieren.«

Anderntags sitzen wir bei Maha Talib, der Witwe des »ehrenwerten Märtyrers« Saleh Ghandour. Der Vater von drei Kindern rammte am 25. Mai 1995 seinen mit 450 Kilogramm Sprengstoff beladenen PKW in einen israelischen Konvoi – vor laufender Kamera eines Hisbollah-Drehteams, dessen Bilder am nächsten Tag in den Abendnachrichten fast aller libanesischen Sender zu sehen waren.

Maha Talib ist 25, eine zierliche, schöne Frau, und die Wohnung ein Altar, mehrere Wände sind tapeziert mit Fotos: Saleh mit Nasrallah, Saleh mit einer Kalaschnikow, Saleh mit dem Koran. Nur nie: Saleh mit ihr. Aber das sei ihr, gewissermaßen, von Anfang an klar gewesen, dass nicht ihr gemeinsames Leben, sondern sein Traum vom Tod die Perspektive war. Seit sie sich 1989 kennen gelernt hatten im Armenviertel Südbeiruts, beide vertrieben aus dem Süden in dieses uferlose Gewirr wild wachsender Bauten, von Straßen ohne Namen und Telefonkabel, die sich wie ein schwebendes Spaghetti-Gewirr in fünf Meter Höhe von Haus zu Haus und über die Straßen ziehen. Sie verliebten sich, und Saleh hielt um ihre Hand an. Sie heirateten, doch Saleh war bereits aktives Mitglied des »islamischen Widerstands«, wie sie sagt. Immer wieder verschwand er, im Süden Anschläge vorzubereiten und seine eigene »Märtyreroperation«. Maha wusste es, akzeptierte es, »aber zwei Wochen bevor es geschah, spürte ich die Angst, dass ich ihn nie wiedersehen würde. Als ich ihn fragte, sagte er, ja, so sei es. Ich konnte nicht anders, als ihn zu bitten, verlass uns nicht. Was soll aus unserer Tochter werden, die erst vier Monate alt ist? Aber er antwortete nur: ›Du hast immer gewusst, dass dies mein Schicksal sein würde.‹ Selbst wenn ich versucht hätte, ihn davon abzuhalten, es hätte nicht funktioniert. Es war sein Weg, er hatte so lange davon geträumt, hatte die Führung drei Jahre lang bekniet, ihn doch zu schicken, dass sie seinem Wunsch schließlich stattgaben. Obwohl sie sonst keine Familienväter gehen lassen. Er hatte am Ende das einzige Ziel, so viele seiner Feinde wie möglich zu töten. Er glaubte daran, dass er sein Land zu verteidigen habe und dass dies der beste Weg dafür sei.«

Maha Talib redet routiniert, sieht fast heiter aus dabei. »Der Tod meines Mannes hat mich stolz und glücklich gemacht«, wiederholt sie dreimal wie ein Mantra. Der Dschihad sei eine Ehre, eine Pflicht. Aber es klingt, als sei dieser Satz schon zu oft gesagt worden, um noch auszudrücken, was wirklich in einer Frau vorgeht, die drei kleine Kinder hat von einem Mann, der sich verabschiedet, um sich und andere in die Luft zu sprengen. Es ist verstörend wie eine zu glatte Inszenierung, eine zu oft erzählte Geschichte. Aber es ist ihre Geschichte, und die Hisbollah hätte sich keine bessere Erzählerin wünschen können. Auf einer Pressekonferenz nach Saleh Ghandours Anschlag hatten ihre Sprecher eingestanden, dass man lange mit sich gerungen habe, einen Vater von drei Kindern auf eine Selbstmordmission zu schicken. Aber schließlich hätten sie es getan. Denn sonst, so ihre Argumentation, würden doch viele potenzielle Märtyrer von einem anderen Gebot des Glaubens Abstand nehmen: zu heiraten und Familien zu gründen.

Maha Talib scheint die Skepsis, den Unglauben ihres Gegenübers zu bemerken, legt den Kopf ein wenig schräg und schaut dem Fremden in die Augen: »Natürlich, es ist immer traurig, wenn Menschen ihre Liebsten verlieren. Aber mein Mann starb für sein Land. Er hat es für uns alle getan und Israel gezeigt, dass seine Soldaten keine ruhige Minute haben, solange sie unser Land besetzen! Wirklich, ich habe nicht das Gefühl, ihn vollkommen verloren zu haben. Ich träume von ihm, fast jede Nacht.« Und dann tapst ihr fünfjähriger Sohn Mohammed durch den Raum, zum Videorecorder, und drückt auf die Starttaste. Ein einzelner Baum ist zu sehen, eine Reihe Häuser zieht im Kameraschwenk vorbei, bleiche Landschaft, alles leicht verwackelt, und dann ein orangeroter Feuerball, und der kleine Junge zeigt mit dem Finger auf den Bildschirm: »Papa!« Mohammed freut sich, Maha Talib lächelt und sagt mit Blick auf ihn: »Sollte er sich eines Tagen entschließen, seinem Vater folgen zu wollen, werde ich mich ihm nicht in den Weg stellen.«

Für Trauer scheint kein Raum zu sein, und die Witwe hat eine Aufgabe: lebendes Symbol zu sein dafür, dass Saleh Ghandours Mission, die außer seinem auch die Leben von zwölf israelischen Soldaten kostete, keine Tat eines verzweifelten Einzelgängers war. Sondern zum Leben der schiitischen Widerstandskämpfer dazugehöre wie das Heiraten, die Kindererziehung, der Alltag. Die Hisbollah übernimmt für Maha Talib wie für alle Witwen ihrer Märtyrer sämtliche Kosten für Ausbildung, Unterhalt und setzen sich gelegentlich sogar erfolgreich gegen traditionsbewusste Schwiegerväter durch, die verlangen, dass die Witwe ihres Sohns fortan in ihrem Haushalt zu leben habe. Will eine Witwe allein mit ihren Kindern leben, so sorgt die Hisbollah dafür, dass sie es auch kann.

Am nächsten Tag geht es gen Süden. Nur 43 Kilometer sind es von Beirut bis an die Front, bis nach Nabatiye. In Nabatiye kann man den Krieg hören, der Stadt im Tal unterhalb der israelischen Stellungen auf den Hügeln. Der Hochburg der »Partei Gottes«, wo im Café Moulin Rouge der Besitzer die letzten drei Gäste mit Zauberstücken unterhält, Zigaretten verschwinden lässt und in seiner Konditorei kleine Wortspiele mit Gott treibt. Der schiitischen Stadt, die bekannt ist für ihr Aschura-Fest, wenn alljährlich im Gedenken an ihren ersten Märtyrer Hussein die Männer, sich bis aufs Blut geißelnd, durch die Straßen ziehen.

Der Tod ist hier zu Hause, und Ahmed Saad, Videofilmer und örtlicher Hisbollah-Funktionär, lebt von ihm: »Links Hochzeitsfilme, rechts Märtyrervideos«, beschreibt er sein Archiv. Märtyrervideos? »Na ja: Aufbahrung, Klagen, Umzug durch die Stadt, Beerdigung, Salutschüsse, professioneller Schnitt.« Eine solide Geschäftsgrundlage in diesen Zeiten. Dann schwärmt Saad von Catherine Deneuve und begleitet uns zu Umm Mohammed, einer charmanten, gebildeten jungen Frau, mit der zu reden ein wenig irritiert: zum einen, weil das Tacktacktack der libanesischen Flugabwehr so laut ist, als zwei israelische Jets eine Hisbollah-Stellung bombardieren. Zum anderen, weil sie von ihrem Mann, der Monate zuvor als offizieller Märtyrer der Hisbollah gefallen ist, immer im Präsens spricht: »Mein Mann ist Märtyrer. Nun gut, jetzt ist er im Paradies. Er war traurig, schon über dreißig und noch kein Märtyrer zu sein. An seinem Geburtstag war er traurig. Da habe ich zu ihm gesagt: Sei ohne Sorge, du wirst deinen Willen erfüllt bekommen. Für uns ist es normal, so zu leben.«

Und Umm Mohammed muss aufbrechen zum Englischkurs ins American Language Center, »man muss doch etwas machen aus sich!« Erziehung sei entscheidend und der Tod an sich kein tragisches Ereignis: ein Leben vor und eines nach dem Tod, so einfach. Für das Schulgeld ihrer Kinder und den Familienunterhalt kommt der Märtyrerfonds der Chomeini-Hilfe auf. Ihr Mann war tags Sekretär, nachts Kämpfer – so wie viele aus dem harten Kern der 300 bis 400 professionellen Guerilleros, die normalen Berufen nachgehen, als Bäcker, Lehrer, Ladenbesitzer arbeiten und von denen oft nicht einmal die Nachbarn wissen, was sie sonst noch tun.

Am Abend des Tages, an dem sie ihr die Nachricht vom Tod

ihres Mannes brachten, wurde Mohammed Ali geboren, ihr einziger Sohn nach drei Töchtern. Und, ungefragt, der gleiche Satz wie bei Maha Talib: »Wenn mein Sohn sich zum selben Weg entschließt, ich werde ihm helfen auf diesem Weg.« Einstweilen lernt er gerade laufen. »Meinem Mann geht es gut. Ich vermisse ihn. Aber entschuldigen Sie mich, ich muss jetzt wirklich los.«

Kann das echt sein? Fühlt nicht jeder, der einen Sohn, Mann, Vater verloren hat, Trauer, Schmerz statt Freude? Muss diese immer gleiche Freude nicht gespielt sein? »Nicht unbedingt«, sagt ein libanesischer Journalist, der Dutzende von Hinterbliebenen gesprochen und immer die gleiche Reaktion erfahren hat: »Sie weinen und sind stolz, beides, sie sind stolz auf seinen Tod und auf ihre Trauer. Es scheint zu funktionieren. Solange die Gesellschaft sie nicht vergisst, solange dieses Opfer bewahrt und geehrt wird als etwas Besonderes. Es ist eine Hypothek. Und die, die daran zerbrechen, bekommt kein Journalist zu sehen. Da ist die Hisbollah vor.«

Im Süden des Landes ist die Hisbollah zum Staat im Staate geworden, präziser: anstelle des Staates, denn der hat im Libanon ohnehin selten dort existiert, wo seine Bürger ihn brauchten. Sie betreibt das neue Krankenhaus, dessen Arzt die Bilder gefallener örtlicher Märtyrer neben den Blutwertetabellen des Labors an die Pinnwand geheftet hat: »Es sind zwei Kategorien. Wenn er überlebt, werden wir alles tun, um sein Leben zu retten.« Derzeit werde das Netzwerk einer Blutbank aufgebaut mit bislang 4000 Spendern, elektronisch mit allen Daten gespeichert, an das alle 20 Krankenhäuser der Umgebung angeschlossen sind.

Die Hisbollah unterhält drei Klinikmobile für die Dörfer, das Sozialbüro der Chomeini-Hilfe und die beste Schule am Ort, Madrasa al-Mahdi, mit Stechuhr für die Lehrer und jährlichen obligatorischen Fortbildungen, zwei Monate, in Zusammenarbeit mit dem Französischen Kulturzentrum. Das Curriculum ist anerkannt vom Bildungsministerium, und beim Gang durch die Klassen ist der Französischunterricht lauter als alles andere zu vernehmen. Aller antiwestlichen Propaganda zum Trotz gehe nichts über eine gute Ausbildung, sagt die Direktorin mit energischer Stimme unter dem Kopftuch. Die Vierjährigen fangen an, Sprachen mit Chansons zu lernen, Lesen beginnt mit sechs. »Wir versuchen, pädagogisch so modern wie möglich zu sein«, fährt sie fort und räumt ganz offen ein, dass der Bau der Schule nur mit iranischem Geld möglich gewesen sei und man natürlich auch den Koran lehre. Die Schule hat eine Bühne mit aufgemalten Schlümpfen, Musik, Boxen, Girlanden, eine Bude mit Pepsi-Schild, ein halbes Dutzend Schulbusse und kostet 500 Dollar Schulgeld im Jahr. Für Hisbollah-Mitglieder weniger. Für die Kinder von Märtyrern nichts.

Von ihren iranischen Anfängen – und weitgehend auch den iranischen Zahlungen – hat sich die Hisbollah Ende der Neunzigerjahre längst gelöst. Kaum noch Bilder von Chomeini hängen an den Straßen, stattdessen überall welche von Musa Sadr, dem charismatischen, 1978 in Libyen verschollenen Führer der libanesischen Schiiten mit dem entrückten Lächeln einer Giotto-Madonna.

Aus den Gotteskämpfern der frühen Tage ist eine kleine, hoch trainierte Armee geworden. Die Zeiten, in denen die Hisbollah-Kämpfer »den Hügel heraufrannten, eine feindliche Stellung angriffen, ›Allahu akbar‹ riefen und erschossen wurden«, seien bereits Anfang der Neunzigerjahre vorbei gewesen, drückte es UNIFIL-Sprecher Timur Göksel in seiner robusten Diktion aus.[42] Die Trainingscamps sind Klassenräumen gewichen, in denen Ballistik, Sprengstoffkunde – und Warten gelehrt werden. Zu den unpräzisen Katjuschas, mit denen immer wieder Israels Norden beschossen und die dortige Zivilbevölkerung terrorisiert wird, sind russische Spigot-Raketen gekommen, die selbst die Armierung israelischer Panzer zu durchschlagen vermögen.

»Das wollte in Beirut erst niemand glauben«, erinnert sich Galal Hadsch Hassan, einer der Programmdirektoren des Hisbollah-eigenen Fernsehsenders Manar TV, »also haben wir es gezeigt.« In einem verzweigten Bunkerkomplex unter dem Häusermeer Südbeiruts liegen die Studios eines der erfolgreichsten libanesischen Sender. Ausgehend davon, dass Krieg nicht alles sei, sondern es auch auf die Medienwirkung ankommt, haben die meisten Kommandotrupps der Hisbollah ein Kamerateam dabei. Eine gnadenlose Kombination: Vormittags läuft bei Manar TV das Kinderprogramm, nachmittags Sport, und zur Prime Time fliegt ein feindlicher Panzer in die Luft – islamistisches Reality-TV, welches so viele Zuschauer findet, dass nun intern darüber gestritten wird, ob man Coca-Cola- und Pepsi-Werbung nicht doch zulassen solle. So militärisch und improvisiert der Sender einerseits noch wirkt mit seinem getarnten Eingang, der Funkstörung für Mobiltelefone und den niedrigen Kellergängen, so wohl organisiert geht alles vonstatten: Am Eingang hängt die Stechuhr, daneben der Dienstplan der Produktionsschichten. 120 Mitarbeiter arbeiten bereits 1997 für den Anfang der Neunzigerjahre gegründeten Sender. »Wir mussten diese Dinge, erschossene Israelis, explodierende Panzer und Märtyrer, zeigen, weil Libanesen sehr misstrauisch sind und uns sonst gar nicht geglaubt hätten. Israelis sterben nie, dachten nos frères de la résistance«, und er sagt es extra auf Französisch, weil das so gut zum Wort »Résistance« passt und die historische Parallele sehr gewollt ist. Und weil diese blutige Form des Reality-TV der Quotenhit des Senders ist, der eine eigene Abteilung beschäftigt, die nur damit zugange ist, Videokassetten zusammenzustellen und für den Verkauf zu kopieren. »Die Israelis gucken uns auch«, sagt Herr Hassan, und es freut ihn: »Der Generalstab sieht sich alles von uns an, und über die Pools wie reuters tv verkaufen wir unser Material auch an israelische Sender. Mittlerweile sei Manar TV mit 800 000 Zuschauern die Nummer eins im Süden und in der Bekaa und im Kinderfernsehen, einer Melange aus Koranexegese und Popeye, »schon die Nummer eins im ganzen Land«.

Galal Hadsch Hassan hat das Gefühl, er sei abgeschweift vom Thema. »Warum stellt die Welt uns als Terroristen dar? Warum sollen wir schlechter sein als die Résistance in Frankreich vor 50 Jahren? Wir schmücken die Flagge des Libanon mit unserem Blut!«

Tatsächlich spricht die Hisbollah heute mehr von »nationaler Verantwortung«[43] als vom Gottesstaat. Ihre Parlamentsfraktion gilt nach Ansicht einer christlichen Abgeordneten als eine der versiertesten, was politische Verfahrensregeln angeht. 1986 hatte der im Pariser Exil lebende iranische Journalist Amir Taheri noch prognostiziert: »Die Partei Allahs und unzählige andere, wesentlich kleinere Gruppen, die Gewalt und Terror zugunsten ihrer Sache ausüben, wären brüskiert, beschriebe man sie als politische Organisation mit politischen Zielsetzungen. Sie rekrutieren ihre Mitglieder im Namen des Islam und werden von religiösen Führern geleitet. Langfristig ist ihr Ziel die Bekehrung – notfalls mit Gewalt – der ganzen Menschheit zum Glauben Mohammeds.«[44]

Da lag er falsch. Der Hisbollah-Fraktionssprecher und ehemalige Philosophiedozent Mohammed Ghat sieht sich sehr wohl als politische Kraft: »Wir betrachten unser Bekenntnis zur Demokratie als strategisches Investment, denn welche Zukunft hätte es, gegen die Demokratie zu sein?« Natürlich wolle man den islamischen Staat. Sobald sich dafür eine Mehrheit finde. Wenn nicht, dann eben nicht, oder später. Auch das konfessionsgebundene Wahlsystem des Libanon lehnt er vehement ab. Es sieht von vornherein für alle Posten einen Proporz der Glaubenszugehörigkeiten vor, angefangen vom Präsidenten, der Maronit sein muss, dem Premier, der Sunnit sein muss, bis zum Parlamentssprecher, der Schiit zu sein hat – ausgerechnet die »Partei Gottes« möchte es abschaffen: »Wir wollen das Land befreien! Wir wollen die politischen Formen des Systems verändern – nicht nach unserem Gusto, sondern alle Libanesen sollen dazu Ja sagen können.« Was, strategisch gesehen, durchaus zugunsten der Hisbollah ausgehen könnte, denn die Schiiten sind die am schnellsten wachsende Bevölkerungsgruppe und werden irgendwann die Mehrheit der Libanesen stellen.

Am plastischsten aber symbolisiert den Wandel der parteieigene Fernsehsender: Manar TV. Aus den getarnten Kellergängen ist der Sender umgezogen, residiert im Jahr 2000 in einem dreistöckigen Neubau mit Glasfassade und großem Schild am Eingang. Sechs Nachrichtensendungen werden täglich produziert, drei Chefredakteure rotieren am Tag, feste Korrespondenten sitzen in Russland, dem Iran, Ägypten, den Palästinensergebieten, Frankreich und Washington. Per Satellit ist al-Manar in Europa und den USA zu empfangen, geplant sei eine englische und eine hebräische Nachrichtensendung. Hebräisch? »Aber ja«, freut sich Hussein Nabulsi von der PR-Abteilung über die Pointe: »Die gucken uns doch sowieso. Und Sprecher haben wir ja genug.« Woher? »Na, aus israelischen Gefängnissen.« Weiter geht es, vorbei an der Märtyrertafel der im Einsatz gefallenen Kameramänner und der riesigen CD-Bibliothek mit »Spectacular sound effects, Vol. II«, Charlie Chaplins Filmmusiken, Richard Clayderman, Tschaikowskis Violinkonzert op. 35 sowie den Soundtracks von »Ben Hur« und »Dracula«. Hinein in das, was einer der Techniker ihren »war room« nennt: den Schneideraum der Videoabteilung. »Medien sind Teil des Kriegs. CNN ist wichtiger als Flugzeuge«, hat Malek Wabdeh, ein Kulturbeauftragter der Hisbollah, im Interview gesagt: »Auch wenn wir nur unsere bescheidenen Mittel haben.« Kamerateams von Manar sind meist bei Angriffen und Anschlägen dabei, und von den *Istischhadis*, den Selbstmordattentätern, würden hier die Abschiedsvideos im Voraus produziert: »Da gibt es auch Filme von Istischhadis, die aber nie Istischhadis wurden.« Märtyrer in Warteposition.

Im Schneideraum leuchtet Ayatollah Chamenei als Bildschirmschoner, auf einem anderen Bildschirm reiten gerade kreischende Araber auf Pferden vorbei: Vom Cutter Mustafa aus dem Hollywood-Film »Mohammed – Der Gesandte Gottes« mit Anthony Quinn zusammengeschnitten, soll damit Scheich Nasrallahs nächste Ansprache unterlegt werden. Die Eroberung Mekkas aus Hollywood? »Warum nicht?«, fragt er zurück und legt sein jüngstes Meisterstück ein. Man hört eine der Brandreden Nasrallahs, des pummeligen, charismatischen, rhetorisch brillanten Generalsekretärs der Hisbollah, und traut seinen Ohren nicht: Nasrallahs Lobpreisung der Märtyrer ist unterlegt mit der Filmmusik aus »Titanic«. Im Kopf legen sich die Bilder übereinander, Leonardo DiCaprio, bereit, für Kate Winslet im Eiswasser zu erfrieren, nachdem sie die Nacht miteinander verbracht haben, und dann dazu diese Tribunenstimme, die von der Ehre im Kampf gegen die Verräter, von der Würde der Gefallenen spricht. Fast scheint es, als setze Nasrallah seine Pausen beim Sprechen zum Takt der stampfenden Klänge. »Ja, warum sollen wir das nicht kombinieren?«, fragt der Techniker vom Thron seines brandmodernen Mischpults, gibt seinem Rollenstuhl einen kleinen Ruck, gleitet zum nächsten Pult, dreht zwei Knöpfe und schaut wieder auf: »Titanic! Untergang der Hybris! Passt doch wunderbar!«

Alles lässt sich kombinieren, neu arrangieren, Koranzitate, Mythen, die Bilder von Gandhi und Ho Chi Minh als Vorbilder, und darin ist ebenso wenig Widerspruch zu sehen wie im »Titanic«-Motiv, das stampft unter Nasrallahs Worten.

Die Hisbollah hat den sprengstoffbeladenen Märtyrer erst wahrhaftig zum Mythos werden lassen – in der arabischen Welt, aber auch darüber hinaus, in Sri Lanka, der Türkei, Tschetschenien. Und zwar gerade nicht, weil es die Taten von Verzweifelten waren – sondern weil es überlegt gesetzte, sparsam verwandte Operationen waren, die ein Minimum an Opfern und maximale Wirkung versprachen. Und über die nur Stunden nach dem Anschlag ausgestrahlten Filmbilder den Mythos mediengerecht verbreiteten. Das klingt zynisch. Ist es auch. Aber ungeheuer erfolgreich. Märtyrer-Marketing.

Die Angst, von der ein Hisbollahi sagte, dass sie ihnen immer vorauseilen müsste, hat schließlich Erfolg. Anschläge und die stete Furcht vor ihnen haben Israels Soldaten zu Gefangenen in ihrer eigenen »Sicherheitszone« werden lassen. Ende Mai 2000 schließlich gerät der Abzug der Israelis zu einer überstürzten Flucht, nachdem sich ihre Söldnertruppe der Südlibanesischen Armee praktisch über Nacht aufgelöst hat, als ganze Truppenteile desertierten. »Wir waren immer bereit, für unsere Ziele zu sterben«, sagt ein Hisbollah-Kämpfer zwei Tage später, »die Israelis waren es offensichtlich nicht.« Binnen einer Nacht sind deren letzte Besatzungstruppen abgerückt, und mit ihnen ist der Mythos ihrer Unbesiegbarkeit gegangen.

Tage danach warten Tausende Libanesen in der staubigen Hitze der Sportarena des Städtchens Bint Jbeil, den Sieger zu hören: Scheich Hassan Nasrallah, Generalsekretär der Hisbollah. Alle denken, nun werde er ankündigen, den Kampf bis nach Jerusalem tragen zu wollen. Und Nasrallah spricht: aber von Straßen, Schulen, Krankenhäusern, von Besonnenheit und Wiederaufbau; von Infrastrukturmaßnahmen und der Stromversorgung in Hermel, der wahrscheinlich ärmsten Stadt des Landes im Norden der Bekaa-Ebene, wo eine Weile mit Haschisch jenes Geld verdient wurde, das heute mit Kartoffeln nicht mehr zu machen ist.

»Alle hatten gefürchtet, nach dem israelischen Rückzug würde sich die übliche libanesische Tragödie von Massakern der Sieger an den Besiegten wiederholen«, erklärt Wirtschaftswissenschaftler Kamal Hamdane, der für die Regierung an einem Wiederaufbauprogramm für den Süden arbeitet: »Aber nichts dergleichen geschah. Die Hisbollah hat sehr verantwortungsvoll jedes weitere Blutvergießen vermieden. Es ist kurios, aber ausgerechnet diese religiöse Bewegung hat als Erste im Libanon verstanden, dass wir den konfessionellen Kleinkrieg satt haben.«

Umsichtig bis zur Unsichtbarkeit kontrolliert die Hisbollah fortan den Süden. Bewegt virtuos die Fäden in den Dörfern und Clans, verhandelt mit christlichen Bauern und Priestern. Fragt höflich nach den letzten Maschinengewehren in den Kellern der SLA-Kämpfer, von denen sie ohnehin weiß, dass sie dort liegen, lässt die Whiskyvorräte in den christlichen Supermärkten unbehelligt. Mit den Kollaborateuren von gestern wird vorsichtig verfahren. So soll eine Frau mit drei Kindern eigentlich ins Gefängnis, weil sie in Israel gearbeitet hat, wird aber nicht verhaftet, weil ihr Mann nach Israel geflohen ist und sonst keiner da wäre, die Kinder zu versorgen.

Die gelben Banner mit dem kalligraphisch zur Kalaschnikow zusammengezogenen Namenszug wehen über Dörfern und Kreuzungen, aber die Kämpfer sind wie verschluckt, die Posten verlassen. Die hoch organisierte kleine Streitmacht hat sich – vorerst – wieder in Hunderte von Bauern, Krämern und Angestellten verwandelt. Was geblieben ist, sind die Krankenstationen in den größeren Orten und der Hisbollah-Veterinär, der krankes Vieh unabhängig von der Glaubensrichtung seines Besitzers behandelt.

Knapp 20 Jahre nach dem ersten Selbstmordanschlag der Hisbollah in Tyros, nachdem sich die »psychologische Atombombe«[45] der Schwachen gegen die Übermächtigen verbreitet hat wie ein Virus, in ganz verschiedenen Gesellschaften gedeiht und dem Terrorismus in New York und Washington eine neue Dimension gegeben hat – da ist es im Entwicklungslabor des modernen Märtyrers still um ihn geworden. »Hätten wir sie (die Selbstmordbomber) nicht gehabt, hätten wir nicht gewinnen können«, sagte Scheich Fadlallah schon

2000: »Aber jetzt brauchen wir sie nicht mehr.« Die Bereitschaft dazu ist gründlich unter Beweis gestellt worden, der Mythos lebt fort, und Fadlallah, spiritus rector auch der radikalsten libanesischen Schiiten, war einer der ersten hochrangigen islamischen Gelehrten, der in den Tagen nach dem 11. September die Anschläge öffentlich verurteilte: »Der Mord an Tausenden unschuldiger Zivilisten ist durch nichts zu rechtfertigen! Keine Religion rechtfertigt so etwas. Der islamische Widerstand im Libanon hat niemals Zivilisten getötet. Alle, die getötet wurden, waren israelische Soldaten!«[46]

Während in Ägypten und Saudi-Arabien, Amerikas engsten Verbündeten in der arabischen Welt, das Volk auf der Straße, aber auch offizielle Stellen dem Hass auf die USA Luft machten, gab sich die Hisbollah differenziert. Während Zeitungen in Kairo über absichtsvoll vergiftete US-Lebensmittelpakete für Afghanistan raunten und in Saudi-Arabien ein örtlicher Imam zum Dschihad gegen die Ungläubigen aufrief, ohne dass die Behörden es gewagt hätten, ihn zu verhaften, warnte der Hisbollah-Führer Nasrallah davor, zu glauben, es handele sich um einen religiösen Krieg des Islam gegen das Christentum: »Das ist eine Falle.«[47] Als die USA für ihre Allianz gegen den Terror noch Verbündete suchten, boten sie der Hisbollah über diplomatische Kanäle an, sie von ihrer Liste der Terrororganisationen zu streichen – für Kooperation im Kampf gegen al-Qaida. Die Hisbollah lehnte dankend ab – und steht nun wieder auf jener Liste des State Department. Anders als in der EU: Auf ihrer Liste von Anfang 2002 taucht die Hisbollah nicht auf.[48]

Selbstmordattentate sind die Waffe der Ohnmächtigen. Genährt aus ihrer schiitischen Tradition der Opferrolle, hat die Hisbollah aber so viel Energie daraus geschöpft, dass sie nun nicht mehr Opfer sein möchte, die Aura der Ohnmacht loswerden will. So sind die Aschura-Feiern auf Druck der Hisbollah in libanesischen Ortschaften stark zurückgegangen.[49] Eine Kultur des Opfers soll abgelöst werden von einer Kultur des Siegers, als der sich die Hisbollah fühlt. Solidarität mit den Palästinensern beschwört die Hisbollah oft und laut. Aber die Brüder sollten doch endlich aufhören, empfahl Nasrallah, sich als ewige Opfer zu stilisieren und die Israelis als unbesiegbare Übermenschen darzustellen.

Alle paar Tage einen Selbstmordattentäter auf seinen letzten Weg zu schicken, sich gar noch inmitten von Zivilisten in die Luft zu sprengen stößt bei der Hisbollah-Führung Anfang 2002 auf Kopfschütteln und Besorgnis: Das sei doch eine selbstmörderische Verschwendung von Leben, sagt einer ihrer Funktionäre: »So etwas Besonderes wie eine Märtyreroperation, da muss man doch vorsichtig mit umgehen. Menschenleben sind doch kostbar!«

5

Die Kultur des Todes – Israel und Palästinenser

> »Der Körper des explodierenden Märtyrers duftet nach Moschus.«
>
> *Hamas-Funktionär aus Gaza*

> »Am schlimmsten ist es, wenn einer sich in einem Bus gesprengt hat: Diesen Geruch aus Benzin und verbranntem Fleisch wirst du erst nach Wochen wieder los. Vergessen kannst du ihn nie.«
>
> *Yonatan Yagodovsky, Jerusalem-Manager von Magen David Adom, dem israelischen Pendant des Roten Kreuzes*

Wieder einmal also. Wieder der trockene Laut der Detonation, »paddam«, und noch einmal »paddam«. Ein Laut, der noch einen Moment in der Luft nachhängt, bevor es für einen Moment so still wird, als habe die Explosion auch alle Geräusche mit sich gerissen. Wieder einmal liegen zerfetzte und sterbende Menschen zwischen geplatzten Reifen, verbogenen Metallteilen und ganzen Karosserieplatten, alles übersät mit Glasscherben. Wieder einmal dauert es keine Minute, bis die ersten Sirenen der Polizei, der Ambulanzen zu hören sind, erst ein, zwei, dann Dutzende überall in der Stadt; ein Geräusch, das auch den letzten Bewohner hören lässt, was geschehen ist.

»Moze Schabat« heißt die Zeit auf Hebräisch, der Abend nach dem Schabat, wenn die Cafés wieder öffnen, die Busse fahren, das Leben wieder erwacht und sich die Jugendlichen treffen, flirten, flanieren, trinken. In Jerusalem trifft man sich dafür am liebsten auf der Ben-Yehuda-Straße, der Fußgängerzone im Stadtzentrum. Genau hier, eine halbe Stunde vor Mitternacht am Samstagabend, dem 30. November 2001, als die Menge der Nachtschwärmer am dichtesten ist, haben Osama Bahar und Nabil Abu Halabiya sich und zehn weitere Menschen in den Tod gesprengt.

Wieder wird die Einsatzleitung von Magen David Adom, dem israelischen Pendant zum Roten Kreuz, binnen 40 Sekunden nach Erhalt der Nachricht Hunderte von Sanitätern und Freiwilligen alarmiert haben, die ihre Rettungsausrüstung meist schon im Auto deponiert haben, um sie nicht immer hin- und herräumen zu müssen.

Wieder wird der Zugang zum Ort gesperrt, da immer mit einem weiteren, noch nicht gezündeten Sprengsatz gerechnet werden muss – der diesmal tatsächlich in einer Nebenstraße explodiert, live vom mittlerweile eingetroffenen Fernsehen übertragen.

Wieder wird das Telefonnetz zusammenbrechen, werden Polizisten versuchen, die Fingerabdrücke der mutmaßlichen Attentäter zu nehmen, denn sehr viel mehr als Finger, Füße und der Kopf sind nicht geblieben von ihnen. Orthodoxe Männer von der *Hevra Kadisha*, der »Heiligen Gesellschaft«, streifen sich über ihre schwarzen Mäntel gelbe Jacken, die sie als Mitglieder der Bergungsmannschaften kennzeichnen. Sie beginnen, die kleinen und kleinsten Teile zerfetzter Gliedmaßen, innerer Organe, Finger, Zähne einzusammeln, damit die Angehörigen der Opfer später wenn schon keine ganzen, so doch wenigstens vollständige Körper zu Grabe tragen können.

Wieder telefonieren verzweifelte Eltern alle Notfallstationen der Krankenhäuser ab, bevor sie schließlich die letzte, gefürchtete Rufnummer wählen: die der Gerichtsmedizin in Abu Kabir im Süden Tel Avivs. Der Endstation, wo das kleine Team aus Forensikern, Ärzten und Psychologen wieder einmal 34, 48 Stunden durcharbeiten wird, um so rasch wie überhaupt möglich zu eruieren, wer dort alles ums Leben gekommen ist. Wieder werden sich Orthopäden, Zahnärzte, Radiologen darauf einrichten, mitten in der Nacht einen Anruf aus Abu Kabir zu bekommen: Ob Soundso zu ihren Patienten gehörte? Ob sie bitte Zahnschemata, Röntgenbilder, Gussformen heraussuchen könnten, denn anders sei das Opfer nicht mehr zu identifizieren.

Und dann? Dann wird zwar Israels Luftwaffe aufsteigen, palästinensische Polizeistationen, Milizquartiere zu bombardieren, werden wieder Panzer vorrücken in Gaza, Nablus, Ramallah, Jenin, werden Palästinenser getötet, wofür Hamas und die kleinere Gruppe Islamischer Dschihad Vergeltung schwören und verüben wird – aber Israel wird nach wenigen Stunden zur Tagesordnung übergehen. Die Trümmer werden beseitigt, die Beamten von der staatlichen Schadensersatzstelle benachrichtigt, Familien werden zerstört sein und Dutzende Verletzte noch Wochen in den Krankenhäusern liegen, vielleicht nie wieder gehen, nie wieder sehen können, werden auf jeden Fall nie wieder der Mensch sein, der sie zuvor waren.

Am Ort des Geschehens, direkt gegenüber dem Café Chagall, vor dessen wulstig vernarbter, gesplitterter Fassade noch die Absperrgitter der Polizei stehen, kündigt drei Tage nach den Anschlägen für den kommenden Sonntagabend ein Plakat die große »Gay & Lesbian Night« an mit »Drag Show« und DJ Magji, ab 22.30 Uhr. Um die Ecke, auf der Ben Yehuda selbst, steht, fünf Meter vom Chagall entfernt, ein zweistöckiges Bühnenzelt, auf dem zwei Techniker die Anlage prüfen. Ob es nicht gefährlich sei, jetzt ein Konzert zu veranstalten? »Gerade jetzt«, sagt einer der beiden und hantiert weiter mit fünf Kabeln, »gerade jetzt müssen wir weitermachen, müssen weiterfeiern«, als ob Freiluftkonzerte und Tanznächte Ausdruck des Sieges über den Schrecken seien. Am Eingang zur Ben Yehuda kontrollieren zwei Polizisten die Taschen der Passanten: Was tut ihr, wenn ihr einen Selbstmordbomber erkennt? »Festnehmen!« Wenn dafür die Zeit nicht reicht? »Erschießen!« Und wenn er vorher auf den Knopf drückt? Schweigen, ärgerliche Blicke, so, als ob man jemandem, der vor den Trümmern seines eingestürzten Hauses steht, sagen würde, es sei wohl sein Haus eingestürzt. Vor der Sperre, die Attentate in der Menge verhindern soll, stauen sich die Menschen.

Es war dies der erste Selbstmordanschlag seit mehr als zweieinhalb Monaten. Seit dem 11. September hatten Hamas und Islamischer Dschihad keine lebenden Bomben losgeschickt. Zwar gingen die Schießereien der Intifada weiter, aber hatte US-Präsident Bush nicht auf einmal vom Recht der Palästinenser auf ihren Staat gesprochen, als er noch Verbündete für die Weltkoalition gegen den Terrorismus suchte? Nach dem Sieg in Afghanistan war davon nichts mehr zu hören, Scharons Regierung hatte wieder freie Hand, und am 23. November 2001 tötete ein israelisches Kommando vom Hubschrauber aus mit einer Rakete Mahmud Abu Hanud, den legendären Hamas-Führer aus Nablus, der ihnen zuvor immer wieder entkommen war. Hamas schwor Vergeltung, und wie zum Hohn auf alle Sicherheitsmaßnahmen Israels, die Abriegelung Gazas und der Westbank, kamen die Attentäter diesmal aus Abu Dis, einem Vorort Jerusalems, der permanent vollständig unter israelischer Kontrolle steht.

Rund 200 Kilometer weiter südwestlich im Gazastreifen wird in den Stunden nach den Anschlägen von Jerusalem eine grimmige Freude zu vernehmen sein. Im Diwan von Abu Mustafa, einem halb offenen, mit dünnen Schaumstoffmatten ausgelegten Zelt für die abendlichen Zusammenkunft der Männer im Flüchtlingslager Khan Yunis, wird gelacht. Telefone klingeln und Zahlen fliegen durch den Raum, denn das ist es, was zählt: die Zahl. Wie viele von den Feinden hat er mit in den Tod gerissen? Kein Mitleid den Opfern, aller Stolz den Tätern. »Unsere Leben sind so billig, verstehst du?«, sagt einer, der vor Tagen fast erschossen worden wäre, als sein Taxi unter das Feuer einer israelischen Stellung geriet: »Einfach so, weil es abends war, um mich einzuschüchtern; sie sagen nie, warum.«

Aber wie können Sie es vertreten, auch Frauen und Kinder zu töten? »Die Israelis töten unsere Kinder und Frauen. Das ist Krieg hier, Unschuldige werden getroffen.« Kinder oder Soldaten, kein Unterschied? Ja, nein, die Runde ist uneins, es wird lauter in der Gruppe der Männer, die immerfort rauchen, zwischendurch wird telefoniert nach einem Schwerverletzten, »Mahmud, alles okay? Sie sagen, er liege im Krankenhaus«, dann wendet sich mein Nachbar wieder um: »Kinder? Nein, sind kein Ziel.« Ein anderer: »Kinder von Siedlern sind okay, aber *misch hadafi*, nicht das Ziel.« Namen getöteter palästinensischer Kinder werden aufgezählt, und letztlich: »Wer losgeht, wählt das Ziel aus. Das ist seine Entscheidung.«

Plötzlich singen 13 Männer, klatschen zur einfachen Melodie

eines »Märtyrersongs«: »Du hast uns den Mut gegeben, ein Märtyrer zu werden. Du bringst uns bei, einig zu leben.« Als es wieder ruhiger wird, spricht der Älteste in der Runde, der Agraringenieur Kamal Aqueel, und es wird still: »Glaub mir, ich trauere um jeden Tropfen Blut, der vergossen wird. Wir wissen, was Leiden, was Blutvergießen bedeutet. Aber schau dir den Sohn eines Arbeiters an: Der sieht, wie sein Vater am Checkpoint beschimpft, zurückgeschickt wird. Er fragt: Wo ist mein Onkel? Tot. Wo ist mein Bruder? Im Knast. Jedes Kind wird gefüttert mit Zorn, bekommt ihn mit der Milch, und irgendwann ist der Druck unerträglich«, sagt Aqueel, der auch stellvertretender Bürgermeister von Khan Yunis ist und in seinem grauen Dreiteiler auch als Firmenchef durchginge. Der jahrelang in israelischen Gefängnissen saß und Mitte der Neunzigerjahre einer der führenden Friedensaktivisten im Gazastreifen war. Eine palästinensische Biografie. »1996 waren wir fast alle noch dagegen. Heute nicht mehr. Ich war dagegen, wir waren im Friedensprozess, dachten: Lasst uns dem Frieden eine Chance geben. Damals war die Gesellschaft dagegen, die Leute waren sauer, die *Sulta* – die »Macht«, wie Arafats Regierung hier nur genannt wird – »versuchte, die Gruppen wirklich zu zerschlagen, die Männer zu verhaften. Jetzt ist die ganze Situation anders. Jetzt ersehnen die Leute die nächste Operation! Wir alle fühlen, dass wir diese Situation nicht mehr ertragen können, dass dieser Druck der Demütigungen uns alle explodieren lassen müsste. Sie tun es, für uns.«

Der 51-Jährige erinnert sich, wie »1994, nach sieben Jahren Intifada, die Leute hingingen und Olivenzweige auf die Jeeps der abrückenden Truppen legten«. Damals empfing er Delegationen von Israelis, die ihre Söhne in Gaza verloren hatten, »liebenswürdige Menschen, mit denen hätten wir nie ein Problem«. Aber dann kamen nur noch Soldaten und Siedler, scheiterten die Verhandlungen, gingen die Jobs in Israel verloren, schließlich die Hoffnung: »Alles ist besser als dieses Leben!«, und dann erzählt er übergangslos einen Witz über die Hölle, in der irgendwann Bush, Arafat und Scharon gelandet sind: Bush möchte zu Hause anrufen, darf auch, aber muss für schlappe zehn Minuten 1000 US-Dollar zahlen. Scharon wird ebenfalls für wenige Minuten schwer zur Kasse gebeten, was beide murrend akzeptieren – aber sich wütend beim Verwaltungsteufel beschweren, als sie Yassir Arafat in einer Ecke sitzen sehen, der offensichtlich seit Stunden dort mit Freunden und Kampfgenossen in Gaza telefoniert. Wie das denn angehen könne, ramentern die Ex-Staatschefs. »Ganz einfach«, erwidert der Teufel: »Arafat telefoniert hier zum Ortstarif.«

Kamals Nichte, die Journalistin und Übersetzerin Hadil[1], hat mich mitgenommen zum Haus der Familie im Lager Khan Yunis, wohin sie 1948 flohen: im Süden des Gazastreifens, wo nicht einmal das Meer einen Fluchtpunkt für die Augen bietet. Denn da ist Gush Katif, eine der größten von 19 israelischen Siedlungen, die ungefähr ein Drittel des Landes im Gazastreifen besetzen, ein Drittel des knappen Wassers verbrauchen. Für offiziell 6000 Menschen. Aber schon vor der Intifada, berichten jene, die als Bauarbeiter dort waren, standen die Hälfte der Häuser leer. Auf den restlichen rund 210 Quadratkilometern leben eine Million Menschen, vielleicht auch noch 200 000 mehr.

Wir sitzen auf der winzigen Terrasse und reden, als von der Siedlung Gush Katif aus jählings schweres Maschinengewehrfeuer einsetzt und, in Salven, für eine halbe Stunde anhält. Dann einzelne Schüsse, »das sind dann unsere«, sagt Hadils Onkel, schaut zum Himmel wie der Landwirt, der die Regenwolke prüft, und hebt die Hand: »Bitte, geht rein. Manchmal landen Querschläger und Splitter hier«, denn es sind nur noch sechs Häuserreihen bis zur wandernden Abbruchkante von Khan Yunis. Minuten später eilt die Nachricht von Haus zu Haus: Der 13-jährige Mohammed Sanadiq ist erschossen worden. Das war der Klang des Maschinengewehrs. Das schmächtige Kind hatte eine Spielzeugpistole in der Hand und war dem Niemandsland zu nahe gekommen.

Alle jungen Männer verschwinden vorsichtshalber aus den Häusern am Lagerrand, Beobachter platzieren sich auf den Dächern, während der Beschuss aus den Betontürmen von Gush Katif weitergeht. Genau ein solcher Beschuss, sagt Hadil, sei in den letzten Monaten immer der Auftakt zum Ausrücken der israelischen Armee gewesen: wenn plötzlich wieder Panzer ausrücken, Bulldozer eine Reihe Häuser am Rand von Khan Yunis planieren und wieder ein paar Dutzend Menschen mehr in den runden Zelten leben. Wenn erst das freie Schussfeld vor der Siedlung wächst und dann die Mauer von Gush Katif nachrückt. Fünf Häuserreihen sind seit Sommer 2001 verschwunden. Noch einmal so viele, und die 1948 hierher geflohene Familie Aqueel wird abermals fliehen müssen.

»Sie haben uns einmal vertrieben – und jetzt vertreiben sie uns auch noch aus dem Flüchtlingslager, das ist zu viel«, sagt Kamal. »Wir verlieren jeden Tag, wir haben das Land, das Meer, die Freiheit verloren, es geht nicht mehr.« Beide Seiten, Israelis wie die Sulta, hätten alle Utopien zerstört. »Arafat? Ach, Arafat. Was soll er noch tun? Er hat sich auf das Verhandlungsspiel mit den Israelis eingelassen und verloren. Er hat doch alles getan, was sie wollten: seine eigenen Landsleute verhaften, erschießen lassen, und was hat er dafür bekommen? Seine Leute sind reich geworden, aber uns hat es nichts gebracht, nichts«, er speit die Worte aus: »nichts!«

Tagelang sind wir unterwegs in Khan Yunis, auf der Suche nach den Familien, aber auch den Rekrutierern der Attentäter. Weitergereicht von Kontaktmann zu Kontaktmann, geht es eines Abends im Taxi durch das wuchernde Häuserdickicht, das an vielen Stellen noch immer eher wie ein Lager als wie eine Stadt aussieht und wo man auch unter normalen Umständen leicht die Orientierung verliert.

Ein junger Mann, ruhig, freundlich, stellt sich vor als ein, nun ja, »guter Kenner der Hamas«. Als seinen Namen bietet er »Wardan« an und beginnt zu erklären. Zu Beginn wolle er aber erst einmal etwas richtig stellen: Es gebe hier keine Selbstmordattentäter, schon der Terminus sei falsch. Es seien »heilige Explosionen«, und den Attentäter selbst nennt er den »menschlichen Sprengsatz«, als werde der Mensch selbst zur Waffe in seiner eigenen Hand, mache die Bombe um seinen Bauch ihn zur unbesiegbaren, menschlichen Rakete: »Wir haben keine Panzer, keine F-16-Jets. Aber wir haben etwas, was denen sogar noch überlegen ist – unsere explodierenden islamischen Bomben. Sie kosten uns nur unser Leben, aber sie sind durch nichts zu besiegen, nicht einmal durch Nuklearwaffen!«

So einer sei kein Selbstmörder. Sondern ein *Schahid*, ein Märtyrer, ja mehr als das: ein *Istischhadi*, ein Märtyrer an sich selbst, ein »top shahed«, setzt er sicherheitshalber noch mal auf Englisch hinzu. Einer, der noch mehr wert ist als ein im Kampf Erschossener. Und was wäre mit einem, der sich vor lauter Verzweiflung einfach umbringt, zu Hause, ein Selbstmörder eben, will ich wissen. Verständnislose Blicke. »Na, das geht doch nicht. Das wäre ja *haram*, eine Tat wider Gottes Gebote!«

Unmerklich schwenkt er um, wird vom erklärenden Beobachter zum erklärenden Teilnehmer: »Ungefähr zehn Operationen scheiterten, weil die Männer nicht richtig liefen. Zu schnell, zu nervös, sie hatten es zu eilig. Ansonsten waren sie perfekt getarnt, Armeeuniformen, kein Bart, Ohrring oder Perücke und die Kluft der Ultraorthodoxen. Aber keiner von denen würde so gehetzt gehen.« Früher, als die Männer noch nach Israel zum Arbeiten durften, hätten die Istischhadis ihre Einsatzorte gekannt. Heute kämen sie zum ersten Mal in ihrem Leben nach Tel Aviv. Andererseits seien sie vor Entdeckung heute sicherer denn je: »Früher dauerte es lange, einen Märtyrer vorzubereiten, und die Familie darf ja nichts davon wissen.« Heute gehe es schneller, je hoffnungsloser die Lage werde, je mehr den Weg schon gegangen seien, desto rascher seien die Nächsten bereit. »Wir alle hier fürchten nichts mehr außer Gott. Entweder wir siegen in unserem Dschihad für die Befreiung, oder wir gehen als Märtyrer ein ins Paradies.« Der Tod, nein wirklich, »so sehr die Juden ihn fürchten, so sehr lieben wir ihn. Denn das ist die einzige Angst, die unsere Feinde haben!«

Die menschliche Bombe ist billig; abgesehen vom Willen sind lediglich Nägel, Sprengstoff, eine Batterie, ein Schalter, ein kurzes Kabel, ein paar Chemikalien und ein stabiler Gürtel mit großen Fächern erforderlich. Das Teuerste sei noch die Taxifahrt zu einer entfernten israelischen Stadt, die oft über Schleichwege führen muss, um Kontrollposten zu umgehen. Nach der Tat zahlt die verantwortliche Organisation für die Totenfeier und die Beerdigung und anschließend noch mal zwischen drei- und fünftausend Dollar an die Familie.

Vor der Tat werde ein Videotestament aufgezeichnet: Die Kalaschnikow auf der einen, den Koran auf der anderen Seite, das Banner der Organisation hinter sich, verliest der Kandidat sein Testament, spricht über die Motive für die Tat: Palästina, Freiheit, das Paradies, wo er die anderen Märtyrer wiedersehen werde, und: Es sei Gottes Wille. Spricht er auch über Rache? »Nein«, sagt der Hamas-Mann. »Es hat so wenig mit Selbstmord zu tun wie mit privater Rache. Wenn sie allein den Mann motiviert, wird sein Märtyrertum vor Gott verunreinigt. Es ist eine militärische Aktion. Der Kandidat sieht sich wieder und wieder die Videos seiner Vorgänger, aber auch sein eigenes an, um alle Furcht abzustreifen. Er wird vertraut mit dem, was er tun wird. Dann kann er den Tod wie einen alten Freund begrüßen.«

Die letzte Nacht verbringe der Kandidat betend. Falls er bei irgendwem Schulden hatte, hat er sie zurückgezahlt. Bevor er losgeht, vollzieht er noch einmal die rituelle Waschung wie vor dem Gebet, zieht sich frische Kleidung an, rasiert sich und versucht, ein letztes Mal am gemeinsamen Gebet in der Moschee teilzunehmen. Gott will um Vergebung gebeten sein für alle Sünden. Dann steckt er einen kleinen Koran in die linke Brusttasche und gürtet seine explosive Fracht. Derselbe Ablauf, dutzendfach vorgeprägt. Niemand aus seiner Familie weiß etwas von seinem Vorhaben, und auch innerhalb der Hamas selbst sind die Vorbereitungsgruppen für die Anschläge in winzige Zellen unterteilt, *Unqud*, Weintrauben, deren Kader jeweils nur die Mitglieder der eigenen Zelle kennen.

Sobald der Täter seine mörderische Mission erfüllt hat, verteilt die Organisation, in deren Namen er es getan hat, Kopien der Videokassette an die Medien, seine Tat wird zum Gesprächsthema in Moscheen und schafft ein neues Motiv für Poster, Graffiti, Videos. Oft sind Szenen des Abschiedsvideos, zusammen mit Fernsehbildern vom Tatort und unterlegt mit »Märtyrersongs«, auf al-Manar zu sehen, dem Satellitensender der Hisbollah aus Beirut.

Wie bei Ismail Masawabi, einem der letzten Istischhadis aus Khan Yunis, der sich am 22. Juni 2001 am Rand einer Siedlung in die Luft jagte. Er hatte sich eine *Kippa*, die traditionelle jüdische Kopfbedeckung, aufgesetzt und war mit dem Auto in Richtung Tor gefahren, aber im Sand stecken geblieben, hatte auf Hebräisch um

Hilfe gerufen, als zwei Soldaten auftauchten. Sie glaubten, er sei ein Siedler, kamen, um zu helfen, und Ismail drückte auf den Zündknopf.

Ismail, der Held. Ismail, der Märtyrer. Das ganze Wohnzimmer ist ein Ismail-Museum, Fotocollagen an den Wänden, sogar ein Artikel der Bild-Zeitung mit seinem Porträt ist dabei. »Jeder, der ein Atom Ehre im Leib hat, sollte es tun«, konstatiert ein Cousin.

Nur der Vater sitzt fast eine Minute lang da und sagt kein Wort. Sitzt endlose Sekunden schweigend unter all den Bildern seines Heldensohnes, und es wirkt, als würde er selbst immer kleiner dabei, sitzt zusammengesunken in der Ecke seines weichen Sofas und räuspert sich: »Ich habe ihm doch alles gekauft, was er brauchte: einen Computer, eine Kamera, sogar ein Auto.«

Warum Ismail? Warum der Sohn des reichen Fensterherstellers, der alles hatte und ein begnadeter Kalligraph war, auf Bestellung Schriftzüge malte und sogar die Suren im Saal der Moschee gegenüber gezeichnet hatte? Ismail, ein Spezialist für Perspektiven, der für die Verhältnisse von Gaza gut verdiente, dessen Vater reich ist. Der kurz vor seinen Uni-Prüfungen stand und noch sagte, er werde ein würdiges Zeugnis nach Hause bringen. Das tödliche Wortspiel verstand sein Vater erst hinterher, denn »Schuhada« heißt gleichermaßen »Zeugnis« wie »Märtyrertum«.

Wochen zuvor hatte seine Schwester die Kippa unter seinen Sachen entdeckt, aber gedacht, das gehöre zu seinem Theaterfundus, weil Ismail in einer kleinen Amateurgruppe spielte. Dann verschwand er im Morgengrauen. »Wir planten, unten einen Laden aufzumachen für seine Malerarbeiten; wir fuhren nach Kufa im Irak, brachten Material mit, er hätte sofort Arbeit bekommen«, sagt der Vater, und für einen Moment zerfällt die gefasste Miene wieder, »das war meine Hoffnung. Aber wenigstens«, Räuspern, »sind wir froh, dass er auf diesem Weg gestorben ist. Nicht zu Hause, nicht einfach erschossen am Checkpoint.« Sein Testament, sagt seine Mutter zum Abschied, sieben eng beschriebene Seiten, habe an der Universität den ersten Preis gewonnen! Mittlerweile habe die Islamische Universität von Gaza so viele Märtyrer in ihren Klassen, dass ein Dozent sich einen Wettbewerb des würdigsten, am besten formulierten Testaments ausgedacht habe. Die Urkunde hängt neben den Bildern.

Genau genommen hinterließ Ismail Masawabi sogar zwei Testamente: ein offizielles zur Veröffentlichung – und ein privates für seine Familie. Das erste geben sie gern aus der Hand. Beim zweiten zögern sie, aber schicken schließlich doch den jüngsten Bruder zum kleinen Kopierladen – zwei Ansichten eines Mörders und Selbstmörders.

Das offizielle Testament des Ismail Masawabi (in Auszügen):

Dank sei Gott, der den Mudschaheddin den Sieg und den Diktatoren die Niederlage gibt, und gepriesen seien Mohammed, der ehrliche, gläubige Prophet Mohammed, und all seine Freunde und jene, die ihm auf seinem Weg gefolgt sind.

Liebe Muslim-Jugend überall in der Welt, ich grüße euch mit den gesegneten Grüßen des Islam, Grüße, die ich an all jene unter euch schicke, die im Namen der Religion und ihrer Nation kämpfen, Grüße an alle, die überzeugte Kämpfer und Märtyrer sind.

Liebe Muslim-Jugend, ich möchte euch wissen lassen, dass ich von euch besonders jene geschätzt habe, die stets als Erste zum Gebet in die Moschee gekommen sind.

Liebe Brüder, es gibt keinen Zweifel an der Lage der muslimischen Umma, der muslimischen Nation, sie ist offensichtlich für jedermann, ob alt oder jung. Eine Lage, die uns weinen lässt und unsere Herzen traurig macht über das, was den Muslimen widerfahren ist, und wir sind aufrichtig betrübt darüber.

Wir wurden schwach, nachdem wir die Macht hatten; wir leben in Demütigung, wo wir einst in Würde lebten. Wir sind unwissend, wo wir wissend waren. Wir sind zum Schlusslicht der Welt geworden, da wir einst ihre Führer waren.

Der Wunsch, ein Märtyrer zu sein, dominiert mein Leben, mein Herz, meine Seele und meine Gefühle. Wenn ich die Verse des Korans höre, werde ich traurig, weil ich nichts tue, um die Situation zu ändern. (...) Unsere Nation ist so schwach geworden, und jeder bedient sich daran. Wir sind eine Nation,

die in Schande lebt und unter der Besetzung der Juden. Dies widerfuhr uns, weil wir nicht gegen sie gekämpft haben, weil wir nicht für Gott gekämpft haben.
Diese schreckliche und dunkle Situation, die ich kenne und erlebe, lehne ich ab – und habe beschlossen, ein Lichtstrahl zu werden, um den Muslimen den Weg zu leuchten, und ein Feuerstrahl, um den Feind Gottes zu verbrennen. Einfach nur zuzusehen, wie unser muslimisches Volk abgeschlachtet wird (von den Juden), und keinen Schritt zu unternehmen, diese Situation zu ändern, ist ein schmutziges Spiel, das ich nicht ertrage. (...) Deshalb, im Namen Jerusalems und der al-Aqsa-Moschee, im Namen Gottes auf seiner Erde, ziehe ich es vor, Gott zu treffen und die Menschen zu verlassen. Deshalb habe ich mir selbst gesagt, dass ich morgen mit dem Propheten Mohammed und seinen Getreuen sein werde. (...)
Gott wird euch nicht vergeben, wenn ihr ein solches Leben akzeptiert. Das andere ist das wahre Leben. Gott wird euch nicht vergeben, wenn ihr die Demütigung akzeptiert und nicht kämpft, um die Situation zu beenden und den Islam zu stärken. Meine Brüder und meine Familie, ich werde im Paradies sein, wo ich alles bekomme. Also seid nicht traurig, dass ihr mich verloren habt. Dort werde ich unsterblich sein, also solltet ihr glücklich sein, dass ich dort bin. Allen, die mich geliebt haben, sage ich, weint nicht, denn eure Tränen lassen mich nicht ruhen. Dies ist mein Weg. Also macht, wenn ihr mich wirklich geliebt habt, weiter und tragt meine Waffe.
Ich habe beschlossen, zu den Waffen zu greifen und den Brigaden der Märtyrer Izzedin al-Qassam zu folgen, um die Juden jenes Leid und jene Zerstörung spüren zu lassen, denen sie mein Volk jeden Tag und seit langer Zeit aussetzen.
Grüße von einem Märtyrer, der sich wünscht, euch eines Tages alle im Paradies Gottes wiederzusehen, des Schöpfers von Himmel und Erde. Grüße an alle, die mich kannten und liebten und die den Weg des Dschihad und der Mudschaheddin lieben.
Ich hoffe, dass Gott mich als Märtyrer akzeptiert.

Das Testament für die Familie:

Liebe Mama, lieber Papa,

ihr, die ihr große Anstrengungen unternommen habt, um mich aufzuziehen, die ihr nachts gewacht habt, damit ich schlafen und ruhen kann, die ihr mich als einen Muslim erzogen habt: Ihr seid mir so teuer wie meine Augen und mein Herz. Ihr habt das Beste getan, um mich zu einem erwachsenen Menschen zu machen. Ihr habt mir sehr viel geholfen, und möge Allah euch mit dem Besten dafür belohnen. Ich finde nicht die passenden Worte, um euch für all das, was ihr für mich getan habt, zu danken, aber ich bitte Gott den Allmächtigen, uns im Paradies wieder zu vereinigen.

Meine geliebten Eltern, ich weiß, dass es schwierig und hart ist, mich zu verlieren, aber vergesst nicht, dass wir uns im Paradies wiedersehen. Das ist das Versprechen Gottes. Was für ein wunderbares und schönes Versprechen, wenn wir uns dort alle wiedersehen.

Liebe Mama, sei geduldig und glücklich, und bete zu Gott, um ihm zu danken, dass er dir einen Märtyrer als Sohn geschenkt hat. Und denk an al-Khansaa[2], die ihre vier Söhne als Märtyrer für Gott gegeben hat, weil sie wusste, dass sie sie alle im Paradies wiedersehen wird und dass sie eines Tages auch dort hinkommen wird.

Lieber und guter Vater, bitte verzeih mir. Dass ich deinen Traum nicht erfüllt habe, zu erleben, wie ich mein Studium an der Universität beende, und stolz zu sein, wenn ich einen Job bekomme. Aber du solltest zufrieden sein, weil dein Sohn zwar kein Schihada[3], aber dafür das große Schahada[4] bekommen wird; darauf solltest du stolz sein.

Du warst es, der mir beigebracht hat, in allen Situationen ein Mann zu sein. Du bist es, der in seinem Haus einen Löwen herangezogen hat, der die Feinde Gottes und der Muslime das Fürchten lehrt. Verzeih mir, lieber Vater, wenn du die Nachricht von meinem Märtyrertum erhältst und überrascht sein wirst, weil ich weiß, dass du nur darauf wartest, dass ich jeden Augenblick mein Studium beende, aber dies ist es, was ich in der jetzigen Situation tun muss. Und wir werden uns in einem anderen Leben wiedersehen.

Meine geliebten Brüder, ich habe euch alle vom Grunde meines Herzen geliebt. Seid gut zu Vater und Mutter.

Meine lieben Gläubigen, lieber Mohammed, Ahmed und Mahmud, ihr seid die Jugend der Zukunft, bitte seid, wenn ich tot bin, gut zu meinen Eltern. Helft meinem Vater bei der Arbeit und meiner Mutter im Haus. Und geht regelmäßig in die Moschee. Habt keine schlechten Freunde. Lest den Koran.

Meine geliebten und guten Schwestern, ich war immer glücklich, wenn ich euch gesehen und mit euch gesprochen habe. Wenn ich euch besuchen kam, habt ihr mich willkommen geheißen mit einem freundlichen Lachen und warmen Worten. Seid geduldig und dankt Gott und bitte verzeiht mir, wenn ich einen Fehler gemacht habe.

An den Mauern von Khan Yunis klebt sein Bild, überdecken sich die Bilder von Dutzenden Märtyrern, dazwischen Poster von grünen Vögeln, aufsteigend in einen Purpurhimmel: die Seelen der Märtyrer als Vögel in der Farbe des Propheten auf dem Weg ins Paradies.

»Wir leben in einer Kultur des Todes«, sagt Hadil auf dem Rückweg, »außerdem: Wo ist für die Kinder noch der Unterschied, wenn sie schon beim Steinewerfen erschossen werden?«, fragt Hadil. Später, auf dem Stuhl am anderen Ende sitzt Hadils Nichte und sagt mit ihrer Kleinmädchenstimme: »Ich möchte auch Märtyrerin werden«, und Hadil wird wütend, »verdammt, sie ist acht, verstehst du: *acht*.« Von den 200 palästinensischen Kindern, die laut Unesco seit September 2000 im Feuer der israelischen Armee starben, traf es 50 in Khan Yunis. Dort, wo die Straße nach Westen einst am Strand endete, geht sie mittlerweile über in aufgewühltes Erdreich und die Trümmerfelder der zerbombten Häuser. Allein in deren Nähe zu kommen wird ab nachmittags lebensgefährlich. »Wieso nachmittags«, frage ich. »Weil sie dann anfangen zu schießen.« Die Taxifahrer meiden die letzten 100 Meter vor den Trümmern, nachdem im Herbst einer erschossen wurde. Allein die Kinder kommen wieder und wieder hierher, werfen Steine, erproben ihren Mut daran, überhaupt dort zu stehen. Der palästinensische Fotograf Abed sah zwei von ihnen sterben: »Der eine bückte sich nach einem Stein, nicht größer als ein Kiesel. Zwei Sekunden später war er tot. Der andere winkte mit den Händen zum Wachposten hinaus und machte Huhu. Es war seine letzte Bewegung.«

Sanktionen haben die Soldaten nicht zu befürchten. Selbst als im Dezember 2001 eine auf ihrem Heimweg von der Schule platzierte Mine fünf Kinder derselben Familie zerreißt, verhängt die Armeeführung lediglich eine Rüge für die »schlechte Entscheidung« der Ortswahl. Wie sagt es Hadil, die, wie ihr Onkel, von sich behauptet, Pazifistin gewesen zu sein: »Die töten uns, wir töten sie. *Chalas*!, Schluss!«

Zwei Welten, die einander tiefer zu fürchten, mehr zu hassen scheinen, als es zwei Krieg führende Nationen täten. Und die dabei Seite an Seite leben. Dabei hatte alles hoffnungsvoll ausgesehen 1993: als nach fast einem halben Jahrhundert des erklärten und unerklärten Kriegszustandes die Friedensdeklaration von Oslo unterzeichnet war; als eine Mehrheit unter Israelis wie Palästinensern daran glaubte, dass nun Frieden käme.

Dass es dasselbe Jahr war, in dem der erste Selbstmordattentäter in Israel seine Tat verübte, ging unter in der Euphorie. Ein zufälliges Zusammentreffen des hoffnungsvollen Anfangs einer neuen Zeit und eines isolierten Phänomens, so schien es. Wenn die Tat überhaupt wahrgenommen wurde. Und doch waren es nur die zwei Seiten einer Medaille, so eng verbunden, dass sich genau diese zwei Seiten selbst innerhalb einer Familie wiederfinden.

Charismatisch, ernst sitzt Dr. Khalil Schikaki im schwarzen Ledersessel auf beigem Teppich vor einer kleinen Fotogalerie, die ihn mit Senator Ted Kennedy und anderer Prominenz zeigt. Nach einer rasanten Karriere durch ein halbes Dutzend Universitäten in den USA, Kuweit und Bahrain kam er zurück in die Westbank, hat in Nablus das erste und angesehenste palästinensische Meinungsforschungsinstitut gegründet, später nach internen Streitigkeiten ein neues in Ramallah aufgebaut. Ein formvollendeter Gelehrter, der bei Tee und kandierten Früchten über Bedrohungswahrnehmung, Kosten-Nutzen-Rechnungen und Phänomene psychischer Abspaltung doziert und dabei über ein einziges Thema spricht: Warum Palästinenser sich mit ein paar Kilogramm TNT um den Bauch in die Luft sprengen. Wann sie es tun. Und wie viel Prozent der Bevölkerung es gutheißen.

Mit Distanz in der Stimme und bemüht um Klarheit, versucht er das Phänomen zu erklären, als wäre er Forscher, einer tückischen Epidemie auf der Spur. Und ernst ist er, ganz anders als sein Bruder Fathi, der Kinderarzt war und gerne lachte. Die gleichen Augen, der gleiche Mund, die gleiche kräftige Statur, der gleiche gestutzte Zehn-Tage-Bart und eine ebenso etwas protzig geratene Brille: Ähnlicher hätten sich die beiden Brüder Fathi und Khalil Schikaki kaum sehen können. Und doch konnten die zwei von fünf Söhnen eines Flüchtlings aus Gaza gegensätzlicher nicht sein. Wie im Brennglas bündelt sich in den beiden Biografien die Zerrissenheit ihres kleinen Volkes: Fathi Schikaki, der ältere, war der Pate einer jener Bewegungen, deren Taten der jüngere so akribisch erforscht. Fathi Schikaki, Chef des *Dschihad Islami*, der radikalsten Islamistengruppe, wurde 1995 von Mossad-Agenten auf Malta erschossen – neun Monate nachdem ein von ihm entsandtes Selbstmordkommando im Norden Tel Avivs 21 Israelis in die Luft gejagt und den Islamischen Dschihad damit in die erste Reihe der palästinensischen Terrorgruppen gebombt hatte.

Es ist die Geschichte einer Familie. Aber zugleich ist die Geschichte der Schikakis, des alten Ibrahim und seiner acht Kinder, auch die Geschichte des vergangenen halben Jahrhunderts, in dem das Volk der Palästinenser zu dem wurde, was es heute ist, weil ihm genommen wurde, was vorher selbstverständlicher Besitz gewesen war: das Land. Die Freiheit, sich auf ihm zu bewegen. Die Würde, über es zu bestimmen.

1947 wiesen die arabischen Nationen und Mächte den UN-Teilungsplan für das noch unter britischer Mandatsherrschaft stehende Palästina zurück. Als Israel im folgenden Frühjahr seine Unabhängigkeit erklärte, griffen fünf arabische Nachbarländer an. Als die Kämpfe vorüber waren, hatte Israel weit mehr Land besetzt, als der ursprüngliche Plan ihm zugestanden hätte. 700 000 Menschen, die Hälfte der damaligen arabischen Bevölkerung, waren geflohen oder vertrieben.

1998, als so etwas noch möglich war, willigte Ibrahim Schikaki ein, einen kleinen und doch großen Ausflug zu unternehmen: nach Israel. In jenes Dorf, aus dem er ein halbes Jahrhundert zuvor hatte fliehen müssen. Anfangs war er etwas verloren inmitten der breiten Straßen, dem Bowlingcenter und der Toyota-Niederlassung auf der Menachem-Begin-Avenue im israelischen Städtchen Rehovot. Aber trotz seiner 70 Lebensjahre könne er sich noch an seine Jugendzeit hier erinnern, sagte er, jene 20 Jahre, die er im arabischen Dorf Zarnouga verbrachte. Eben hier, wo heute eine andere Stadt, eine andere Heimat anderer Menschen stehe und nicht mehr viel von der Vergangenheit geblieben ist. Nicht mehr viel, aber einiges doch: »Fahr nach rechts«, meinte er, »zur Moschee ging es hier entlang.« Geht es immer noch, auf einer staubigen Nebenstraße, hin zu einem eingezäunten, verfallenden Gebäude, auf dessen blauer Tür heute ein Davidstern steht.

Hier ging der kleine Ibrahim zum Beten, die Geschichten und Predigten zu hören, die sein Vater, Imam der Moschee von Zarnouga, in den Zwanziger- und Dreißigerjahren des vergangenen Jahrhunderts hier hielt. Ein Maulbeerbaum steht noch von damals, ein paar Häuser sind geblieben, und ein paar Geschichten ihrer einstigen Bewohner fielen Ibrahim Schikaki ein. Hier hatte seit Generationen das Land der Schikakis gelegen, bepflanzt mit Getreide, Orangen- und Aprikosenbäumen, Gurkenfeldern. Im Mai 1948 waren sie vor den Kämpfen und den Gerüchten von Massakern israelischer Truppen an palästinensischen Zivilisten geflohen – für kurze Zeit, hatten sie gedacht, aber die Rückkehr war ihnen nie mehr gestattet worden, und so siedelten sie sich in der Wüstenei des südlichen Gazastreifens an, wo das Flüchtlingslager Rafah entstand, dahinter nur noch Sand und die Grenze zu Ägypten.

Es sollte zwei Jahrzehnte und noch eine weitere, verheerende Niederlage im Sechstagekrieg von 1967 dauern, bis radikale Palästinenser unter Führung Yassir Arafats die Palästinensische Befreiungsorganisation verwandelten: von einem machtlos lamentierenden Politzirkel in, je nach politischer Perspektive, eine Terrorgruppe oder eine Befreiungsbewegung. Die mit Guerillaattacken, Flugzeugentführungen und Bombenanschlägen die Welt zwang, hinzuschauen.

Und wie die Welt gespalten war über den Kampf der Palästinenser gegen Israels Volk, das nach dem Holocaust nun endlich eine Heimat gefunden haben sollte, so waren auch die Palästinenser selbst und die acht Kinder des Ibrahim Schikaki gespalten über den richtigen Weg: Unter ihnen heranwachsen sollte einer der brillantesten Verfechter eines demokratischen Palästina, das in Frieden mit Israel koexistiert; daneben ein Gründer des Islamischen Dschihad, der sich die vollständige Vernichtung des jüdischen Staates zum Ziel gesetzt hatte, um ein Palästina auf islamischer Grundlage zu errichten; des Weiteren ein Geschäftsmann und noch mehr Geschwister, die ebenfalls höchst unterschiedliche Ansichten über den richtigen politischen Weg vertreten, nur nicht ganz so radikal, und die vor allem nicht so prominent sind.

Als Fathi, der älteste der Brüder, 1951 in Rafah auf die Welt kam, wurde aus dem aufgeweckten Kind bald ein hoch begabter Schüler. Ermutigt von seiner Mutter, die nicht lesen und schreiben konnte, bewarb er sich für ein Stipendium, Medizin in Kairo zu studieren, bekam es und wurde Kinderarzt. Nichts deutete anfangs darauf hin, dass aus ihm einmal jener Mann werden würde, der später Ayatollah Chomeini sein Vorbild nennen und »menschliche Bomben« preisen würde. In Kairo allerdings, an der Kazic-Universität, wurde der Islamische Dschihad mit seinem merkwürdig tautologischen Namen (wie sonst, wenn nicht islamisch, sollte ein Dschihad sein) ins Leben gerufen von Fathi Schikaki und anderen später bekannt gewordenen Islamisten wie Abdel-Aziz Ode.[5]

Langsam wuchs er hinein in die Welt der aufsteigenden radikalen islamistischen Bewegungen, die zwar nicht unbemerkt von Israel blieben, aber auch noch nicht als tödliche Gefahr gesehen wurden. Ende der Achtzigerjahre beschrieb Fathi Schikaki das, was er das »außerordentliche Märtyrertum« nannte. In seinem Buch »Dschihad fi-s-sabil Allah«, Dschihad auf dem Wege Gottes, heißt es: »Wir können das Ziel dieser Operationen nicht erreichen, wenn unser *Mudschahid*, unser Kämpfer, nicht imstande ist, innerhalb von Sekunden eine Explosion herbeizuführen, und wenn er nicht imstande ist, den Feind davon abzuhalten, unsere Operation zu blockieren. All diese Ziele können erreicht werden durch die Explosion, die dem Mudschahid gar keine Gelegenheit gibt zu zögern und zu entkommen: eine erfolgreiche Operation für Dschihad und Glaube durchzuführen und die Moral des Feindes zu zerstören, Angst zu säen in den Menschen.« Diese Kapazität, befand er, »ist ein Geschenk Gottes!« Wenn auch ein vorerst theoretisches, denn es sollte noch fünf Jahre dauern, bis der erste palästinensische Selbstmordbomber auf den Plan trat.

1988 wird Fathi Schikaki aus Israel deportiert, und fortan operiert er vor allem von Damaskus aus, steigt nach und nach auf und wird zu einem der Gründer des Islamischen Dschihad. Die Gruppe, die unter gleichem Namen in verschiedenen Ländern operiert, steckt nach Ansicht israelischer Geheimdienstler hinter dem Anschlag auf einen israelischen Bus im Januar 1990 in Ägypten, als neun Touristen erschossen wurden. Im Januar 1995 platzierte ein Dschihad-Täter eine Bombe an einer Haltestelle für Tramper, vor allem Soldaten, in Nordisrael. 21 sterben. Im September desselben Jahres rammt ein Selbstmordbomber derselben Gruppe sein Auto in einen israelischen Bus im Gazastreifen, womit er sieben Soldaten und einen amerikanischen Studenten ums Leben bringt.

Sechs Wochen später, auf dem Weg in sein Hauptquartier in Damaskus, wird Fathi Schikaki vor seinem Hotel auf der Mittelmeerinsel Malta von zwei Attentätern des israelischen Auslandsgeheimdienstes Mossad aus nächster Nähe erschossen.

Paradoxerweise sei Fathi, sagen jene, die ihn kannten, ein charismatischer, warmherziger und humorvoller Mann gewesen. »Der Raum füllte sich, wenn er eintrat«, erinnert sich ein Freund; eloquent, klug, ein Theoretiker sei Fathi gewesen, der als einer der Ersten eine Renaissance des Islam als Modell für den palästinensischen Unabhängigkeitskampf entdeckte und Chomeinis iranische Revolution als Modell für die arabische Welt empfahl, ungeachtet aller konfessionellen und historischen Unterschiede.[6]

Sein jüngerer Bruder Khalil, 44, ist einer der brillantesten Kritiker und Analytiker des palästinensischen Islamismus. Ein Mann, der Gewalt ablehnt und mit israelischen Wissenschaftlern kooperiert – selbst dann noch, wenn die Panzer desselben Staates in Ramallah beinahe sein Büro zerschossen haben und er es für Wochen nicht betreten kann: »Ich fand Fathis Weg immer falsch, denn ihm ging es am Ende nur noch darum, dass der Kampf ewig weitergehe – und wenn ich etwas fürchte, dann, dass die Entwicklung ihm im Moment Recht geben könnte, auch wenn es eine furchtbare Sackgasse ist.«

Zwischen beiden Schikakis liegt Abdul-Aziz, 45, ebenfalls ein begabter Student, der mittels eines Stipendiums in Kairo Apotheker wurde, seine Cousine Nima heiratete, die in Kairo Medizin studierte, Mitglied der Muslimbrüder und aus Ägypten ausgewiesen wurde und seinen älteren Bruder Fathi als Helden betrachtet. Als 1998 sein sechstes Kind geboren wurde, nannte er es Fathi. Abdul-Aziz ist ein gläubiger Muslim, der seine fünf täglichen Gebete absolviert und daran glaubt, dass palästinensische Selbstmordattentäter ins Paradies einfahren. Er ist ein überzeugter Militanter in seinen Forderungen, der darauf insistiert, dass es weder Frieden noch Gerechtigkeit wird geben können, bevor Israel nicht das Land ihrer Vorfahren räume. Ein Anspruch, den selbst Arafat schon aufgegeben hat.

Und doch, so militant er in seinen Worten ist, so pragmatisch fällt sein Handeln aus: Zusammen mit anderen Apothekern und Ärzten aus Gaza hat er ein Konsortium gegründet, das die erste Pharmafirma im Gazastreifen errichtet, die Middle East Company for Pharmaceutical Industries, die 60 Menschen beschäftigt und von israelischen Experten entworfen worden ist – ein 2,5-Millionen-Dollar-Unternehmen, dessen ausländisches Equipment über israelische Häfen ins Land gekommen ist.

1993, als der Friedensprozess seinen Anfang nimmt, Khalil Schikaki über Rückkehr und Abdul-Aziz über Unternehmenspläne sinnt, sitzt Fathi isoliert in Damaskus. Dramatisch hat sich mit Oslo die Lage in Gaza und der Westbank verschoben: Die kommende Rückkehr Arafats und die internationale Anerkennung seiner Autonomieregierung verändern die politische Landkarte.

Vor allem die größte islamistische Bewegung, die Hamas, seit Ausbruch der Intifada 1987 scheinbar unaufhaltsam mächtiger geworden, ist nun zweifach geschwächt. Auf einmal steht ihr eine völkerrechtlich anerkannte, säkulare Führung gegenüber. Gleichzeitig verliert sie an Unterstützung im Volk, das im Frieden eine vielversprechendere Perspektive sieht als im bloßen Widerstand.

Ironischerweise ist Israel selbst es gewesen, das die Hamas mit aufgebaut hat: Es gab eine bewusste Entscheidung, die islamistischen Gruppen als Gegengewicht zur PLO aufzubauen und so die Spaltung der palästinensischen Gesellschaft zu vertiefen.

Schwer vorstellbar heute, dass die Bärtigen der Hamas einmal als Kollaborateure galten, aber die einzige palästinensische Sozialorganisation, die je eine israelische Lizenz hatte, war jene von Scheich Yassin.[7] Das Verteidigungsministerium gab grünes Licht für islamische Institutionen wie die Islamische Universität von Gaza, die später ein Rückgrat der Militanten bilden sollten.[8] Als die strenggläubigen Aktivisten in den Achtzigerjahren darangingen, die wenigen Kinos von Gaza zu stürmen, die Strandrestaurants wegen Alkoholausschanks anzuzünden und mit lautstarken Kundgebungen die Bevölkerung einzuschüchtern, sahen die israelischen Soldaten untätig zu: Dass sie damit ihre künftigen, im Vergleich zur PLO viel größeren Feinde heranzüchteten, sollten sie erst Jahre später merken.

Genau genommen 1988: Nachdem im Winter zuvor in Gaza die erste Intifada ausgebrochen und rasch auf die Westbank übergesprungen ist, wollen sich die Islamisten nicht unter die Kuratel der »Vereinigten Führung« begeben, die rasch die Kontrolle des Aufstands übernimmt, der alle, Arafat wie die Israelis, überrascht hat. Die »Vereinigte Führung« nun wird rasch von Arafats Fatah-Bewegung dominiert, der größten Fraktion innerhalb der PLO. Andererseits wollen die Islamisten auch nicht abseits stehen. Am 11. Februar 1988 geben sie ihr erstes Flugblatt mit Intifada-Parolen heraus, und ab dem Frühsommer zeichnen sie mit Hamas – dem Akronym für *Haraka al-Muqawama al-Islamyia*, Islamische Verteidigungsbewegung –, was als Einzelwort so viel wie »Elan« oder »Eifer« bedeutet.

»Nationalismus ist ein integraler Bestandteil des religiösen Glaubens«, verkünden sie.[9] Und warten auf die Fehler ihrer Gegner. Einen fatalen begeht Arafat, als einer der wichtigsten Finanziers der PLO, Irak, einen anderen, nicht minder wichtigen Financier, Kuweit, überfällt. Arafat muss sich entscheiden. Und lässt sich in brüderlicher Umarmung mit Saddam Hussein ablichten. Woraufhin die staatlichen und privaten Finanziers in den Golfstaaten ihre Gelder anstatt zur PLO fortan zur Hamas dirigieren. Ähnlich der Hisbollah im Libanon, nur bei weitem nicht so gut organisiert, teilt sich auch die Hamas bald in einen politisch-zivilen und einen militärischen Arm, die Izzedin-al-Qassam-Brigaden.

Der Löwenanteil des rund 70 Millionen Dollar schweren Jahresbudgets[10] geht in den Unterhalt eines Netzwerks von Hunderten Moscheen, Schulen, Waisenhäusern, Krankenstationen, das buchstäblich jedes Dorf, Flüchtlingslager, jede Stadt in Gaza und der Westbank durchdrungen hat. Hamas ermöglicht das Leben – und den Tod, denn die Bewegung sorgt für die Familien der Suizidbomber. Das Geld kommt von den Königshäusern und reichen Privatpersonen in den Golfstaaten, aus der palästinensischen Diaspora, selbst dem schiitischen Iran, und fließt zumeist via Jordanien ins Land.

Die Izzedin-al-Qassam-Brigaden, benannt nach dem syrischen Geistlichen Izzedin al-Qassam, der 1922 mithilfe des Jerusalemer Großmuftis Amin al-Husseini einen Posten als Prediger in Haifa erhielt und neben dem Predigen eine bewaffnete Organisation namens Schwarze Hand aufbaute, die bis zu seinem gewaltsamen Tod 1935 die britischen Mandatstruppen attackierte[11], haben bereits ab dem Frühjahr 1989 mit Mordanschlägen auf israelische Soldaten begonnen. Sie haben Gaza in eine Hölle für Israels Besatzungstruppen verwandelt, die von dem Landstrich bald nur noch eines wollen: ihn loswerden. Ungeachtet der klaren Worte, die bereits in der Hamas-Charta vom August 1988 stehen – »Gott ist das Ziel, der Prophet der Führer, der Koran die Verfassung; der Heilige Krieg weist den Weg, und der Tod für Gott ist die innigste Sehnsucht«[12] –, wird die Bewegung allerdings erst im September desselben Jahres verboten.[13]

Nach der dramatischen Verschleppung und Ermordung eines israelischen Sergeanten im Dezember 1992 lässt Rabin 415 führende Kader der Hamas und des 1979 abgespaltenen Islamischen Dschihad, die ohne größere politische Aktivitäten allein auf Kampf und Terror setzen, in den Südlibanon deportieren. Dort, wo sie rund ein Jahr lang in Zelten auf den Hügeln leben, nehmen sich Sympathisanten und Mitglieder der Hisbollah ihrer an, versorgen sie mit Nahrung, Decken – und Ideen. Denn bislang haben die sunnitischen Palästinenser wenig Kontakt gehabt zu den schiitischen Widerstandskämpfern im Libanon, wie auch sonst in der arabischen Welt die Kluft zwischen den beiden großen Glaubensrichtungen innerhalb des Islam größer ist als zu anderen Religionen: in den Golfstaaten, vor allem in Saudi-Arabien und Bahrain, werden die schiitischen Minderheiten misstrauisch als potenzielle Sympathisanten des revolutionären Iran und als Aufrührer betrachtet, im Irak hat Saddam Hussein Anfang 1991 einen Aufstand der Schiiten im Süden aufs Brutalste niedergeschlagen – während sein Außenminister, Tariq Aziz, ein chaldäischer Christ ist, Angehöriger der christlichen Minderheit im Land. Und Chomeini selbst legitimierte im ersten Golfkrieg den Kampf gegen die islamischen Brüder im Irak, indem er sie als Sunniten, als Verräter, brandmarkte.

Aber nun, im rauen Winterklima, ist reichlich Zeit und Gelegenheit angesichts des gemeinsamen Feindes, einander näher kennen zu lernen. Die Hisbollah nutzt die Gelegenheit, den Hamas-Führern die Techniken und auch gleich noch die religiöse Rechtfertigung der Selbstmordattacken nahe zu bringen. Mit Erfolg. 1993, im Jahr von Oslo und noch bevor die 415 im Dezember nach endlosem diplomatischem Hin und Her wieder zurück in ihre Heimat dürfen, erschüttert der erste »menschliche Bomber« Israel: Ala'a Kahlout, ein Mitglied des Islamischen Dschihad, rasiert sich, setzt sich eine Kippa auf und eine Sonnenbrille, geht in Shorts und T-Shirt unbehelligt als Israeli durch und besteigt einen Bus in Ashdod, in dem er sich sprengt.[14]

Geht es anfangs noch vor allem gegen militärische Ziele in den besetzten Gebieten, so zielen die Attacken bald auf Zivilisten im Kernland. Denn die sind leichter zu treffen und, wichtiger noch, vermitteln die Botschaft der Angst: dass es für die menschlichen Bomben keinen Unterschied gebe zwischen Militärs und Zivilisten, zwischen Besatzungszone und Strand in Tel Aviv. Der Tod ist überall, und diese Botschaft wird das Furcht erregendste werden, was Israels Bevölkerung je erfahren hat.

Ob der winterliche Ideenaustausch im Südlibanon allerdings allein ausschlaggebend war, ist zweifelhaft. Schon Anfang der Neunzigerjahre soll der später als »der Ingenieur« legendär und berüchtigt gewordene Elektroingenieur-Student Yahya Ayyasch in einem Brief den Einsatz menschlicher Bomben empfohlen haben. Denn sie seien der schmerzhafteste Schaden, den man den israelischen Besatzern zufügen könne.[15]

Was aber will, was wollte Hamas? Einerseits ist sie die treibende Kraft hinter den Suizidbombenattentaten, andererseits hat sie Waffenruhen angeboten und eingehalten. Zwar bietet sie 1994 Israel einen Waffenstillstand an, allerdings nur unter der Bedingung, dass Israel sich hinter die Grenzen von 1967 zurückziehe und sämtliche Siedlungen dahinter aufgebe – worüber auch nur zu diskutieren Israel nicht bereit ist.[16] Einerseits hat sie den Abbruch der Verhandlungen gefordert, andererseits hat Yassin wiederholt Arafats Führungsrolle anerkannt und fordert, ganz Nationalist, keine islamistische Internationale, sondern den Abzug der Besatzer: »Ich möchte klarstellen, dass wir die Juden nicht bekämpfen, weil sie Juden sind. Sondern weil sie uns angreifen, töten, unser Land besetzen, unsere Häuser, unsere Kinder, unsere Frauen. Sie haben uns zerstreut, überallhin, ein Volk ohne Heimat sind wir. Wir wollen unsere Rechte. Nicht mehr. Wir lieben den Frieden, aber sie hassen ihn, weil Menschen, die anderen ihre Rechte nehmen, nicht an Frieden glauben. Warum sollten wir nicht kämpfen? Wir haben das Recht, uns selbst zu verteidigen.«[17]

Hamas hat sich nie gänzlich festgelegt, sondern sich so viele Wege wie möglich offen gehalten[18]: wollte Frieden, wollte kämpfen, verehrte den Märtyrertod, aber sei auch gern zu Verhandlungen bereit. Zwei ihrer besten Kenner, die israelischen Politologen Schaul Mishal und Avraham Sela, haben ihre innere Struktur präzise beschrieben: »Hamas ist kein Gefangener ihres eigenen Dogmas! Weder begibt sie sich hinter absolute Wahrheiten, noch unterwirft sie ihre Aktivitäten und Entscheidungen einer offiziellen religiösen Doktrin. Sie operiert vielmehr in einem Spannungsfeld aus Gelegenheiten und Beschränkungen, nimmt die sich wandelnden Wünsche und Bedürfnisse der palästinensischen Bevölkerung auf und erkennt dabei sehr genau die politischen Möglichkeiten und Machtverhältnisse«[19] – keine hermetische Truppe von Fanatikern, sondern der feinnervigste Seismograph der palästinensischen Gesellschaft. Denn keine materiellen Vorteile, keine Posten, keine Macht sind mit der Mitgliedschaft zu erringen, es ist im Wortsinne eine Glaubensentscheidung, sich für oder gegen Hamas auszusprechen oder sich ihr anzuschließen.

Dann geschieht etwas, womit niemand rechnete. Aber was dem palästinensischen Widerstand gegen Israel eine neue, maßlose Form geben wird: Am 25. Februar 1994 betritt der aus Amerika eingewanderte Arzt Dr. Baruch Goldstein die Ibrahim-Moschee in Hebron mit seinem Galil-Schnellfeuergewehr und beginnt, auf die Betenden zu schießen. Die Moschee ist voll an diesem Morgen, es ist Ramadan, der heilige Fastenmonat, und die 500 Anwesenden scheinen wie gelähmt von dem, was sich in den folgenden Minuten abspielt – ausgerechnet an jenem Ort, der wie kaum ein zweiter Symbol der Gemeinsamkeiten der Religionen gewesen war. Denn Ibrahim ist nur die arabische Entsprechung zu Abraham, dessen Grab in dieser Höhle liegen soll, deren erweiterte Räume sich die Moschee aus der zweiten Hälfte des siebten Jahrhunderts und eine Synagoge teilen.

Erst als 29 Menschen tot, zahllose weitere verwundet sind, gelingt es, Goldstein zu überwältigen. Er wird erschlagen mit allem, was seine Opfer zur Hand haben, Stühlen, Fäusten, der bloßen Übermacht ihrer Leiber.

Dieses Massaker, sind sich palästinensische Experten wie Khalil Schikaki und israelische wie Ariel Merari einig, sei das auslösende Moment gewesen: »Die Hamas verstand es als Signal«, so Schikaki, »dass nun sämtliche roten Linien überschritten waren.« Zumal da Ministerpräsident Rabin die Chance verstreichen lässt, die Siedlung Kiryat Arba neben Hebron, aus der Goldstein stammt, räumen zu lassen. Auch die kleine Gruppe ultraradikaler Siedler bleibt unangetastet, die bereits seit 1979 unter dem Schutz der Armee Hebrons Stadtzentrum rund um die Machpelah, die heilige »Höhle des Patriarchen«, in eine Trutzburg verwandelt hat. Stattdessen entwickelt sich Goldsteins Grab bald zu einer Pilgerstätte für radikale Siedler und Eretz-Israel-Anhänger. Auf Goldstein werden Hymnen geschrieben.

Es wird der erste, schwere Rückschlag für die Hoffnungen des Friedensprozesses sein. Khalil Schikaki, dessen Umfrageinstitut kurz zuvor die Arbeit aufnahm, hat die politischen Pendelausschläge in Zahlen festgehalten: »1993 hatte die Zustimmung zu Oslo bei 65 Prozent gelegen, die Bereitschaft, die Nationalcharta zu ändern und Israels Existenzrecht formell anzuerkennen, lag bei 57 Prozent – ähnlich hoch mit 65 Prozent lagen die wirtschaftlichen Erwartungen, dass eine ökonomische Friedensdividende zu erwarten sei. Es war eine kurze Phase.« Denn bald stellte sich heraus, dass auch Rabins Regierung mit dem Ausbau der Siedlungen fortfuhr, obwohl doch eigentlich ein Abzug vereinbart worden war – Land gegen Frieden, hieß das große Motto. Dann kam das Goldstein-Massaker, »und die Unterstützung für den Friedensprozess sank auf 51 Prozent, unmittelbar nach dem Massaker für kurze Zeit sogar auf 17 Prozent. Arafats Fatah und die Opposition, mithin vor allem Hamas, lagen in der öffentlichen Zustimmung mit je 40 Prozent gleichauf, der Rest war unentschieden. Gewalt im Allgemeinen wurde von 57 Prozent befürwortet, und die Zustimmung zu Selbstmordattentaten lag nur knapp darunter – während in friedlichen Hoffnungszeiten der Abstand normalerweise erheblich ausfällt.«

Noch aber sieht es aus wie ein Zwischentief. Denn die ersten Selbstmordbomber lösen Entsetzen auch unter den Palästinensern aus. Es scheint sich eher um Verzweiflungstaten einer untergehenden Bewegung zu handeln, die Arafat den Anlass liefern, auch militärisch gegen seine Konkurrenten um die Macht vorzugehen. Arafat versteht es zunächst, seine Macht zu festigen und Hamas an den Rand zu drängen. Am »Blutfreitag« im November 1994 fühlt er sich so stark, dass er nach dem Freitagsgebet auf Islamisten vor der Hauptmoschee in Gaza schießen lässt.[20] Nach heftigen Kämpfen bahnt sich eine neue Linie des Stillhaltens der Hamas gegenüber der palästinensischen Autonomieverwaltung an.[21]

Es ist die beste Zeit, die der Friedensprozess in den Neunzigerjahren erleben wird: Israels Besatzungstruppen räumen weite Teile des Gazastreifens und fast sämtliche Städte der Westbank, ziehen sich aus Ramallah, Nablus, Tulkarem, Jenin und Jericho zurück, halten lediglich Hebron und Ostjerusalem besetzt, und die Mehrheit der palästinensischen Bevölkerung darf sich befreit fühlen.

Dass die Freiheit zumeist an der Ortsgrenze endet, dass die Aufteilung der Gebiete in A-Zonen vollständiger Räumung, B-Zonen teilweiser Selbstverwaltung und C-Zonen vollständiger israelischer Kontrolle Gaza und Westbank in einen Archipel verstreuter Homelands verwandelten, deren zahlreich gewachsene Grenzen und Checkpoints zu passieren sich schwieriger gestaltete als zuvor – all dies sollte erst nach und nach ins Bewusstsein der Menschen geraten. Erst einmal ist es die Zeit des Jubels, der Erleichterung – und der rapide schwindenden Unterstützung für die radikalen Friedensgegner aus dem islamistischen Lager sowie den PLO-Splittergruppen.

Einen »Frieden der Starken« hat Ministerpräsident Yitzhak Rabin versprochen, und Israels Bevölkerung, die Politik am liebsten den Generälen überlässt, hat mit Rabin, dem siegreichen Armeechef des Sechstagekriegs, einen Mann an der Spitze des Staates, dem sie vertraut.

Beide Völker haben mit Oslo viel von ihren Ressentiments aufgegeben: Palästinenser, aber auch Israelis, die sich an die Vorstellung von einem palästinensischen Staat gewöhnen, daran, in Arafat einen irgendwie netten alten Mann zu sehen anstatt den Terroristen aus den Sechziger- und Siebzigerjahren.

»Ich war 27 Jahre lang ein Mann des Militärs. Ich habe Kriege geführt, solange es keine Chance auf Frieden gab«, spricht Yitzhak Rabin am Abend des 4. November 1995 zu 100 000 Menschen, die sich auf dem größten Platz in Tel Avivs Stadtmitte versammelt haben: »Ich glaube, jetzt gibt es diese Chance, und wir müssen sie ausnutzen.« Das sind die Schlussworte seiner Rede, es folgen rührende Szenen, als Yitzhak Rabin, der zumeist ernste und etwas scheu wirkende Mann, zusammen mit der Sängerin Miri Aloni das »Lied vom Frieden« intoniert, wo ihm öffentliches Singen doch stets peinlich gewesen war. Es sollten seine letzten öffentlichen Worte sein. Auf dem Weg von der Bühne kommt er die schmale Betontreppe am Rand des Platzes herunter, als ein junger Mann an ihn herantritt. Bevor Rabins Leibwächter reagieren können, erschießt der 27-jährige Yigal Amir Israels ersten Regierungschef, der Frieden schließen wollte mit den Palästinensern. Das Land ist schockstarr. Damit hatte niemand gerechnet, dass ein Israeli, ein Jude, den Regierungschef umbringen würde – allen wütenden Demonstrationen der vergangenen Monate zum Trotz, als Rabin mit wütenden »Mörder! Verräter!«-Sprechchören empfangen wurde, als Ultrarechte wie die einstige Militante (in der »Sterngang«, zusammen mit Israels späterem Premier Yitzhak Schamir) und Ex-Knesset-Abgeordnete Geula Cohen verkündeten: »Die Blutspur führt zu Rabins Residenz!«[22] Am Ende der Trauerfeier zwei Tage später, als König Hussein von Jordanien seinen letzten Gruß einem »Bruder, Kollegen und Freund« entboten hat, als die Sonne wüstengelb über der Stadt untergeht, sagt ein ehemaliger Oberst unter dem Kommando Rabins: »Ich hoffe, man versteht, wie dünn diese Brücke ist, über die wir gehen.«[23] Man versteht, aber erst Jahre später.

Erst einmal ist die Friedensbewegung durch den Mord eher noch gestärkt. Außenminister Schimon Peres, ursprünglich mehr noch als Rabin die treibende Kraft hinter dem Friedensschluss, übernimmt die Regierungsgeschäfte. Nichts scheint darauf hinzudeuten, dass sein Kurs, der Oslo-Prozess, letztlich nicht von glücklicher Dauer sein würde.

Die Hamas, nach außen hin immer noch auftretend als islamischer Geist, der stets verneint, wenn es um Frieden mit Israel geht, ist innerlich zerrissen: Zwar boykottiert die Auslandsführung in Damaskus und Amman immer noch jede Annäherung. Doch bei der lokalen Führung in Gaza und der Westbank wächst die Verlockung, teilzuhaben an der neuen, palästinensischen Macht, die sich unter Arafats Ägide etabliert. Außerdem verfängt der radikale Kurs immer weniger bei den Menschen. Denn die haben genug vom Blutvergießen, von den Abriegelungen und haben stattdessen vor allem eines: Hoffnung.

Diskret geht die örtliche Hamas-Führung auf Abstand von der Auslandsführung: Mindestens zehn prominente Hamas-Mitglieder lassen sich ungeachtet des von ihnen offiziell eingehaltenen Wahlboykotts als unabhängige Kandidaten für die Wahlen registrieren. Schon seit August 1995 hat die Hamas einen unerklärten Waffenstillstand eingehalten – vor allem auf Druck der palästinensischen Bevölkerung, deren Mehrheit Hamas dafür verantwortlich macht, dass nach jedem Anschlag die Grenzen abgeriegelt werden und Zehntausende aus Gaza und der Westbank ihre Jobs verlieren. Die Übergabe der ersten Städte hat dem Prestige Arafats und der PLO enormen Auftrieb gegeben. Die Zustimmung zu seiner strategischen Entscheidung wächst, Israel eher als Verhandlungspartner denn als Feind zu betrachten. Selbst die radikalsten Hamas-Zellen halten sich an den mit Arafat in Kairo verhandelten Waffenstillstand, auch wenn sie sich aus Gründen der Gesichtswahrung nicht offiziell dazu bekennen.[24] Auch die Vergeltungsattentate für die Ermordung Fathi Schikakis werden beide Gesellschaften nicht erschüttern. Dazu ist der Islamische Dschihad zu klein, zu isoliert in der palästinensischen Bevölkerung. Es bleibt, für örtliche Verhältnisse, ruhig.

Bis sich am 5. Januar 1996 eine nicht einmal sonderlich laute Explosion in Gaza ereignet und sich ein paar Menschen wundern über das Flugzeug, das eine ganze Weile lang seine Runden hoch oben gezogen hat und nun wieder abdreht.

Die verhaltene Detonation in einem Haus in Gaza hat den seit Jahren meistgesuchten Bombenkonstrukteur der Hamas, Yahya Ayyasch, getötet. Der führende Stratege ist tot. Ein Sieg, zweifellos. Was für einer allerdings, das wird Israel Monate später auf furchtbare Art lernen.

Es ist nicht überliefert, aber allen vorangegangenen Bemühungen zweier israelischer Regierungen nach zu urteilen, wird dieses

Ereignis in den Spitzen der Geheimdienste und des Kabinetts mit dem Jubel des endlich erfolgreichen Jägers bedacht worden sein. Israels Geheimdienstführer waren unter Druck nach ihrer fatalen Panne, Rabins Ermordung nicht verhindert zu haben. Zwar hatte Hamas ihre Anschläge vorerst eingestellt, aber Israel wollte den Kopf der Attentäter treffen: Yahya Ayyasch, den brillantesten Konstrukteur der Höllenmaschinen, der irgendwo in Gaza lebte und überall unter seinem nom de guerre »Der Ingenieur« bekannt war. »Wir wollen ihn um jeden Preis, wann, wo und wie auch immer«, hatte ein Sprecher Rabins noch zu dessen Lebzeiten verkündet. Israels Behörden machen Ayyasch für mindestens sieben Anschläge mit 76 Toten und mehr als 300 Verletzten verantwortlich. Ayyasch, den Bekannte als tief religiös und gutmütigen Menschen schildern, hat in Birzeit, der ursprünglich säkularen Universität nahe Ramallah, Elektrotechnik studiert und ist dort in Kontakt mit der Hamas gekommen, die bei den Wahlen der Studentenvertreter meist gewinnen.[25]

Yahya Ayyasch war der Erste gewesen, der Hamas vorschlug, menschliche Bomben einzusetzen: »Wir haben einen hohen Preis gezahlt, als wir nur Schleudern und Steine benutzten. Wir müssen den Druck erhöhen, die Kosten der Besatzung in Form von Menschenleben so weit erhöhen, dass er unerträglich wird.« Märtyrer sollen die Währung werden in diesem Kampf. Das einzige Gut, wovon die Palästinenser so reichlich besitzen und das auch ihrem Gegner kostbar ist – nur dass die Palästinenser bereit sind, es zu opfern.

Bald wissen seine Jäger, wo er sich aufhält. Eine Weile vor dem 5. Januar war es Israels Inlandsgeheimdienst Schabak, abgekürzt Schin Bet, gelungen, ihn zu lokalisieren: bei einem Freund namens Osama Hamad im Viertel Beit Lahiya in Gaza, wo Yahya Ayyasch mit Frau und Kind Unterschlupf gefunden hat. Ayyasch ist vorsichtig. Jahrelang schon sind ihm die Israelis auf den Fersen, aber immer wieder ist er ihnen entkommen, verkleidet als Frau, als israelischer Siedler, oft in letzter Minute.

Als er im April 1995 ein Gebäude im Viertel Scheich Raduan in Gaza verlässt und das ganze Haus eine halbe Stunde später von einer gewaltigen Detonation zertrümmert wird, trägt ihm das legendenfreudige Gaza nach, er sei beschützt von Engeln[26], habe sieben Leben. Doch irgendwann scheinen auch die aufgebraucht, und als sich Ayyasch bei Osama Hamad einquartiert, übersieht oder ignoriert er, dass dessen Onkel Kamal Hamad, bekannt als reicher Geschäftsmann, der einst gute Beziehungen zu Israels Militärverwaltung unterhielt, diese vermutlich nie ganz abgebrochen hat.

Seit er begonnen habe, für seinen Onkel zu arbeiten, wird Osama später vor Gericht zu Protokoll geben, habe der ihm ein Mobiltelefon gegeben, sich dies aber gelegentlich immer wieder ausgeliehen.[27] An jenem Freitag, dem 5. Januar, habe Kamal ihn zu Hause angerufen und gesagt, er solle das Mobiltelefon anmachen. Es sei ein Anruf zu erwarten. Dann war die Festnetzleitung zum Haus unterbrochen gewesen. Als das Mobiltelefon klingelte, sei Ayyaschs Vater am Apparat gewesen, weshalb er das Telefon an Yahya weiterreichte. Kaum sei er aus dem Zimmer gegangen, explodierte der Apparat und köpfte jenen Mann, den Israel so erbittert gejagt hatte.

Die Mobiltelefone in Gaza kommen damals wie heute von israelischen Händlern, die sie über lokale Mittelsleute dort vertreiben. Es war ein kleines, schmales Modell, und dennoch gelang es, ungefähr 50 Gramm hochexplosiven Sprengstoffs und einen Zünder darin unterzubringen, ohne die Funktion zu beeinträchtigen oder es auffällig schwer werden zu lassen.[28]

Das Signal sei gesendet worden, sobald Ayyasch identifiziert werden konnte als der Mann am Apparat.[29]

Israelische Regierungsvertreter geben sich keine große Mühe, die Urheberschaft zu verschleiern. Sicherheitsminister Mosche Schahal äußert seine »Erleichterung«[30], andere fügen lapidar hinzu, es gebe ja viele Möglichkeiten zu sterben. Am Tag nach dem Tod von Ayyasch allerdings reicht der Schabak-Chef seinen bereits monatelang erwarteten Rücktritt ein, nachdem ihm die Reputation seines Geheimdienstes halbwegs wiederhergestellt erscheint.[31]

In Gaza, wo fortan die Angst vor Mobiltelefonen umgeht und kein Handybenutzer sich Yassir Arafat auf weniger als 200 Schritte nähern darf[32], muss Arafat nun exakt jenem Mann, der zuvor einer seiner gefährlichsten Gegner war, die volle Ehre des Heldenabschieds erweisen. Er erklärt Ayyasch zum »heiligen Märtyrer«, ordnet 21 Schuss Salut an und schickt hochrangige Autonomieführer zum Begräbnis.[33]

Ihm bleibt kaum eine andere Wahl: Noch nie hat Gaza einen mächtigeren Demonstrationszug gesehen als zu Ayyaschs Beerdigung: Zwischen 200 000 und 300 000 Menschen reihen sich ein in den Trauermarsch für jenen Mann, der als Lebender zusehends isoliert war, der als Ermordeter aber selbst jene zum Schwur nötigt, die eigentlich seine Gegner waren.

Ayyasch, so der palästinensische Knesset-Abgeordnete Azmi Bishara im Interview, »verkörperte für die palästinensischen Jugendlichen ihre ganze Hoffnung. Er war ein Habenichts, kam vom Dorf und konnte später studieren. Am Ende wurde er sogar von den Israelis als Staatsfeind Nummer eins angesehen. Für die Palästinenser war es eine Errungenschaft, dass dieser junge, aus armen Verhältnissen stammende Mann zum größten Rivalen Rabins und der israelischen Sicherheitskräfte aufstieg. Für sie, die gewohnt sind, Opfer zu sein, war er ein Vorbild. Mit seinen kriminellen Aktionen vermittelte er ihnen das Gefühl, dass sie zurückschlagen können.«[34]

Und nun hat Israel ihn endgültig zum Märtyrer gemacht. Für den Friedensprozess im Allgemeinen und Arafat im Speziellen hätte es nicht ungelegener kommen können: Gerade hatte sich Arafat mit Hamas auf ein Stillhalteabkommen verständigt, alle Attacken für eine Weile auszusetzen und die Wahlen am 20. Januar nicht zu stören.[35] Und nun dies. Ein Anschlag, der mit fataler Sicherheit Hamas zu einer mörderischen Vergeltungsaktion herausfordert. Einen größeren Gefallen hätte Israel den Friedensgegnern bei Hamas und Islamischem Dschihad kaum tun können: Den Radikalengruppen waren im Angesicht des kommenden Friedens die Unterstützer von der Fahne gegangen, Arafats Polizei verhaftetete ihre Aktivisten, und jeder grundlose Anschlag hätte sie in den Augen der palästinensischen Bevölkerung nur noch weiter isoliert. Die Hinrichtung des »Ingenieurs« aber, bei der es nicht nur darum ging, den Mann zu treffen, sondern in ihm die ganze Bewegung buchstäblich und symbolisch zu enthaupten, zu zeigen, wer die besseren Bomben baut, sie war der perfekte Anlass zur Rache.

Die Botschaft der Israelis war eindeutig: Ihr entkommt uns nicht. Wir sind euch endlos überlegen.

In präziser Entsprechung wird knapp zwei Monate später die Antwort an Israel ausfallen: Ihr seid es, die gegen unsere Waffe machtlos sind. Ihr könnt uns töten, aber davor haben wir keine Angst, wie ihr seht. Wir töten uns sogar selbst, und euch nehmen wir mit in den Tod, wann wir wollen und wo wir wollen.[36]

Am 25. Februar töten junge Selbstmordbomber in Jerusalem und Aschkelon sich und 26 Menschen. Am Tag darauf rast ein Autofahrer in eine Menschenmenge, tötet eine Passantin, bevor er von Umstehenden erschossen wird. Nach Monaten der Ruhe ist das Land wie benommen. Yassir Arafat verkündet öffentlich: »Wir werden mit den Israelis zusammenarbeiten, den Terrorismus auszurotten, seine Infrastruktur zu zerstören.«[37] Die Polizeipräsenz wird um 800 Beamte verstärkt, die an Bushaltestellen alle Fahrgäste überprüfen sollen.[38] »Auch wenn es wehtut, werden wir einen Kampf führen, der eindeutige Maßnahmen erfordert«, spricht Schimon Peres dem Volk Mut zu, »sogar Notstandsmaßnahmen, die nicht verzögert werden dürfen, um die Gruppe völlig zu zerstören. Wir führen einen totalen Krieg gegen Hamas.«

Eine Woche lang hat das Land um die Menschen getrauert, die den ersten zwei Selbstmordattentaten zum Opfer gefallen sind. Kinos und Theater, sogar Restaurants sind fast menschenleer geblieben.[39] Peres hat angekündigt, einen »totalen Krieg mit allen Mitteln, an allen Orten gegen den islamischen Terror« zu führen, und verspricht, »es ist ein für allemal entschieden, dass diese Organisation zerstört wird«. Da wiederholt sich das Grauen: Eine Woche später, wie zum Hohn abermals in Jerusalems Buslinie 18, an einer schmalen Stelle der Jaffa-Straße um 6.25 Uhr morgens, explodiert die nächste Bombe, tötet neun Israelis, zwei Palästinenser, fünf rumänische Gastarbeiter, die ins Land geholt worden sind, um palästinensische Arbeiter zu ersetzen, sowie zwei Touristen. Der 24-

jährige Attentäter aus Hebron hat es trotz der völligen Absperrung der Palästinensergebiete nach Jerusalem geschafft. Am Tag darauf sprengt sich ein vierter Attentäter in einem Tel Aviver Einkaufszentrum. Zwölf Tote.

»Krieg!«, brüllen die Demonstranten, verbrennen Peres-Plakate vor dem Verteidigungsministerium, »Peres ist der Nächste!« und »Tod den Arabern!«. »Die Araber wollen keinen Kompromiss«, mischt sich ein anderer ein, »ich kenne sie, ich komme aus dem Irak. Peres aber kennt sie nicht, durchschaut sie nicht!« Die einzige Möglichkeit sei ein Gegenangriff: »Die verstehen nur Stärke. Hussein von Jordanien machte damals im Schwarzen September an einem Tag Schluss mit ihnen. Seither hat er Ruhe.« Und Syriens damals noch lebender Präsident habe »sie in einer Woche in Hama erledigt – 6000 Tote, aber nun hat er Ruhe. Die verstehen nur diese Sprache.«

Demonstranten versammeln sich auch in Katamon, einem Arme-Leute-Viertel, wo der Bus 18 seine Route beginnt, wo viele der Opfer der vergangenen Anschläge lebten. Sie wollen ins arabische Dorf Beit Safafa, werden aber von der Polizei gestoppt. Im Dorf Al Fawar nahe Hebron werden die Häuser der Attentäter versiegelt, um sie danach zu sprengen. »Ich weiß auch nicht, was die tun können«, sagt der Ladenbesitzer Andrew Hauerstock vor seinem Crazy-Richard-T-Shirt-Shop im Dizengoff-Einkaufszentrum: »Die Regierung hatte alle Karten in der Hand. Aber jetzt weiß ich nicht, ob irgendjemand weiß, was das Richtige ist. Ich glaube nicht, dass die Palästinenser stark genug sind, die Drecksarbeit für uns zu erledigen. Im Rückblick erscheint es, als sei dieser ganze Friedensprozess nicht sehr durchdacht gewesen.«

Die Anschläge lassen Peres hilflos aussehen, wie einen Papiertiger. »Noch drei Monate« steht auf einem Graffiti an der Anschlagsstelle – noch drei Monate bis zu den Wahlen, und schon in den Tagen nach der Anschlagsserie zieht Herausforderer Benjamin Netanyahu vom Likud-Block mit dem uneinholbar geglaubten Amtsinhaber gleich.[40]

Es genügen wenige Tage, in denen fünf Selbstmordanschläge 69 Menschen zerfetzen, das Land an den Rand des Notstands zu bringen, den Friedensprozess zu stoppen und Schimon Peres in einen kommenden Verlierer zu verwandeln. Schon nach den ersten drei Selbstmordanschlägen war sein Vorsprung in den Wahlumfragen geschmolzen, Netanyahu holt auf, denn er hat versprochen, die Palästinenser in autonomen Kantonen abzuriegeln, bewacht von israelischen Truppen.[41]

Peres verkündet, was er schon vor diesem Anschlag verkündet hatte, und von Mal zu Mal klingen seine Worte leerer in den Ohren der Israelis. Ohnmächtig stehen sie den Anschlägen gegenüber. Ebenso ohnmächtig sieht Peres den Gipfel seines politischen Lebens zerrinnen, bevor er ihn erreicht hat: »Dies ist ein Krieg, und wir werden mit harter Hand kämpfen, dies ist ein Krieg, den Staat Israel zu verteidigen, ein Krieg gegen die Hamas!«

Patrouillen sind in den Straßen unterwegs, Wachleute, schwer bewaffnet, kontrollieren jede Bushaltestelle und jedes Einkaufszentrum. Die Palästinensergebiete werden abgeriegelt, Zehntausende verlieren zumindest zeitweise ihre Jobs.[42] Der Kreislauf der Vergeltung, der Hamas so gelegen kommt, kann beginnen – und wird die fragile Bereitschaft beider Völker, auf dem Weg schmerzhafter Kompromisse Frieden zu schließen, im Laufe der kommenden Jahre zerreiben. »Arafat versuchte, die Hamas mit seiner klassischen Teile-und-herrsche-Taktik einzubinden. Und er hatte Erfolg damit«, urteilt Khalil Schikaki: »Die Unterstützung für Gewalt war dramatisch gesunken. Aber jetzt geht es nicht mehr, jetzt muss er gegen sie vorgehen, und sie müssen sich rächen.«[43] Und in Ha'aretz, der angesehensten Tageszeitung Israels, schreibt Amnon Dankner: »Die kalten Fakten zeigen, dass es bis zur Tötung von Ayyasch eine Pause gab, danach und als Reaktion geschahen die Anschläge von vergangener Woche. Die Regierung und die Sicherheitskräfte müssen sich fragen, ob Zurückhaltung nach der Entdeckung von Ayyaschs Versteck nicht die wenn auch inoffizielle Aussetzung der Attentate der Hamas vertieft hätte.«[44] Aber sein Einwand blieb wirkungslos, wie alle Kritiker, die nach ihm, nach jedem nächsten Anschlag, der die Vergeltung einer Vergeltung einer Vergeltung war, dieselbe Frage stellten: Was nützt uns die Ermordung eines Terroristen, wenn drei neue an seine Stelle treten?[45]

Israels friedenswillige Mehrheit jedenfalls setzen diese Anschläge einer Spannung aus, die sie nicht lange erträgt. Die sie abschmelzen lässt. Da kann Ron Pundak, einer der engsten Vertrauten Peres' und – zusammen mit Yossi Beilin – Wegbereiter der geheimen Oslo-Verhandlungen, noch so beschwörend appellieren: »Peres hat gesagt, wir haben die Wahl: entweder Friedensprozess mit Terrorismus oder kein Frieden – auch mit Terrorismus. Aber das Paradoxon ist doch: Solche Anschläge müssen ausgehalten werden, um einen Friedensprozess am Leben zu erhalten, der solche Anschläge beenden soll.«[46] Verhallt, der Spagat ist nicht auszuhalten, der Druck zu groß für Israels öffentliche Meinung. Peres verliert die Wahl.

Benjamin Netanyahu vom rechten Likud-Block übernimmt die Regierung. Und verspricht: Sicherheit. Frieden sei wichtig, aber Sicherheit für israelische Bürger sei das Wichtigste, und mit einer Politik der harten Hand werde es ihm gelingen, beides zu sichern. Doch die Stimmung verschlechtert sich rapide. Der israelische Siedlungsausbau in den besetzten Gebieten – der nie ganz gestoppt wurde – wird wieder forciert. Mit dem Bau von Har Homar auf dem Hügel von Djebel Abu Ghneim auf ungefähr halber Strecke zwischen Jerusalem und Bethlehem im Süden schließt sich der Siedlungsriegel um Jerusalem. Dazu kommt im September 1996 die Öffnung eines alten Tunnels unter dem westlichen Wall des Tempelbergs für Touristen, die Netanyahu gegen den Rat israelischer Militärs verfügt hat – 70 tote Palästinenser und 18 tote Israelis, die Mehrzahl Soldaten, sind die Konsequenz bei den folgenden Demonstrationen und Gefechten.

Dazu kommt noch ein anderes Phänomen: Erstmals spricht ein israelischer Premier vom Rückzug aus dem Südlibanon. Der Blutzoll an Soldaten, denen der einst als »Sicherheitszone« deklarierte Streifen Land längst zur Falle geworden ist, in der jedes Jahr rund ein Dutzend Opfer des Guerillakriegs der Hisbollah werden, gibt dem bewaffneten Kampf gegen Israel plötzlich wieder den Geruch des Möglichen: Israel ist zu schlagen. Es gibt auf einmal eine arabische Militärmacht, die dem jahrzehntelang unbesiegbar scheinenden Gegner die Stirn bieten kann. Immer stärker ist der Druck vor allem von israelischen Elternvereinigungen geworden: Die sehen nicht mehr ein, warum sie ihre Söhne in Lebensgefahr schicken sollen, um einen Landstrich zu sichern, der doch einst designiert war, durch seine pure Existenz Israels Sicherheit zu garantieren. In der palästinensischen Bevölkerung entsteht eine brisante Mischung aus Enttäuschung über Israels Nichteinhaltung der vereinbarten Prinzipien einerseits und der Zuversicht, dass Israel militärisch doch nicht mehr so unbesiegbar erscheint.

Günstigen Umständen wird es zu verdanken sein, dass beim nächsten Selbstmordanschlag auf das Tel Aviver Café Apropos nicht mehr als vier Menschen Opfer der Fünf-Pfund-Bombe eines jungen Selbstmordattentäters aus Hebron werden.[47] Eine gespannte Ruhe herrscht.

Bis am 30. Juli 1997 zwei Männner mit weißen Hemden, dunklen Anzügen, Krawatten und Aktenkoffern[48], gekleidet eben wie orthodoxe Juden, über den beliebten Machane-Yehuda-Gemüsemarkt laufen, sich nach Aussagen Überlebender in einigen Metern Abstand mit einem kurzen Blick noch einmal vergewissern und im Moment danach ein Massaker anrichten, sich und 13 weitere Menschen in den Tod reißen, ohne Ansehen, ob es sich um Israelis oder Palästinenser handelt.

Wieder klingt die Kakophonie der Ambulanzen durch die den Atem anhaltende Stadt, wieder bringen die Sanitäter selbst abgerissene Gliedmaßen in die Krankenhäuser, weil ja nicht auszuschließen ist, dass ihr Besitzer überlebt hat. Wieder kommen die bärtigen, schweigsamen Männer von der Hevra Kadisha, um mit Plastikhandschuhen zerfetzte Eingeweide, Finger, ein Büschel Haut mit Haaren in Plastiktüten einzusammeln. Und wieder werden sämtliche Palästinensergebiete abgeriegelt, wird Israels Regierung Arafat vorwerfen, nicht genug gegen den Terror getan zu haben, verurteilt Arafat den Anschlag. Demonstranten versammeln sich neben der abgesperrten Stätte des Grauens, brüllen wie immer: »Tod den Arabern!« Wieder übernehmen die Izzedin-al-Qassam-Brigaden der Hamas die Verantwortung.

So berechenbar, wie die Hamas als Vergeltung für die als Vergeltung gedachten Liquidierungskommandos ihre Selbstmordattentäter in Marsch setzt, so verlangt Netanyahu nun wiederum Vergeltung für die Vergeltung der Vergeltung: »Wir werden Hamas-Führer liquidieren«, verkündet er laut Ha'aretz im Kabinett. Doch bei dem, was Ende September folgt, werden sich Politiker, Journalisten und Experten hinterher fragen, ob ein Gelingen der Racheaktion nicht doch die größere Katastrophe gewesen wäre. Ihr spektakuläres Scheitern ist bald nur noch als *Fasla*, als Debakel, in aller Munde.

»Wenn John le Carré eine solche Geschichte erfunden hätte«, urteilt Ha'aretz, »dann wäre er von seinem Verleger rausgeworfen worden.« Gemeint ist der Auftritt des legendären Auslandsgeheimdienstes Mossad in Jordaniens Hauptstadt Amman sowie dessen Folgen. Das Debakel beginnt, als Mossad-Chef Danny Yatom auf Netanyahus Wunsch einen Hamas-Führer für die Vergeltungshinrichtung ausfindig macht: Chaled Meschal in Amman, der bisher nicht durch Terror, sondern eher durch radikale Reden aufgefallen ist. Dass Jordanien, von allen Nachbarstaaten Israel noch am engsten verbunden, keine so gute Wahl sein könnte, kommt niemandem in den Sinn. Meschal soll obendrein nicht erschossen werden, sondern einen gleichermaßen qualvollen wie schwer nachweisbaren Tod sterben: durch Giftgas. »Man muss sich fragen, ob die israelische Führung ein Gespür für die Geschichte ihres eigenen Volkes hat«, kommentiert später die Washington Post.[49]

Ende September checken zwei kanadische Touristen unter den Namen Shawn Kendall und Barry Beads im Interconti in Amman ein, der eine dunkelhaarig und durchtrainiert, der andere blond und bärtig – und fallen prompt Meschals Fahrer auf, den sie allzu auffällig beschatten. Frühmorgens am 25. September lauern sie Meschal und seinem Fahrer auf, verfolgen deren Wagen in einem grünen Hyundai. Vor dem Büro stürzt sich der Blonde auf Meschal und sprüht etwas in dessen Ohr.

Als die beiden wegrennen, setzt ihnen Meschals Leibwächter Mohammed Abu Saif nach, hält ein Auto an und stellt sie schließlich, als sie das Fluchtfahrzeug wechseln wollen. Abu Saif, ein Afghanistan-Veteran, verwickelt beide in eine Schlägerei, die erst ein jordanischer Polizist beendet, der die vermeintlichen Touristen mit aufs nächste Revier nimmt. Doch dort wollen die zwei keinen Rechtsbeistand von einem rasch eingetroffenen kanadischen Diplomaten. Und auch über Kanada, stellt sich heraus, wissen sie erstaunlich wenig. Die kanadische Regierung wird später ihren Botschafter zurückrufen, weil Mossad-Agenten bereits zum wiederholten Male gefälschte kanadische Pässe genutzt haben.[50]

Währenddessen wirkt das Gift. Meschal erbricht sich, bekommt im Krankenhaus keine Luft mehr, muss künstlich beatmet werden, hat hohes Fieber, reagiert auf kein Medikament und stellt alle Ärzte vor ein Rätsel. Erst als König Hussein, vom jordanischen Geheimdienst aufgeklärt über die mutmaßlichen Hintergründe, Israels Premier vor die Wahl stellt, entweder ein Gegengift zu liefern oder seine beiden Agenten nach einem Gerichtsprozess hängen zu sehen, lenkt Netanyahu ein. König Hussein ist zusätzlich verbittert, weil er Israel erst zwei Tage vor dem Anschlag einen Waffenstillstandsvertrag mit Hamas unterbreitet hatte. Doch das Papier war entweder vom Mossad abgefangen worden oder schlicht irgendwo auf diplomatischem Wege liegen geblieben.[51]

Das halbe israelische Kabinett reist nach Amman, darunter Netanyahu selbst, der von König Hussein nicht einmal empfangen wird. Ariel Scharon, damals Infrastrukturminister, vermittelt schließlich die Freilassung der beiden Agenten – im Austausch gegen die Freilassung mehrerer Dutzend palästinensischer Gefangener sowie, bitterer noch, die Freilassung plus die Erlaubnis, in Gaza zu bleiben, für Hamas-Führer Scheich Yassin, der seit 1989 im Gefängnis sitzt und am 1. Oktober nun entlassen wird.[52]

Die Hamas hätte sich einen größeren Sieg kaum ausmalen können. Tausende sind in Gaza versammelt. »Wir opfern unser Blut für die Hamas«[53], brüllen sich die Kinder heiser, mit stoischem Gleichmut dagegen ertragen die Notabeln aus Gaza das stundenlange Warten. Eine Stunde vor Mitternacht trifft doch noch, wie ein Popstar erwartet, ein alter Mann im Rollstuhl ein, halb taub, gelähmt seit seiner Jugend, sehgeschädigt, mit seiner Falsettstimme kaum zu hören, und doch auf dem Höhepunkt seiner Macht als spiritueller Führer der Hamas: Scheich Ahmed Yassin.

Nicht er selbst spricht, ein Redner verliest seine Rede, nur gelegentlich flüstert Yassin ihm Kommentare zu, die er am Mikrofon wiederholt. Es ist dieselbe Rede, leicht variiert, die Yassin immer wieder hält: »Unser Weg ist gezeichnet von Geduld, Dschihad und Aufopferung. Wir lehnen die Unterwerfung und die Entwaffnung ab, bis wir den Sieg errungen haben. Wir weisen die Abkommen der Unterwerfung zurück, weil sie dem Recht unseres Volkes auf sein Land und auf die Heimkehr nicht genügen. Netanyahu hat sich das Land, die Luft, den Himmel angeeignet, und wir haben bloß unser Gefängnis. So bleibt uns nur der Dschihad.«[54]

In Meinungsumfragen holt die Hamas fortan langsam auf, wird über die kommenden Jahre gleichziehen mit Arafats Fatah-Bewegung.[55] Es werden in all diesen Jahren weitere Verhandlungen mit der palästinensischen Seite geführt, es werden – bis 2000 – weitere Gebiete in der Westbank geräumt. Aber während der gesamten Zeit wird nicht eine einzige der völkerrechtswidrigen Siedlungen in der Westbank und Gaza geräumt. Stattdessen entstehen weitere, die bestehenden werden erweitert, die Einwohnerzahl wächst stetig.

Ministerpräsident Ehud Barak, der dem glücklosen Netanyahu im Amt folgt, bietet im Jahr 2000 in Verhandlungen mit der palästinensischen Seite mehr als jeder israelische Regierungschef vor ihm an: Rückzug aus Gaza und ungefähr 90 Prozent der Westbank. Im Tausch für den Rest der Westbank soll Gaza um ein israelisches Areal der Negev-Wüste erweitert werden. Doch über die Frage des Rückkehrrechts der Flüchtlinge aus dem israelischen Kernland, über das offizielle israelische Schuldeingeständnis der Vertreibung und, mehr noch, über den Status von Jerusalem wird es keine Einigung geben. Arafat hat hoch gepokert.

Zu hoch, werden Israel, die USA und viele europäische Regierungen später sagen. Andererseits hätte auch Ehud Baraks weitestgehender Vorschlag immer noch unter der UN-Resolution 242 gelegen, die einen israelischen Abzug aus der Westbank, Gaza und Ostjerusalem einfordert. Fraglich auch, ob Arafat es sich überhaupt hätte leisten können, nachgiebig zu sein. Zugeständnisse über Jerusalem »würden das Todesurteil für Yassir Arafat bedeuten«, verkündet Hamas-Führer Scheich Yassin im August 2000: »Wir haben keine Anschläge mehr unternommen. Aber wir können jederzeit wieder zuschlagen.«[56]

Gegensätze prägen die Stimmung: Während US-Präsident Bill Clinton seine zweite Amtszeit unbedingt mit einem Nahostfrieden besiegeln möchte, Arafat und Barak nach Washington, die beiden Delegationen zum wochenlangen Marathonverhandeln im Landsitz Wye Plantation lädt und eine endgültige Einigung näher scheint denn je, wächst stetig die Frustration in den Palästinensergebieten: Die frühe Friedenseuphorie ist verblasst, die wirtschaftliche Lage schlecht, und das Vertrauen in die Gegenseite nimmt ab mit jedem Quadratmeter Land, den Israel beschlagnahmt: für Umgehungsstraßen, für »Militärzonen«, für den Siedlungsbau, der unter Barak genauso fortgesetzt wird wie unter Netanyahu. Wiederholt kommt es zu Straßenschlachten. In Gaza rücken eines Mittags israelische Soldaten in die eigentlich autonome Zone A vor, eröffnen das Feuer auf palästinensische Polizisten, töten einen.

Die Welt nahm davon nicht viel wahr. Man glaubte, strittig sei allein noch der Zeitpunkt, an dem der palästinensische Staat ausgerufen werde. Im Land selbst aber war eine eigentümliche Spannung in der Luft, eine gesättigte Atmosphäre der Wut spürbar. Noch war es der Zorn der Einzelnen: des Bauern, dass er seine Okra-Schoten nicht mehr auf den Markt bringen konnte, weil sein kleiner Laster nicht durch die neu errichteten israelischen Straßensperren gelassen wurde; des Arbeiters aus Gaza, dass eher ein Gastarbeiter aus Thailand Arbeit auf einer israelischen Baustelle finde als er; der Witwe im Dorf bei Ramallah, die nichts mehr besaß außer ihren 40 Olivenbäumen, von denen israelische Pioniertrupps erst 20 fällten für eine neue Umgehungsstraße, dann weitere zehn, um einen »Sicherheitsstreifen« entlang dieser Straße anzulegen.

Bis am 28. September ein jovial lächelnder Ariel Scharon, eskortiert von fast 1000 Polizisten, in Jerusalem das Plateau des Tempelbergs mit Felsendom und al-Aqsa-Moschee besuchte. Später behauptete er, er habe nur den »freien Zugang« zum Tempelberg prüfen wollen und ob man dort in Ruhe beten könne. Ein paar Tage zuvor hatte Arafat noch Barak beschworen, Scharons Besuch zu unterbinden.[57] Barak ließ ihn abblitzen. Wie so oft in Israel hatte innenpolitisches Kalkül über größere Interessen gesiegt: Scharon wollte mit der kalkulierten Provokation seinen Rivalen Benjamin Netanyahu ausstechen und die Ultrarechten hinter sich sammeln. Barak wiederum, der bei Umfragen stark verloren hatte, hatte Interesse daran, dass Scharon anstelle von Netanyahu für den Likud-Block kandidierte: Gegen Scharon gaben die Umfragen ihm eine kleine Chance, nicht aber gegen Netanyahu.

Und die Palästinenser? Sie taten genau das, was Scharon von seinem Aufmarsch vermutlich erwartet hatte: Sie gingen wütend auf die Straße. So begann, was seither als al-Aqsa-Intifada auch noch den letzten, längst ausgehöhlten Rest des Friedensprozesses hat untergehen lassen. Wobei weniger Scharons Präsenz auf dem Haram asch-Scharif, dem noblen Heiligtum, der Auslöser war als vielmehr die Zahl der bei den darauf folgenden Demonstrationen erschossenen Palästinenser: 9, 11, 16 am ersten, zweiten, dritten Tag. Nachdem Israels Armee sowohl bei Demonstrationen im Südlibanon wie 1996 bei den Unruhen nach der Öffnung des Tunnels unter dem Tempelberg Verluste erlitten hatte, weil die Soldaten vor Unbewaffneten mit Scharfschützen im Gefolge zurückgewichen waren, gab es jetzt einen viel weiter gehenden Schießbefehl: auf jeden, der zu nahe kommt.[58]

Herzliya ist eine beschauliche, eher wohlhabende kleine Stadt, die von Süden her langsam von Tel Aviv vereinnahmt wird. Sie entstand erst nach Israels Gründung, benannt nach Theodor Herzl, einem der Stammväter der zionistischen Idee vom eigenen Judenstaat. Ein meterhohes, schwarzes Blechprofil vom Mann im Gehrock, montiert auf einen gigantischen Wassertank am Rand der Autobahn, ragt wie ein eigentümlich anachronistisches Denkmal über die Häuser und ins Israel von heute. Herzliya sieht in weiten Teilen aus wie eine deutsche, mitteleuropäische Kleinstadt: Häuser mit schrägen, rotbraunen Ziegeldächern, ebenso gebaut, wie man sie von daheim kannte. Und die seither zu warten scheinen auf den Schnee, vor dem sie schützen sollten, der aber nie fällt. Stattdessen werden die Dachzimmer im Sommer unerträglich heiß. Flachdächer wären praktischer, aber das hieße, sich zumindest baulich auf die Erkenntnis einzulassen, im Nahen Osten zu leben. Und »so wie die Araber« mochten die Jecken, die vor allem aus Mitteleuropa in den frühen Jahren Eingewanderten, nicht leben. Ein beiläufiges, aber doch ein Symbol für den Versuch, hier einen Staat nach Wille und Vorstellung zu errichten ungeachtet lokaler Gegebenheiten.

Insofern passte es gut, dass in Herzliya im Februar 2001 die vermutlich weltweit erste internationale Konferenz zur »Bekämpfung des Selbstmordterrorismus« stattfindet. Um zu verstehen, was jene umtreibt, die durch nichts mehr davon abzuhalten sind, sich und ihren Gegnern das Leben zu nehmen, hat das wahrscheinlich ebenfalls einmalige, kleine Institut mit dem Namen »International Policy Institute for Counterterrorism«, ICT, eingeladen, das in Herzliya seinen Sitz in ein paar ausrangierten Wohncontainern auf dem Universitätscampus hat. Vom 22. bis zum 24. Februar 2001 versammeln sich hier, im geliehenen Hörsaal der Uni, Experten aus Israel, den USA, Italien, Sri Lanka, der Türkei, dem palästinensischen Nablus.

»In seinem Innersten, glaube ich, ist Selbstmordterrorismus motiviert von Verzweiflung«, eröffnet Amnon Lipkin-Shahak, Ex-General, Ex-Stabschef der Streitkräfte, unter Ehud Barak Tourismusminister, das Zusammentreffen: »Vielleicht suchen sie auch Rache, vielleicht ist ihnen ein Platz im Himmel versprochen. Aber die Grundlage ihrer Tat ist Verzweiflung und das Gefühl, dass sie in einer Sackgasse stecken, dass nichts mehr weitergeht.«[59]

Unter welchen Bedingungen greifen Gruppen zu diesem letzten Mittel? Wie motivieren sie Individuen? Wie rechtfertigen es ihre Gesellschaften? Ex-Generäle, Minister, Psychologen, Geheimdienstexperten, Theologen und Statistiker vergleichen die Situation in verschiedenen Staaten und Zeiten, erzählen von den Erfahrungen, ziehen Schlüsse für die Zukunft. Während manche fast frei dozieren, haben sich andere mit Foliensätzen für den Tageslichtprojektor bewehrt, als sei das Phänomen eher fassbar, wenn man es wenigstens grafisch in den Griff bekommt.

Eigentlich, referiert Khalil Schikaki, der einzige Palästinenser auf dem Podium, müssten der palästinensischen Gesellschaft solche Attentate fremd sein: »Bedenken Sie, die palästinensische Gesellschaft ist sehr traditionell, sie ist religiös, islamisch und traditionell. Insofern ist sie aus zweierlei Gründen eigentlich zutiefst gegen jede Form des Selbstmords eingestellt: als islamische Gesellschaft, der das Glaubenstabu die Selbsttötung untersagt, und als traditionelle Gesellschaft, die dem Individualismus wenig Raum zugesteht.«[60] Und doch seien sie, nach 25 Jahren des palästinensischen Widerstands, in der politischen Arena erschienen. Aus der stark schwankenden Einstellung zu den Attentaten in der Bevölkerung, die sehr dicht entlang sowohl ihrer Situation wie ihrer Erwartungen verlaufe, ergäbe sich: »Je mehr die Menschen sich bedroht fühlen, desto stärker unterstützen sie politische Gewalt und Selbstmordattentate als extremste Form dieser Gewalt.« Und: »Wohin führen uns diese Attentate, kurz: Was haben wir zu verlieren, was gewinnen wir? Werden wieder Zehntausende arbeitslos, weil die Städte abgeriegelt werden, oder sind sie es ohnehin schon?« Die Kosten-Nutzen-Rechnung einer Gesellschaft am Rand des Abgrunds.

Geradezu prophetisch prognostiziert am Rande Yoram Schweitzer, Antiterrorexperte am ICT, was knapp sieben Monate später geschehen wird: »Das größte Risiko, das dem Suizidterrorismus in Zukunft innewohnt, besteht darin, dass die Terroristen Anschläge verüben, die mit anderen spektakulären Taktiken kombiniert werden, wie zum Beispiel der Sprengung eines Flugzeugs oder dem Einsatz von Massenvernichtungswaffen. Solch eine Kombination würde die Opferzahl dramatisch erhöhen und auf die öffentliche Moral einen Schock-Effekt haben. Auf diesem Level würde der Selbstmordterrorismus eine genuine strategische Bedrohung darstellen.«

Und schließlich beschreibt Lipkin-Shahak die Zukunft des eigenen Landes: »Wenn der Friedensprozess scheitert, dürften wir es nicht mehr allein mit Hamas und Islamischem Dschihad zu tun haben: Wir könnten selbst erleben, wie Gruppen, die heute noch Teil der Autonomieverwaltung Arafats sind, selber übergehen zu Terroraktivitäten gegen Israel. Es wird schlimmer werden.«

Doch was immer sie auch besprechen und beschließen: Israels Politik geht in eine andere, präziser: die entgegengesetzte Richtung. Im selben Monat, in dem die Konferenz stattfindet, wird Ariel Scharon mit absoluter Mehrheit zum Ministerpräsidenten gewählt. Er verspricht seinen Anhängern und jenen verunsicherten Israelis, die sich im Innersten bedroht fühlen von Anschlägen: »Lasst die Armee siegen!« Er verschweigt ihnen nur, dass es keinen militärischen Sieg geben kann, solange die Palästinenser sich nicht unterwerfen oder auswandern, und beides haben sie nicht vor.

Keine Seite kann die andere ins Meer treiben, was radikale Palästinenser einst für die Israelis vorschlugen, noch nach Jordanien oder sonst wohin deportieren, was radikale Israelis für die Palästinenser propagiert haben. Es ist ein Stellungskrieg ohne Sieger. Israel lässt sich von Palästinensern weder besiegen noch vertreiben. Die Palästinenser haben sich zwar von Israel besiegen lassen, 1948 und 1967, aber nicht mehr vertreiben, und seit 1987 auch nicht mehr freiwillig beherrschen. Jahrelang wurde verkündet, »eine liberalere Besatzungsmacht habe es in der Geschichte der Menschheit nicht gegeben«, wie der deutsche Publizist Henryk M. Broder 1998 schrieb, »nur beschlossen die Palästinenser eines Tages, dass sie nicht liberal okkupiert sein möchten, sondern gar nicht.«[61] Das aber ist innenpolitisch schwer zu vermitteln in einem Land, dessen Bevölkerung es zum einen Teil für ein göttlich verbrieftes Anrecht hält, die folglich Judäa und Samaria genannte Westbank zu okkupieren – und die zum anderen Teil noch heute davon schwärmt, wie friedlich die Palästinenser einst waren, als man noch am Schabat nach Gaza zum Einkaufen fuhr. »Land gegen Frieden«, der Kern von Oslo, hieße Verlust von Land, Verlust von militärischer Macht über die Palästinenser, hieße letztlich Akzeptanz der Palästinenser als gleichberechtigt, ganz egal, was Gott seinen Auserwählten versprochen haben mag. Solange aber jede Vergeltung als Vergeltung einer Vergeltung einer Vergeltung folgt, ist Frieden keine Option.

Als müsste sich die Geschichte erst als Tragödie wiederholen, um verstanden zu werden, tritt nun jener Mann an, den Konflikt mit den Palästinensern zu lösen, der dasselbe als Verteidigungsminister 19 Jahre zuvor schon einmal versucht hat. Operation »Frieden für Galiläa« hieß die Invasion im Libanon, die Arafats PLO zerschlagen, das »Palästinenserproblem« damit lösen sollte und die erst in Beirut zum Stoppen kam.

Schon als Junge kämpft der 1929 als Sohn russischer Einwanderer nördlich von Tel Aviv geborene Scharon in der Haganah, der jüdischen Guerillatruppe. 1948, im Krieg nach der Unabhängigkeit, ist er mit 20 bereits Offizier, führt später die »Einheit 101«, die nach Jordanien geflohenen palästinensischen Kämpfern nachstellt. Anfang der Fünfzigerjahre überfallen sie dabei das jordanische Dorf Quibbiya, erschießen 69 Männer, Frauen und Kinder. Wegen Nichtbefolgen von Befehlen stockt Scharons Armeekarriere eine Weile, erst 1964 gibt ihm Generalstabschef Yitzhak Rabin einen höheren Befehlsposten.

In den heißen Junitagen des Sechstagekriegs 1967 sind die Truppen unter Scharons Kommando im Norden der Sinai-Halbinsel schneller vorgerückt als erwartet. Es sind zu viele ägyptische Kriegsgefangene gemacht worden, die zu versorgen und zu bewachen sich die israelischen Truppen außerstande sehen. In mehreren Massakern werden mindestens 1000 Ägypter erschossen.[62] Was vielleicht niemals bekannt geworden wäre, hätte nicht Israels Armeeführung auf einmal bemerkt, dass man sie dabei belauscht hat: Vor der Stadt al-Arisch dümpelt die USS Liberty, ein bis über die Reling mit modernster Abhörtechnik voll gestopfter ehemaliger Weltkriegsfrachter, dessen Experten aus wenigen Kilometern Entfernung vom Strand jedes Funkgespräch israelischer Soldaten mit ihren Kommandoposten mithören und Zeuge der Massaker werden. Israel lässt, was erst viele Jahre später publik geworden ist, das Schiff aus der Luft bombardieren, dessen Besatzung es nur unter schweren Verlusten retten kann.[63]

1982, mittlerweile Verteidigungsminister, ist Scharon die treibende Kraft hinter der Libanon-Invasion und oberster Befehlshaber der Besatzungstruppen in Beirut. Nachdem Arafat mit seinen

Kämpfern die Stadt auf dem Seeweg verlassen und Scharon verkündet hat, in den Palästinenserlagern von Sabra und Chatila hielten sich noch »2000 Terroristen«[64] verborgen, kommt es ab dem 16. September 1982 zu einem fast zwei Tage währenden Massaker an den unbewaffneten Bewohnern. 800 bis 1000 Menschen, wird das Rote Kreuz später schätzen, sind umgebracht worden – von Einheiten der maronitisch-christlichen Milizen unter deren »Sicherheitschef« Elie Hobeika.[65] Aber Israels Truppen haben sie passieren lassen, mit Munition versorgt, nachts den Himmel über den Lagern illuminiert und westliche Journalisten fern gehalten. Eine Untersuchungskommission der Regierung erklärt Monate später Scharons »persönliche Verantwortung« dafür, das Morden nicht gestoppt zu haben, spricht ihm auf Lebenszeit die Integrität für das Amt des Verteidigungsministers ab und zwingt ihn zum Rücktritt.

19 Jahre später ist er Ministerpräsident. Und hat in all der Zeit nie einen Hehl aus seiner Überzeugung gemacht, dass nur Angst und Unterwerfung der Palästinenser und der Araber Israels Existenz sichern können. Scharons Kampf lebt im Kern von einer Glaubensgewissheit, die dem Geist von Oslo diametral zuwiderläuft und, wenngleich spiegelverkehrt, eher zur Hamas passen würde: Es kann keinen Frieden geben. Es gibt nur ein Land, aber zwei, die es beanspruchen, also wird der Stärkere es bekommen.

Nur was mit dem Unterlegenen werden soll, dafür bietet diese Weltsicht keine Lösung. Ebenso wenig dafür, was überhaupt passieren soll, wenn keine von beiden Parteien daran denkt, sich zu unterwerfen. Im Libanon unter Scharons Ägide reagierte die Hisbollah 1983 mit den ersten, monströsen Selbstmordanschlägen, die insgesamt 400 Opfer forderten.

»Lasst die Armee siegen«, verspricht Ariel Scharon Anfang 2001 den Wählern. Der richtige Mann nach einem halben Jahr Intifada, die auf palästinensischer Seite nun nicht mehr mit Steinen, sondern mit – wenn auch ungleichen – Waffen ausgetragen wird. Für die Schlussphase des Wahlkampfs hat sich das Kampagnenteam auf eine gezähmte Version verständigt: »Nur Scharon kann Frieden bringen.«[66] Was für einen, haben sie nicht dazugeschrieben.

Langsam erst, bald an Tempo zunehmend, wird nach Scharons

Wahlsieg der Kreislauf der Vergeltungen bestätigen, was der Schriftsteller Amos Oz schon 1997 beschrieb: »Ich vergleiche nicht die Konfiszierung von Ländereien mit dem Abschlachten unschuldiger Zivilisten. Aber die Ziele der Extremisten auf beiden Seiten sind gleich: Sowohl die Bulldozer als auch die Selbstmordbomben zielen darauf, Menschen auf der anderen Seite vor Wut zum Kochen zu bringen oder sie durch Verzweiflung zu lähmen, damit jegliche Aussicht auf Frieden wieder einmal zunichte gemacht wird. Es scheint, als gäbe es eine dunkle, unausgesprochene ›Koalition‹ zwischen Friedensgegnern auf beiden Seiten.«[67] Die Schatten aus Beirut, sie folgen Scharon.

Am 27. März 2001 zerfetzt sich Dia Tawil aus Ramallah, 19 Jahre, Ingenieursstudent, an einer Bushaltestelle im Norden Jerusalems in zwei Teile, als er seine nagelgefüllte Bombe hochgehen lässt, verwundet Dutzende, aber tötet sonst niemanden.[68] Und wieder suchen Israels Sicherheitskräfte das Gehirn hinter dem Täter, die Drahtzieher und Strategen – nur um zu registrieren, dass da kaum noch welche nötig sind. Dass ein hoch begabter Student für Elektrotechnik an der besten Universität in der Autonomiezone, dessen Vater ein Kommunist war, eines Tages beginnt, regelmäßig zu beten, seiner Tante nicht mehr die Hand geben mag und sich Monate später in die Luft jagt.

»Ich hatte andere Pläne für meinen Sohn«, sagt der Vater, versteht einfach nicht und sucht nach Gründen. Die Familie, erzählt er aus den Tiefen der plüschigen Couchgarnitur, sei vor dem Oslo-Abkommen im Widerstand gegen die Besatzung aktiv gewesen, »aber dann dachten wir ja, alles wird gut«, und er widmete sich seinem kleinen Laden, dem Leben. Doch für seinen Sohn war es die Ruhe vor dem Sturm. Die Nippesdekoration über dem Sofa wird nun von mehreren Bildern des »Märtyrers Dia« verdeckt. Mit einem *»mabruk«*, Glückwunsch!, sei eine Delegation der Hamas gekommen. Er habe sie nicht hinausgeworfen, nein, sagt Hussein und knetet die Hände, das ginge auch nicht. »Aber warum? Warum mein Sohn?«

Warum hier, warum in Ramallah, könnte man auch fragen. Warum in derjenigen Stadt der Westbank, von der die Gettobewohner Gazas sprechen, als sei es Paris? Die aufblühte wie keine zweite und deren Einwohnerzahl seit 1993 auf fast 100 000 schnellte. Wenn Frieden zwischen Israelis und Palästinensern möglich schien, dann hier. In Ramallah liegt kein Heiliger begraben, ist Jesus nicht auferstanden und Mohammed nicht gen Himmel geritten. Kein Ort der verhängnisvollen Sehnsucht Gottes wie Jerusalem oder Hebron, kein Armutslager wie Gaza, sondern die reichste Stadt der Westbank. Wenn Frieden zwischen Israelis und Palästinensern möglich schien, dann hier. Als ich Ende 1995 die Stadt besuchte, erzählte Hani, der Ramallahs ersten Computerladen betrieb, stolz vom Radio Love & Peace, das kurz zuvor auf Sendung gegangen war und Jazz spielte, wir saßen bei Angelo's, der ersten Pizzeria Palästinas. Und niemand wäre auf die Idee gekommen, dass auch aus Ramallah einmal Selbstmordattentäter ihren Weg anträten, dass Schulkinder von Märtyrern schwärmen und in der großen Pause erörtern würden, welchen Kuchen es zu ihrer Beerdigung geben sollte.

Es beginnt nicht erst in dem Moment, in dem sich einer entschließt, mit einem Gürtel voller Sprengstoff ein Massaker anzurichten. Es beginnt viel früher. Die Selbstmordattentäter sind nicht aus dem Nichts gekommen. Es hat eine Generation des unerklärten Kriegs und unerlebten Friedens zwischen Israelis und Palästinensern gebraucht, bis eine ganze Gesellschaft heute mit dem Tod mehr anfangen kann als mit dem Leben. Dabei gab es Zeichen, doch die wurden nicht wahrgenommen oder nur mit Achselzucken quittiert. Denn die Steinewerfer sind den Selbstmordattentätern schon so ähnlich in ihrer Lebensverachtung, dass sie eigentlich nur noch eines von ihnen trennt: Sie wollen niemanden ernsthaft verletzen – außer sich selbst.

Diese Kinder, die Steine schmeißend sich ihre Schlachten mit der israelischen Armee liefern, hätten eine Warnung sein sollen. Aber sie wurde nicht ernst genommen, denn die Kinder bedrohen weder die schwer bewaffneten Soldaten in ihren kugelsicheren Westen noch die gittergeschützten Jeeps, geschweige denn die Merkava-Panzer. Sie bedrohen nur ihr eigenes Leben.

Als der dänische Fotograf Jan Grarup im November 2000, Wochen nach Ausbruch der al-Aqsa-Intifada, nach Ramallah kam und den täglichen Schlachten der palästinensischen Jungen gegen die israelische Armee zusah, die jeden Tag zur selben Stunde am selben Ort stattfand wie ein vereinbartes Ritual, fielen ihm bald vier Jungen auf, die immer zusammen auftraten: beim Werfen, beim Steinesammeln, beim Beten hinter den Linien. Sie trafen sich dort, gingen zusammen an die kleine, tödliche Frontlinie, zerstreuten sich danach wieder. Grarup begleitete sie, wochenlang, und im Sommer 2001 kommen wir zusammen zurück nach Ramallah für eine Stern-Reportage. Zu sehen, was aus den vieren geworden ist.

An der Ruine des City-Inn-Hotels, Ort der Straßenschlachten, treffen wir einen Älteren, der im Dezember noch dabei war, aber jetzt Polizeiuniform trägt und seine Kalaschnikow hält: »Das war meine letzte Saison als Steinewerfer«, jetzt habe er eine richtige Waffe, sich zu wehren. Und für Frieden sei er auch. Andererseits könne er jene verstehen, die auch ihre letzte Saison als Steinewerfer hinter sich, aber die Schleuder nicht mit dem Polizeigewehr, sondern einem Sprengstoffgürtel getauscht haben.

Im Herbst, als sie noch zu viert waren, hatten sie Fußball gespielt, waren ins Freibad Panorama und zum Krieg an den nördlichen Stadtrand gegangen. Steine zu werfen gegen Israels Armee. Nur zu Hause trafen sie sich nie, denn ihre Eltern wussten nicht, was sie tun. Badr, 14, war der Jüngste, doch Furchtloseste. Ramzi, 15, der gerade die Prüfung für die Berufsschule bestanden hatte, wusste am besten mit der Steinschleuder umzugehen. Ala'a, 16, war ohnehin selten zu Hause, weil er mit seinem Vater im Streit lag. Jimaan, den sie Jim nennen, war 17 und sagte nie viel.

Jetzt ist Sommer, und sie sind noch zu zweit. Ramzi ist tot. Jim liegt seit Monaten im Krankenhaus. Die Ärzte wagen es nicht, die Kugel aus seinem Rückgrat zu entfernen. Ala'a und Badr spielen weiterhin Fußball, gehen schwimmen und zum Schlachtfeld am Stadtrand: dem City Inn, einer Hotelruine zwischen den Fronten. Die vier haben nie jemanden ernsthaft getroffen, kein einziger israelischer Soldat ist am City Inn ums Leben gekommen. Aber fast

30 Palästinenser wurden in Ramallah erschossen, seit im vergangenen September die zweite Intifada losbrach.

Warum dann Steine werfen, wenn man niemanden trifft? Ala'a schaut irritiert. *Wie* sollte man diese von Kopf bis Fuß gepanzerten, schwer bewaffneten Soldaten treffen? Lachen, nein, das sei doch unmöglich. Manchmal schaffe es ein Stein bis aufs Blech eines Jeeps, das sei schon gut. Er überlegt. Es gehe darum, keine Angst zu haben.

Der kurze Weg von Jerusalem nach Ramallah führt mindestens durch eine, manchmal durch drei israelische Straßensperren, an denen mal viele, mal gar keine palästinensischen Autos durchgelassen werden. So allgegenwärtig sind die Sperren ihrer Gegner im Leben der Palästinenser, dass sie sogar das hebräische Wort dafür ins Arabische übernommen haben: »Mahzoum«, sagt der Taxifahrer, als er der verkeilten Automasse ansichtig wird, nichts geht mehr, keine Ware erreicht ihren Empfänger, kein Pendler pünktlich seine Arbeitsstätte. Zu Fuß ziehen die Menschen an den drei israelischen Soldaten vorbei.

»Unterwerft ihr euch?«, fragen die sprachlosen Blicke hinter verspiegelten Sonnenbrillen am Checkpoint. Wir zeigen euch jeden Morgen, sagen die Blicke, dass wir bestimmen, wann, wohin und ob ihr passieren dürft. Ob ihr arbeiten, studieren dürft, ob ihr hier drei Stunden warten oder wieder umkehren müsst. Denn so wenig es beim Steinewerfen darum geht, jemanden zu treffen, so wenig sind die Straßensperren dazu da, Gebiete wirklich abzuriegeln. Es geht nicht um Sicherheit, denn die Sperren sind zu Fuß, über die Hügel zu umgehen. Sie ruinieren die palästinensische Wirtschaft, lassen Verletzte in den Krankenwagen sterben und die Menschen zornbebend im Staub warten. Selbstmordattentäter halten sie nicht auf. Es ist die Geste, die zählt, das Ringen um Macht und Unterwerfung.

So, wie die Straßen nach Ramallah immer an denselben Stellen abgeriegelt werden, so hat auch die Straßenschlacht im Ort ihr Ritual. Sie könnte überall losgehen, aber sie ereignet sich immer am selben Ort, fast immer zur selben Zeit, freitags nach dem Gebet. Es ist Krieg, und mancher geht hin. Dutzende, manchmal Hunderte *Schabab*, Jungen, ziehen von der Moschee nach Norden. So auch an diesem Freitag.

Zwei Autowracks sind in der Nacht zu einer Barrikade zusammengeschoben worden. Die ersten Steinewerfer haben Geröllhaufen hinter Mauern zusammengetragen. Alle beziehen Stellung, als wären sie miteinander verabredet: die gepanzerten israelischen Militärjeeps, die Steinewerfer, die Ambulanzwagen vom Roten Halbmond, die Zuschauer, zwei Mütter von Gefallenen, die mit Plastiktüten voller feuchter Tücher und Zitronenscheiben die Tränengasopfer versorgen – und der Eisverkäufer, der mit seiner pinkfarbenen Kühlbox seine Runden zwischen den Linien drehen wird, denn freitagnachmittags sei hier das beste Geschäft zu machen.

Es geht los. Die Motoren der israelischen Jeeps heulen im Leerlauf auf wie gereizte Tiere. Die Kinder der Intifada zielen sorgfältig, den Arm weit über dem Kopf, leicht nach links gebeugt, sicherer Stand, ausbalanciert. Der ganze Körper eine Abschussrampe. Die meisten halten weiten Abstand von der Gegenseite. Badr aber, eine schwere Metallplatte vor dem Körper, schiebt sich nach vorn, streckt bald den einen, bald den anderen Fuß hervor, tänzelt mit seinem Schild vor den Soldaten, soweit das Tränengas es zulässt.

Ramzi war der Stratege, der jede Lücke im gegnerischen Beschuss ausmachte. Badr ist der Furchtloseste, und dafür bewundern sie ihn, schauen auf zu ihm, wenn sie in Staub und Deckung liegen, während das trockene »plopp« der gummiummantelten Stahlgeschosse durch die Luft schneidet. Badr ignoriert die Schüsse. Er kann sie kaum hören.

Seit seiner Geburt, sagt seine Mutter später, und Badr wird misstrauisch herüberschauen, sei er auf dem linken Ohr ganz, auf dem rechten halb taub. Badr hat aufgehört, zur Schule zu gehen, denn dort lachen sie über ihn. An der schmalen Frontlinie aber, an der er antritt im besten Hemd und das Haar voller Gel, dass es glänzt wie eine erstarrte Welle, gibt sein Handicap ihm Heldenstatus. Seine Mutter kam zweimal, ihn an den Ohren nach Hause zu zerren. Das war nicht gut, sagt sein Blick. Peinlich.

Aber warum, Badr, warum dort das Leben riskieren? Die Frage muss gebrüllt werden, um sein Ohr zu erreichen. Weil es eben richtig sei, sagt er, weil Gott auf ihrer Seite stehe. Als gehe es um ein Fußballspiel.

Die vorderste Reihe der Jungen wirft, zieht sich zurück, von hinten rücken die nächsten mit frischer Munition nach. Die Steinewerfer verausgaben sich und treffen niemanden. Die israelischen Schützen treffen oft, irgendwann schießen sie scharf, und hinterher werden beide Seiten behaupten, die anderen, Israels Armee oder palästinensische Heckenschützen, hätten angefangen.

Doch am Abend, wenn sich alle zurückziehen, wird kein Sieg errungen, kein Meter gewonnen sein. Es ist ein sich ohne Fortschritt wiederholendes Spiel: Wir Israelis zeigen euch, dass wir die Stärkeren sind. Wir Palästinenser zeigen euch, dass uns das gleichgültig ist. In diesem Spiel muss niemand die Jungen schicken. Aber sie sind auch zu nützlich, als dass jemand sie zurückhiclte.

Links und rechts der Straße aber geht der Alltag weiter, mitten während der Schlachten kreuzen Autos auf den Seitenstraßen die Frontlinie. Auf den Baustellen dies- und jenseits der Kampfzone wird weitergearbeitet, so nah, dass ein palästinensischer Schreiner vor ein paar Monaten ins Schussfeld der israelischen Armee geraten konnte. Nicht nah genug aber, zu erkennen, dass es keine Waffe war, die der Schreiner hielt. Der Schuss traf ihn in den Kopf, er starb mit einer Bohrmaschine in den Händen, und zu Grabe trugen sie ihn als Märtyrer.

Als die Intifada im September 2000 begann, wurden schon in den ersten Tagen allein in und um Ramallah ein halbes Dutzend Palästinenser erschossen. Und dann kam jener 12. Oktober, an dem sich zwei israelische Soldaten in die Stadt verirrten. Sie erreichten noch die Polizeistation. Hunderte stürmten das Gebäude, eine Masse völlig von Sinnen. Sie erschlugen die zwei mit Tischen, Stühlen, und das neue Bild von Ramallah waren die zwei blutgetränkten Hände, die einer der Mörder aus dem Fenster streckte. Nicht Freude, aber auch keine Trauer darüber ist in der Stadt zu finden. Nüchtern verweist man auf die Zahlen, viermal so viele Palästinenser wie Israelis sind umgekommen. Und Radio Love & Peace spielt Marschmusik.

Dieser auf halber Strecke liegen gebliebene Friede habe schon vorher eine gefährliche Eigendynamik entwickelt, erinnert sich die Kinderpsychologin Rana Nashashibi: »Durch den Rückzug aus den Städten begegnen sich Palästinenser und Israelis gar nicht mehr im normalen Leben. Jede Seite zeichnet ein monströses Bild von der anderen, und wir haben keine Möglichkeit mehr, es zu korrigieren. Welche Israelis erlebt ein Kind hier? Soldaten.«

Der Krieg beginne lange vor seinem Ausbrechen. Er fange an mit der Entmenschlichung auf beiden Seiten: in palästinensischen Schulbüchern, Koranschulen und Fernsehsendungen, wo nicht mehr von Israelis, nur noch von Juden die Rede ist, von Feinden und Verschwörungen gegen den Islam; auf einer israelische Bar-Mizwa-Feier, wenn Israels Präsident Moschc Katzav den Kindern erzählt, dass Palästinenser nicht nur der Feind seien, als solcher nicht nur andere Werte hätten. Sondern nicht einmal vom selben Kontinent, nicht vom selben Planeten, ja nicht einmal von derselben Galaxie kämen. Er hätte auch gleich sagen können, dass sie eigentlich so recht keine Menschen sind. Jedenfalls nicht solche, wie Israelis welche sind, sondern eine Kategorie tiefer.

»Im Unterschied zu israelischen Kindern aber erleben die hier tagtäglich, dass sie unterlegen sind, unendlich schwächer als ein israelischer Soldat.« Manchmal, erzählt Rana Nashashibi, kämen ganz peinlich berührte Eltern zu ihr, deren Kinder ihnen erzählt hätten, sie wollten auch israelische Soldaten werden, denn die seien doch unbesiegbar – was sich interessanterweise spiegelverkehrt mit den Erfahrungen israelischer Psychologen deckt, zu denen ebenfalls peinlich berührte Eltern kommen, deren Kinder im Nachspiel der Realität unbedingt die Rolle des Selbstmordbombers einnehmen wollen, denn der sei ja der mächtigere.[69] In ihrer Praxis hat sie kleine Patienten, die nachmittags gegen eine Armee antreten, aber morgens in der Schule zu unkonzentriert sind, einen Satz korrekt zu schreiben. Sie sollen sich in dem großen Behandlungszimmer umschauen, ob es einen Gegenstand gebe, der am besten ausdrücke, wie sie sich fühlen: »Dann nehmen sie oft einen kleinen Schemel, und das trifft es: Du fühlst dich wie ein Tisch, ein Stuhl, kein Mensch, erniedrigt. Du bist nichts! So ist es leicht, dein eigenes Leben zu opfern, ihm wenigstens so einen

Wert zu geben!« Die Kinder haben die Botschaft ihrer Kontrahenten, auf eine Art, verstanden, sagt sie: »Wenn unser Leben wertlos ist, dann nehmt es. Aber unterwerfen werden wir uns nicht. Das ist die Botschaft der Steinewerfer.«

Es war der 5. Dezember 2000, nachmittags, als Ramzi vor dem City Inn starb. Wer ihn erschoss, weiß keiner und wird auch niemand ermitteln. Der Obduktionsbericht gibt Aufschluss über Ramzi Adl Nasir Bayatnas letzten Moment. Das Geschoss, 7,62 mm, vermutlich israelisches Armeegewehr, zerschlug, nachdem es präzise durchs Auge in den Kopf gerast war, nicht sein Hirn. Sondern das Atemzentrum und die Halsschlagader, ein schräg abfallender Winkel der Zerschmetterung, denn der Schuss war nicht von vorn, sondern von oben abgefeuert worden. Von einem der Scharfschützen aus den Fenstern der leeren Stockwerke hinter der Front.

Als sie seinen Sarg durch die Straßen trugen, begleitete ein Streit seinen letzten Weg, wer das Recht an dieser Leiche habe, wem dieser Märtyrer gehöre: Arafats Fatah-Bewegung oder der radikalislamischen Hamas.

Am Abend, an dem Ramzi starb, war er schon berühmt. Auf den Mauern leuchteten die Graffiti: »Dies ist das Viertel von Ramzi, der in der Schlacht fiel! Ramzi, du bist das Morgenrot, der Kämpfer!« Die drei Arbeiter in der Druckerei von Abu Moussa legten eine Nachtschicht ein und hatten Glück, dass noch genug Papier da war. Denn das kauft Abu Moussa, ebenso wie die Farbe, in Israel, und während der Abriegelungen kommt manchmal tagelang kein Nachschub. Das ist dann schlecht für die israelischen Großhändler dort und die Märtyrer hier, denn wer als solcher stirbt, hat ein Anrecht darauf, dass die Plakate mit seinem Bild, seinem Namen, seinem Heldentum binnen Stunden an den Mauern kleben, noch bevor der Morgen graut.

Ausgeblichen wie Blätter im Herbst, lösen sich Ramzis Bilder mittlerweile langsam von den Mauern in Abu Quasch, einem winzigen Dorf wenige Kilometer östlich von Ramallah. Ramzis Dorf. Nein, sagt Abu Ramzi, sein Vater, das Gesicht zerfurcht wie das Land, den Stuhl im Schatten, nein, er habe nicht gewusst, dass sein

Sohn fast jeden Tag an der Front beim City Inn gewesen sei. »Ich habe ihm immer gesagt: Geh nicht! Und er hatte es mir doch versprochen.« Auch könne er nicht sagen, warum Ramzi sein Leben aufs aussichtslose Spiel gesetzt habe, »wir haben nichts mit Politik zu tun«. Drei Dunum Land, das sind weniger als drei Hektar, mit Feigen, Wein, Oliven ernähren die Familie. Ein Bastler sei sein Sohn gewesen, der kaputte Radios, selbst zwei Einwegfeuerzeuge reparierte, die sein Vater nun bewahrt. Nur einmal, erinnert er sich, sei Ramzi dabei gewesen, als israelische Soldaten ihn an einem Checkpoint beschimpften und stundenlang warten ließen. Nichts Dramatisches, aber Ramzi habe wochenlang immer wieder gefragt: »Wieso dürfen die das? Sind wir weniger wert?«

Der Vater hebt die Schultern. »Was sollte ich sagen?« Umgerechnet 15 000 Mark überbrachte ein Offizier der palästinensischen Polizei für den Tod seines Erstgeborenen. Ramzis Vater hat ein Mobiltelefon gekauft. Von Cellcom, einem israelischen Anbieter. Jawal, das palästinensische Netz, habe überall schlechten Empfang. Und da liegt im Kleinen ein großes Problem: Wie gegen jemanden kämpfen, der nicht nur die besseren Waffen hat, sondern auch die besseren Telefone, die bessere H-Milch, den besseren Joghurt? Alles israelische Produkte in palästinensischen Haushalten. Und wie kämpfen gegen jemanden, der die besser bezahlten Jobs bietet? Selbst die Blumenkästen vor der Veranda stammen aus Israel.

Ein paar Wochen nach Ramzi traf es Jim am City Inn, und erst dachten alle, er sei tot. Als er sich aber doch regte, brachten sie ihn ins Krankenhaus, wo das zerlesene Exemplar eines Standardwerkes über Schusswunden auf dem Schreibtisch des diensthabenden Arztes liegt. Nicht die Ehrenmaschinerie der Märtyrer startete für ihn, sondern eine Odyssee durch mehrere Krankenhäuser, denn Jims Familie konnte die nötigen Operationen nicht bezahlen. Bis Jordaniens Regierung ihn schließlich zur Behandlung nach Amman bringen ließ.

Badr und Ala'a aber ziehen in diesem Sommer weiterhin jeden Freitagnachmittag zum City Inn. »Für Jerusalem«, sagt Ala'a, auch wenn er noch nie dort war. Und weil man als Märtyrer doch ins Paradies komme. Aber wie sieht es dort aus? »Dann ist mein Bild an allen Wänden in Ramallah.« Aber was, wenn an einem Freitagnachmittag mal keine Jeeps kämen? Wenn die mächtige israelische Armee nicht ausrückte? Was sie gelegentlich tatsächlich tut. »Dann warten wir eine Weile«, sagt Ala'a. Und dann? »Dann gehen wir.« Dann fällt die Schlacht aus, aber daran scheinen beide Seiten wenig Interesse zu haben.

Es sind die letzten Tage vor den Sommerferien. In der Klasse stehen alle auf, als die Ausländer eintreten, antworten diszipliniert auf Fragen. Nein, sie gingen nie an die Frontlinie. Nein, bestimmt nicht. In der Pause üben sie mit ihren Schleudern und kommen einzeln: »Natürlich gehen wir.« Die Kinder, die keiner schickt und keiner aufhält, stehen im Hof und erörtern das letzte Begräbnis eines Mitschülers. »Am besten, man stirbt im Monat Ramadan, dann zählt es fürs Paradies doppelt«, verkündet einer, und ein Zweiter sinnt über Details: Auf der großen Feier dann solle es Schokoladenkuchen mit Kokosstreuseln geben, seinen Lieblingskuchen. Der Direktor nickt, traurig, »wir wissen, dass es eine schlechte Idee ist, mit Steinen gegen Schwerbewaffnete anzurennen. Aber wir können es nicht verhindern! Als Lebender bist du hier nichts. Als Toter kannst du ein Held werden, wenigstens für einen Moment« – die 15 Minuten des Ruhms, die Andy Warhol einst für jeden forderte, ohne an Palästinenser gedacht zu haben. Was aber wird aus so einem Jungen? Der Direktor hält inne. »Ich weiß nicht. Ob er beim Steinewerfen erschossen wird oder sich sprengt, für ihn macht das keinen Unterschied mehr.«

Jahrelang haben die Analytiker der israelischen Geheimdienste am Profil des »typischen Selbstmordattentäters« gearbeitet, um schließlich zu merken: Es gibt keines. Die ursprüngliche Annahme, es handele sich ausschließlich um junge, allein stehende, arme, perspektivlose Ultrareligiöse, mochte für die ersten Täter halbwegs gegolten haben. Heute »stimmt nichts mehr davon«, gesteht Ephraim Kam ein, ein Ex-Major des Militärgeheimdienstes, der heute in Tel Aviv das Jaffee Zentrum für Strategische Studien leitet: »Immer öfter sind die Attentäter gut ausgebildet – genau wie die Piloten, die die Flugzeuge in die Türme des World Trade Center stürzten. Und sie fallen nicht einmal mehr durch besondere Religiosität auf.«[70]

Es sind gerade die gut Ausgebildeten, die Gewalt befürworten. Khalil Schikaki, der friedliche Meinungsforscher, war selbst überrascht, sagt er, als er die Aufschlüsselung seiner eigenen Umfrage sah: »Es geht gegen den Trend im Rest der Welt, aber hier steigt die Zustimmung zur Gewalt mit dem Bildungslevel.« Es ist nicht der Mob, es sind nicht die Analphabeten, die sich zur Gewalt aufstacheln lassen, sondern es sind gerade die gut Ausgebildeten, gut Informierten, die angesichts der Lage den einzigen Ausweg im bewaffneten Kampf sehen: »Auf die Selbstmordanschläge 1996 bezogen, waren 13 Prozent der Analphabeten, aber 28 Prozent unter den Palästinensern mit Examen dafür. Gewalt im Allgemeinen fand Unterstützung bei 34 Prozent der Analphabeten und 50 Prozent der Universitätsabsolventen.«[71]

Genauso, wie in der ersten Hälfte der Neunzigerjahre das Potenzial der Täter noch kleiner war, dauerte auch ihre Vorbereitung länger. Eyad Sarradsch, der in Gaza das Gaza Mental Health Project leitet und seit Jahren die sich wandelnde Mentalität der Palästinenser beschreibt, erinnert sich noch an die Zeiten, »als das monatelange Procedere waren: Die Kandidaten mussten zum Beispiel eine Woche lang schweigend und allein in einem Raum verbringen, 48 Stunden unter der Erde, in einem Grab, neben einer Leiche. Hatten sie das alles bestanden, begann das Training, wie die Bombe zu bedienen sei, die Abschottung von Freunden und Verwandten, um sie daran zu hindern auszusteigen – oder entdeckt zu werden.« Mittlerweile allerdings, schränkt auch der israelische Terrorismusforscher Yoram Schweitzer ein, sei das »nur noch ein Mythos: Heute geht es schnell, manchmal in einem Tag. Die Leute kommen, wollen und bekommen ihre Bombe. Eine besondere Vorbereitung ist gar nicht mehr nötig – das hat die Gesellschaft selbst schon erledigt, die solche Anschläge gutheißt und ihre Täter zu Helden macht.« Aber was treibt sie in solchen Zahlen, warum jetzt?

Im winzigen Büro Nr. 134 in der psychologischen Fakultät der

Universität Tel Aviv, zwischen überbordenden Regalen voller Fachliteratur über Wurzeln des Terrors und den Selbstmord und einem Exemplar des »anarchistischen Kochbuchs«, sitzt Israels vermutlich bester Kenner der Biografien von Selbstmordattentätern, von denen er akribisch Dutzende zusammengetragen hat. Ariel Merari, der sich seit den späten Siebzigerjahren mit dem Selbstmord in allen Formen beschäftigt, sieht keine Ränder mehr, die das Profil der heutigen Täter begrenzen würden: »Die Selbstmordkommandos sind in ihrer Zusammensetzung ein Spiegelbild ihrer Gesellschaft. Und in der haben sie alle Schranken mittlerweile überwunden: Es sind Männer vom Lumpenproletariat dabei und Universitätsabsolventen, Arme, aber auch zwei Söhne von Millionären. Es sind immer noch vor allem Gläubige, aber nicht nur. Ich habe gefragt, ob die Täter religiöser gewesen seien als ihre Familien, und auch das war nur in einem Drittel der Familien der Fall.« Auch die Annahme, die Täter würden ausgewählt, trainiert und losgeschickt, treffe nicht zu: »Keine Gruppe kann einen Menschen einfach so dazu bringen. Sie kann höchstens bestehende Dispositionen verstärken, aber letztlich kommt es aus dem Individuum selbst – seiner Geschichte, seinen Erfahrungen, seiner Glaubenswelt.«

All seine Erwartungen, Klischees, sie sind zerbröselt, je mehr er sich mit den Lebensläufen beschäftigte. Äußere Faktoren wie Armut oder Einsamkeit scheinen ebenfalls kaum eine Rolle zu spielen: Die Täter kommen sowohl aus den ärmsten Gegenden Gazas wie aus Ramallah, der weltoffensten und reichsten Stadt der Westbank. Und wirtschaftlich ging es vielen während der ersten Intifada nicht besser als heute – aber es gab keine Selbstmordattentäter (wenn man absieht von den Messerstechern, die Anfang der Neunzigerjahre mehrfach Israelis überfielen und eine, wenn auch geringe, Chance hatten davonzukommen).

Aber dann sei ihm etwas anderes aufgefallen, gerade wenn man die beiden Situationen damals und heute vergleiche: dass Verzweiflung eine höchst relative Angelegenheit sei. »Ich bin da auf eine Parallele gestoßen«, sagt er und zieht ein schon leicht vergilbtes Bändchen neben seinem Wasserkocher hervor, »Why men rebel«, veröffentlicht 1970 von einem Amerikaner über die Unruhen der Schwarzen in Amerika: »Die gingen nicht auf die Barrikaden, als es ihnen richtig schlecht ging – sondern just in dem Moment, als ihre Situation begann, besser zu werden, als aber ihre Erwartungen noch viel höher waren als deren Erfüllung. Genau die Situation haben wir hier: Nach Oslo gab es so viel Hoffnung unter Palästinensern, dass sie ihre Freiheit, ihren Staat, letztlich ihre Würde bekämen. Und die Anfänge waren ja fassbar: die geräumten Städte, die Flaggen, Uniformen, diese ganzen Insignien, auf die man stolz sein konnte.«

Aber dann verblich der Stolz, stellte sich Arafats Autonomieregierung als korrupt und undemokratisch heraus, blieben die palästinensischen Städte isolierte Inseln, zwischen denen zu reisen schwerer war als zuvor, ging der israelische Siedlungsbau weiter, und heute scheint verloren, worauf sie gehofft hatten. »Alles, was für diese Jungen zählt, glaubt man ihrem letzten Willen, ist ihr Kampf, ihr Mut, ihre Macht. Sie schreiben über die israelische Besatzung, über Erniedrigung und arabische Glorie der frühen Tage. Über Mohammed, seine Gefährten und deren Tapferkeit. Letztlich sind die allermeisten Selbstmordattentäter ganz normale, furchtlose Menschen mit starken Überzeugungen.«

Es ist die Ohnmacht, von der Eyad Sarradsch spricht als stärkstem Antriebsmoment: »Wir alle sind ohnmächtig hier, aber manche können dies ertragen, andere nicht. Ich persönlich glaube, dass es Menschen sind, die diesen Kontrollverlust nicht ertragen können. Das Leben und Sterben aber der eigenen Person und noch vielleicht von zwei Dutzend weiteren buchstäblich in der Hand zu haben, ist die ultimative Macht.« Und es ist das immer wiederkehrende Motiv im Testament der Täter wie jenem von Anwar Aziz, einem Mitglied des Islamischen Dschihad: »Schlachten für den Islam werden nicht mit der Waffe entschieden, sondern dadurch, Furcht im Herzen des Gegners zu säen. Wenn unsere Frauen und Kinder nicht sicher sind vor israelischen Panzern und Granaten, dann sind ihre nicht sicher vor unseren menschlichen Bomben.«[72]

Israels Bürger sind Belagerte im eigenen Land und dann noch

einmal Belagerte in ihren Wohnungen geworden: Den öffentlichen Raum, die Cafés, Straßen, Busse, Diskotheken, beherrscht die Angst. Die Ungewissheit, wen es als Nächstes trifft. Der Schlag, die Explosionen kündigen sich nicht langsam an wie das Herannahen einer feindlichen Armee, kein ansteigendes Dröhnen von Panzern, es ist nicht Krieg.

Es ist schlimmer. Denn es kommt aus dem Nichts – und ist überall, kann überall zuschlagen, wo Menschen zusammenkommen. Ausgerechnet in Israel, dessen Bewohner früher reinste Newsjunkies waren, hören und sehen viele die Nachrichten nur noch, wenn es sein muss. Wie in einer Endlosschleife wieder und wieder Bilder zu sehen von zersprengten Bussen, vorrückenden Panzern, davonrasenden Krankenwagen und immer neuen Familien an frisch ausgehobenen Gräbern, die sich gegenseitig vor dem Zusammenbrechen stützen, das sei zu viel, sagt die Kellnerin eines Innenstadtlokals in Jerusalem, wo früher immer der Fernseher lief – zu viel der Enttäuschung, der Verbitterung und schließlich der Erschöpfung darüber, dass sich doch nichts ändere.

Manche »fürchten sich bereits, ihr Haus zu verlassen«, so David Koren, Direktor der Telefonseelsorge Eran. Eine Bekannte aus Modiin, einer Siedlung nahe Jerusalem, erzählt von einem Verwandten aus Netanya, der sie eigentlich besuchen kommen wollte, aber abgesagt hat aus Angst. »Kannst du dir das vorstellen?«, fragt sie perplex: »Er fühlt sich sicherer in Netanya. Ausgerechnet Netanya«, wo allein das Kenyon-Hascharon-Einkaufszentrum in wenigen Monaten drei Anschläge erlebt hat, vor dessen zerstörter Fassade anschließend ein ganzer Container als Sicherheitsschleuse installiert worden ist.

Überall haben Pizzadienste und Videoverleihe Hochkonjunktur. Kinder müssen nicht um Handys bitten, sie bekommen sie von ihren Eltern geradezu aufgedrängt, damit die immer in Erfahrung bringen können, wo ihr Nachwuchs gerade ist – und ob er, im schlimmsten Fall, überlebt hat.

Im gespaltenen Jerusalem traut sich einerseits kaum noch ein Israeli in den arabischen Ostteil – aber auch auf der anderen Seite herrscht Furcht. Unterwegs mit Magda, einer palästinensischen

Kollegin, in Westjerusalem, hält sie im Gespräch auf einmal inne, als sie ein paar Meter neben unserem Wagen einen Palästinenser reglos in seinem Auto sitzen sieht, erschrickt: »Rasch, fahr weiter!« Denn selbst Palästinenser fürchten sich in manchen Momenten vor Palästinensern, wenn sie einander in Westjerusalem oder andernorts in Israel begegnen – es könnte ja ein Attentäter sein. Ein israelischer Soldat am Checkpoint zwischen Jerusalem und der Westbank überlegt kurz und meint: »Klar, als Ausländer würde ich mich bei den Palästinensern im Moment auch sicherer fühlen als am Strand von Tel Aviv. Wenigstens keine Bomben!«

Es ist eine Apartheid der Angst: Araber, zumal wenn sie eine Tasche dabeihaben, nervös wirken oder in der Hitze eine Jacke tragen, unter der ein Sprengstoffgürtel verborgen sein könnte, sind in Israel automatisch verdächtig. Denn Sicherheit, die jeder israelische Premier gebetsmühlenartig zu schaffen verspricht, gibt es nicht.

Die Angst, sie wächst dabei nicht geradlinig. Sie schlägt Haken, verzweigt sich in nüchternen Erwägungen, welche Orte zu meiden, welche zu betreten seien, verwandelt sich in Trotz oder Eskapismus, gerinnt zur Apathie oder wird zum Zynismus: Schon im Sommer 2001 listete die Tageszeitung Ha'aretz in ihrer Wochenendausgabe »50 Arten, der Wirklichkeit zu entfliehen« auf – vom Auswandern über Drogen bis zu Indientrips. Psychologen wie Sara Freedmann vom Jerusalemer Haddasah-Krankenhaus zweifeln angesichts des realen Wahnsinns an ihren Therapien: Eigentlich versucht sie, ihre Patienten zu desensibilisieren, den Alltag wieder erträglich zu machen, das Unterbewußtsein zu mobilisieren, dass ein Knall, der Geruch von brennendem Fleisch keine Todesangst auslösen müsse. Doch als sie einen Überlebenden des Anschlags in Jerusalem in dieselbe Straße schickte, sprengte sich der nächste Attentäter – vor seinen Augen. Der Patient entkam unverwundet, aber das war das Ende der Therapie.

Während eine erbitterte Debatte geführt wird über jene, die bekunden, gänzlich auswandern zu wollen, haben die kleinen Fluchten Hochkonjunktur: Überall werden billige Flüge nach Europa annonciert, Ski in Italien, Silvester in Paris, Ostern in Amsterdam, zu jeder Zeit nach Thailand – nur ja nicht zu Hause bleiben. Und »Was Haschisch, Marihuana und Ecstasy angeht«, schätzt Schlomo Gal vom israelischen Drogeninstitut, »ist unser Land mittlerweile mit Amsterdam und New York zu vergleichen.«

Und während der Rundfunk früher nach jedem Anschlag den ganzen Tag Trauermusik, sendete, geschieht das heute höchstens noch nach Anschlägen mit 15, 20 Toten. »Wir haben bei der psychologischen Forschungsstelle der Armee nachgefragt, wie lange wir Trauermusik senden sollen«, sagt der traurig lächelnde Musikdirektor Yoram Rotem vom populären Armeesender Galei Zahal, »und die meisten meinten: so kurz wie möglich!« Zwei, drei Stunden sind nun die Regel. Und damit der diensthabende Redakteur nicht jedes Mal aufs Neue die passenden Titel heraussuchen muss, hat Rotem vier CDs zusammengestellt mit melancholischen Chansons, Liedern von Tod, Liebe, Abschied, oft geschrieben aus ganz anderen Anlässen. Heute ist es: »Anschlagsmusik«. Und darunter steht auf längst abgeschabten Covern: »Nur für den internen Dienstgebrauch – bitte im Studio lassen.«

Als am 2. März 2002 ein als orthodoxer Jude verkleideter Selbstmordbomber sich und neun Israelis in Jerusalem tötet, läuft im zweiten Fernsehkanal gerade das Fußballspiel Maccabi Haifa gegen Maccabi Kiriat Gat. Was tun? Die Spielübertragung unterbrechen? Oder den Anschlag ignorieren? Uzi Peled, der Sendeleiter, entscheidet sich für die vermeintlich salamonische Lösung – und teilt den Bildschirm: links Tore, rechts Tote. Bis die Vizechefin des Senders die Spielübertragung doch noch abbrechen lässt, was wiederum Uzi Peled aufbringt: »Ich wehre mich dagegen, die Terroristen unser Leben zerstören zu lassen! Außerdem haben wir bereits eine Million Schekel verloren, weil nach Anschlägen die Werbung ausfiel.« Die Satiresendung »Only in Israel« hat dagegen Rekordeinschaltquoten von bis zu 750 000 Zuschauern, wenn sie hysterische Restaurantgäste unter die Tische flüchten lässt, nachdem ein Champagnerkorken hochgegangen ist.[73] Selbst zu einem der liebsten Hobbys im Lande fand der Terror zwischenzeitlich seinen Weg: dem Glücksspiel. Mit Wettscheinen, auf denen Israel in verschiedene Regionen unterteilt war, konnte man für einen

Mindesteinsatze von umgerechnet 2,10 Euro auf das Ziel des nächsten Anschlags setzen.

In einem Land, in dem alle paar Tage eine neue Katastrophe die alte verdrängt, halten sich die meisten nicht mit den Toten von gestern auf. Selbst der Einsturz des Versailles-Festsaals in Jerusalem, als die Decke unter der Last von mehreren hundert Hochzeitsgästen einstürzte und 23 starben, nachdem ein Bauunternehmer bei Renovierungsarbeiten vier tragende Säulen entfernt hatte – er war gerade zwei Wochen her und schon verblichen zur Erinnerung. Tragisch, zweifellos, sagte ein Tramper in Netanya, froh über die Mitfahrgelegenheit nach Tel Aviv, »aber hier passiert alle paar Tage so was. Wir werden doch wahnsinnig, wenn wir nur noch daran denken.« Und dann erzählt er einen Witz, der bereits über das Versailles kursiere: »Kennst du den Film ›Vier Hochzeiten und ein Todesfall‹? Jetzt gibt es das Remake aus Israel: Eine Hochzeit und 40 Todesfälle.«

So sei das jedes Mal auch nach einem Anschlag, sagt Yossi Bercovich, ein alter Freund, der aus Frustration über die ergebnislose Gewalt seinen Job als Radioreporter schmiss, eine Internetfirma aufmachte und mit Politik nichts mehr zu tun haben will: »Erst kommt die Wut, und sofort fordern wir die Bombardierung von Gaza. Dann kommt die Furcht. Und schließlich mischt sich beides, man hat es nur noch satt und will seine Ruhe haben. Dann sagen einem dieselben Leute: Erklärt den Arabern den Krieg! Oder gebt ihnen ihren gottverdammten Gazastreifen, die Westbank und meinethalben Ostjerusalem! Egal wie, nur macht dieser Zermürbung ein Ende!«

Abu Kabir. Keiner hier weiß mehr, woher das Viertel im Süden Tel Avivs seinen arabischen Namen hat. Da, wo früher einmal Jaffa war, die palästinensische Stadt, die aufgegangen ist in Tel Aviv, dem lebensprallen, säkularen Gegenpol zu Jerusalem. In Tel Aviv residiert Israels florierende Hightech-Branche, die Diamantenbörse, die Modeszene, im Zentrum ballen sich die kühlen Bars, die Galerien. Nach Süden hin wird die Stadt schlichter, ärmer, kommen die arabischen Viertel und schließlich Abu Kabir. Nahe der Autobahn, zwischen dem Knast und einer Tankstelle liegt hinter Bäumen die Endstation für alle jene, die nach einem Anschlag verzweifelt und vergeblich alle Krankenhäuser abtelefoniert haben: das forensische Institut. Der Ort, der nach der Hoffnung kommt.

Es ist Winter, und Professor Yehuda Hiss, Direktor eines Kollegiums von sieben Ärzten, hat nur morgens um halb sieben Zeit. Während es draußen noch klamm und dunkel ist, leuchtet das Neonlicht von drinnen, und Yehuda Hiss, 55, schlohweiß und wie jeden Morgen seit fünf auf den Beinen, hatte am Telefon noch ganz ohne Ironie darum gebeten, vorher Nachrichten zu hören: »Falls es einen Anschlag gegeben hat, müssen wir den Termin verschieben.«

Im Auge des Orkans sei es ruhig, sagt man, und Professor Hiss ist ein ruhiger, freundlicher, etwas überarbeiteter Mensch, der erläutert, wie ein menschlicher Körper aussieht, wenn Dutzende kleiner Schrauben und Nägel mit annähernder Schallgeschwindigkeit seinen Körper perforiert haben. Jenseits von Hass und Entsetzen schildert der Direktor von Israels einziger Gerichtsmedizin das Grauen, wenn erst das Sirenengeheul der Ambulanzen das Geschehen verkündet und bald danach Hunderte von Freunden und Angehörigen der Opfer die Straße zur Sackgasse machen, während die Pathologen fieberhaft versuchen zu ermitteln, wen sie da überhaupt vor sich haben: »Die Identifikation der Opfer ist das Schwierigste: Wenn Hunderte von Körperteilen gebracht werden und wir keinen Schimmer haben, wie viele Menschen das einmal gewesen sind. Die Nägel und Schrauben wirken auf kurze Entfernung wie Geschosse.« Er nimmt eine kleine, schwarz verkohlte Holzschraube aus einem Filmdöschen: »Die kann Sie umbringen. Und viele von denen sind wie ein Maschinengewehr.«

Zur Identifizierung nutze man alles, Fingerabdrücke, Zahnschemata, Narben, Tätowierungen, DNA-Analysen. »Und alle, alle kooperieren: Zahnärzte schließen mitten in der Nacht ihre Praxis auf, Orthopäden schicken uns ihre Röntgenaufnahmen, denn innerhalb eines Tages müssen die Toten, so sieht es der jüdische Ritus vor, begraben werden. Dabei ist es unmöglich für uns, all die kleinen Teile zu identifizieren: 150, 200, noch mehr Fetzen von inneren Organen, Fingern, Füßen; so hart es klingt, aber wir würden

Wochen brauchen, alles zuzuordnen. Die kleinen Teile kommen am Ende alle in ein gemeinsames Grab ohne Namen. Wir arbeiten nach einer anderen Maxime: Die Eltern, Kinder, Verwandten, Freunde sollen sicher sein können, dass in diesem Grab genau der Mensch liegt, um den sie trauern – wenn auch nicht unbedingt alles von ihm in diesem Grab ruht.«

Es dämmert, während er in schmerzhafter Ruhe die Abläufe nach einem Anschlag aufzählt, und er sehe es oft dämmern, sagt er, weil sie das Institut nicht verlassen, bevor nicht das letzte Opfer identifiziert und freigegeben ist. »Als Pathologe, der 30 Jahre in diesem Beruf arbeitet, bitte ich die Angehörigen: Behaltet doch das Gesicht so in Erinnerung, wie ihr es kennt und geliebt habt. Aber sie sagen Nein. Ich sage ihnen, wir haben Ihren Sohn identifiziert, aber er ist in schlechtem Zustand. ›Wir wollen ihn sehen‹, sagen sie, und wenn ich sie gar nicht davon abbringen kann, versuchen wir, es so schonend wie möglich zu machen. Manchmal ist nur noch ein halber Torso da, ein Bein. Dann decken wir alles mit Laken ab, um nur das zu zeigen, was heil ist. Wenn nichts mehr ganz ist. Aber manchmal sagen sie selbst dann noch Nein, und dass sie alles sehen wollen. Ich warne sie, schauen Sie sich das nicht an. Aber sie wollen unbedingt, sagen, es müsse sein. Sie wollen Abschied nehmen vom Körper ihres Liebsten, ihrer Tochter, ihrer Frau, ihres Sohnes. Und sie haben ein Recht darauf.«

Wenn er hier durch die Tür gehe, müsse er alles hinter sich lassen, keine Bilder, keine Namen mehr im Kopf behalten, sonst werde man wahnsinnig.

Jeder gehe unterschiedlich damit um. Orthodoxe hätten es leichter, »sie akzeptieren den Tod, sehen ihr Schicksal in Gottes Hand. Nur einmal hatte ich eine Mutter hier, deren Sohn schon Jahre zuvor bei einem Selbstmordanschlag schwer verletzt worden war, und sie hatte ihm gesagt: Tröste dich! So etwas passiert nur einmal, und Gott hat nicht gewollt, dass du stirbst. Und dann schaute sie mich an, voller Verzweiflung, als wir ihr sagten, dass ihr Sohn unter den Opfern sei. Wollte wissen von mir, was sie nun tun solle: ›Wie kann es sein, dass er das erlaubt hat, dass es zweimal passiert? Was nun? Soll ich mit Gott streiten?‹ Morgens um drei, nachdem wir schon stundenlang fieberhaft Tote identifiziert hatten und am Ende waren.«

Draußen fangen die Vögel im Garten an zu singen, es wird heller, der Institutsrabbi schaut zur Tür herein, und Dr. Jallal, ein befreundeter palästinensischer Forensiker, hat sich für übermorgen angekündigt. Mit der kaum zu erschütternden Ruhe des Obduzenten schwärmt Hiss von seinem Studium in Wien, davon, wie er erst Arzt war, bevor er in die Gerichtsmedizin wechselte, und dann hält er kurz inne. »Seltsam, nicht wahr: Da habe ich einen hippokratischen Eid geschworen, Menschenleben retten zu wollen, und früher war jeder Tod eines Patienten meine Niederlage als Arzt. Heute beginnt meine Arbeit schon mit einer Niederlage.« Nur einmal, da habe es selbst hier im Epizentrum der Katastrophe eine gute Nachricht gegeben: »Wenn ein Anschlag passiert ist, stehen wir ja im permanenten Austausch mit allen Notfallstationen der Krankenhäuser, und einmal ist ein abgerissenes Bein schon bei uns gelandet, doch sein Besitzer hatte überlebt.« Und: Nein, kein Hass wohne in ihm, nur die Hoffnung, dass es irgendwann einmal aufhören möge.

Etwas aber sei seltsam, sagt er zum Schluss, bevor er wieder zurückmuss in seine Welt der kühlen Kellerräume und verchromten großen Tischbecken mit Abfluss: »Wissen Sie, mir ist etwas eigentlich Widersinniges aufgefallen. Obwohl oder gerade weil immer mehr Anschläge passieren, werden die Leute immer ruhiger. Sie kommen, schauen, sagen: ›Okay, das ist mein Sohn‹, weinen nicht mehr, schreien nicht. Neun von zehn sind ganz ruhig. Mitte der Neunzigerjahre, als die ersten großen Anschläge geschahen, war die Welt eine andere für ein, zwei Tage – vorbei, jetzt geht das Leben einfach weiter, Restaurants haben weiter geöffnet, Fußballspiele finden statt, es wird zur Gewohnheit in unserer Gesellschaft.« Die Veränderungen seien nur subtiler geworden. Die Leute sehen lieber kein TV mehr und gehen stattdessen ins Café, als wollten sie dem Schrecken einfach trotzen. Als wollten sie von alldem nichts mehr wissen.

Je länger sie anhalten, desto stärker gehen die Selbstmordattacken ein in die Reihe ärgerlicher, aber augenscheinlich unvermeidbarer Übel. »Sehen Sie es doch so«, argumentiert ein Scharon-Anhänger, der »jetzt erst recht« seine Mittagspause in den Freiluftcafés der Ben-Yehuda-Straße in Jerusalem verbringt, wo die statistische Wahrscheinlichkeit, einem Attentäter zum Opfer zu fallen, mit Abstand am höchsten ist: »Die Opfer der Selbstmordattentate liegen zahlenmäßig immer noch weit unter denen von Verkehrsunfällen«, schließlich sterben jedes Jahr mehr als 500 Menschen auf Israels Straßen. Man will sich sein Leben nicht vorschreiben lassen, nicht von Terroristen diktieren lassen, wann man wo sein darf und wann nicht.

Am Abend des 31. Mai 2001 gibt es auf der Ben-Yehuda-Straße in Jerusalem mal wieder Bombenalarm: Auf einer unübersichtlichen Baustelle an der Ecke Ben-Yehuda-/Jaffa-Straße ist ein merkwürdiges Paket aufgefallen, und binnen Minuten rasen vier Polizeiwagen mit Sirene und Blaulicht heran, sperren Polizisten die gesamte Kreuzung.

Doch was dann explodiert, ist nicht der vermeintliche Sprengsatz – sondern die aufgestaute Wut von 30 Jugendlichen, Girlies mit Plateausohlen und gepiercten Bauchnäbeln, Rastas, Wehrdienstleistenden im Wochenendurlaub, die sich vor dem gelben Absperrband sammeln, erst halblaut, dann immer rabiater die Polizisten anblaffen, sie wollten jetzt und hier und genau über diese Kreuzung gehen, und diese Bombe könne sie mal kreuzweise, sie hätten die Schnauze voll, sich permanent von irgendwem vorschreiben zu lassen, wo sie gehen, wo sie stehen, was sie tun dürften. Eine Polizistin brüllt zurück, dies sei eine Anweisung, steck dir deine Anweisung sonst wohin, schreit ein Mädchen zurück und zieht das Absperrband nach unten; ein Handgemenge beginnt, zwei bullige Einsatzführer rennen herbei, und für Minuten wogt ein wütender, frustrierter Stellungskampf in der warmen Nachtluft, brüllen sich die gegnerischen Lager an, bis sich das Ganze wie ein absurder Spuk auflöst, als die Bombenentschärfer endlich gekommen sind und statt einer Bombe eine Kiste Verpackungsmüll identifizieren.

Die Jugendlichen marschieren über die Kreuzung, als hätten sie soeben den Platz vor der Klagemauer feindlichen Besatzern entrissen. Die Polizistin lehnt am Polizeiwagen, dessen immer noch rotierendes Blaulicht lautlos über den mittlerweile leeren Platz flackert. Sie raucht hastig, ist den Tränen nahe und sagt halb zu sich, halb zum Beamten neben ihr, wie satt sie das alles habe und was nur aus ihnen allen geworden sei.

24 Stunden später wird alles zu rasch, zu unbemerkt geschehen, als dass es auch nur die geringste Chance gegeben hätte, irgendetwas abzusperren und zu entschärfen. Wieder werden es Jugendliche sein, die an diesem Freitagabend in der Schlange vor der Tel Aviver Stranddiskothek Dolphinarium auf Einlass warten, fast alle russische Immigranten, denn drinnen legt ein russischer DJ auf. Niemand von den Überlebenden wird sich hinterher an den schmächtigen arabischen Jungen erinnern, der über den belebten Strand gekommen ist, sich zwischen die Jugendlichen gestellt hat. Der Letzte, der ihn noch lebend gesehen hat, ist der Taxifahrer Mahmud Nadi, der später vor Gericht aussagen wird, er habe den etwas schleppenden Gang von Said Hutari bemerkt, der etwas Schweres am Leib getragen habe. Aufgefallen sei ihm dies schon zuvor im Wagen, aber da habe er geschwiegen, weil seine siebenjährige Tochter auch im Auto saß. Ein paar Minuten später, so Nahdi, habe er dann die Explosion gehört.[74]

Said Hutari, 18, hat die nagelumhüllte Bombe, die er um die Hüften trug, gezündet. Der Knall ist mindestens sechs Kilometer weit über den Strand zu hören. Ein Überlebender stand an der Tür, sieht erst einen Flammenball und dann, wie Körperteile durch die Luft geschleudert werden. »Ich kann keine Worte finden«, versucht er wieder und wieder, einen Satz zu bilden, schließlich: »Hier ist die Hölle!«

Erst verkündet eine TV-Station im Emirat Abu Dhabi, dass der Islamische Dschihad verantwortlich sei, was ein Sprecher der Gruppe später dementiert. Scharons Regierung ist das ohnehin gleichgültig: »Kein Zweifel, dass Arafat diese Dinge kontrollieren kann«, weiß Minister Danny Naveh schon Stunden nach dem Anschlag.[75] 18 Jugendliche werden sofort, drei im Laufe der kommenden Tage sterben.

Unter den Toten sind zwei Schwestern: Yelena Nelimov, 18, und

Julia, 16. Sie wollten zusammen tanzen gehen und hatten es eilig, denn vor Mitternacht ist der Eintritt umsonst. Eigentlich hatte Yelena noch versucht, ihren Freund Ben Mirzrahi zum Mitkommen zu überreden, aber er wollte nicht: »Ich hatte ein schlechtes Gefühl. Ich solle doch nicht so pessimistisch sein, hat sie gemeint.«[76] Als ihre Mutter von der Explosion hört, brechen sie sofort auf, fahren zum Dolphinarium, zu allen Krankenhäusern – und schließlich, irgendwann in den Morgenstunden, nach Abu Kabir zur Gerichtsmedizin. Professor Yehuda Hiss wird sich noch Monate später erinnern: »Die Mutter war hier, deren eine Tochter wir schon als tot identifiziert hatten. Da kam ein Anruf vom Krankenhaus, die zweite sei gerade gestorben. Was sollte ich machen? Wie der Mutter erklären, halt, bitte warten Sie noch ein Weilchen, gleich kommt ihre nächste tote Tochter zur Identifizierung?«

Sechs Jahre zuvor sind die beiden Schwestern mit ihrer Mutter und Großmutter aus Russland eingewandert, und als die Mutter zurück nach Hause kommt, fragt die Großmutter, hat nicht verstanden, kann nicht verstehen: »Wo ist Yelena? Wo ist Julia?« Die Mutter hält zwei nummerierte Plastiktütchen mit etwas Schmuck in der Hand: »Hier. Das ist alles, was uns von ihnen geblieben ist.«

Am Sonntag werden sie begraben. Rund 200 Menschen sind zum Yarkon-Friedhof nördlich von Tel Aviv gekommen, die zwei Schwestern zu Grabe zu tragen – zwei von 21. Nur eine Stunde dauert die Beerdigung, denn sofort danach kommt die nächste, und viele ihrer Mitschüler werden in Bussen zu fünf Beerdigungen an verschiedenen Orten gebracht, damit sie keine versäumen. Es ist heiß, von hinten mischt sich der stete Lärm zweier Autobahnen mit der Kaddisch-Klage des Rabbis. Ein Polizist verteilt mit geröteten Augen Eiswasser an die Trauernden auf dem Friedhof. Wutbebend erklärt er, man sollte diese palästinensischen Terroristen alle umbringen. Dann hält er jäh inne und beginnt zu weinen, aus Trauer, aber mehr noch, weil ein Gefühl der Ohnmacht in ihm hochsteigt. »Was sollen wir denn tun?«, schreit er fast, »ihm drohen, ihn zu erschießen, wenn er sich in die Luft sprengt? Da lächelt der doch bloß und drückt seinen Knopf! Was sollen wir tun?«

Sieben der Opfer gingen auf die Shevah-Mofet-Highschool[77], deren Direktor Avi Benbineshti spricht: »Mein Job als Schulleiter sollte es eigentlich sein, meine Schüler zum Abschluss zu bringen. In der israelischen Realität besteht er stattdessen mittlerweile darin, meine Schüler zu Grabe zu tragen.« »Von Palästinensern hatten wir doch vorher nie etwas gehört«, sagt Yelenas Mitschüler Dimitri Stern, 17 und aus Russland 1995 immigriert. Doch etwas habe dieser Anschlag bewirkt: »Bislang waren wir die Russen – jetzt sind wir Israelis!« Bislang waren sie die größte nicht wirklich integrierte Minderheit im Land; doch nun, sagt Vize-Handelsminister Eli Ben Menachem auf der nächsten Beerdigung, »sind die Immigranten zu einem echten Bestandteil der israelischen Gesellschaft geworden!«

So zynisch das klingen mag, so präzise beschreibt es Israels Gesellschaft in diesen Tagen: Die Konservativen fühlen sich bestätigt, dass es ein fataler Fehler war, den Palästinensern jemals Gebietshoheit und Waffen zuzugestehen, das Friedenslager ist verzweifelt und Ministerpräsident Ariel Scharon populärer denn je. Auf apokalyptische Art vereint fühlt sich das Land, denn jeden trifft die Furcht, die vom Alltag Besitz ergreift: Können wir abends ausgehen? Kann ich die Kinder noch in den Kindergarten schicken? Schulen, Diskotheken, Einkaufszentren, Busse werden getroffen, und Selbstmordattentäter, denen ihr eigenes Leben nichts weiter als Mittel zum Zweck des Mordens ist, sind nicht zu stoppen.

Krieg und Alltag, sie existieren einfach nebeneinander. Die kilometerlange Strandfront von Tel Aviv sieht drei Tage nach dem furchtbaren Bombenanschlag fast überall wieder aus, als sei nichts geschehen: Die Liegestühle sind ausgebucht, die Rad schlagenden Strandartisten, Jongleure, die Kinder mit ihren Drachen sind wieder da, und selbst ein palästinensischer Eisverkäufer macht die Runde. Nur vor der splittervernarbten Fassade der Dolphin-Diskothek sitzen weiterhin Freunde und Angehörige der Toten stumm vor Hunderten Kerzen, Blumenkränzen und Bildern.

»Said« bedeutet »glücklich« auf Arabisch, und tatsächlich scheint der Sohn eines Maurers ein glückliches Kind gewesen zu sein. Alte Fotos zeigen ihn mit Freunden auf einer Bootsfahrt, im Garten unter dem Feigenbaum, mit seinem Vater beim Kamelreiten am

Toten Meer. Derselbe Vater, der vor aller Welt kundtat, er sei stolz darauf, dass sein Sohn 21 Leben ausgelöscht habe. Er bereue nichts, sagte er dem Journalisten von Abu-Dhabi-TV: »Wenn ich 20 Kinder hätte, ich würde sie alle losschicken, sich in Israel in die Luft zu sprengen und Israelis zu töten.«[78]

»Was sollte ich sagen?«, fragt er Wochen später, zu Hause, im jordanischen Städtchen Ruseifa. Es ist ihm unangenehm. Hätte er dem Schmerz auch noch hinzufügen sollen, dass es ein sinnloser Tod gewesen sei? »Mabruk«, sagten die Eintretenden, als die Nachricht sich in der Nachbarschaft verbreitete, Glückwunsch zur Ehre, Vater eines Märtyrers geworden zu sein. Die Familie reichte Limonade, Tee, Mokka und Süßigkeiten, jedes Mal dasselbe gespenstische Ritual. An der Wand hängt der Schrein aus gerahmten Bildern und Montagen: Said vor dem Felsendom, dahinter ein vermummter Kämpfer, der anstelle des Steins ein Bild von Said umschließt.

So widerstrebend, wie er nun das Fotoalbum hervorgeholt hat, mag er überhaupt ungern über seinen Sohn sprechen und hat zwei Nachbarn geholt, um vor ihnen und vielleicht auch vor sich selbst die Fassung zu wahren. »Ich muss stolz auf ihn sein!«, auf den »Märtyrer«, der sein Leben »im Widerstand gegen die Besatzer« geopfert habe. Als ihm doch die Tränen in die Augen schießen, geht er aus dem spärlich möblierten Wohnzimmer, und sein Nachbar nimmt den Faden auf: »Said starb als Sohn Palästinas!«

Die Familie stammt aus einer Kleinstadt nördlich von Tel Aviv, und nach dem Sechstagekrieg 1967 ließen sich die Hutaris in Jordanien nieder, wo heute mehr Palästinenser leben als in den besetzten Gebieten, ungefähr drei Millionen. »Die Israelis denken, alles ist vergessen, wenn wir Alten einmal tot sind«, klagt Said Hutaris Vater, »doch meine Kinder wissen, wo sie herkommen.« Die Geschichte allerdings scheint beinahe den umgekehrten Weg zu nehmen: Die Söhne sterben vor den Vätern, die Alten sitzen verbittert und rauchend daheim, der 18-jährige Sohn ging los, »zu tun, was er getan hat«.

Nachbar Abu Anas, der kein Wort des Mitleids für die Opfer übrig hat, findet, Said habe wenigstens etwas getan, »Taten sind stärker als Worte«, und wie Said stehe »eine ganze Generation von

Kämpfern bereit, die niemals akzeptieren werden, was wir hingenommen haben«. Dabei war die Familie sogar vor zwei Jahren in ihre Heimatstadt Kalkiliya, mittlerweile unter Kontrolle der Palästinensischen Autonomiebehörde, zurückgekehrt. Doch dort gab es keine Arbeit für alle, das Leben war teurer als in Jordanien, und so kehrte die Familie bald wieder zurück. Nur Said blieb, arbeitete als Elektriker auf israelischen Baustellen.

Glücklich sei er dort gewesen, beteuert sein Vater. Grund dazu wird er kaum gehabt haben, denn seit die Westbank immer häufiger und länger abgeriegelt wurde, fand Said kaum noch Arbeit in Israel. Stattdessen fand er eine neue Familie: Der schüchterne Einzelgänger schloss sich der Hamas an, verbrachte seine Zeit mit Koranexegese und Lehrstunden und verschwand regelmäßig; einmal wurde er von der palästinensischen Polizei für zwölf Tage festgehalten, weil sein bester Freund sich am 28. März in die Luft gesprengt, dabei zwei israelische Studenten getötet hatte.

Saids Cousin, der ebenfalls in Kalkiliya lebte und dessen Verwandlung bemerkte, sich aber nicht einmischen mochte, hörte ihn sagen: »Wenn jede Familie einen Märtyrer geben würde, könnten wir uns von den Besatzern befreien.« Nach dem Anschlag war der Cousin einer der wenigen in Kalkiliya, die den Selbstmordanschlag öffentlich verdammten: »Was erreicht man damit? Eine solche Tat macht doch keinen Sinn. Die Opfer sind doch vollkommen unschuldig!«

Doch die Mehrheit der Palästinenser sieht das anders: 76 Prozent unterstützen im Sommer 2001 die Selbstmordattacken, gleichzeitig wünschen sich 38 Prozent ein sofortiges Ende der Gewalt von beiden Seiten.[79] Kein Vergleich zu den frühen Wellen der Attentate 1994 und 1996, als vor allem der fehlende Rückhalt in der eigenen Bevölkerung Hamas und den Islamischen Dschihad zum Einhalten brachte und Arafat die Möglichkeit eröffnete, Militante zu verhaften.

Die Psychologin Leyla Atschan aus Ramallah ist blind, und vielleicht spürt sie ein bisschen mehr, was anderen entgeht, hört es aus den Stimmen, was um sie herum geschieht. Zweimal die Woche wird sie nach Nablus gefahren, wo sie in den umliegenden Dörfern Gruppen traumatisierter Kinder, depressiver Frauen berät, darunter auch zwei Mütter von Selbstmordattentätern: »Sie sprechen immer davon, dass sie stolz seien, jawohl, stolz auf deren Taten – aber es bereitet mir fast körperliche Schmerzen, zu hören, mit welcher Gewalt sie ihre Stimme dabei festhalten, wie sie sich selbst versuchen zu halten. Ich versuche dann, ihnen ganz vorsichtig die Legitimität der Trauer zurückzugeben. Eine Mutter ist eine Mutter, aber jeder versucht natürlich, sich innerhalb der Normen zu bewegen. Denn die geben Halt. Doch die Normen heute sind grausam«, und wo immer man die Familien der »menschlichen Bomben« besucht, in Gaza, Nablus, Ramallah, Hebron, überall begegnet einem derselbe Firnis aus Stolz und Phrasen. Je weiter entfernt Verwandte und Freunde sind, desto stolzer sind sie. Doch unterhalb der Verlautbarungen wird es still, schweigen die Eltern oder sagen: »Es muss doch richtig gewesen sein, was er tat!«

Leyla Atschans Weg nach Nablus ist selten derselbe, endet manchmal für Stunden an einem der wandernden israelischen Checkpoints, führt sie an der Hand des Fahrers über zerstörte, zu Erdwällen hochgebaggerte Straßen, über die Menschen schweigend ihre Lasten, Ölfässer, Autoersatzteile, Zementsäcke wuchten. Theoretisch gäbe es eine autobahnartig ausgebaute, gerade Schnellstraße, und man bräuchte 20 Minuten. Aber die ist für Siedler gebaut und ihre Benutzung Palästinensern verboten. Um auch die Siedlungen zu umgehen und überhaupt möglichst nur in den Inseln der Zone A unterwegs zu sein, biegt der Fahrer meist erst nach Osten ins Jordantal ab, in Richtung Jericho an der jordanischen Grenze, biegt dann auf eine selten kontrollierte Straße, die eigentlich für das israelische Militär errichtet worden ist. Zehn Kilometer geht es durch schroffe Wadis, zwischen Militärlagern und Beduinenzelten hindurch wieder westwärts hinauf zum Dorf Taibeh, weiter über schlammige Feldwege, sonst höchstens von Traktoren benutzt, durch die Dörfer Kufr Malik, Akrabah und Beita, immer in der Hoffnung, nicht doch noch auf eine plötzlich errichtete Straßensperre zu stoßen.

Selbst viele Dörfer sind abgeriegelt für den Verkehr, allein in der

Westbank werden 60 000 Menschen bereits vom Internationalen Komitee des Roten Kreuzes mit Nahrungsmitteln versorgt.[80] Theoretisch hätten die Ambulanzen des Roten Halbmondes auch an den Sperren freie Fahrt, aber bis Ende Januar 2002 sind binnen anderthalb Jahren 28 Patienten an diesen Sperren gestorben, haben neun Frauen ihre Kinder dort zur Welt gebracht, weil sie nicht mehr rechtzeitig ein Krankenhaus erreichten.[81]

Mehr als 140 dieser Sperren zerteilen die Palästinensergebiete, und jede hat ihre Besonderheiten: Vor Nablus und Hebron lässt man die Menschen über aufgebaggerte Erdwälle klettern. Bei Qalandiya, zwischen Jerusalem und Ramallah, ist die Straße oft über Kilometer blockiert und zwingt die Menschen zu Fußmärschen durch den aufgeweichten Schlamm am Straßenrand. Trotz aller Absperrungen allerdings erreichten die Selbstmordattentäter ihre Ziele in Jerusalem, Haifa und anderswo, »von denen quält sich doch keiner mit einer Bombe am Leib durch eine Straßensperre«, sagt die israelische Friedensaktivistin Judith Keshet. An diesen Miniaturen des Konflikts »nährt jeder junge Palästinenser seinen Hass auf die Israelis. Und jeder junge Israeli lernt, dass er absolute Macht über die Palästinenser hat.« Am Ort Ein Arik müssen die Palästinenser durch ein Gestell kriechen, das keinen anderen Zweck hat, als alle Erwachsenen zu nötigen, sich zu bücken.

Die Psychologin, die noch einen US-amerikanischen Pass besitzt, kam Mitte der Neunzigerjahre zurück, als es ihnen noch gut ging. Sie beschloss zu bleiben, als die Dinge sich zum Schlechteren wandten. Und brauchte all ihre Ersparnisse auf, sich eine Eigentumswohnung in Ramallah zu kaufen, als die ersten Bombardements einsetzten: »Wir können nicht gehen. Wir haben unser Gefängnis zur Botschaft gemacht in all den Jahren. Und nun hat uns die eigene Botschaft, unsere zum Glauben gewordene Idee von der Nation Palästina, gefangen genommen. Wir haben alles versucht, mit Steinen, mit Verhandlungen, haben versucht zu emigrieren und sind zurückgekommen, weil wir das Gefühl hatten, vor uns selbst davongelaufen zu sein. Und nun sind wir hier, bereit, alles zu geben, und bekommen nichts. Es gibt keinen Ausweg. Wir laufen im Kreis, doch der Kreis wird immer kleiner.«

Sie sitzen in der Falle, in jede Richtung ist der Weg versperrt: geographisch in 200 Enklaven isoliert, wirtschaftlich stranguliert, zugleich immer noch Käufer israelischer Bananen, Telefone, Möbel und Joghurte, und noch das radikalste Hamas-Pamphlet wird selbstverständlich in Schekel ausgezeichnet.

Die palästinensische Identität war immer bedroht, noch bevor sie eigentlich existierte. Geboren aus dieser Bedrohung ist das Gefühl von der Nation erwachsen, die es vor 1948 in der heutigen Form weder als Staat noch als kollektive Überzeugung überhaupt gab. In der Vergangenheit galt alle Loyalität der Familie, dem Clan. Das hat sich aufgelöst, heute haben nationalistische und islamische Ideologien die alten Verbünde ersetzt. Was es den militanten Islamisten leicht macht, gerade Jugendliche, junge Männer, die unter schwerem Druck stehen, zu rekrutieren für Gruppen, die als Ersatz für traditionelle, sich auflösende Einheiten wie die Großfamilie oder den Stamm fungieren.[82]

»Die Jungen brauchen jemanden, mit dem sie sich identifizieren können«, sagt Eyad Sarradsch in Gaza, »aber mit wem, wenn sie zugesehen haben, wie ihre Väter an den Checkpoints die Hosen herunterlassen, sich in den Schlamm legen müssen, weil es einem 20-jährigen Soldaten so gefällt? Sich nie wieder erniedrigen zu lassen, mit der Botschaft ersetzen Hamas und Islamischer Dschihad das Vaterbild durchs Gruppenimage.« Auch, wenn der Preis höher ist als das Leben.

Und so ist sie eingegangen in den Kanon des Alltags: die menschliche Bombe, ein Stück palästinensischer Kultur – über die seit einer Weile bereits Witze kursieren: Arafat liegt abends im Bett, neben ihm seine Frau Suha, und sie will nicht: »Nein, mein Präsident, nicht heute nacht, morgen ist doch palästinensischer Nationalfeiertag!« Auch in der nächsten Nacht hat sie keine Lust, ebenso in der übernächsten, bis Arafat die Hände gen Himmel erhebt und entnervt brüllt: »Ja, wundert es denn noch irgendjemand, wenn unter solchen Umständen die Palästinenser auf der Straße explodieren?!«

Anders als bei der ersten Welle Mitte der Neunzigerjahre finden die Selbstmordattentäter jetzt breite Unterstützung. Diesmal hat Arafat die Mehrheit seines eigenen Volkes gegen sich, wenn er gegen die Militanten so massiv vorgeht wie im Dezember 2001, als bei Schießereien in Gaza maskierte palästinensische Polizisten mehrere Islamisten erschossen. Außerdem funktioniert es kaum mehr, mit einer Polizei Verdächtige zu verhaften, die selbst immer wieder von Israels Armee angegriffen wird, deren Gefängnisse und Kasernen bombardiert werden. In jenen Wochen ab Mitte Dezember schließlich, als Arafat in einem dramatischen Appell zur Waffenruhe aufruft, bleibt es für zwei Wochen tatsächlich relativ ruhig. Fünf israelische Soldaten werden bei Razzien in palästinensischen Städten erschossen, und israelische Zeitungen schreiben von einer Beruhigung der Lage – dass in derselben Zeit 21 Palästinenser, Bewaffnete wie Zivilisten, von der Gegenseite umgebracht werden, macht dem Waffenstillstand Anfang Januar schließlich ein Ende.

Arafat sei es gar nicht unbedingt um Frieden gegangen, haben ihm Israels Politiker, selbst zwei israelische Psychologen vorgeworfen, die ein Persönlichkeitsprofil des Palästinenserpräsidenten entwarfen: »Er wird sich immer Optionen offen halten.«[83]

Wahrscheinlich hatten sie Recht. Arafat musste immer wie ein Händler agieren, Bündnisse schließen, Fraktionen gegeneinander ausspielen. Der Mythos von Palästina, den es erst einmal aufzubauen galt, war sein einziges Kapital, und wie erfolgreich konnte er ihn politisch in der Welt vermarkten. Arafat hatte nie ein geographisch festgeschriebenes Gewaltmonopol wie die Diktatoren um ihn herum. Er ist kein Panzerkreuzer wie Hafiz al-Assad, der 1982 eine ganze Stadt bombardieren lassen konnte und im Amt blieb. Arafat ist eher ein Segler, abhängig von den Winden und seiner Manövrierkunst. Die umfasst Terror ebenso wie Diplomatie, dafür bekam er 1993 den Friedensnobelpreis und wird heute wieder in amerikanischen Zeitungen als Terrorist und Kriegsverbrecher bezeichnet. Worum es ihm geht, was er vermocht hat, beschrieb Thomas L. Friedman, vor 20 Jahren Nahostkorrespondent der New York Times: »Arafat erweckte sein Volk von den Toten, schweißte es zu einer international anerkannten nationalen Befreiungsfront zusammen und verwandelte es vor den Augen der Welt aus einer Flüchtlingsschar ohne Zelte in eine Nation ohne Souveränität.«[84]

Ariel Scharons Regierung erklärte Arafat im Dezember 2001 für »irrelevant«, ließ in wöchentlichen Vergeltungsaktionen seine und die palästinensischen Statussymbole, die Hubschrauber, Arafats Büro und den Flugplatz in Gaza zerstören und hat ihn selbst unter Hausarrest in Ramallah gestellt – bis vor allem auf US-Druck Arafats einstiger Stellvertreter Mahmoud Abbas, besser bekannt unter seinem nom de guerre Abu Mazen, offiziell das Amt des Ministerpräsidenten übernahm in der Annahme, Arafat dadurch marginalisieren zu können. Doch jeder der palästinensischen Führer von heute ist mit dem Namen und dem Mythos Arafat groß geworden. »Ich war fünf, als er Führer der Palästinenser wurde«, erinnert sich Marwan Barghouti, der Fatah-Führer in der Westbank und in der Tagespolitik eher ein Kontrahent: »Seit 33 Jahren ist Arafat derjenige, der unseren Kampf führt. Niemand könnte ihn ersetzen.« Und niemand könnte vor allem akzeptieren, was Arafat abgelehnt hat, geschweige denn weniger als das. Nicht Mahmoud Abbas, nicht ein anderer.

Aber darum geht es auch gar nicht, jedenfalls nicht für Ariel Scharon. Es geht nicht um eine andere, sondern darum, ob es überhaupt eine palästinensische Führung gibt, die international anerkannt ist und mit der Israel verhandeln muss. Israels Infrastrukturminister Avigdor Liebermann sprach es offen aus in einem Interview im Dezember 2001: Wer sollte denn Israels Verhandlungspartner sein, wenn nicht Arafat, wollte der Journalist wissen. Bestände nicht die Gefahr, dass die Hamas dann an die Macht käme? Nein, das sei keine Gefahr, entgegnete der Minister, im Gegenteil: Es sei doch überhaupt kein Verlust, wenn es niemanden gebe, mit dem verhandelt werden müsse. Zumal wenn man gar nicht verhandeln wolle.[85] Israel weigert sich, über irgendetwas zu verhandeln, solange Arafat den Terror nicht eingestellt habe. Irgendein Ergebnis aber, für das es sich lohnen würde zu verhandeln, steht nicht in Aussicht: weder einen Siedlungsstopp noch einen weiteren Rückzug, geschweige denn den Status Jerusalems und der palästinensischen Flüchtlinge von 1948 ist Ariel Scharon willens zur Diskussion zu stellen. Er dürfte auch nicht, um den Preis der eigenen

Macht, dazu imstande sein: Die ultrarechten Parteien könnten die Koalition kündigen.

Als Graham Usher Scharon noch vor seiner Wahl zum Ministerpräsidenten interviewte, empfahl der Härte im Umgang mit den Palästinensern – so, wie er es in den Siebzigerjahren selbst befohlen hatte, als palästinensische Kämpfer in Gaza erschossen wurden.

»Und?«, fragte Usher zurück: »Dann kam 1987 die Intifada, was hat es gebracht?«

»Zeit«, antwortete Scharon: »In der Zwischenzeit gab es 80 000 Siedler mehr.«

Und das ist, selbst wenn viele israelische Politiker einen echten Frieden mit Palästinensern suchen, das Kontinuum der Jahre seit 1993. Leise und stetig geht die völkerrechtswidrige Landnahme[86] voran, rund um Jerusalem, in der Westbank – und selbst noch im Gazastreifen wachsen Siedlungen wie Gush Katif, entstehen monströse Brückenkonstruktionen für neue Umgehungsstraßen, obwohl nie eine Wahlmehrheit der Israelis für die komplette Wiederinbesitznahme des Gazastreifens votieren würde. Und obwohl Israels Regierungen wiederholt erklärt haben, den Bau weiterer Siedlungen stoppen zu wollen, wie es etwa 2001 der amerikanische Mitchell-Bericht forderte.[87] Was Scharon im Sommer 2003 allerdings schon ausgeschlossen hat, als es um die eine weitere der zahlreichen US-Friedensintiativen ging, die dieses Mal schon zurückhaltend als »road map« tituliert worden war.

Je massiver Scharon militärisch zurückschlagen lässt und mit seinen »gezielten Liquidationen« längst den Krieg führt, den er nicht offiziell erklärt hat, je mehr echte oder vermeintliche Radikalenführer mit Raketen von Hubschraubern aus in ihren Autos eingeäschert werden, desto sicherer schlagen Hamas und Islamischer Dschihad mit dem zurück, was sie haben: Menschen, die willens sind, ihr Leben zu opfern. Scharons Schatten aus Beirut hat ihn wieder eingeholt.

Hamas und Islamischer Dschihad haben, vor allem in den frühen Jahren des Oslo-Prozesses, auch Selbstmordattentate verüben lassen, ohne Vergeltung zu üben – sondern allein zu dem perfiden

Zweck, den Friedensprozess zu verhindern, wenigstens zu erschweren, denn sein Erfolg wäre ihre Niederlage gewesen. Aber dies waren hochriskante Kalkulationen, denn sie kosteten die ausführende Bewegung ihren Rückhalt in der Gesellschaft, setzten sie der Verfolgung durch die palästinensischen Sicherheitsdienste aus, kurz: Sie gingen an die Substanz.

Anschläge aus Vergeltung funktionieren nach anderen Regeln, sie befriedigen das Bedürfnis nach Revanche, sind, wie die statistischen Kurven von Khalil Schikakis Demoskopen nachverfolgen, viel stärker akzeptiert. Und sie setzen, nach der Grammatik der Selbstbehauptung und den Regeln des Stellungskampfes, die Hamas unter Zugzwang: Die Bewegung hat kein Problem damit, dass ihre Mitglieder festgenommen werden. Sie war auch imstande, nach dem 11. September monatelang alle Selbstmordanschläge einzustellen, obwohl die Intifada weiterging. Aber nach der gezielten Tötung eines ihrer Führer käme es einer Kapitulation gleich, keine Vergeltung zu üben. Mit den Selbstmordattentaten zeigt sie, dass sie bereit ist, bis zum Äußersten zu gehen – und setzt zugleich die allseits gültig geglaubten Regeln der Macht außer Kraft. Wider die Ohnmacht, wider die Unterwerfung zu handeln – die Handlungsmaxime der Organisation taucht gleichsam wie ein riesenhaft projiziertes Bild wieder auf.

Immer schneller dreht sich die Spirale der Vergeltungen – und immer öfter war es Israels Armee, die Phasen relativer Ruhe beendete, indem von F 16-Jets oder Appache-Helikoptern vermeintliche oder echte Radikalenführer umgebracht wurden: Im August 2001 wurde nach einer solchen Phase der PFLP-Führer Abu Ali Mustafa, dessen säkulare Bewegung noch keinen einzigen Selbstmordanschlag verübt hatte, in seinem jedermann bekannten Büro in Gaza von zwei Raketen zerfetzt – woraufhin auch die PFLP mit Selbstmordattacken begann. Im Januar 2002 nach fünf halbwegs friedlichen Wochen wurde Raed Karmi, Führer der al-Aqsa-Brigaden in Tulkarem ermordet, woraufhin auch die al-Aqsa-Brigaden Selbstmordanschläge verübten und im März so viele Anschläge verübt wurden wie noch nie zuvor.[88] Noch in der Nacht, nachdem Hamas-Führer Scheich Jasin am 22. Juli 2002 ein Ende der Selbstmordanschläge angekündigt hatte, wenn Israel seinerseits sich wieder aus den Städten zurückzöge und seine »gezielten Liquidierungen« einstellte, flog aus einem F-16-Jet eine Ein-Tonnen-Bombe auf das Haus des militärischen Führers der Hamas in Gaza, Saleh Shehada, tötete ihn und zwölf weitere, darunter neun Kinder. »Einer unserer größten Erfolge«, so Scharon.[89] Die Antwort der Hamas war erwartbar unmissverständlich: nicht zu ruhen, »bis die Zionisten menschliche Überreste in jedem Restaurant, an jeder Bushaltestelle und Straße sehen«.[90] Was sie nach Kräften in die Tat umsetzten.

All das, was schon 1996 geschah, als der »Ingenieur« in Gaza umgebracht wurde und die Hamas in einem Rachefeldzug mehr als 60 Menschen umbrachte, wiederholt sich wie in einer Endlosspirale. Und die Aussage eines israelischen Kabinettsmitglieds nach dem Anschlag auf Schahade, manchmal genüge es, einen Führer zu töten oder zu verhaften, um eine Gruppe lahmzulegen wie im Fall des PKK-Chefs Öcalan, verriet nur eines: echte oder gespielte Dummheit, denn unterschiedlicher könnten die Fälle nicht liegen. Eine Form der Gewalt, die aufkam als Antwort auf die Unterdrückung durch die israelische Besatzungsmacht wird nicht ausgelöscht dadurch, dass die Unterdrückung gesteigert wird. Sie wird vielleicht kurzfristig unterdrückt, sucht sich andere Wege – aber erscheint, das haben die vergangenen Jahre gelehrt, mit voller Wucht aufs neue.

Man hat der Hamas zu recht den Vorwurf gemacht, Momente einer sich abzeichnenden Entspannung zielvoll in Grund und Boden gebombt zu haben. Allein: die israelische Seite macht es nicht anders. Es ist unerheblich, ob dies aus Kreisen der Armee geschieht, um die Regierung zu sabotieren (was manche Zeitungen behaupten, aber was auch unwahrscheinlich ist angesichts der Relevanz solcher Todesbefehle), oder ob Ariel Scharon persönlich die Ermordungen anordnet, ob sie aus törichter Verblendung oder zynischem Kalkül geschehen – ihre Wirkung ist so hinlänglich bekannt, dass sie auch den militärischen Befehlshabern in Israel nicht entgangen sein kann: wie letztlich am 10. Juni 2003 der gescheiterte Anschlag auf den Vize des politischen Arms der Hamas,

Abdel Aziz Rantisi, am 10. Juni 2003: Der Mann wird seit Jahren von Israels Inlandsgeheimdienst überwacht, sein Telefon abgehört, er tritt fast täglich bei Interviews oder Demonstrationen auf und preist zwar die Anwendung des Selbstmordterrors, aber zählt weder zum militärischen Arm, noch hält er sich verborgen. Die beiden Appache-Helikopter aber, die ihre Raketen auf Rantisis Mitsubishi-Jeep feuerten und fünf Menschen töteten, während Rantisi verletzt entkommen konnte, beendeten mit einem Schlag alle Verhandlungen der vorangegangenen Wochen zwischen der Hamas und dem neuen palästinensischen Premier Mahmoud Abbas über eine Einstellung der Selbstmordattentate. Falls Scharon damit die von ihm kurz zuvor nur höchst widerwillig angenommene *Roadmap* der US-Regierung zu einer Entspannung schon im Vorfeld begraben wollte, gelang dies vollauf. Noch vom Krankenbett aus kündigte Rantisie, dass »Hamas die Waffen nicht niederlegen wird, auch wenn Israelis alle unsere Führer umbringen«, und tags darauf sprengte sich ein als orthodoxer Jude verkleideter Attentäter in einem Bus in Jerusalem, tötete sich und 16 Zivilisten.[91]

Längst raten selbst israelische Geheimdienstler wie der Ex-Schabak-Chef Ami Ayalon dringend davon ab: »Überzeugungen beseitigen wir nicht, indem wir die Anführer töten. Solange es keine politische Perspektive gibt, machen wir damit alles nur noch schlimmer, produzieren nur noch mehr Selbstmordbomber. Früher dauerte deren Vorbereitung Monate. Heute sind es Stunden. Die Politiker haben zu verstehen, wie die Dinge liegen.«[92]

Israels Armee hat, nach den verheerenden Anschlägen im März und Juni 2002, bis auf Jericho alle Westbank-Städte wiederbesetzt, den Gazastreifen geteilt und damit fast alles rückgängig gemacht, was im Rahmen von Oslo erreicht worden war. Um die »Infrastruktur des Terrors zu vernichten«, wie es die Sprecher der israelischen Armee bezeichneten. Und tatsächlich blieb es für ein paar Wochen ruhig, nachdem hunderte Palästinenser verhaftet und mit »unkonventionellen« Verhörmethoden zum Reden gebracht sowie zig neue Kollaborateure angeworben worden waren[93] – was schon während der ersten Intifada am besten funktionierte, indem Reisegenehmigungen, Passierscheine für die neu errichteten Checkpoints oder Freilassungen aus dem Gefängnis nur gewährt wurden gegen Spitzelberichte.

Doch es dauerte eben nur wenige Wochen, und die Selbstmordanschläge begannen aufs Neue. Nachdem die israelische Armee im Rahmen der Wiederbesetzung insgesamt 40 Palästinenser, davon 22 unbewaffnete Zivilisten umgebracht hatte[94], gab es Mitte Juli gleich zwei Anschläge binnen weniger Tage. Zwar sind die Aussagen israelischer Militärs und Terrorexperten zweifellos richtig, dass es gelungen ist, die allermeisten Anschläge im Vorfeld zu verhindern. Aber eben längst nicht alle. Es ist, als hätte man ein Leck eines enorm unter Druck stehenden Kessels geschlossen – und zeigt sich anschließend verwundert, dass der noch erhöhte Druck nun anderswo entweicht: Die Vorbereitungen sind schwieriger geworden, das Risiko der Verhaftung ungleich höher – aber der Opfer- und Mordwille der Freiwilligen hat nicht nachgelassen. Wenn Scharon und die Militärs immer von all den verhinderten Anschlägen als Erfolg sprechen, übersehen sie die Relation. Ami Pedazhur vom National Security Studies Center der Universität Haifa bringt es auf die lakonische Gleichung: »Wenn 90 Prozent der Selbstmordattacken daneben gehen, bleiben immer noch zehn Prozent. Die Chance, dass einer der Täter erfolgreich durchkommt, bleibt hoch.«[95]

Und bei all den Erklärungsversuchen, die von einer Konstante des palästinensischen Vernichtungswillen gegenüber Israel ausgehen, bleibt eine Frage unbeantwortet: Warum gab es zwischen 1993 und 2000 vergleichsweise derart wenige, in manchen Jahren wie 1999 überhaupt keine Selbstmordanschläge?[96] Warum war die Zustimmung zu dieser Form von Anschlägen so gering? Denn das lässt sich erklären daraus, dass die Palästinenser – was immer wieder in Interviews erklärt wird – damals eine reelle Hoffnung auf ein Ende der Besatzung und einen eigenen Staat hatten. Nichts davon hat sich erfüllt.

Heute schon würden die Kontrollen am Ben-Gurion-Flughafen jede amerikanische Airline in den Ruin treiben; auf den Straßen Israels sind mehr Schwerbewaffnete zu sehen als in den meisten Diktaturen der Umgebung, und Israels Regierung hält sich nicht mit rechtsstaatlichen Prinzipien auf, wenn es um die »präventive Liquidierung« eines Palästinensers geht, von dessen Taten höchstens der Geheimdienst Auskunft geben könnte. Und doch: Trotz aller Abriegelungen, Vergeltungsmaßnahmen hält die lebenden Bomben nichts auf. Von 72 Selbstmordattentätern, die sich nach einer Erhebung der Zeitung Yediot Achronot auf den Weg machten, erreichten 54 auch ihr Ziel. Ginge es bei den »Liquidierungen« um Resultate im offiziellen Sinn der Terrorbekämpfung, hätte man sie längst einstellen müssen: Keine Gruppe ist schwächer geworden durch die Ermordung eines ihrer Führer, weder die Hisbollah im Libanon noch Hamas und Islamischer Dschihad.

Vorerst läuft die Geschichte rückwärts auf beiden Seiten. Jahrelang hatte Faisal Husseini, der PLO-Repräsentant in Jerusalem, einer Koexistenz das Wort geredet: »Die einzige Hoffnung für die Israelis besteht darin, ihre Träume aufzugeben, und für die Palästinenser, ihre Träume aufzugeben – es ist der einzige Weg, der uns von unseren Albträumen befreien wird!« Aber dann, kurz vor seinem Infarkttod im Mai 2001, sprach er auf einer Konferenz in Teheran, zusammen mit Führern von Hisbollah, Hamas und Dschihad, und im April noch verkündete er in Beirut: »Wir mögen verlieren oder gewinnen, aber unsere Augen werden weiterhin auf das strategische Ziel gerichtet bleiben: Palästina, vom Fluss bis an die See.«[97] Es war, als ob viele eine Zeitmaschine betreten hätten, die sie zurück in die späten Sechzigerjahre katapultiert, als sämtliche PLO-Führer noch davon sprachen, dass Israel von der Landkarte zu verschwinden habe.

Auf der anderen Seite schlug bereits im August 2001 der stellvertretende Polizeiminister Gideon Ezra vor, als Form von Sippenhaftung sämtliche Angehörigen eines Selbstmordattentäters umzubringen – dem Grundprinzip der NS-Besatzungstruppen nicht unverwandt, die einst in Frankeich und der Tschechoslowakei zur Vergeltung für Anschläge auf Wehrmachtssoldaten die Dorfbewohner von Oradour und Lidice niedermachten.[98] Durchaus populär wurde Ezras zweiter Vorschlag: Man sollte doch die Überreste palästinensischer Attentäter in Schweineblut und Schweinehäuten begraben, um auf diesem Wege ihre Himmelfahrt noch zu vereiteln, ist doch das Schwein Muslimen wie Juden ein unreines Tier. In der Siedlerenklave Gush Katif im Gazastreifen taten sich Anfang 2002 tatsächlich der Rabbi Josef Alnekave und ein rechtsgerichteter israelischer Schweinezüchter zusammen und vermengten nach einem Selbstmordanschlag die Reste des Täters mit Schweinefett.[99] Die Gegenreaktion kam prompt: Was mit den Überresten eines Märtyrers geschehe, ließ Hamas mitteilen, sei für sein weiteres Schicksal unerheblich. Denn mit dem »ersten Blutstropfen, den er vergießt«, erreiche der Märtyrer bereits das Paradies.[100]

Und es werden immer mehr, die sich bereit erklären, mit einem Bombengürtel auf ihre Todesmission zu gehen, so rasch sie nur dürfen.

Als Erstes ist die Zeitspanne von der Rekrutierung bis zur Tat kürzer geworden: Die Kandidaten müssen gar nicht mehr isoliert und langsam vorbereitet werden. Das hat die Gesellschaft längst erledigt. Es bedarf auch keiner Drogen, wie gern gemutmaßt wird. Yehuda Hiss, der Gerichtsmediziner, der auch die Überreste aller Täter untersucht, hat bislang keine Spuren irgendwelcher Drogen gefunden: »Irgendein psychologischer Anreiz muss sie vor ihrer Tat motivieren. Sie sind voll bei Sinnen im Moment des Todes.«[101]

Es gibt kein Bataillon permanenter, hoch trainierter Schläfer, von denen Journalisten auf der Suche nach den »Ausbildungslagern« gelegentlich schreiben. Selbst israelische Experten wie Yoram Schweitzer gestehen ein, »dass es manchmal von einem Tag auf den anderen geschieht«. Als Israel im Dezember Arafats Sicherheitschef in Gaza, Mohammed Dahlan, vorwarf, die Terroristen nicht energisch zu verfolgen, erwiderte der, er brauche sich nur mit einem Tisch auf die Straße zu stellen und Bewerber zu registrieren, »in einer Stunde habe ich hier 250 Leute, die sich sprengen wollen«.[102] Wie sagte es doch der Hamas-Mann in Gaza, beinahe bedauernd, und konnte doch dabei seinen Triumph nicht verbergen: »Unser größtes Problem sind die Horden junger Männer, die an unsere Türen schlagen, die darum betteln, geschickt zu werden! Es ist schwierig, nur einige wenige auszuwählen. Jene, die wir wegschicken, kommen wieder und wieder, bedrängen uns, betteln, flehen darum, angenommen zu werden für die Mission!«

Keine sinistren Vorbeter müssen durch die Straßen ziehen, labile Jugendliche in ihre Camps drängen und sie in monatelanger Gehirnwäsche zu gedankenlosen Robotern machen. Hamas und Islamischer Dschihad bewegen sich nicht mehr, wie es Mao einst für die Partisanen anmahnte, wie ein »Fisch im Wasser«. Sie sind, bei fast 80 Prozent Zustimmung zu Selbstmordattentaten, das Wasser selbst geworden. Die jungen Männer werden nicht gedrängt – sondern verhört, getestet, um sichergehen zu können, unter all den Kandidaten die ernsthaften herauszufiltern, wie der Hamas-Mann gern berichtet: »Der Selektionsprozess wird dadurch verkompliziert, dass so viele auf diese Reise der Ehre mitgenommen werden wollen! Ist einer ausgewählt, sind zahllose andere enttäuscht. Sie müssen Geduld lernen und warten, bis Gott sie ruft!«[103]

Als Zweites wird der Kreis der Täter immer größer. Erst waren es nur die jungen, gläubigen Männer aus Gaza und der Westbank. Es folgten im Sommer die ersten Säkularen. Danach, am 9. September 2001, nur zwei Tage vor den Anschlägen von New York und Washington, sprengte sich am Bahnhof von Nahariya in Nordisrael Mohammed Shakur Habeishi, der erste israelische Bürger aus der arabischen Stadt Umm al-Fahm.[104] Ein 48-jähriger Vater von sechs Kindern, verheiratet mit zwei Frauen. In Beit Hanina, einem überwiegend christlichen Ort nahe Jerusalem, erzählen gläubige Katholiken, ja, sie verstünden diejenigen, die sich und ihren Feinden solchermaßen ein Ende machten. Auf dem Campus der Birzeit-Universität erzählen einem geschminkte Studentinnen aus bestem Hause: »Wenn mein Freund es täte, ich wäre traurig. Und stolz, so stolz. Ich würde es selbst tun. Ja, ich werde es tun.«

Am 28. Januar war es so weit: Die erste Frau, die 28-jährige Wafa Idris aus einem Flüchtlingslager bei Ramallah, sprengte sich in Jerusalems Jaffa-Straße, ein paar Schritte entfernt von der gerade renovierten Pizzeria Sbarro. Außer sich selbst tötete sie noch den 81-jährigen Fremdenführer Pinchas Tokatly und verletzte Dutzende. Die al-Aqsa-Brigaden übernahmen die Verantwortung, und allein in den Folgewochen verübten noch zwei Palästinenserinnen Selbstmordanschläge an israelischen Straßensperren.[105]

Niemand hatte etwas gewusst, geahnt. Nichts passte ins übliche

Profil: Wafa Idris war eine Frau, nicht religiös und, wie zum Hohn auf ihre spätere Tat, eine engagierte Rettungssanitäterin beim Roten Halbmond, die Verletzte versorgte und Leben rettete. Eine Frau, die anderen helfen will, wird zur Mörderin und Selbstmörderin? Die Paradoxie hat eine innere Logik, wenn die Beobachtungen der Psychologen stimmen: Sowohl Eyad Sarradsch aus Gaza als auch Ariel Merari, sein israelischer Kollege aus Tel Aviv, zogen aus der Analyse Dutzender Lebensläufe den Schluss, dass es sich in den allermeisten Fällen gerade nicht um klassische Suizidpatienten handelte, die eine individuelle Fluchtstrategie aus einer unerträglichen Situation suchten. Sondern um Menschen, »die am wenigstens ihre Ohnmacht ertragen« (Merari), die »ein Problem mit der Macht über sich haben« (Sarradsch). Der Selbstmordanschlag ist Mord und Altruismus zugleich, das größte Opfer, das einer bringen kann. In dieses Schema passt die Rettungssanitäterin.

Wafa Idris hatte sich noch für eine Fortbildung angemeldet, die im März beginnen und sie zur ausschließlichen Arbeit bei Noteinsätzen berechtigen sollte: »Sie wollte helfen, das verschaffte ihr eine tiefe Befriedigung«, erinnert sich Wael Qadan, Direktor der Erste-Hilfe-Abteilung beim Roten Halbmond in Ramallah.[106] Während die Ärzte dort starr vor Entsetzen sind, »es trifft uns furchtbar und wird uns nicht davon abhalten, weiterhin, falls nötig, selbst israelischen Soldaten und Siedlern zu helfen«[107], wird Wafa Idris in der palästinensischen Öffentlichkeit zur Heldin. Beim Trauerzug laufen junge Mädchen mit geröteten Wangen hinter dem leeren Sarg von Wafa Idris und bewundern ihr neues Idol: »Der Dschihad ist nicht nur für Männer!«, sagt die 15-jährige Abir.[108] Und in den arabischen Nachbarländern nimmt der Enthusiasmus ebenso makabre wie surreale Züge an: Die Feministinnen im Westen hätten die Emanzipation nie richtig verstanden, schreibt ein jordanischer Kommentator. Wafa schon. Sie habe in ihrer Tasche kein Make-up dabeigehabt. Sondern die Bombe.[109] In Ägypten deklariert eine Regierungszeitung »die Woche der Frau im israelisch-arabischen Konflikt«[110], und der Dekan der psychiatrischen Fakultät an Kairos Ain-Schams-Universität versteigt sich zum Vergleich mit Jesus: Schließlich habe Wafa dieselbe Heimat gehabt – und die gleichen Feinde.[111]

Nur Hamas-Scheich Yassin meldet anfangs religiöse Bedenken an: Frauen seien für solche Dschihad-Missionen nicht vonnöten, die Männer stünden schließlich Schlange, und außerdem müsse eine Muslimin von einem männlichen Verwandten begleitet werden[112] – um später einzuschränken, falls sie nicht über Nacht wegbleibe, könne sie auch alleine gehen.[113] Alle ehernen religiösen Grundsätze über die Rolle der Frau und so weiter: beliebig austauschbar.

Nach dem Anschlag fragt eine deutsche Radiomoderatorin Uri Avneri, den Grandseigneur der israelischen Friedensbewegung, was denn nun gegen den Terror unternommen werden müsse. Könne Arafat nicht einfach die Terroristen verhaften? Nein. Sei Amerika nicht willens zu vermitteln? Nein. Was dann? »Es muss alles noch schlimmer werden«, sagt Avnery mit resignierter Stimme, »bis die Menschen begreifen.«[114]

Doch bislang folgt Israels Mehrheit Scharons Kurs, hat ihn Anfang 2002 wiedergewählt, obwohl weder die »gezielten Liquidierungen«, noch die Wiederbesetzung der Westbank die Gewalt haben eindämmen können. Denn an den Gründen dafür, der der militärischen Besatzung und Landnahme, hat sich nichts geändert. Und ebenfalls nichts, so scheint es im Sommer 2003, kann diese palästinensische Generation heute davon abhalten, in jenen ihre Helden zu sehen, die losgehen, sich und die größtmögliche Zahl Israelis in den Tod zu jagen: palästinensische Teenager sprengen israelische Teenager in die Luft, das Profil der Täter zieht sich durch alle Schichten der palästinensischen Bevölkerung, Mütter haben sich mit ihren Söhnen vor dem Anschlag filmen lassen[115], drei 14-jährige sind mit einem selbstgebastelten Sprengsatz schon vor dem Zaun einer Siedlung im Gazastreifen erschossen worden[116], und selbst palästinensische Christen äußern vollstes Verständnis für die Anschläge.[117] Die Verzweiflung wächst, der Hass auf beiden Seiten. Und wieder wird der trockene Laut der Detonation zu hören sein, wieder wird die Totenklage einer friedlichen Koexistenz bestehen aus den Sirenen der Ambulanzen. »Die Helden der Tragödie, die sich in Gerechtigkeit und Reinheit verzehren, zerstören und vernichten einander durch die Macht der Konsequenz…«[118], schrieb Amos Oz – schon 1967.

6

Die Fehde der Fatwas – Der Koran, ein Allzweckwerkzeug

»Der Koran ist eine aufgezeichnete Schrift zwischen zwei Buchdeckeln, die nicht spricht. Erst die Menschen bringen sie zum Sprechen.«

Imam Ali, Neffe des Propheten Mohammed und vierter Kalif

»Wenn der Märtyrer sich umbringen will, weil er das Leben satt hat, dann ist es Selbstmord. Wenn er aber seine Seele opfern möchte, um den Feind zu schlagen und um Gottes Willen – nun, dann ist er ein Märtyrer.«

Abdelaziz al-Rantisi, Vize des politischen Flügels der Hamas in Gaza

Wenn Muslime in islamischen Ländern wissen wollen, was die Geistlichkeit ihnen zu sagen hat, gehen sie gemeinhin zur Freitagspredigt in die örtliche Moschee. Heutzutage in Gaza wie in Jerusalem, in Beirut, Kairo, Riad und Dubai dagegen versammeln sich zur freitäglichen Gottesdienstzeit die Menschen, um an den Lippen ein und desselben Mannes zu hängen, der ihnen sagt, was *halal* gestattet, und was *haram*, verboten, ist: Scheich Yusef al-Qaradawi, der wohl populärste sunnitische Theologe der arabischen Welt. Populär, nicht weil er die größte Zahl von Studienjahren in der al-Azhar-Universität von Kairo verbracht hat, weil er am ältesten ist oder aus einer Notabelnfamilie entstammt. Sondern weil er seine eigene Fernsehsendung im populärsten Satellitensender der Region hat, dem Nachrichtenkanal al-Dschazira in Qatar.

Jede Woche erklärt Qaradawi in »Scharia und Leben« die Welt. Wer ihn hört, versteht, dass die religiöse Rechtfertigung politischen Handelns sehr viel mit Politik und sehr wenig mit ehernen

Glaubenssätzen zu tun hat. Qaradawi war einer der schnellsten islamischen Theologen von Rang; schon am 12. September verurteilte er die Anschläge vom Vortag: »Unsere Herzen bluten (...) trotz unserer Ablehnung der US-Politik gegenüber Israel. Aber selbst in den Zeiten des Krieges ist es Muslimen untersagt, wahllos Zivilisten zu töten. Dies ist ein verabscheuungswürdiges Verbrechen!«[1] Und: Nein, die Anschläge seien definitiv keine »Märtyreroperationen«, ihre Täter würden nicht ins Paradies eingehen. Aber: Ja, »menschliche Bomben« in Israel seien sehr wohl ein gottgefälliger Akt des Märtyrertums, selbst wenn sie Frauen und Kinder träfen. Denn dort ist Krieg. Nein, das Bombardement Afghanistans durch die USA sei nicht gerechtfertigt. Ja, muslimische Soldaten der US-Streitkräfte müssten ihren Befehlen trotzdem Folge leisten, aber, so Qaradawi ein paar Tage später, »Amerika begegnet dem Terrorismus mit einem ähnlichen Terrorismus«[2]. Qaradawi, ein Mann für alle Lebenslagen, der es vielen recht machen will: den Radikalen in der arabischen Welt, aber auch den gemäßigten Herrschern dort sowie den Muslimen in der Diaspora, in Europa und den USA, die sich in genau einer solchen »Ja, aber«-Position befinden, einen Mittelweg zwischen Überzeugung und Anpassung gehen. Sein Slalomkurs spiegelt die Zerstrittenheit seiner Gemeinde.

Denn einerseits speist sich die Idee des Märtyrertums, die ganze Einbettung des Selbstmordattentats in ein Geflecht aus Koransuren, *Fatwas* (religiösen Gutachten), Paradiesversprechungen aus dem Islam. Die Fahrer der Sprengstoff-Lkws 1983 im Libanon waren, die palästinensischen »human detonators« sind Muslime. Und auch wenn es säkularen Bürgerkriegstruppen wie der kurdischen PKK und den Tamil Tigers ebenfalls gelungen ist, ihre Mitglieder für Suizidmissionen zu rekrutieren, ohne dass eine Paradieserwartung ihnen Trost geben könnte – das Selbstmordattentat an sich wird wahrgenommen, als hätte es der Islam in den vergangenen 20 Jahren aus den Tiefen seiner Traditionen und Regeln hervorgebracht. Erst recht seit dem 11. September.

Doch wäre dem so, bliebe die Frage: Warum erst jetzt? Warum erst seit 1993 in Israel, seit 1983 im Libanon und nicht früher schon?

Warum nicht 1948, 1967, während der ersten Intifada? Es hat lange gedauert, bis der Selbstmord als Waffe eingesetzt wurde. Es brauchte Vorbilder, ein hohes Maß an Druck und Verzweiflung – und es brauchte eine Rechtfertigung, um es den Gesellschaften und den Glaubensregeln gegenüber akzeptabel werden zu lassen.

Der entscheidende Schritt von den jungen Kriegsfreiwilligen im Iran, die in irakische Maschinengewehrstellungen und Minenfelder rannten, zu jenen, die sich mit fünf Kilo oder fünf Tonnen TNT selbst sprengten, drückt sich in der Frage aus: Wer macht sie zu Märtyrern? Es mag auf Außenstehende wie scholastische Haarspalterei wirken, ob jemand mit der absoluten Bereitschaft zu sterben ins feindliche Feuer rennt oder sich selbst richtet – für den islamischen Verhaltenskodex ist dies ein entscheidender Unterschied. Denn wenige Dinge sind seit frühesten Zeiten im Islam ein größeres Tabu gewesen als der Selbstmord. Es war ehrenvoll, im Kampf zu sterben, aber eben von fremder Hand. Die spezielle Option, andere Menschen umzubringen, indem man sich selbst in ihrer Mitte sprengt, konnte aus einem simplen Grund niemals Gegenstand einer Koransure oder Prophetenüberlieferung sein: Zu dessen Lebzeiten gab es keinen Sprengstoff.

Dass Selbstmordattentäter jede Macht infrage stellen, dass sie durch nichts aufzuhalten, durch keine Drohung einzuschüchtern sind, lässt sie eine derart bodenlose Furcht verbreiten. Keine Macht mehr anzuerkennen aber heißt, sich mit Gott zu messen, der doch Herr über Leben und Tod ist. Diese subtile Herausforderung, die bereits der Selbstmörder darstellt, hat sowohl die christlichen Kirchenväter wie die frühen Koranexegeten den Selbstmord fürchten und verdammen lassen.

Interessanterweise allerdings kam sowohl im Christentum wie im Islam das Verbot des Selbstmords erst auf, nachdem die Religion selbst eine gewisse Machtstellung erreicht hatte. In der Spätantike war das Martyrium von eigener Hand dem Nachruhm noch nicht abträglich, wie die Biografien von Seneca, Sokrates, Kleopatra und Marcus Antonius zeigen, und auch in der Bibel ist von einem ausdrücklichen Verbot des Selbstmords noch nicht die Rede. Das haben erst die frühen Kirchenväter, allen voran Augustinus, und später Thomas von Aquin, getan. Ebenso wenig findet sich ein eindeutiges Selbstmordverbot im Koran[3] – auch wenn bis ins 20. Jahrhundert hinein Koranübersetzer einen zweideutigen Vers so gedeutet haben.

Am Anfang war das Wort. Das Wort aber war unklar: *anfusakum* lautet das entscheidende Personalpronomen im Vers 29 aus der vierten Koransure. *Anfusakum* aber heißt sowohl »euch selbst« wie »euresgleichen«, und der ganze Vers lautet: »*Wa la taqtulu anfusakum inna allah kana bikum rahiman*«, was höchst unterschiedlich übersetzt worden ist: »Auch tödtet euch nicht selber! Denn Gott ist barmherzig«[4], »Werdet keine Selbstmörder …«[5], »… and do not kill each other«[6], »Und begeht nicht Selbstmord …«[7] und schließlich: »Und bringt nicht eure eigenen Glaubensgenossen um! …«[8]

Dabei lieferte der muslimische Gelehrte at-Tabari (839–923) schon vor 1100 Jahren eine seither weithin gültige Interpretation des *anfusakum*: Bringt nicht euresgleichen um! Alle Muslime, so at-Tabari, seien als Anhänger ein und desselben Glaubens als ein Individuum anzusehen. »Tötet ein Muslim einen anderen, ist das, als töte er sich selbst.« Außerdem ergibt auch der Rest des Verses nur Sinn, wo es um die Regeln für Geschäfte untereinander geht: »Bringt euch nicht untereinander in betrügerischer Absicht um euer Vermögen!«[9]

Im neunten Jahrhundert aber, als die muslimische Eroberungswelle längst ein Weltreich unter dem Banner des Propheten hat entstehen lassen, wird das Verbot des Selbstmords bei Strafe der Höllenverbannung festgeschrieben: Es sind die Überlieferer der Prophetenaussprüche, der *Hadithe*, in deren Werken dem Tod durch eigene Hand die klare Absage erteilt wird. Allein bei al-Buchari, der eine der angesehensten Hadith-Enzyklopädien zusammengetragen hat, widmet sich ein ganzes Kapitel dem Thema: »Einmal war der Prophet anwesend, als ein verwundeter Mann Selbstmord verübte. Daraufhin sprach Gott selbst: ›Mein Diener hat sein Leben in die eigene Hand gelegt und damit meine Entscheidung vorweggenommen. Deshalb ist ihm der Zutritt zum Paradies verwehrt.‹« In zwei weiteren Hadithen heißt es: »Der Prophet sagte: Wer sich von einem Berg hinabstürzt und Selbstmord begeht, der wird im Höllenfeuer sein. Auf immer und ewig wird er dort verweilen und unendlich seine Tat wiederholen. Wer Gift zu sich nimmt und Selbstmord begeht, vergiftet sich mit seinem Gift in der Hand auf immer und ewig im Höllenfeuer. Wer mit einem spitzen Gegenstand Selbstmord verübt, der wird sich im Höllenfeuer mit seinem spitzen Gegenstand auf immer und ewig den Bauch aufschlitzen.«[10] Selbst honorige Taten können die Sünde des Selbstmords nicht aufwiegen. Eine dem Propheten Mohammed zugeschriebene Tradition nennt den Selbstmord in einem Atemzug mit anderen schweren, unverzeihlichen Verbrechen.[11] Denn ein Muslim, der Selbstmord begeht, vernichtet Gottes Schöpfung und hat dementsprechend bestraft zu werden. Noch im frühen 18. Jahrhundert befand eine Fatwa, dass der Selbstmord ein noch größeres Verbrechen als der Mord sei,[12] und Anfang des 20. Jahrhunderts nahm die Suizidverdammung im Islam eine Wendung, die uns heute grotesk erscheinen mag: Es sei ein Import aus Europa, eine »unmoralische Haltung und eine zu verurteilende Sitte; mit ihm hat uns die westliche Zivilisation gestraft. Die Idee des Selbstmords ist wahrlich eine der Neigungen des Teufels, dafür gibt es keine Vergebung für den Selbstmörder«, schrieb der Ägypter al-Manfaluti.[13]

Dabei war die Haltung in Europa nicht grundsätzlich anders. Selbstmord gilt vielen gläubigen Christen noch heute als unheilvoller Tod, als Sünde und Auflehnung gegen den Willen Gottes. Nur hat der Einfluss der Glaubensregeln auf das tägliche Leben hier früher nachgelassen als in der muslimischen Welt – auch wenn England erst 1961 ein Gesetz abschaffte, das Selbstmord mit Mord gleichsetzte.[14]

Die Überlieferung hat den Selbstmord im Islam tabuisiert – zugleich aber ist dem *Schahid*, dem im Kampf gefallenen Märtyrer, im Paradies der Platz an Gottes Seite sicher. Zwischen diesen beiden Polen sollte sich seit 1983 der Streit der Theologen bewegen. Was den einen nichts mehr als eine Steigerung des Märtyrertums war, markierte für die anderen die Überschreitung jener vor über 1000 Jahren gezogenen Grenze. Der Glauben, er würde Hilfe und Hindernis zugleich sein.

Im Iran, wo Ayatollah Chomeinis Interpretation den Überlieferungen einen höchst gegenwärtigen, aggressiven Ton gab, stellte sich das Selbstmordproblem noch nicht – die Tausende junger Kriegsfreiwilliger fielen ja im – wenngleich chancenlosen – Kampf.

Die Todesfahrer der Hisbollah dagegen richteten außer Hunderten Amerikanern, Franzosen und Libanesen auch sich selbst. Eigentlich ein Tabubruch. Aber in der jahrhundertelang erprobten islamischen Tradition, bei Bedarf die meisten Gebote auch einmal über Bord zu werfen, wurden die Taten so lange interpretiert, bis es passte, wurde ihr Martyrium groß und ihr Selbstmord klein geschrieben. Denn für den Märtyrer hält Gott himmlische Belohnungen bereit: »Wer verletzt wird, während er für die Sache Gottes eintritt, und Gott weiß ganz genau, wer bei dieser Gelegenheit verletzt wird, dessen Verletzung wird am Tag des Gerichts die Farbe des Blutes haben und nach Moschus duften (...) Niemand im Paradies möchte wieder auf die Erde zurückkehren, mit Ausnahme des Märtyrers, der im Kampf für die Sache Gottes gefallen ist. Er möchte auf die Erde zurückkehren, um noch zehnmal getötet zu werden, nach all den Ehrenbezeugungen, die ihm im Paradies zuteil wurden.«[15] Außerdem werde dem Märtyrer das Verhör im Grabe durch die beiden Engel Munkar und Nakir sowie der Gang durch das islamische Fegefeuer (Barzah) erspart. Von den verschiedenen Stufen im Paradies erlangen die Märtyrer die höchste, dicht am Thron Gottes. Und weil die Märtyrer bereits rein sind, brauchen sie nicht, wie sonst üblich, vor der Bestattung gewaschen zu werden. Die weitaus wichtigste islamrechtliche Bestimmung (hukm) zur juristischen Beurteilung eines Märtyrers ist, dass er vor dem Tod seine Verhältnisse nicht geordnet haben darf.[16] Das ist konsequent gedacht, da ein vorher erfolgter Abschiedsbrief oder ein gemachtes Testament die bewusste Märtyrertat im Lichte eines Selbstmords erscheinen ließe.

Und da begännen für die Hisbollah eigentlich bereits die Probleme: Denn ihre Anschläge 1983 waren minutiös bis ins letzte Detail geplant, wie auch alle späteren. Eine der Vorkehrungen gegen das Vergessen ist bis heute das Videotestament, in dem die Täter vor einschlägiger Kulisse – Koran, Kalaschnikow, gelbe Hisbollah-

Flagge – die Tat ankündigen und begründen. Ebenso sind jene, deren vorab verfasste Testamente in der Kolumne »Fürsten des Paradieses« der Hisbollah-Monatszeitschrift »Baqiyat Allah« erscheinen, ja streng genommen keine Märtyrer mehr.

Entsprechend schwer tat sich Scheich Hussein Fadlallah, der hoch geachtete und einflussreichste schiitische Geistliche außerhalb des Iran, mit seinem Segen für die neue Waffe der Hisbollah. Fadlallah, der großen Wert auf seine Unabhängigkeit legt und dennoch auch für die meisten Hisbollahis die höchste religiöse Autorität darstellt, verhielt sich anfänglich reserviert gegenüber den Attentaten. Er warnte davor, dieses letzte Mittel zu oft einzusetzen. Weshalb die Hisbollah-Führung, mitnichten immer einer Meinung mit Fadlallah, sich schließlich den Segen für ihre »Märtyreroperationen« aus Teheran holte, wo Ayatollah Chomeini weitaus geneigter war, das Tun der Hisbollah gutzuheißen.[17] In einer Art buchhalterischer Abwägung erließ Fadlallah schließlich eine Fatwa, die Selbstmordattacken (interessanterweise bezogen auf Explosionen) für legitim erklärte – vorausgesetzt, eine möglichst große Anzahl von Feinden sei damit zweifelsfrei zu töten.[18]

Es ist ein häufiger Irrtum im Westen, einzelne Koransuren und Prophetenüberlieferungen als eindeutige Handlungsanweisungen oder Verbote zu verstehen – auch wenn die, die sie anführen, sie als solche ausgeben. Die islamische Rechtsgeschichte hat, stets mit dem Anspruch des Göttlichen, über mehr als 1000 Jahre einen immer größeren Fundus der Analogieschlüsse und zum Teil hochgradig gewagten Ausdeutungen geschaffen, der für alles herhalten kann. In diesen Labyrinthgärten der Auslegung ist nichts gewiss – ein Glaube als Dispositionsmasse, mit der sich je nach Bedarf praktisch alles legitimieren lässt; wenn nötig auch eine Idee, ein Vorgehen, das sowohl der Tradition fremd wie auch mit der ursprünglichen Überlieferung eigentlich nicht zu rechtfertigen ist.

Aus geheiligten Sätzen lässt sich belegen, dass der Islam im Grunde eine pazifistische Religion ist – ebenso aber auch das Gegenteil, je nachdem, welchen Vers, welchen Ausspruch, welche Schule man heranzieht. Ein Selbstmordattentat ist ein Selbstmord und ist damit gegen die Regeln. Aber es geht nicht um die Regeln.

Es geht darum, sie nutzbar zu machen, sie in die politisch gewünschte Form zu bringen.

Die Glaubenstradition der palästinensischen Muslime kann mit Märtyrer- und Heiligenverehrung eher wenig anfangen. Es existiert ein konservativer Islam dort, kein spirituell angereicherter Volksglaube an tausend Lokalheilige, zu deren Gräbern man pilgert, keine von Geistern beseelte Welt. Palästina ist keine Gegend für islamische Mystiker, für Sufis, die sich mit Weihrauch und Hyperventilation in Ekstase tanzen – wie in Marokko, Libyen und Ägypten oder auch in Pakistan. Andererseits wäre es selbst in Gaza, der Hochburg der Islamisten, chancenlos, Bildung für Frauen zu verbieten, wie es die Taliban taten, oder das Autofahren wie in Saudi-Arabien. Der Islam der Palästinenser ist zwar strenger geworden über die Jahre, doch auch im Glauben dreht sich alles um die politische Situation: Auch die religiösen Bewegungen definieren ihr Tun über den politischen Kampf für die Nation. »Islamisch« ist das Attribut im vollständigen Namen der Hamas, »Verteidigung« aber ist das Substantiv.

Besondere Opfermythen wie im schiitischen Islam gehören nicht zum Repertoire der Sunniten im Allgemeinen und der Palästinenser im Speziellen. Und schließlich »brauchte es 25 Jahre des Kampfes der Palästinenser gegen Israel, gegen Israelis in aller Welt, bevor sie begannen, Selbstmordanschläge zu verüben«, eröffnete der israelische Terrorexperte Boaz Ganor im Februar 2000 seinen Vortrag auf der ersten »Konferenz zur Bekämpfung des Selbstmordterrorismus« im israelischen Herzliya. »Warum dauerte es so lange?«, fuhr er fort: »Ich weiß es nicht.«

In ihren Anfängen war die PLO eine säkulare, nationalistische Organisation. Arafats Vorbild war Ägyptens charismatischer Führer Gamal Abdel Nasser, nicht die Ideologen der Muslimbrüderschaft. Mit der Zeit aber passte sich die palästinensische Seite der Argumentation ihrer israelischen Gegner an: Da diese den Anspruch auf das Land verteidigten mit Gottes Versprechen und das Alte Testament benutzten, als handele es sich um einen aktuellen Auszug des Katasteramts, brachten auch die Palästinenser Gott in Stellung: Gegen »die Juden«, die das heilige Land »der Muslime«

besetzten, konnten die Mythen des Dschihad und theoretisch auch die gesamte islamische Welt mobilisiert werden.

1989, während der ersten Intifada, erließ der erzkonservative Großmufti Bin Baz von Saudi-Arabien eine Fatwa, die den Widerstand der Palästinenser zum Dschihad und damit zum Kampf aller Muslime erklärte, dem es sich anzuschließen gelte. 1995 schließlich erklärte Yusef al-Qaradawi, der Fernsehscheich von al-Dschazira, dass auch die Selbstmordattentate gerechtfertigt seien: »Diese Operationen sind die höchste Form des Dschihad und sehr wohl gestattet in der Scharia, heißt es dort doch: Verbreite Furcht unter deinen Feinden und den Feinden Gottes![19] Wer Selbstmord begeht, bringt sich um seines eigenen Vorteils willen um. Derjenige aber, der zum Märtyrer wird, opfert sich für Glauben und Nation. Während derjenige, der sich umbringt, die Hoffnung an sich und Gott aufgegeben hat, ist der *Mudschahid*, der Kämpfer, voll des Glaubens an Gottes Gnade. Er bekämpft seinen Feind und den Feind Gottes mit dieser neuen Waffe, welche die Vorsehung in die Hände der Schwachen gelegt hat, sodass sie imstande sind, die Mächtigen und Arroganten zu bekämpfen. Der Mudschahid wird zur lebenden Bombe, deren Ort und Zeit der Explosion in der Mitte der Feinde er bestimmt und sie hilflos im Angesicht des tapferen Märtyrers werden lässt, der seine Seele an Allah verkauft hat und das Märtyrertum um Gottes Willen gesucht hat.«[20] Dabei, so Qaradawi, seien selbst Frauen und Kinder nicht zu verschonen, »denn Israels Gesellschaft ist von Natur aus militaristisch. Männer wie Frauen dienen in der Armee. Wenn allerdings ein Kind oder ein Greis dabei getötet werden, so geschieht dies nicht mit Absicht, sondern aus Versehen, ein Fehler aus Gründen militärischer Notwendigkeit. Notwendigkeit rechtfertigt das Verbotene«, vulgo: Der Zweck heiligt die Mittel.Fatwas werden verfasst nach politischer Gesinnung und Lage, und für die Autorität eines Gelehrten ist es nicht mehr allein entscheidend, möglichst viele Jahrzehnte zwischen Büchern oder in Regierungsämtern verbracht zu haben – sondern genug Publicity zu haben wie im Falle Yusef al-Qaradawis, des Fernsehscheichs und spirituellen Taktgebers seines rapide wachsenden Millionenpublikums zwischen Marrakesch und Muskat.

Es ist eine Ironie der Geschichte, dass jener Streit, der sich schließlich doch noch um die islamische Rechtfertigung der Selbstmordattentate entspann, nach Stand der Dinge nicht religiösen Bedenken entsprang – sondern wiederum politischem Kalkül. Diese Fehde der Fatwas begann im April 2001: Der saudische Großmufti Scheich Abdelaziz Bin Abdallah asch-Scheich erteilte in einem Interview terroristischen Anschlägen gegen Zivilisten eine klare Absage: Weder Flugzeugentführungen, wobei es interessant ist, dass er schon viereinhalb Monate vor dem 11. September darauf verwies, noch »die so genannten Selbstmordattentate« seien »durch die Scharia gerechtfertigt. So etwas ist nicht Teil des Dschihad, und ich fürchte, es ist einfach nur Selbstmord. Obwohl der Koran die Tötung des Feindes gestattet, ja fordert, muss dies auf einem Wege geschehen, der nicht den religiösen Gesetzen zuwiderläuft!«[21] Seine Äußerung war keine Fatwa nach formaljuristischen Regeln, aber sie wurde, da sich der Großmufti höchstselbst und eindeutig positioniert hatte, in der islamischen Welt als solche gesehen.

Sofort reagierten palästinensische Geistliche und Politiker mit Gegenfatwas: Der Mufti von Jericho, Scheich Mohammed Ismail al-Dschamal, veröffentlichte eine Fatwa, die erst einmal den »großen Unterschied« klar machte zwischen »Märtyrertum, das erlaubt und wünschenswert ist im Islam, und Selbstmord, der direkt in die Hölle führt«.[22] Der Hamas-Scheich Hamid al-Bitawi stellte die These auf, dass, »wenn Ungläubige auch nur einen Flecken muslimischen Bodens besetzten, wie es mit der Besetzung Palästinas durch die Juden geschehen ist, der Dschihad eine Pflicht für jeden Einzelnen wird« und damit Selbstmordattacken zulässig seien.[23] Dr. Abdelaziz al-Rantisi, Vize des politischen Flügels der Hamas, schließlich erläuterte, dass alles eine Frage der Definition sei: »Wenn der Märtyrer sich umbringen will, weil er das Leben satt hat, dann ist es Selbstmord. Wenn er aber seine Seele opfern möchte, um den Feind zu schlagen und um Gottes Willen – nun, dann ist er ein Märtyrer. Wir haben keine Zweifel daran, dass jene, die solche Operationen ausführen, Märtyrer sind!«[24]

Vor allem aber überwog die Verwunderung in der arabischen Welt über das Urteil des saudischen Großmufti – stand es doch im

Gegensatz zur früheren Haltung der saudischen Geistlichkeit. Oppositionszeitungen in London schrieben sofort von der »amerikanischen Fatwa«, die nur auf Druck der USA, des Königshauses zustande gekommen sein konnte.[25] Wofür manches spricht: Abdelaziz asch-Scheich hat sein Amt erst im Jahr 2000 angetreten und besitzt nicht annähernd Rang und Einfluss seines Vorgängers, des legendären Abdelaziz Bin Baz. Dieselbe Zeitung übrigens, in der Saudi-Arabiens Großmufti sich so vehement gegen Selbstmordattentate äußerte, hat sich ansonsten immer wieder klar für diese Attentate in Israel ausgesprochen.[26]

In der Tat hat, soweit man heute weiß, die »saudische Fatwa« nicht den Palästinensern gegolten. Als in der amerikanischen Presse und Politszene Washingtons Vermutungen laut wurden, das saudische Königshaus habe sich gegen geplante Attentate Osama Bin Ladens auf diesem Wege zur Wehr setzen wollen, wandte sich ein saudischer Diplomat an einen westlichen Kollegen: Das sei richtig. Kurz zuvor, im März 2001, sei in Saudi-Arabien ein geplanter mutmaßlicher Selbstmordanschlag im letzten Moment vereitelt worden. Die saudische Regierung versuche alles, um auch weitere Anschläge zu verhindern. Zig Verdächtige wurden festgenommen, einflussreiche radikale Scheichs gewarnt; und um sich auch theologisch abzusichern, wurde Großmufti asch-Scheich aufgefordert, eine Fatwa zu erlassen, die Selbstmordanschläge eben als Selbstmord und nicht als Märtyrertum klassifiziert.[27]

Außerdem sei auch Scheich Mohammed Said Tantawi, Großmufti an Kairos al-Azhar-Universität und eine der höchsten Autoritäten im sunnitischen Islam, via Hosni Mubarak um ein ähnlich lautendes Gutachten gebeten worden. Tantawi, stets flexibler Diener der ägyptischen Demokratur, gehört damit zu den theologischen Größen, die sich innerhalb kürzester Zeit sowohl für wie gegen Selbstmordattentate ausgesprochen haben: Der immer geschmeidige Tantawi manövrierte sich geschickt in die Mitte und verkündete im April 2001, dass »die Selbstmordoperationen ein Akt der Selbstverteidigung und eine Art von Märtyrertum sind, solange ihre Absicht darin besteht, die Soldaten des Feindes zu töten, nicht aber Frauen und Kinder.«[28] Vorher hatte er sich auch schon radikaler geäußert: Anlässlich der Anschläge auf die US-Botschaften in Kenia und Tansania verdammte er »jede Explosion, die zum Tod von unschuldigen Frauen und Kindern führt. Das ist ein Verbrechen, welches nur Verräter und Feiglinge begehen, denn ein Mann, der auch nur einen Hauch von Respekt besitzt, begeht solche Taten überhaupt nicht!«[29]

Nicht einmal drei Monate zuvor aber, im Mai 1998, hatte Tantawi noch das genaue Gegenteil behauptet: »Es ist das Recht jedes Muslims, Palästinensers, Arabers, sich im Herzen Israels in die Luft zu sprengen. Ein ehrenvoller Tod ist besser als ein Leben in Erniedrigung. Es gibt keinen anderen Weg als den Kampf, den Dschihad, und wer immer sich dem entziehen möchte, ist kein Gläubiger!«[30]

Was nun gilt? Alles. Denn, so der ägyptische Jurist Taufiq asch-Schawi, der Tantawis widersprüchliche Fatwas bekannt machte, die Contra-Fatwas bezögen sich auf Friedenszeiten, die Pro-Fatwas auf Kriegszeiten.[31]

Um die Verwirrung komplett zu machen, verabschiedeten mehrere Professoren derselben Azhar-Universität, der Tantawi vorsteht, ein Gutachten, das dessen Fatwa klar zuwiderläuft: »Wer sich opfert, gibt seine Seele, um näher bei Allah zu sein, um seine Rechte, seinen Respekt und das Land der Muslime zu schützen. Wenn die Muslime in ihren Häusern angegriffen werden und Land geraubt wird, sind Märtyreroperationen eine Pflicht und die höchste islamische Form des Dschihad. Jene, die ihre Seele an Gott geben, sind die Avantgarde der Märtyrer in Gottes Augen. Sie symbolisieren die Wiederkehr der Nation, ihre Standhaftigkeit im Kampf sowie den Umstand, dass die Nation lebendig ist und nicht tot.«[32]

Auf zwei Konferenzen islamischer Rechtsgelehrter im Juni 2002 in Teheran und im Januar 2002 in der quatarischen Hauptstadt Doha wurde dieses aller islamischen Überlieferung Hohn sprechende Messen mit zweierlei Maß nochmals von fast allen Anwesenden bestätigt: Selbstmordattentate in Israel sind als Kampf gegen militärische Besatzungspolitik erlaubt, aber andernorts verboten.[33] In Doha widersprach einzig der saudische Scharia-Professor Hassan Ibn Mohammed Safar diesem Common sense: Selbstmordattentate bedeuteten eine Verschleuderung von Menschenleben, die blinde Tötung Unschuldiger und provozierten einen allgemeinen Hass gegen die Muslime.[34]

Es ist Politik, Politik in der islamischen Welt, und sie tut nichts anderes, als sie seit über 1000 Jahren getan hat: ihren praktischen Entscheidungen eine islamrechtliche Grundlage zu geben, selbst wenn es keine gibt. Dann wird sie eben konstruiert. Passt der einen Seite die Fatwa der anderen nicht, werden ihre Urheber als Ignoranten oder Verräter denunziert. »Diese Fatwas, die gegen diese Helden erlassen wurden, stammen nicht von religiösen Autoritäten«, ereiferte sich ein Islamistenblatt aus Gaza, »sondern von einer Gruppe, denen die Scharia fremd ist. Vermutlich dienen sie ihren Regimen oder sind Agenten der Polizei.«[35] Und eine Londoner Islamistenzeitung machte es kurz und überschrieb ihre Kritik der Bedenkenträger mit »Die Fatwas des Imam Bush«.[36]

Die nächste Runde begann im Dezember 2001, als der Mufti von Mekka, Scheich Mohammed Bin Abdallah as-Sabil, eine Fatwa erließ, die nicht nur das Töten von Unschuldigen, sondern explizit auch das der *Ahl adh-dhimma* verbietet, der »Schutzbefohlenen«. So werden jene Gläubigen genannt, die zu den *Ahl al-kitab*, zu den »Angehörigen des Buchs«, zählen, mithin Juden und Christen, die ebenfalls an ein Buch prophetischer Verkündigung glauben. Ihnen räumt der Koran Toleranz ein, stellt sie sogar unter den ausdrücklichen Schutz des (islamischen) Herrschers.

Während Theologen aus verschiedenen Ländern auf den Unterschied verwiesen, dass man bei Israels Bewohnern schwerlich von Untertanen eines islamischen Herrschers sprechen könne, setzte al-Qaradawi, der aus Ägypten stammende, in den Sechzigerjahren nach Qatar emigrierte TV-Prediger, prompt noch eins drauf und versicherte abermals: Es sei erlaubt, auch Frauen, selbst Kinder zu töten. Denn Frauen würden ja ohnehin in Israels Armee dienen, und auch Kinder würden später zu Soldaten.

Von israelischer Seite aus wird der Kampf gegen die Selbstmordattentate nicht allein praktisch, sondern auch im Streit um dessen Gründe gefochten. Und dazu hat man ein eher abseitiges Detail zur entscheidenden Frage gemacht: Haben die Märtyrer nun Sex im Paradies? Tun sie es gar deshalb?

Denn je nachdem, welche Motive man hinter Selbstmordanschlägen vermutet, folgt daraus auch eine Antwort, wie ihnen zu begegnen sei: Geschehen sie aus politischer Verzweiflung, müsste politisch auf sie reagiert werden. Entspringen sie dem Wahn Einzelner, die aus individuellen sexuellen Erwägungen partout ins Paradies wollen und für keine rationalen Argumente mehr zugänglich sind – dann wäre es angebracht, mit ihnen zu verfahren wie mit einer kriminellen Sekte, sie zu verhaften, zu isolieren, zu bekämpfen.

Entsprechend wird vor allem in den Zeitungen und Sendern Israels und Amerikas um die sexuellen Verheißungen im Jenseits gekämpft, als ginge es um das Diesseits. Als der US-Nachrichtensender CBS am 19. August 2001 einen 60-Minuten-Report über die Hamas sendete, war auch das übersetzte Interview des Reporters mit dem Hamas-Funktionär Mohammed Abu Wardeh zu hören, der sich darüber ausließ, wie er einen Kandidaten für Selbstmordattentate rekrutiert habe: »Ich beschrieb ihm, wie Gott den Märtyrer entschädigt dafür, dass er sein Leben für sein Land opfert. Wenn du ein Märtyrer wirst, wird Gott dir 70 Jungfrauen geben, 70 Ehefrauen und ewig währende Freude.« Hatte er gesagt.

Hatte er? Muslimische Zentren von Kalifornien bis Washington beschwerten sich, die Übersetzung sei inkorrekt gewesen, das ganze Zitat fabriziert. CBS lenkte ein, der amerikanische Sprecher habe nicht das arabische Zitat wiedergegeben, über das seine Stimme gelegt worden war. In Anwesenheit zweier Übersetzer wurde das ganze Band noch einmal vorgeführt, und Hafiz al-Mirazi Osman, der Washingtoner Bürochef von al-Dschazira, hörte im Original eine etwas andere Botschaft: »Das Paradies hat viele Dinge. Es ist überliefert, dass es alles bereithält, was der dort Angekommene sich wünscht. Auch 72 Engel (...) oder Frauen.«

Kern des Streites aber war die korrekte Bedeutung des arabischen Wörtchens *Huri*, das im Plural *Hur'ain* im Interview vorkam: Osman und der zweite Übersetzer, Dr. Maher Hathout vom Islamischen Zentrum Südkaliforniens in Los Angeles, bestanden darauf, es bedeute »Engel« oder »himmlisches Wesen«, habe weder ein Geschlecht noch überhaupt etwas mit Sex zu tun. CBS beharrte darauf, es handele sich um »Jungfrauen«, und die hätten sehr wohl mit Sex zu tun, mit was denn sonst. Woraufhin Hathout grundsätzlich wurde: »Im ganzen Koran und in der islamischen Überlieferung steht nichts von 70 Jungfrauen oder Sex im Paradies. Das ist lächerlich, und jeder echte Muslim weiß das!«[37]

Da konnte Scheich Abdelhadi Palazzi, Direktor des Kulturinstituts der Islamischen Gemeinschaft in Italien, nur spotten: »Lächerlich. Diese Leute, die sich als ›islamische Theologen‹ bezeichnen und öffentliche Statements abgeben, bestätigen nur eines, nämlich, dass sie die entscheidenden Bücher nie gelesen haben!«[38] Und er hatte Recht: Denn in der Tat hat die reichhaltige Geschichte islamischer Überlieferung und Ausdeutung des vom Koran und Propheten verkündeten Elysiums über die Jahrhunderte einen regelrechten »Guide Bleu« des Paradieses hervorgebracht, in dem zwar der Wein nicht betrunken macht und vielleicht auch der Sex metaphorisch gedacht ist, dafür aber sehr liebevoll und detailliert ausgemalt wird.

Der Koran hat die Ausstattung des Paradieses noch recht schraffurartig beschrieben: Dort warten die »dunkeläugigen« Huris auf die (männlichen) Gläubigen, Frauen wie »Saphire und Perlen«[39] in ihrem Wert, ihrer Farbe und ihrer Reinheit. Es heißt von ihnen: »Sie sind wie geschützte Perlen in der Muschel[40] und leben in Pavillons, wo sie versteckt sind, geschützt für ihren Gatten.«[41]

In praller Farbigkeit ausgemalt haben das Paradies in den nachfolgenden Jahrhunderten die Kommentatoren. Mit den aberwitzigsten Vorstellungen ist dieser Ort über die Jahrhunderte möbliert worden: Im Paradies, dessen Fläche »gleich der Breite des Himmels und der Erde«[42] ist, besitzt erst einmal »jeder Mann einen Palast, in dem sich siebzig weitere Paläste befinden, jeder davon ausgestattet mit siebzig Wohnungen, gebaut aus hohlen Perlen. Die Länge der Perlen und ihre Breite misst zwölftausend Ellen, und man betritt sie durch viertausend goldene Portale. Im Innern jeder Wohnung steht ein Diwan, reich geschmückt mit Bändern aus Perlen und Hyazinth, umgeben von vierzigtausend goldenen Sesseln und Beinen aus Amethyst. Jeder Diwan ist bedeckt von siebzig Teppichen in vielfältigen Farben.«[43] Dort harren der Männer Jungfrauen mit »großen schwarzen Augen«, »schwellenden Brüsten«, »als wären sie Hyazinthen und Korallen«. Dazu verbreiten sie ein ganzes Duftbouquet: »Safran von der Zehe bis zum Knie. Moschus vom Knie bis zu den Brüsten. Von den Brüsten bis zum Hals Ambra. Vom Hals bis zum Scheitel Kampfer.«[44] Und dann gleitet es endgültig in Phantasmagorien, die schon Zeitgenossen ihrer Schöpfer im neunten Jahrhundert zur Bemerkung veranlassten, das Paradies sei doch nichts weiter als »ein Spielzeug für kleine Kinder«.[45] Denn die folgenden Schilderungen klingen, als seien sie im Rausch entstanden: Da stehen dem Erwählten wahlweise zwei Frauen zur Verfügung, »aber so schön, dass man durch das Fleisch ihrer Beine das Mark der Knochen wird durchschimmern sehen«[46], oder 72 oder auch 70 000, und in dem Fall kann der Auserwählte auch bis zu 100 Jungfrauen pro Liebesspiel deflorieren.[47] Ihre Größe schwankt ebenfalls, ein Autor gibt ein Maximalformat von 1000 mal 1000 Ellen an.[48] Dafür haben sie keinen Hintern, schließlich habe der »Paradiesbewohner weder Gesäß noch After, geschaffen zur Ausscheidung von Kot, und im Paradies gibt es derlei nicht«.[49] Stattdessen wird ein wenig Moschusduft ausgeschwitzt.[50] Auch wichtig: »Die Rute des Erwählten knickt niemals ein.«[51] Er ist ausgestattet »mit einem nie ermüdenden Glied und mit Lenden, die der Freuden nie überdrüssig werden«.[52] Die Huris sind Jungfrauen und werden es auch jedes Mal wieder[53], ein himmlischer Orgasmus währt fast 100 Jahre[54], und schlafen tun die Auserwählten nie, denn »der Schlaf ist der Bruder des Todes«[55], und der ist ja im Paradies bekanntlich abgeschafft. Kein Mangel also an Versprechen der üppigsten, absonderlichsten, ja beängstigenden Art.

Allein: Fast nichts von alldem findet Erwähnung in den Abschiedsbriefen der Täter von heute, in denen es um Kampf, Opferwillen, das Wiedersehen der anderen Märtyrer geht. Es mag taktisches Kalkül sein, eher die Belange der Gemeinschaft als die privaten Vergnügen zu erwähnen. Dagegen sprechen allerdings die Unterschiede und vielfältigen Nuancen in den Testamenten. Vielleicht ist Sex, selbst endloser, mit noch so vielen Gespielinnen, eben doch nicht der Grund. Sondern wird vielmehr dazu gemacht, weil es in jeder Zeitungsgeschichte hübsch klingt, dass wieder so ein 17-, 18-jähriger, zweifellos sexuell frustrierter Palästinenser ohne Freundin daran geglaubt habe, mit einem Knopfdruck das Elend mit der Orgie vertauschen zu können.

Die wahren Gründe dürften tiefer liegen: Das Paradies, das Versprechen auf eine Fortsetzung des Daseins, ist nicht Motiv und Anlass, sondern Trost. Der Glaube an das Paradies ist der Umweg, den es zu nehmen gilt, um mit dem Selbstmordattentat nicht gegen das eklatante Tabu zu verstoßen: das des Selbstmords. Mit der Aussicht auf das Paradies stirbt der Attentäter ja nicht wirklich, will auch gar nicht sterben – sondern andernorts weiterleben. Die Argumentation wird einfach auf den Kopf gestellt: Wer sich sprengt, obwohl er eigentlich leben will, begeht keinen Selbstmord, denn dafür müsste er ja lebensüberdrüssig sein. Weshalb Ahmed Schamni vom Islamischen Dschihad in Gaza im Interview mit einer Journalistin auch darauf bestand: »Um ein heiliger Märtyrer zu sein, muss man leben wollen!«[56] Weshalb der Tod eines Attentäters auch offiziell nicht betrauert, sondern in sein makabres Gegenteil verkehrt wird: eine Hochzeitsfeier. Was die Schiiten im Libanon vormachten, tun die Palästinenser ihnen nach. In der Zeitung al-Istiqlal, dem unregelmäßig erscheinenden Hausblatt des Islamischen Dschihad, erschien eine Anzeige: »Mit großem Stolz wird bekannt gegeben, dass der palästinensische Islamische Dschihad das Mitglied seines militärischen Flügels, den Märtyrer und Helden Yassir al-Adhami, verheiratet mit den ›Dunkeläugigen‹.«.[57] Als Izzedin al-Masri am 9. August 2001 vor der Pizzeria Sbarro in Jerusalem sich sowie 15 Gäste und Passanten, darunter auch mehrere Kinder, in den Tod gebombt hatte, sprach der Hamas-Funktionär Aschraf Swaftah auf einer Zeremonie zu al-Masris Ehren: »Seine Verwandten verteilten Süßigkeiten und akzeptierten ihren Sohn als Bräutigam, verheiratet mit den ›Dunkeläugigen‹, nicht als jemanden, der getötet und beerdigt wurde.«[58]

Eine entscheidende, allerdings heikle Frage ist im Zeitalter der Gleichberechtigung auch in der Koranexegese angekommen: Auf einer inoffiziellen Website der al-Azhar-Universität in Kairo, wo die Kleriker der führenden Autorität in sunnitischer Rechtsprechung per Mail eingesandte Fragen von Muslimen aus aller Welt beanworten, wollte ein Muslim aus Australien wissen: »Wenn Männer die ›dunkeläugigen‹ Frauen im Paradies bekommen, was bekommen dann eigentlich die Frauen?«

Eine heikle Frage himmlischer Emanzipation, und Scheich Abd al-Fattah, Vizedirektor des Azhar-Zentrums für Islamische Studien, antwortete ausführlich: »Wenn eine Frau unter den Bewohnern des Paradieses ist, deren Mann aber nicht dazu gehört, so wird ihr ein Mann aus dem Paradies gegeben, der ihr vom Status her würdig ist. Was nun jene Frauen angeht, die in ihrem Leben mit mehreren Männern verheiratet waren, so mögen sie sich von denen einen aussuchen – den besten. So kann man also davon ausgehen, dass auch Frauen im Paradies verheiratet sind.«

Aber was gilt nun im Paradies? Engel oder Eros? Gespielinnen oder göttlicher Hauch? Ob die Beziehungen dort oben tatsächlich fleischlicher oder eher symbolischer Natur sind, ist letztlich ungeklärt. Azhar-Mufti Scheich Tantawi selbst gab auf die Frage eines ägyptischen Journalisten: »Haben Menschen im Paradies sexuelle Beziehungen?« die salomonische Antwort: »Das weiß nur Gott allein. Bezüglich solch privater Dinge kennt nur er sich aus. Für uns reicht es doch, wenn wir wissen, dass der Koran sagt: Es (das Paradies) hält alles bereit, unsere Seele zu befriedigen und unser Auge zu erfreuen, und in ihm währt das Leben ewig.«[59]

7

Die Verschwörung – Warum dem Westen und der islamischen Welt die gemeinsame Realität abhanden gekommen ist

»Es gibt nur zwei Mächte auf der Welt – das Schwert und den Geist. Am Ende wird immer der Geist über das Schwert siegen.«

Napoleon, im Exil

»Der Sieg wird nicht durch die Schwerter errungen; er kann nur durch Blut errungen werden. Der Sieg wird nicht durch große Bevölkerungsmassen errungen; er wird durch Glaubensstärke errungen.«

Ayatollah Chomeini

Es geschah 1989 in einer Milchbar am »Platz der Märtyrer« in Damaskus, der noch aus früheren Zeiten so heißt: Wir waren zu zweit, Arabisch-Studenten aus Deutschland, und dem Besitzer gefiel es, wie wir jeden Tag radebrechend Granatapfel-Möhren-Milchshakes und andere komplizierte Cocktailkombinationen auf Arabisch bestellten. Nach 14 Tagen wollte er uns eine Freude machen. Er hatte extra geübt dafür, und kaum ging die Tür auf, schallte uns ein »Haail Hiidler!« entgegen. Dann grinste er erwartungsvoll wie ein kleiner Junge, der hierzulande das Weihnachtsgedicht fehlerfrei aufgesagt hat. Wir schauten betreten, und er verstand die Welt nicht mehr. »Hiidler misch quais?«, Hitler kein guter Mann? Aber der habe doch die israelische Armee geschlagen, da sei doch ein Krieg gewesen, fragte er nach. Es begann die erste von vielen mühseligen Erklärungsrunden mit vielen Einheimischen im Laufe der kommenden Monate, dass die Dinge sich sehr anders zugetragen hatten. Und wir bekamen eine Ahnung von den Vorstellungen, die in arabischen Ländern über Israel existieren.

Von der wirren, explosiven Mischung aus tatsächlichem Unrecht und imaginierter Verschwörung, realer militärischer Besatzung und Geschichtsfälschung, Erfahrung und Einbildung.

Erst hatten wir angenommen, der Milchbarbesitzer sei vielleicht ein Veteran des Sechstagekriegs, in dem Syrien die Golanhöhen verloren hatte, ein Revanchist aus persönlicher Erfahrung. Aber er war so unpolitisch wie sein Gewerbe. Dann, nach einer Weile, dachten wir, vielleicht betreibe ja Syrien als radikal antiisraelischer Frontstaat besonders nachhaltige Propaganda. Immerhin wohnte Alois Brunner, Stellvertreter Adolf Eichmanns und mitverantwortlich für den Holocaust, in unserer Nachbarschaft. Auch war in Staatsfernsehen und Schulen nie von Israel die Rede, sondern nur von der ewig kriegslüsternen »zionistischen Entität«.

Die erste Reise nach Ägypten beseitigte auch diese Vorstellung: »Hiidler?«, also das sei sein absolutes Vorbild, großer Mann, fing schon der Hotelportier an; das mit der Judenvernichtung hätten sich die Israelis doch nur ausgedacht, um ungestört die Araber erobern zu können, et cetera.

Reale Erfahrung und Legende haben sich in der islamischen, vor allem der arabischen Welt zu einer untrennbaren Mixtur vermengt. Wie soll der Damaszener Milchbarbesitzer noch merken, dass er Unsinn redet, wenn doch seine gesamte Umwelt dasselbe sagt, syrische Zeitungen, ägyptische Scheichs, die Eliten und die Straße derselben Verschwörungstheorie das Wort reden?

Noch der verwegenste Blödsinn wird geglaubt, auch ohne dass eine Regierung die Menschen sonderlich ermutigen muss. In Ägypten und Jordanien kursieren Gerüchte, Israel verbreite Drogenkaugummis, die Kinder vergiften und Frauen »sexuell korrumpieren«. In Ägypten wurde zum Kaufboykott des Waschmittels »Ariel« aufgerufen, weil Israel dahinter stehe. Als die Maul-und-Klauen-Seuche Ende 2001 auf palästinensischen Farmen ausbrach, dauerte es nicht lange, bis Israel als Verantwortlicher ausgemacht war.[1] Und es ist mehr als nur eine Reihe einzelner Mythen. Es ist eine ganze Vorstellungswelt, die in der islamischen, vor allem der arabischen Welt in Millionen von Köpfen existiert: dass Israel und die USA sich gegen sie verschworen hätten.

Nun hat es immer, zu allen Zeiten und in allen Gesellschaften, Verschwörungstheorien gegeben. Auch unser aufgeklärter Westen ist voll davon: Sei es die Ermordung von John F. Kennedy oder der Tod von Prinzessin Diana, immer werden umfassende Komplotte gewittert, meist unter Beteiligung von Geheimdiensten, am liebsten der CIA oder des Mossad. Im Internet kursieren Tausende umfänglicher Elaborate allein zu Diana, für deren Tod wahlweise arabische Extremisten oder eine Verschwörung der Blumenhändler (die damit das Geschäft ihres Lebens machten) verantwortlich erklärt werden. Der entscheidende Unterschied zur islamischen Welt: In Deutschland, Europa, den USA verpufft derlei in der Regel folgenlos im Raum. In der islamischen Welt stößt die Idee von der Verschwörung auf gewaltige Resonanz – umso mehr, wenn es den 11. September 2001 betrifft.

Nicht dass die Anschläge begrüßt worden wären. Menschen auf der Straße, Geistliche, selbst so antiamerikanische wie Scheich Fadlallah in Beirut, verurteilten sofort und ohne Einschränkungen die barbarische Attacke auf Zivilisten. Aber da war etwas anderes, das einen stutzig werden ließ: Mit annähernd derselben Geschwindigkeit wie die Nachricht selbst verbreitete sich von Marokko bis Indonesien sofort eine groteske Verdrehung ihrer Urheberschaft: 4000 jüdische Angestellte, so die Behauptung, seien am Morgen des 11.September nicht zur Arbeit gekommen – wissend, warum sie besser zu Hause blieben. Also könne doch nur Israel hinter dem Anschlag stehen.

Nicht, dass diese Theorie überhaupt aufkam, war das Bedrohliche; sondern dass Millionen Menschen sofort bereit waren, sie zu glauben. Noch im September hörte und las ich es von Menschen aus Kairo, Gaza, Karatschi, und selbst die türkische Fußballmannschaft eines Hamburger Sportvereins verteidigte in der Umkleidekabine die Version von den 4000 konspirativ Daheimgebliebenen im Brustton der Überzeugung.

Die Gefühle und Meinungen reichten nicht so weit, die Anschläge selbst gutzuheißen. Aber sie folgten Bin Ladens widersinniger Argumentation, sie als Strafe Gottes hinzustellen und sich selbst davon freizusprechen. Wie beherrschend diese Stimmung schon lange vorher war, konnte erfahren, wer sich die Mühe machte hinzuhören: In den Gesprächen der Cafébesucher von Beirut, Amman, Algier, Damaskus, Kairo und Dschidda schwingt seit Jahren die Verbitterung, der Zorn und die tiefe Glaubensgewissheit über die unlauteren Absichten Israels und des Westens insgesamt mit. In den Flüchtlingslagern von Gaza, Nablus, Ramallah wurden einem bereits Jahre vor der al-Aqsa-Intifada die Halbwüchsigen präsentiert, die schworen, sie würden gern ihr Leben geben, um ein paar Israelis zu töten. Und in Gesprächen bereiten Intellektuelle, die sonst nüchtern und präzise die Lage im eigenen Land analysieren können, immer wieder jählings die absurdesten Thesen aus: von der Lüge des Holocaust, von zionistischen Komplotten und amerikanischer Unterwanderung, die alle um denselben Generalverdacht kreisen: Der Westen, angeführt von jüdischen Strippenziehern in Israel und Amerika, bekämpfe den Islam. Um anschließend die Völker unterwerfen zu können, die im Glauben fest ihre letzte Festung der Identität hochhalten.

In ihrer manichäischen Weltsicht begegnen die Gläubigen einer globalen Verschwörung gegen die islamische Welt, gegen islamische Länder, gegen den Geist des Glaubens. Sie fürchten einen Komplott, der gottlose, ketzerische Ideen in die Hirne der Muslime zu pflanzen beabsichtige: Demnach sollen sie ihre islamischen Prinzipien vergessen, ihr Rückgrat verlieren.

Also wird die Geschichte auseinander genommen, neu zusammengesetzt, wird manches gefälscht und das Ganze neu interpretiert: Israel wurde gegründet nicht als Reaktion auf den Holocaust. Sondern sei als Teil eines infamen Plans in die Mitte der arabischen Welt implantiert worden, um von dort aus sein zersetzendes Werk zu starten. Um die Muslime nicht allein mit Waffengewalt, sondern mit kultureller Verführung zu erobern, mit den Bikinigirls am Strand von Tel Aviv, den Videos von MTV, mit Alkohol, Drogen, der materiellen Unbekümmertheit westlicher Alltagskultur; um das spirituelle Herz der Muslime zu zerstören, ihnen den Glauben zu rauben und sie reif für die Unterwerfung zu machen.

Deshalb, so geht die Gedankenkette weiter, ist der Kampf gegen diese Verschwörung, diesen neunköpfigen Feind, ein Krieg der Selbstverteidigung, der Notwehr. Denn es sind doch nicht die Muslime, die angreifen. Sie werden angegriffen. Denken sie. Verkünden sie. Ungeachtet der Tatsache, dass nichts die Radikalen so eint und alle internen Konflikte übertönt wie der Konflikt mit Israel. Als sei er ein Magnet, der verstreute Eisenspäne anzieht und zu sich hin ausrichtet, projizieren die Radikalen aller Länder ihre Ressentiments, die Wut auf ihre eigenen Herrscher, über Armut und Ungerechtigkeit, über das diffuse Gefühl echter und vermeintlicher Ohnmacht auf Israel. Und damit das kleine Land dieser großen Projektion überhaupt gerecht werden kann, kommt der mächtige Verbündete ins Spiel, wird der Gegner aufgebläht zu einer israelisch-amerikanischen Weltverschwörung, die je nach regionalen Gegebenheiten ergänzt werden kann.

In der Binnenlogik der Verschwörung sind die Rollen klar verteilt: Die Radikalen sehen sich verstrickt in einen permanenten Krieg, den sie, wieder in Anlehnung an die religiöse Überlieferung, als Verteidigungsfall definiert haben. Denn dann wird der Dschihad zur persönlichen Kampfverpflichtung für jeden Muslim.[2] Ohnehin ist der Kampf gegen die Ungläubigen für den wahren Gläubigen jene latente Pflicht, die bereits im Koran erwähnt wird und sich gegen die Partei des Teufels, die *Hisb asch-Scheitan*, wendet. In der Vergangenheit waren dies die Glaubenslosen. Heute ist es der Westen, in Verbindung mit dem jüdischen Volk. Im Koran wird der Teufel erwähnt als der »tückische Versucher, der sich in die Herzen der Menschen einschleicht«[3]. Das ist seine wesentliche Eigenschaft: Er ist weder ein Eroberer noch ein Ausbeuter, sondern zuerst und vor allem der große Versucher.

Der Westen wird gleichgesetzt mit einem Sodom der Sünden, Alkoholismus, Drogenkonsum, Gewalt, Prostitution, Homosexualität, Geschlechtskrankheiten. Selbst Videotheken und Spielautomaten, Unterhaltungssendungen und Disneyland gelten als kalkulierte Instrumente der heimtückischen Ablenkung. Ein Kinobesuch etwa habe zur Folge, verbreitete ein Islamistenflugblatt in Beirut, dass die »unschuldige heranwachsende Generation es nach Stunden verlässt mit Herzen, die leer sind an Gottesglauben und am Gefühl für die Notwendigkeit, sich für die Befreiung des Bodens von den Usurpatoren aufzuopfern. Angefüllt mit den teuflischen Absichten gegen die menschliche Würde, ziehen sie sich von der Beteiligung am Kampf zurück.«[4]

Der Glaube an die westliche Weltverschwörung ist über Predigten, Zeitungskommentare, Bücher und Gerüchte tief in die Sedimente des Selbstverständlichen eingesunken. Eine ganze Region, vereint im Glauben, richtet sich darin ein. Wer in dieser Atmosphäre aufwächst, empfindet Hass als naturgemäß. Und verschließt die Poren der Wahrnehmung gegenüber dem Irrsinn der Paranoia, immunisiert sich gegenüber den Reizen des Westens, seiner Freizügigkeit und seiner Freiheit. Oder, wie ein Selbstmordattentäter aus Gaza in seinem Abschiedsbrief schrieb: »Die Kraft des Geistes zieht uns hinauf – die Kraft der materiellen Dinge zieht uns herunter. Jemand, der sich dem Märtyrertum verschrieben hat, wird immun gegen die Verlockungen der materiellen Welt.«

Womit man wieder bei Atta & Co. landet. Als immer mehr Details ihrer jahrelangen Aufenthalte in Deutschland und Amerika bekannt wurden, fragen sich viele erst recht: Was für eine dämonische Gehirnwäsche muss nötig gewesen sein, um diese intelligenten Männer, die sich trittsicher in den westlichen Kulturen bewegten, Deutsch und Englisch sprachen, zu einem derartigen Hass auf diese Welt zu bewegen? Doch die Gehirnwäsche setzt den sinistren Agenten voraus, der sie verabfolgt; der Einzelne aus ihrer rational geprägten Umwelt herausbricht, um sie der Welt seiner Sekte, seines Kommandos zuzuführen. Versuchte man hierzulande, eine Gruppe gut ausgebildeter, nicht bereits seelisch Kranker zu einem kollektiven Selbstmordattentat zu bewegen, wären zweifellos alle Techniken der Gehirnwäsche, Isolation, gedanklichen Programmierung vonnöten. Andernorts waren sie es nicht.

Setzt man voraus, dass Atta und die Führungsriege lange vor dem 11. September an die Existenz eines teuflischen Westens glaubten, dann liegt es nahe, dass sie sich während ihrer Jahre in Deutschland und Amerika nicht assimilierten, sondern im Gegenteil immunisierten: gegen eine Welt, die sie als falsch wahrnahmen, so wie jemand sich erst recht vor einem gerichtsnotorischen Betrüger in Acht nimmt, wenn der beginnt, einem zu schmeicheln. Da greifen wieder die Mechanismen der Verschwörungstheorie: Steht der Glaube an den Feind erst einmal unverrückbar fest, verwandelt er selbst die klarsten Gegenbeweise in Belege um, sieht überall dort, wo sich seiner Überzeugung die Wirklichkeit in den Weg stellt, nur Zeichen der Täuschung. Was immer an Frustration, Ressentiment, mörderischem Missionarsgeist in Atta und den anderen gärte: Dem feindlichen Westen die Stirn zu bieten bot ihnen ein perfektes Brennglas, allen Zorn, alle Energie zu bündeln. Keine Gehirnwäsche in dunklen Kammern, kein Drogenrausch, keine monatelange Abgeschiedenheit hat sie zu kalt planenden Massenmördern gemacht. Sondern das Aufwachsen in einer Welt, die von falschen Bildern bestimmt wird.

Die Brisanz der Situation besteht darin, dass zwar das Gesamtpanorama der Verschwörungstheorie falsch ist – aber einzelne Teile durchaus stimmen und ihr eine solch mächtige Wucht verleihen im Vergleich zu jenen Phantasmen, dass die CIA John F. Kennedy und die Blumenhändler Prinzessin Diana ermordet hätten: Es gibt, mit dem Kampf in Israel und den Palästinensergebieten, einen realen Ort. Die beinahe täglichen Fernsehbilder von Gefechten, dürftig bewaffneten Palästinensern und israelischen Panzern, Jets, Helikoptern mögen selektiert sein: falsch oder gefälscht sind sie nicht. Israel ist Wirklichkeit, ebenso wie die Vertreibung Hunderttausender im Krieg 1948, die Besetzung von Gaza, der Westbank, Ostjerusalem, das Nichtbeachten aller UN-Resolutionen, die zum Rückzug aufforderten, die Unterstützung durch Amerika.

Auch haben die US-Regierungen zu oft Beweise konstruiert, als dass sie in der arabischen Welt mit einem Glaubwürdigkeitsbonus aufträten. Man muss nicht allzu weit in die Geschichte zurückgehen: Sei es der Lockerbie-Prozess gegen die beiden libyschen Verdächtigen Anfang 2001, sei es der Golfkrieg 1991, immer wieder haben US-Behörden die Öffentlichkeit getäuscht. Haben bezahlte CIA-Spitzel als unabhängige Zeugen ausgegeben[5], Iraks Dikator Saddam Hussein erst zum Einmarsch in Kuweit ermutigt und anschließend mit gefälschten Zeugenaussagen und Satellitenbildern sowohl die amerikanische Öffentlichkeit wie auch die Regierung Saudi-Arabiens von der Notwendigkeit eines Kriegs überzeugt.[6]

Der legendärste Bluff war 1990 die Ansprache einer angeblich aus Kuweit geflohenen Frau, Irakis würden Frühgeborene aus den Brutkästen zerren und massakrieren – wie sich später herausstellte, die Erfindung eines amerikanischen PR-Konsortiums unter Leitung der Agentur Hill & Knowlton. Jene junge Frau, die unter Tränen im November 1990 mit anschaulichen Details vor dem US-Kongress die Gräueltaten vortrug, war Nidschra as-Sabah, die Tochter des kuweitischen Botschafters in Washington, was ihre Zuhörer freilich nicht wussten. Weder war sie überhaupt während der Invasion in Kuweit gewesen, noch stimmte die ganze Geschichte, aber US-Präsident Bush führte sie in den kommenden Wochen immer wieder als schlagendes Beispiel für die Notwendigkeit eines militärischen Gegenschlags an.

Und selbst als noch aus den Trümmern eines al-Qaida-Quartiers im westafghanischen Dschalalabad jenes verwackelte Heimvideo auftauchte, auf dem nach glaubwürdigen Zeugenaussagen der echte Osama Bin Laden zu sehen und zu hören ist, wie er mit einem Besucher über das Attentat spricht, glaubten laut Umfragen in islamischen Ländern 80 Prozent der Befragten an eine Fälschung. Schon der Umstand, dass die USA dieses Band präsentieren, macht es als Beweismittel unglaubwürdig, geht der Zirkelschluss.[7]

Osama Bin Laden ist auf perfide Art das Doppelspiel gelungen, mit der Tat eine immense Demonstration der eigenen Macht vorzuführen und sich hinterher als Opfer darzustellen. Auf all die Selbstmordanschläge auf US-Einrichtungen, die ihm im Lauf der Neunzigerjahre zur Last gelegt wurden – etwa auf die US-Botschaften in Kenia und Tansania oder die USS Cole im Hafen von Aden –, folgte stets dieselbe Reaktion: Er begrüßte die Attentate, bestritt aber zugleich jede Urheberschaft. Und manövrierte sich so, weil er natürlich trotzdem als Hauptverdächtiger verfolgt wurde, in jene Opferposition, aus der heraus er als Verteidiger des Glaubens auftreten und agitieren konnte. Sein Vorgehen passt fugenlos ins Muster der großen Verschwörung: Er, ja der Islam selbst angegriffen von einem mächtigen, aber gottlosen Feind, der nach allen tückischen Versuchen der Verführung und Einflüsterung endlich sein wahres Gesicht zeigen werde. Mit dem 11. September ging diese Strategie schließlich auf: Die USA schlugen zurück – oder griffen an, je nach Perspektive.

Der Mythos schottet sich ab gegen die Realität, verwebt alles in sein Muster, und selbst der eklatante Beweis des Gegenteils wird noch gewendet zum Beleg dafür, wie trickreich und gefährlich diese Verschwörung sein muss, dass ihre Schöpfer imstande sind, zu derart raffinierten Methoden der Fälschung zu greifen. Vor diesem Hintergrund fügen sich auch die uns so irrational erscheinenden Verschwörungsideen über die Hintergründe des 11. September in ein plausibles Muster: dass nicht nur die Version von den 4000 jüdischen Mitwissern kursiert, sondern auch die Eltern der Täter felsenfest von deren Unschuld überzeugt sind. Wie Mohammed Attas Vater, der bis heute glaubt, nicht sein Sohn habe Flug AA 011 gekapert und in den Nordturm des World Trade Center gesteuert. Atta junior, dessen Verschwinden augenscheinlich ist, sei gekidnappt worden, vermutlich vom Mossad, dem sei so etwas ja zuzutrauen.

Mohammed Atta senior ist ein wohlhabender Anwalt aus Kairos Vorort Gizeh. Eine seiner Töchter ist Professorin geworden, er bewohnt eine 120-Quadratmeter-Wohnung mit Blick über die Stadt und empfing westliche Journalisten nach dem 11. September bereits an der Tür mit der für ihn gesicherten Erkenntnis: »Die Juden waren es!« Sein Sohn sei ein guter Junge, »der nicht mal ein Huhn schlachten konnte«, dem so etwas gar nicht zuzutrauen wäre. »Der Mossad kann so etwas tun, so etwas kann nur der Mossad!«[8] Warum sonst seien die 4000 jüdischen Angestellten in den Türmen ausgerechnet an diesem Tag nicht zur Arbeit erschienen? Nicht einmal den Gedanken daran ließ er zu, dass es tatsächlich sein Sohn gewesen sein könnte – dessen Gesicht noch in der Überwachungskamera des Flughafens zu sehen war, dessen Fingerabdrücke sich auf zurückgebliebenem Gepäck fanden, in dem auch das Testament nebst Anleitung zum Selbstmordanschlag mittels eines gekaperten Flugzeuges entdeckt wurde. Und Attas Vater war nicht allein mit seiner Überzeugung: Auch die Eltern und Verwandten der meisten anderen Attentäter wiesen jeden Verdacht von ihren Söhnen und Neffen[9]: Sie seien entführt worden. Ihre Kontakte mit den anderen Entführern? Zufälle. Die Beweise, Kreditkartenrechnungen, Pässe, Fotos? Nur Belege dafür, wie raffiniert im Zweifelsfall der Mossad vorgegangen sei. Die Tat wird eingestrickt ins Gewebe der alles erklärenden Verschwörung, wird gedreht und gewendet, bis die Gesellschaft, aus der die Täter kamen, auf einmal eine der Opfer ist: Es war kein verbrecherischer Anschlag, sondern nur eine Provokation der westlichen Geheimdienste, um ihrerseits zuschlagen zu können.

Nun könnte man annehmen, dies sei ein Ausblenden der Realität einfach aus dem verständlichen Schmerz heraus, dem Verlust und der Unfähigkeit, die Tat zu verstehen. War es aber nicht. Dieselbe Mär von den 4000, die am fraglichen Tag nicht in den Türmen gewesen seien, fand weit mehr Anhänger als die Wirklichkeit, und Ägyptens Tageszeitungen veröffentlichten Hymnen auf den guten Sohn Mohammed Atta, »ein junger Mensch von hervorragenden Qualitäten, dem jeder Extremismus fern lag. Er war ein ruhiger, nachdenklicher und fleißiger Student.«[10]

Von dem Hässlichen, das über Israel in Diskussionen zwischen Kairo und Damaskus aufgetischt wird, kommt einem vieles bekannt vor. Besonders wenn die Argumente, Mythen, Verschwörungsgeschichten gar nichts mit Israel zu tun haben, sondern sich nahtlos einzureihen scheinen in die antisemitische Vergangenheit Europas, in Deutschlands NS-Zeit und den Propagandakosmos heutiger Neonazis. Dieselben »Protokolle der Weisen von Zion« tauchen auf, derselbe Hitler, dieselbe Leugnung des Holocaust, der doch nichts weiter sei als eine von vielen israelischen PR-Erfindungen.

Der Konflikt um Land, den die PLO einst mit ihrem »nationalen Befreiungskampf« gegen Israel führte, ist in den Parolen und Überzeugungen immer stärker einem Glaubenskampf gewichen. Im israelischen Sprachgebrauch auf der Straße stehen ihnen keine

Palästinenser, sondern unisono »Araber« gegenüber, auf der Gegenseite spricht man nicht von Israelis, sondern von »Juden«. Syriens Staatschef Baschar al-Assad, von seinem todkranken Vater noch als Thronfolger zur Rettung der Dynastie ins Amt gehievt, meinte, Seite an Seite mit dem Papst bei dessen Syrienbesuch 2001, feststellen zu müssen, dass die Juden ihren wahren Charakter ja schon vor 2000 Jahren gezeigt hätten, als sie Jesus Christus ans Kreuz schlugen.

Im Westen blamierte er sich damit bis auf die Knochen. In der arabischen Welt fand man sein Statement durchaus in Ordnung; es scheint, als triebe in dieser Welt genau jener Antisemitismus frische Blüten, der in Europa jahrhundertelang zu Pogromen, in der NS-Zeit schließlich zum Holocaust führte. Doch während in Europa seit dem Mittelalter, teils seit der Antike die Juden immer wieder als angeblich besonders gefährliche Feinde der Christenheit verfolgt wurden, gab es bis Mitte des 20. Jahrhunderts keinen spezifisch arabischen Antisemitismus.

Im Islam existiert die Klasse der *Dhimmi*, der »Schutzbefohlenen« jener monotheistischen Religionen, die wie der Islam auf einem heiligen Buch beruhen: Die *Ahl al-kitab*, die Buchbesitzer, also Juden, Christen, im Iran auch Zoroastrier, durften nicht in den Kriegsdienst, nicht in höchste öffentliche Ämter aufsteigen und mussten höhere Steuern zahlen. Dafür behielten sie ihre eigene, vom islamischen Staat unabhängige Rechtsprechung. Dieses Prinzip hat für viele Jahrhunderte eine weitgehend friedliche Koexistenz von Muslimen, Juden und Christen in vielen Ländern des Nahen Ostens ermöglicht, die erst in der zweiten Hälfte des 20. Jahrhunderts empfindlich gelitten hat.

Wenn heute Islamisten vor allem hinsichtlich der Überlieferungen aus der Prophetenzeit von der »ewigen Feindschaft zwischen Juden und Muslimen« sprechen, so beziehen sich diese Stellen auf einen lokalen Machtkampf Mohammeds mit der jüdischen Gemeinde in Medina, dem damaligen Yatrib, wohin er 622 geflohen war: Das anfänglich gute Verhältnis zur jüdischen Bevölkerung dort kippte, als sie Mohammeds Prophetentum nicht anerkennen wollten.

Wie wenig sich die arabische Welt noch anderthalb Jahrzehnte vor Israels Gründung für den Antisemitismus erwärmen ließ, erlebten deutsche Agenten, die zwischen 1933 und 1935 in Ägypten versuchten, »die Juden aus der Masse der lokalen Minderheiten auszusondern und anzugreifen«. Ohne Resonanz. Einer der NS-Emissäre bemerkte nach einer Weile resigniert: »Für das Verständnis der Rassentheorien ist der Bildungsgrad der breiten Masse nicht fortschrittlich genug. Das Verständnis für die Gefahren des Judentums ist hier noch nicht geweckt.«[11]

Allein der Großmufti von Jerusalem, Hadsch Amin al-Husseini, begeisterte sich für die Nazis, residierte zeitweilig in Berlin und rief dort öffentlich zur Ermordung von Juden auf. Aber schon bei ihm dürften nicht allein religiöse und ideologische Gründe eine Rolle gespielt haben, sondern die massiv zunehmende Einwanderung von Zionisten ins britische Mandatsgebiet Palästina.

Nach dem Holocaust und der Staatsgründung Israels 1948 sah sich die im folgenden Krieg zu Hunderttausenden vertriebene palästinensische Bevölkerung als Opfer einer Politik, die sie nicht zu verantworten hatte. Der arabische Knesset-Abgeordnete und Philosophieprofessor Azmi Bishara hat es einmal so formuliert: »Der jüdische Staat entstand nicht in Bayern oder Schleswig-Holstein«[12], insofern sei Israels Gründung die Wiedergutmachung Europas an den Juden auf dem Rücken der Palästinenser. Was hatten sie mit Hitler zu tun? Was mit einem Krieg, den sie nicht vom Zaun gebrochen hatten? Unrecht stand gegen Unrecht, und die palästinensische Seite sah in den neuen Herren des Landes nicht die Überlebenden des grausamsten Massenmords der Geschichte, sondern Besatzer, die ihnen die westlichen Staaten ins Land geschickt hatten. Da andererseits kaum ein israelischer Politiker es seit 1948 ausgelassen hat, den Holocaust als Begründung für Israels Existenz und Sonderrolle anzuführen, der es erlaube, gelegentlich auch gegen das Völkerrecht zu verstoßen, folgte bald die Gegenreaktion: die Shoa sei nichts als ein Propagandatrick der Israelis.

Wie zuvor die Christen gerieten nun die jüdischen Gemeinden in Ägypten, Syrien, im Irak unfreiwillig in die Rolle von Kollaborateuren des zionistischen Feinds. In Ägypten ließ Präsident Gamal Abdel Nasser sie zusammen mit Tausenden anderen Ausländern, darunter vor allem Griechen und Italienern, 1956 im Zuge der Suezkrise und des französisch-israelisch-britischen Angriffs auf Ägypten ausweisen. Aus Libyen wurden die verbliebenen jüdischen Bürger 1967 des Landes verwiesen als Reaktion auf den verlorenen Sechstagekrieg, Ende einer uralten Gemeinde, an deren Existenz heute nur noch die halb verfallene, als Müllkippe genutzte Synagoge in der Altstadt von Tripolis erinnert.

Doch all dies war politisch motiviert, scheint wie eine Ersatzrache für militärische Niederlagen. Und je weiter vom Konfliktherd entfernt, desto unbehelligter leben Juden in islamischen Staaten noch heute: In Tunesien, Marokko, dem Iran und Jemen existieren weiterhin jüdische Gemeinden.

Ausgerechnet die PLO, deren Teilorganisationen immer wieder mit antisemitischer Propaganda aufgetreten sind, setzte sich schon in den Sechzigerjahren für die jüdischen Minderheiten in den arabischen Staaten ein: Sie kritisierte jene Regierungen, deren Politik auf Flucht oder Vertreibung der jüdischen Bevölkerung abzielte. Aus ganz eigennützigen Motiven: Jede weitere Einwanderung von Juden nach Israel schwächte die eigene Position.[13] Abgesehen davon ging es der PLO um den »nationalen Befreiungskampf« und keinen religiösen Utopismus. Es war ein israelischer General, Yehosfahat Harkabi, der sich jahrelang mit dem Antisemitismus in der arabischen Welt beschäftigt hat und zum Schluss gekommen ist, »dass der arabische Antisemitismus nicht Grund, sondern Folge des arabisch-israelischen Konfliktes sei. Die totale Ablehnung des Staates Israel geht einher mit der Verleugnung des Leidens der Juden in der Geschichte.«[14]

Eine gegenseitige falsche Wahrnehmung beherrscht die Szenerie. Beide Seiten wollen sich als Opfer sehen, und auch für Israel liegt ein Nutzen in diesem Fehlurteil: Wenn sich das Ressentiment auf einen Antisemitismus schieben lässt, der losgelöst von den politischen Ereignissen existiert, braucht man sich nicht mehr mit den Folgen der Militärbesatzung auseinander zu setzen.[15] Und hat sich seinerseits wieder in die Rolle des Opfers manövriert. Darin fühle sich Israel am besten aufgehoben, konstatiert der Historiker

Moshe Zimmermann von der Hebrew University in Jerusalem, schließlich sei der Holocaust von jeder israelischen Politikergeneration als machtvoller Gründungsmythos des Staates Israel angeführt worden. »Man gefällt sich als Israeli in der Opferrolle«, so Zimmermann, denn wie und vor allem warum soll man mit jemandem verhandeln, der nicht bloß Land und Gerechtigkeit beanspruche, sondern Israel unisono sein Existenzrecht abspreche und die Juden vernichten wolle?[16]

So töricht die gegenseitigen Vorwürfe einer ewigen Feindschaft sind: Die Radikalen beider Seiten scheinen sich da hervorragend zu ergänzen. Kaum gehört werden in der palästinensischen und arabischen Öffentlichkeit die Stimmen von Intellektuellen wie Edward Said, der vehement gegen die Geschichtsfälschung im eigenen Lager protestiert: »Die Behauptung, der Holocaust sei nur eine Erfindung der Zionisten, ist in unerträglicher Weise immer noch in Umlauf. Wie sollen wir von der Welt erwarten, dass sie die Leiden der Araber zur Kenntnis nimmt, wenn wir nicht fähig sind, das Leid anderer anzuerkennen, auch wenn es unsere Unterdrücker sind?«[17]

Letztlich scheint es nicht vorrangig der Glaube zu sein, der die Verschwörungstheorie gebiert – sondern die Befindlichkeit einer Gesellschaft, ihre Bedrängnis, Unterlegenheit.

Viele, die in den schockstarren Tagen des Septembers über die Anschläge schrieben, stießen beim ersten Blick zurück in die Geschichte auf die Kamikaze-Piloten Japans als historische Vorgänger. Und verwarfen beim zweiten Blick meist wieder die Parallele, weil der Vergleich zu weit hergeholt schien: hier multinationale islamische Terroristen, die in Friedenszeiten Zivilisten ermorden, dort Militärpiloten einer schintoistischen Kultur, die von ihren Offizieren losgeschickt werden gegen Kriegsschiffe des Gegners. Die Piloten waren keine Muslime, und es erwarteten sie keine Paradiesjungfrauen, sondern nur die posthume Ehre, fürs Vaterland gefallen zu sein.

Und doch gibt es eine frappierende Übereinstimmung: im gleichen diffusen Glauben an eine westliche Allmacht, die auf allen

Wegen, militärisch, kulturell, wirtschaftlich, ein Feind der eigenen Identität sei – egal, ob dies nun der Islam oder der Schintoismus, gepaart mit einem sakrosankten, völkischen Nationalismus, ist. Denn es ist die gleiche Vorstellung vom verführerischen, teuflischen Westen, die heute in der arabischen Welt kursiert wie im Japan der Dreißiger- und Vierzigerjahre. Die Verschwörungstheorie vom insgeheimen Versuch der westlichen Machtübernahme geistert durch die Interviews Bin Ladens und die Schriften japanischer Nationalideologen. Und schließlich ist es dieselbe Verherrlichung des Angriffsselbstmords, in der beide die höchste Erfüllung ihrer Haltung sehen.

Im Nahen Osten nutzen die Führer von Hamas und Islamischem Dschihad die Verschwörungstheorie zur Mobilisierung – und zeigen sich dann doch wieder im Falle von Friedensverhandlungen oder Wahlen erstaunlich pragmatisch und verhandlungsbereit. Sie bekennen sich zu ihren Anschlägen und verfolgen erklärte politische Ziele. Die Führer der al-Qaida aber haben die Konstruktion der gegen sie gerichteten Verschwörung fortentwickelt zu einer messianisch-nihilistischen Mission, »islamischen Boden von allen Ungläubigen zu säubern«[18]. Wenn der satanische Feind erst rücksichtslos niedergeworfen sei, werde Gott ein Zeitalter der Glückseligkeit heraufziehen lassen.

1942, kurz nach der Attacke auf Pearl Harbor, kam eine Gruppe japanischer Philosophen in Kioto zusammen, einen Weg zu finden, »die moderne Zivilisation zu überwinden«. Japan kämpfte einen »Heiligen Krieg« gegen den Westen. In einer totalen Umkehrung des Ziels im 19. Jahrhundert: »Asien verlassen und sich dem Westen anschließen«, ging es nun in einem »Heiligen Krieg« darum, der »welthistorischen japanischen Rasse« zum Aufstieg zu verhelfen.[19] Diese Rasse stamme von den Göttern, und ihre göttliche Pflicht sei es, alle Asiaten in ein Zeitalter neuer Harmonie zu führen. Dafür standen der japanische Ethos des Selbstopfers, der Disziplin, der persönlichen Unterwerfung. Inspiriert von deutschen Ideen war insbesondere ein japanischer Rechtsintellektueller, Dr. Uesugi Shinkichi, der seine spirituelle Odyssee interessanterweise als Christ begonnen hatte und nach einem Studium der

Verwaltungswissenschaften in Deutschland im Jahr 1919 nach Japan zurückgekehrt war: »Individuen haben keinen Geist jenseits des Geistes ihres Führers. Ihre Individualität verschmilzt mit seiner. Wenn sie seinem Willen entsprechend handeln, können sie ihre wahre Natur Wirklichkeit werden lassen und ihr moralisches Ideal erlangen.«[20] Ernst Jünger hatte es vorformuliert: »Das tiefste Glück des Menschen besteht darin, dass er geopfert wird, und die höchste Befehlskunst darin, Ziele zu zeigen, die des Opfers würdig sind.«[21] Denn vor Erreichen des neuen »Goldenen Zeitalters« erfordere und rechtfertige der Kampf gegen den Vernichtungswillen der Feinde das bedingungslose Opfer des eigenen Lebens. Auch der Opferwahn Bin Ladens, der 1996 dem US-Verteidigungsminister mitteilen ließ, dass seine Kämpfer »den Tod lieben, so wie du das Leben liebst«, enthalte »nichts Fernes, Unverständliches«, schrieb der Publizist Götz Aly: Derselbe Opferwahn sei »aus den Umbruchs- und Schreckensperioden der jüngeren europäischen Geschichte bestens bekannt.«

Es ist derselbe praktische Nihilismus, den Friedrich Nietzsche entworfen und Ernst Jünger mit blutigen Phrasen ausgemalt hat. »Es fehlt die Antwort auf das Warum«, heißt es bei Nietzsche, aber die Antwort fehlt nicht nur, sie wird bewusst nicht gegeben. Nietzsches Nihilismus ist der »Wille zum Nichts«. Er ist »nicht bloß der Glauben, dass alles wert ist, zugrunde zu gehen«[22], vielmehr legt man selbst Hand an, sich und andere zu richten. Ernst Jünger war schon von der Langemarck-Schlacht 1914 höchst angetan, als 145 000 Soldaten zwar in vergeblichen Sturmattacken starben, dies aber sicherlich mit dem Deutschlandlied und Theodor Körners Satz »In dem Opfertod reift uns das Glück«[23] auf den Lippen. Die Protagonisten der Terrorbewegung gegen die französische Besetzung des Ruhrgebiets ehrte er 1923 als »Männer, die den Sprengstoff liebten und den Nachweis führten, dass den wirklichen Mann kein Übermaß der Gewalt einschüchtern kann«. Wer sich für die Sache der Reinheit opfere, sei nach dem Tod »lebendiger denn je«, weil »er als Gestalt der Ewigkeit angehört«.[24]

Die Überzeugung, dass der Selbstmordattentäter, aller moralischen Kategorien entblößt, Ausdruck des höchsten Selbstbestimmungswillens ist und den Grund seines Tuns heilig spricht, eint sie alle: Jünger, Bin Laden und die japanische Heeresführung. So, wie Bin Laden sich für seinen Israel-Hass aus dem Repertoire des nationalsozialistischen Antisemitismus bedient, kopierten Japans Nationalisten die Idee von der Herrenrasse. Und für ihren Krieg, den sie für den »wolkenlosen« japanischen Geist im Namen von »göttlicher Gerechtigkeit und Frieden«[25] führten, bedeutete die Selbstopferung der Kamikaze-Piloten die höchste Ehre. Auch was deren Alter anging, wären sie sich mit ihrem Epigonen einig gewesen: Die meisten hatten gerade erst die Oberschule hinter sich, waren zwischen »15 und 25«, was »das beste Alter ist für Dschihad und Opferung«, so Bin Laden.[26]

8

Bushido statt Allahu akbar – Der japanische Weg

»Sie hofften auf keine Belohnung, auf kein Paradies, ja am Ende nicht einmal mehr auf den Sieg. Je zahlreicher die Toten waren, desto stärker strebten die Überlebenden, sich ihrer Lebensgier schämend, danach, ihnen nachzufolgen.«

Maurice Pinguet, französischer Japanologe

»Eigentlich sind sie zu jung, um Alkohol zu trinken.«

Ein japanischer Befehlshaber über die oft erst 14-, 15-jährigen Kamikaze-Piloten

Die letzten Zeilen, die Uebera Ryoji an seine Eltern schrieb, bevor er am 11. Mai 1945 zu einem Flug ohne Wiederkehr startete, lesen sich – einerseits –, als hätten japanische Militärführer ihm die Feder geführt. »Ich empfinde es als allerhöchste Ehre, in die Sondereinheit des Heeres gewählt worden zu sein, die man die repräsentative Kampfeinheit unseres hehren Vaterlandes nennen kann«, beteuerte der junge Soldat.[1] Er habe keine Angst vor dem Tod, vielmehr erfülle ihn »ein Gefühl des Glücks, denn ich bin überzeugt, dass ich dann meinen geliebten Bruder Tatsu wiedertreffen werde. Es ist mein letzter Wunsch, dass wir uns im Himmel wiedersehen mögen.«

Die letzten Gedanken, die Uebera Ryoji am Vorabend des Angriffs notierte, den er auf amerikanische Truppen bei Okinawa flog, zeigen – andererseits –, wie klar und keineswegs durch militärische Heldenromantik verklärt er die Rolle durchschaute, die ihm in dem mörderischen Geschehen der letzten Kriegsmonate zugedacht war: »Als Pilot unserer Sondereinheit werden wir im Flugzeug zu nichts weiter als einer Maschine, zu nichts anderem als dem Molekül eines Magneteisens, das vom feindlichen Flugzeugträger angezogen wird – ohne Persönlichkeit, ohne Gefühl und natürlich ohne Verstand: zu einer Maschine, die den Steuerknüppel bedient.« Verstandesmäßig, das war dem 22-Jährigen, der vor seinem Eintritt in den Militärdienst an der Keio-Universität in Tokio Volkswirtschaft studiert hatte, klar, »ist das nicht recht zu erklären«. Es gehe nicht um Selbstmord, wie die Feinde meinen, sondern um einen Einsatz zur Maschine gewordener Menschen, nur möglich bei einer Weltanschauung wie der japanischen. Sein letzter Wunsch an seine Landsleute: »aus unserem geliebten Japan ein großes, starkes Reich zu machen«.

Abschiedszeilen eines Kamikaze-Fliegers. Uebera Ryoji war einer von weit mehr als 2000 Piloten[2], die zwischen dem 25. Oktober 1944 und dem 15. August 1945, dem Tag der japanischen Kapitulation, eine Mission antraten ohne Wiederkehr. Ihre Aufgabe: sich in einem mit Bomben bestückten Flugzeug auf eines der Schiffe der US-Army zu stürzen, die den Japanern im Pazifik reihenweise Verluste zufügte und scheinbar unaufhaltsam auf das japanische Kernland vorrückte.

Seit der Eroberung der Philippinen Anfang 1942 hatte die japanische Armee keine entscheidende Schlacht mehr gewonnen; stattdessen fiel eine Pazifikinsel nach der anderen in die Hände der Amerikaner. Eigentlich hätte Japan sich ergeben müssen, um noch größere Verluste und vor allem Opfer unter der Zivilbevölkerung zu verhindern. Doch Kapitulation war keine Option im imperialistischen Japan. Sich dem Feind ergeben? Dem dekadenten Westen noch dazu? Niemals!

Anfang Oktober 1944 trat Vizeadmiral Takijiro Onishi seinen neuen Kommandoposten auf den Philippinen an. Er war überzeugt, dass nur eine völlig neue, den Rahmen des militärisch Üblichen verlassende Strategie die Japaner noch vor der totalen Niederlage retten könnte: »Die Rettung des Landes liegt in der Hand der Soldaten Gottes. Nur noch das Opfer der Leben unserer jungen Männer, die sich auf die feindlichen Schiffe herabstürzen, kann die Flotte des Gegners vernichten und uns auf die Straße des Sieges zurückführen.«[3] Dass sie dazu auch bereit wären, daran bestand für ihn kein Zweifel: »Welch größere Ehre könnte es geben für einen

Krieger als die, sein Leben für seinen Kaiser und sein Land hinzugeben?«[4]

Die Erkenntnis, dass die Japaner zum Äußersten entschlossen und um keinen Preis der Welt bereit waren, sich zu ergeben, sollte die Kampfmoral des Gegners empfindlich schwächen.

Zumindest zu Beginn ging dieses Kalkül des Schreckens auch auf. Am 25. Oktober 1944 fiel, brutal und unerwartet, ein neuer Begriff vom Himmel in die Welt der Amerikaner: Kamikaze. Bill Simmons, damals Luftfahrt-Metallschmied auf dem US-Flugzeugträger Santee, der in der Leyte-Bucht in den Gewässern vor den Philippinen kreuzte, hielt den Angriff zunächst für ein Versehen. »Wir dachten, es war ein Flugzeug, dessen Pilot es nicht mehr rechtzeitig hatte hochziehen können.«[5] Doch als kurz darauf ein weiteres Flugzeug einschlug, diesmal auf dem Schwesterschiff der Santee, dämmerte ihm: Das war kein Versehen und auch nicht das Werk eines Einzelnen. »Ich glaube, dass die Japaner nichts hätten tun können, was die Moral der US-Soldaten mehr erschüttert hätte.« Für die Amerikaner war die Erkenntnis, dass Soldaten offenbar mutwillig bereit waren, ihr Leben zu opfern, ohne jede Chance auf Entkommen, neu und erschütternd. Simmons: »Sie beschädigten damit nicht nur unsere Schiffe. Sie trafen auch unsere Moral.«

So fassungslos die amerikanischen Soldaten dem Phänomen der Kamikaze gegenüberstanden: In der Armee des imperialistischen Japan hatte es schon vor Vizeadmiral Onishi eine gewisse Tradition gegeben, fehlende Ausrüstung und minderwertiges Kampfgerät zu kompensieren. Im Russisch-Japanischen Krieg etwa wurden Schwertkompanien gegen Maschinengewehrstellungen eingesetzt, ungeachtet der enormen Verluste, die das mit sich brachte. Eine Strategie, geboren aus schierer Verzweiflung – die nur gedeihen konnte in einem Umfeld, in dem es die größte denkbare Demütigung bedeutete, eine Niederlage zu überleben. Fern aller Hoffnung auf Sieg offerierte dieser Weg eine Möglichkeit, glorreich zu sterben und so das Gesicht zu wahren. Nur die Option, ein Leben in »Schande« zu wählen, die gab es für die Mehrzahl der Kamikaze-Piloten gar nicht.

In der Sprache der Militärs hießen sie beschönigend *Tokkotai* – eine Abkürzung für »Tokubetsu Kogeki-tai«: spezielle Angriffseinheiten. In die Geschichte eingegangen aber sind sie als Kamikaze-Piloten; ihr Name (gesprochen mit weichem s wie in Hase) ist weltweit zum Synonym geworden für Selbstmord, Destruktion und Fanatismus. Auch Mohammed Atta und seine Mittäter gingen am 11. September sofort als Kamikaze-Piloten ins öffentliche Bewusstsein ein.[6]

Militärisch mögen die Todesflieger den Verlauf des Kriegs nicht verändert haben – aber die Angst vor ihrer verstörenden Entschlossenheit hat überlebt, ist eingegangen in die Sprachen der Welt. Längst hat »Kamikaze« den Alltag erreicht: Wo immer aussichtslose Unterfangen anstehen – in der Politik, in der Wirtschaft, selbst im Privatleben –, ist von Kamikaze-Kommandos die Rede. »Da hat er sich aber auf eine Kamikaze-Aktion eingelassen«, heißt so viel wie: Er kann dabei nur verlieren, das ist doch aussichtslos. Rücksichtslose Taxichauffeure werden als Kamikaze-Fahrer beschimpft, und Kamikaze heißt auch der weltweit größte Hersteller von Bekleidung für Kampfsportarten, die so genannten »martial arts«.

Eigentlich heißt »Kamikaze« so viel wie »Wind«. Genauer: »göttlicher Wind«. Ein solcher hatte, in Gestalt eines Taifuns, im Jahr 1281 die Flotte des Mongolen Kublai Khan, Enkel von Dschingis Khan, auf dem Japanischen Meer erfasst und versenkt. Kublai Khan wollte Japan erobern – und verlor der Überlieferung nach in dem brutalen Wind mehr als 100 000 Mann. Anders aber als jener göttliche Wind, nach dem sie benannt wurden, konnten die Kamikaze-Flieger im Zweiten Weltkrieg das Blatt nicht wenden. Die meisten Angriffe waren zwar für die Piloten tödlich, blieben aber erfolglos. Die Männer wurden abgeschossen, stürzten wegen Treibstoffmangels oder defekter Flugzeuge vorzeitig ins Meer oder verfehlten wegen unzureichender Flugfertigkeit – die meisten Piloten hatten vor ihrem Einsatz nur wenige Flugstunden erhalten – das angepeilte Ziel. Nur ein bis drei Prozent der Tausende Todesflieger sollen überhaupt ein feindliches Schiff getroffen haben.[7]

Die Suche nach einer Erklärung, warum Tausende junge Japaner, in oder sogar vor der Blüte ihres Lebens, sich ohne großen Widerstand von ihren Vorgesetzten in den Tod schicken ließen, warum manche sogar noch freiwillig gingen, als längst klar war, dass der Krieg nicht mehr zu gewinnen war, führt tief in Japans Mentalität, zum japanischen Samurai-Erbe und dem dazugehörigen ethischen Kodex, dem Bushido (*bushi* = Krieger, *do* = Weg, Methode). Der 1716 erstmals veröffentlichte große Klassiker der Samurai-Literatur, »Hagakure«, beginnt mit den Worten »Der Weg des Samurai zeigt sich im Tod.« Die Hauptthese: Nur ein Samurai, der jederzeit bereit ist zu sterben, kann seinem Herrn wirklich dienen.[8] Ohne in das beliebte Klischee der auf ewig fortlebenden Samurai-Mentalität und des deshalb allzeit zum Sterben bereiten Japaners verfallen zu wollen: In den Kriegsjahren und vor allem im Militär spielte dieses kulturelle Erbe eine zentrale Rolle als Nährboden für ein autoritäres Regiment, das bedingungslose Hingabe bis hin zur Selbstopferung verlangte. Wer am Leben hing, war eben nicht bereit, für den Kaiser zu sterben – und galt deshalb als schlechter Soldat.

Ebenfalls essenziell für die Ideologie der Kamikaze ist die Legende von Kusunoki Masahige, dem ergebenen Samurai des Kaisers Go-Daigo (1294–1336). Ein begnadeter Feldherr, der seinem Herrn zunächst dabei helfen konnte, das Hojo-Shogunat im Jahr 1333 von der Macht zu vertreiben und ein Regime nach dem historischen Vorbild der halbmystischen Herrschaft des Kaisers Daigo (897–930) zu crrichten. Doch dann wendete sich das Blatt: Ashikaga Takauji, ein ehemals dem Kaiser ebenfalls treu ergebener General, wechselte die Seiten und führte seine Truppen gegen den restaurativen Kaiser.

Als Takaujis Truppen immer weiter auf Kioto vorrückten, schlug Masahige vor, sich vorübergehend auf den Heiligen Berg Hiei zu flüchten und die Hauptstadt Kioto dem Feind zu überlassen. Später wollte er dann mithilfe der Mönche vom Heiligen Berg herabstoßen und den Gegner zerstören – eine Taktik, die er in vorausgegangenen Schlachten mehrfach erfolgreich angewandt hatte. Doch der Kaiser weigerte sich, die Stadt zu verlassen und bestand auf einer offenen Feldschlacht. Masahige gehorchte in einem letzten Akt ultimativen Gehorsams dem Befehl des Kaisers – obwohl dies den sicheren Tod für ihn und seine Truppen bedeutete. Die Schlacht von Minatogawa im Juli 1336 geriet zum Desaster, und Masahige, vom Feind komplett umzingelt, beging Selbstmord – zusammen mit 600 seiner Soldaten. Der Überlieferung nach soll er dabei ausgerufen haben: »Hätte ich doch sieben Leben, die ich für mein Land opfern könnte.«[9]

Masahige gilt als ideale Verkörperung all dessen, was den Ehrenkodex Bushido ausmacht. Die Kunde von seinem noblen Opfer wurde Bestandteil des nationalen Lehrplans, nach dem in den Jahren vor dem Weltkrieg unterrichtet wurde, sodass 1944 jeder junge Japaner die Legende des ehrenvoll in den Tod gegangenen Masahige kannte.

In der Erziehung, welche die jungen Kamikaze-Piloten vor und auch noch während ihrer Militärzeit bekamen, spielte diese Legende, spielten die Geisteswelt der Samurai und die Vorschriften des Bushido eine prägende Rolle. Von klein auf lernten sie, den Kaiser als lebende Gottheit zu betrachten und Krieg als eine Handlung, die sie selbst, die Nation und schließlich die ganze Welt reinigen könnte. Ein Weltbild, in dem die Hingabe des eigenen Lebens als reinste Erfüllung, ja als patriotische Pflicht erschien.

Schon bald war nicht mehr zu übersehen, dass weder die Flugzeuge noch die Piloten geeignet waren, um den Verlauf des Krieges auch nur im Geringsten zu beeinflussen. Was aber auf die Entschlossenheit, diesen Weg weiterzugehen, praktisch ohne Einfluss blieb. Uns mag es paradox erscheinen, aber gerade in dieser Lage der Verzweiflung, im Moment des Erkennens der Ausweglosigkeit, konnten die Kräfte der japanischen Tradition ihre volle Wirkung entfalten. Der französische Japanologe Maurice Pinguet kam in seiner Studie über den Freitod in Japan zu dem Schluss, dass irgendwelche Heilsversprechen für die Kamikaze-Flieger keine Rolle gespielt haben: »Sie hofften auf keine Belohnung, auf kein Paradies, ja am Ende nicht einmal mehr auf den Sieg.« Und jeder Tote habe weitere Tote nach sich gezogen: »Je zahlreicher die Toten waren, desto stärker strebten die Überlebenden, sich ihrer Lebensgier schämend, danach, ihnen nachzufolgen.«[10]

Aus heutiger Sicht lässt sich die in Japan noch immer nicht offiziell widerrufene These von der Freiwilligkeit der Einsätze eigentlich nicht mehr halten. Die ersten Flieger mögen sich tatsächlich freiwillig gemeldet haben, weil sie glaubten, mit ihrem Einsatz dem Krieg noch eine Wende geben zu können. »Wie der Phönix soll Japan aus der Asche auferstehen. Wir alle wünschen das.«[11] Falls diese Hoffnung auch später noch bestand, dann nur, weil die Militärführung die Wahrheit vorenthielt über das – minimale – Ausmaß an Zerstörung, das die Männer mit ihrem Tod anrichten konnten.

Die wenigen, die ihren Einsatz überlebt haben, trauten sich erst nach Jahrzehnten, über ihr Schicksal zu sprechen: aus Angst vor sozialer Ächtung, vor allem aber auch aus Scham und schlechtem Gewissen gegenüber jenen Kameraden, die in ihren Maschinen gestorben sind. Das psychologische Umfeld, in dem sie aufwuchsen: ein bizarres Gemisch aus Korpsgeist, anerzogener Zurückstellung der eigenen Bedürfnisse zugunsten des Kollektivs und bisweilen wohl auch einem Hochgefühl des Auserwähltseins. Die Treue gegenüber dem Kaiser, die Verpflichtung gegenüber dem Militär war stärker als die emotionale Bindung an Familie oder Freunde. »In der Geschichte Japans«, erläutert ein Überlebender jener Zeit seine damalige Wahrnehmung, »war ich nur ein Staubkorn.«[12]

Immer wieder taucht in den Aussagen dieser Überlebenden der Satz auf: »Es war ein Befehl«, und sich einem Befehl zu widersetzen, das wäre den jungen japanischen Soldaten nicht in den Sinn gekommen. Am deutlichsten bringt wohl der Satz »Wir mussten uns freiwillig melden«[13] die damals herrschende Moral auf den Punkt.

Und die jungen Männer entzogen sich dem nicht. Wie hätten sie das auch tun können? Das Militär war ihre Welt, Befehlsverweigerung außer jeder Vorstellung. Das Leben eines Kamikaze-Fliegers war, vom ersten Tag seines Trainings bis zum finalen Einsatz, streng ritualisiert. Der festgelegte Tagesablauf, die rituellen Handlungen, die klaren Vorschriften sollten den Soldaten ihre Einbindung in eine höhere, ältere Tradition bewusst machen. Auch wohnte der Wiederholung und der Monotonie ein gewisser Trost inne. Denn schließlich vermag, selbst wer auf den Tod gefasst ist, doch nicht ganz dem Leben zu entsagen.

Japan ist kein islamisches Land. Kein Paradies, keine Jungfrauen warten auf den Märtyrer, kein Dschihad kann geltend gemacht werden. Und doch hat diese völlig andere Kultur zahlreiche Parallelen hervorgebracht, die es Menschen leichter machten, sich um eines ideologischen Zieles, aber auch um des Todes anderer willen zu opfern. In anderen Bereichen wiederum steht Japans Gesellschaft der islamischen Welt diametral entgegen. Im Islam – wie auch im Christentum – ist Selbstmord ein Kapitalverbrechen gegen Gott, ein höllenwürdiges Vergehen an seiner Allmacht. In islamischen Ländern werden die Statistiken der Selbstmordraten noch heute massiv gefälscht, werden alle möglichen Diagnosen gestellt, um nur ja nicht eingestehen zu müssen, dass es sich um Selbsttötung handelte.[14] Und auch im christlichen Europa wurden in früheren Jahrhunderten Selbstmörder nicht auf dem Friedhof bestattet, wurden ihre Schädel mit einem Holzkeil gespalten, ihre Leiber der Verwesung überlassen.[15]

In Japan dagegen ist Selbstmord weder ungewöhnlich noch inakzeptabel. In Zeiten der wirtschaftlichen Krise, wie etwa im Jahr 1998, war der Freitod in der Altersgruppe der Endzwanziger bis Enddreißiger die häufigste Todesursache. In der japanischen Gesellschaft, sagt der bekannteste zeitgenössische Schriftsteller Japans, Haruki Murakami, »gilt Selbstmord nicht als Verbrechen. Viele Leute denken, wir haben das Recht, uns umzubringen, das ist unser Leben. Und die Gesellschaft hat Verständnis dafür. In diesem Land denken viele, dass Selbstmord ein romantischer Akt ist.«[16] Selbstmord in Japan hat eine moralische Legitimität wie sonst kaum irgendwo auf der Welt, er ist ein kultureller Topos.[17] Das Land zählt übrigens zu den wenigen Nationen, in denen Lebensversicherungen auch bei Selbsttötung ausgezahlt werden.

Mit Kriegsende im August 1945 verschwanden die Kamikaze-Flieger so jählings, wie sie 1944 am Himmel aufgetaucht waren. Doch als hätten sich zwei Stränge des apokalyptischen Angriffs-Selbstmords auf unheimliche Art getroffen, ging in den Stunden nach den Anschlägen des 11. September der erste – und einzige – Bekenneranruf beim jordanischen Büro der Nachrichtenagentur AP ein: Ein Mann meldete auf Arabisch mit ausländischem Akzent, dass die Japanese Red Army hinter den Anschlägen stünde. Aus Rache für Hiroshima, sagte er, legte auf und meldete sich nie wieder.

So absurd dies schien und ist – in der Tat hat es über die vergangenen drei Jahrzehnte eine enge Kooperation palästinensischer Radikalengruppen mit der kleinen, extrem gewalttätigen, irrlichternden Japanese Red Army gegeben. Das erste Selbstmordattentat im Nahen Osten, lange bevor die schiitischen Hisbollahis und später die Hamas-Bomber damit begannen, verübten drei Japaner: Am 30. Mai 1972 schossen sie auf Israels internationalem Flughafen Ben Gurion bei Tel Aviv wild um sich. Sie töteten 24 Menschen, machten keinerlei Anstalten zu entkommen, bis zwei von ihnen vom Wachpersonal erschossen wurden.

Dass die Aktion als Selbstmordanschlag geplant war, machte das Verhalten des einzigen Überlebenden klar: Kozo Okamoto, der todunglücklich war, davongekommen zu sein, und monatelang alles daransetzte, diese Schmach zu tilgen. Erst ließ er sich auf einen Handel mit einem israelischen Ermittlungsbeamten ein, der ihm für ein vollständiges Geständnis seine Dienstwaffe nebst einer Patrone zu überlassen versprach. Er bekam das Geständnis, aber Okamoto nicht die Waffe, sondern – welche Schmach für ihn – lebenslänglich. 1985 wurde er gegen drei von der PFLP-GC entführte israelische Soldaten zusammen mit 1150 Palästinensern ausgetauscht. Er schloss sich erneut der Japanese Red Army an, tauchte im Libanon unter, wo er zusammen mit vier weiteren Mitgliedern 1997 festgenommen wurde und schließlich politisches Asyl erhielt.

Die drei waren keine verirrten Amokläufer und Einzeltäter, sondern die letzten Übriggebliebenen der radikalen japanischen Linken. Die hatte in den Sechzigerjahren Hunderttausende auf die Beine gebracht im Protest erst gegen den Sicherheitsvertrag mit Amerika, dann gegen das ganze politische Establishment. Doch nach der Erstürmung besetzter Universitäten in Tokio und anderen Städten kehrten die meisten zurück ins bürgerliche Leben. Eine winzige Gruppe aber entschloss sich zum bewaffneten Kampf und ging 1970 in den Untergrund: *Sekigun*, die Japanese Red Army, war geboren. Und wollte die Weltrevolution auslösen. Mit Pamphleten, aber auch Comics und Filmen soll Japans Gesellschaft aus ihrer Lethargie gerissen werden. Bombenanschläge und Morde erschüttern Japan. Immer tiefer versinkt die Gruppe in ihren Wahn, die Gewalt müsse nur weit genug gesteigert werden, um die Revolution doch noch auszulösen. Und spaltet sich: Der »Innere Sekigun« überzieht das Land mit Terror, die Mitglieder ziehen sich im Winter 1971/72 in mehrere Berghütten bei Nagano zurück, wo die letzten fünf im Februar 1972 nach zehntägigen Gefechten mit der Polizei überwältigt werden.[18]

Noch während der Schießereien findet die Polizei insgesamt 14 Leichen in der Umgebung: Die beiden Führer hatten nach und nach die meisten verbliebenen Mitglieder erstechen, erschlagen, zu Tode foltern lassen.

Die zweite Gruppe, der »Internationale Sekigun«, hatte 1971 Japan verlassen und sich einen neuen Brückenkopf für die Weltrevolution gesucht: die aufbegehrenden Palästinenser im Libanon. Auch ihre Mitglieder sitzen mittlerweile fast alle in Haft; als Letzte wurde die Anführerin Fusako Shigenobu im November 2000 im Alter von 55 Jahren nahe Osaka verhaftet, als sie mit falschen Papieren eingereist war.[19]

Ihre apokalyptischen Wiedergänger von der Sekte *Aum Shinrikyo* (Höchste Wahrheit) hatten in den Neunzigerjahren schließlich überhaupt keine konventionellen politischen Ziele mehr. Der nahezu blinde Guru Asahara hatte den Anhängern seiner mächtigen und schwerreichen Sekte gelobt: Nur wer die Welt zerstöre, könne sie retten. »Eine von der Wirklichkeit abgeschnittene Sprache und Logik«, notierte dazu Haruki Murakami, die »weit stärker wirkt als Sprache und Logik der Wirklichkeit.«[20] Am Morgen des 20. März 1995 stiegen fünf Aum-Mitglieder mit Päckchen des Nervengifts Sarin in die U-Bahnen Tokios. Bevor sie die Züge verließen, stachen sie mit angefeilten Regenschirmen Löcher in die verschweißten Sarin-Päckchen – zwölf Menschen starben, fast 5000 wurden verletzt. Hier passt der Terminus vom »feigen Terrorismus« einmal, denn die Giftmörder von Aum Shinrikyo hatten sich zwar der Ausrottung der Menschheit verschrieben, aber peinlich darauf geachtet, persönlich davon ausgenommen zu werden. Nicht zuletzt dieser Furcht ums eigene Entkommen und Überleben ist es zu verdanken, dass nicht wesentlich mehr Menschen starben.

9
Die Parasiten des Zorns – Al-Qaida und die sunnitische Internationale

»Die Amerikaner lieben Pepsi-Cola. Wir lieben den Tod!«

Ein junger Talibankämpfer

»Die Stürme des Paradieses gehen um!«

Kriegsruf der Ichwan, einer Radikalenbewegung Anfang des 20. Jahrhunderts in Saudi-Arabien

Al-Qaida: der lange Weg von Freiheitskämpfern zur Endzeitsekte

Schon lange bevor die Welt von al-Qaida hörte, gab es ein Ereignis, das wie ein Menetekel der späteren Entwicklungen wirkt: Am Morgen des 20. November 1979 – das Datum fiel mit dem Beginn des 15. Jahrhunderts islamischer Zeitrechnung zusammen – besetzte eine Gruppe von 400 bis 500 schwer bewaffneten saudischen Extremisten das höchste islamische Heiligtum in Mekka. Unter Führung eines ehemaligen Soldaten der Nationalgarde[1], Dschuhaiman al-Utaibi, verschanzten sich die Männer in dem gigantischen Komplex. Sie nannten sich *Ichwan*, Brüder, wie die legendären Kämpfer des Reichsgründers Ibn Saud zu Beginn des Jahrhunderts. Doch diesen radikal-islamischen Verschwörern gegen das Königshaus erschien selbst das konservative Regime der Sauds noch heuchlerisch und gottlos. Al-Utaibi hatte sich zum Mahdi, zum wiedergekehrten Messias, erklärt, und forderte unter anderem ein Verbot von Fernsehen und Fußball. Erst mithilfe französischer Elitetruppen konnte die saudische Armee die Besetzung beenden, bei der mehrere hundert Menschen ums Leben kamen. Die letzten 63 überlebenden Besetzer wurden im Januar 1980 hingerichtet.[2]

1979 war das Jahr der Islamischen Revolution im Iran, und eigentlich wollte Chomeini von dort aus die gesamte islamische Welt dazu bringen, sich zu erheben gegen ihre Herrscher, die Amoral, den Westen. Doch letztlich blieb der schiitische Furor auf die schiitische Welt beschränkt.

1979 war aber auch das Jahr der sowjetischen Invasion in Afghanistan und des folgenschwersten Stellvertreterkriegs der Supermächte: Mit Waffen, darunter selbst Stinger-Flugabwehrraketen, und Geld aus den USA und vor allem Saudi-Arabien sowie logistischer Unterstützung des pakistanischen Geheimdiensts wurde von der westpakistanischen Stadt Peshawar aus der anfänglich unkoordinierte Widerstand gegen die sowjetischen Besatzungstruppen organisiert. Afghanen, aber auch Freischärler aus der gesamten arabischen Welt kamen zusammen, um als *Mudschaheddin*, als Krieger im Dschihad, die gottlosen Besatzer zu bekämpfen. Um Afghanistan ging es dabei den Amerikanern zuletzt, vielmehr um zwei strategische Ziele: die Sowjets zu treffen und ihren neuen Feinden, Chomeini und den anderen Führern der schiitischen Islamischen Revolution in Teheran, entgegenzutreten. Hier lag auch wiederum das gemeinsame Interesse mit dem saudischen Königshaus, das sich vom revolutionären Aufruhr im Iran direkt bedroht fühlte. Zumal da Chomeini kaum verhüllt zum Sturz der »korrupten Dynastie« aufrief und im ölreichen Osten Saudi-Arabiens mit dessen schiitischen Bewohnern ein Unruheherd im eigenen Land existierte. Denn die fühlten sich seit langem schon von der sunnitischen Mehrheit als Bürger zweiter Klasse behandelt. Die Vertreter des Königshauses wollten zeigen, dass auch sie sich nicht zu schade waren für den Glaubenskampf. Allein: Kaum jemand aus den führenden Familien war bereit, das angenehme Leben mit dem unwirtlichen, lebensgefährlichen Dasein in Afghanistan einzutauschen.

Insofern war die Freude groß, als sich Osama Bin Laden, bis dato eher unauffälliger Spross einer der vornehmsten und reichsten Familien des Landes, nach Peshawar begab, um dort zusammen mit seinem Mentor Abdullah Azzam das *Maktab al-Chidamat*, das »Büro für allgemeine Dienste«[3], aufzubauen – die Rekrutierungsstelle für die kampfbereiten Internationalisten aus Saudi-Arabien, Jordanien, Algerien, dem Jemen.[4] Deren Regierungen waren nicht unfroh, auf diesem Wege Unruhestifter loszuwerden, Pakistan erteilte freigebig Visa, US-Präsident Ronald Reagan empfing Mudschaheddin-Führer im Weißen Haus (darunter selbst einen späteren Taliban-Kommandeur). Die Globalisierung des islamistischen Terrorismus, von dem Hans Magnus Enzensberger schrieb, es wäre »ein Wunder, wenn einzig und allein er es unterlassen hätte, global zu operieren«[5], sie begann im afghanisch-pakistanischen Grenzgebiet – als Joint Venture von aus verschiedenen Gründen interessierten Staaten.

Doch mit dem Rückzug der Sowjets aus Afghanistan ein Jahrzehnt nach ihrem Einmarsch erlosch das Interesse Amerikas an seinen temporären Verbündeten. Das endgültige Aus für die alte Allianz kam 1990, nachdem Saddam Hussein Kuweit erobert hatte. Zur Sicherung Saudi-Arabiens schlug Bin Laden vor, doch aus den zu Tausenden zurückgekehrten Mudschaheddin eine neue Truppe zu bilden. Das Königshaus vertraute lieber auf die Hightech-Kriegsführung der Amerikaner. Und ließ nach und nach eine halbe Million von ihnen ins Land. Eine Demütigung. Erst hatte man jahrzehntelang Kriegsgerät für Milliarden gekauft, aber wenn es wirklich ernst wurde, mussten die Söhne der heldenhaften Wüstenkrieger die Ungläubigen zu Hilfe rufen. Aus einer Söldnertruppe für Dollars und Gottes Lohn wurde, einmal beschäftigungslos geworden, eine Sekte auf eigene Rechnung. Al-Qaida entstand, und so wenig konkret wie ihr Name, »die Basis«, ist vor allem bis 2001 ihre Struktur gewesen. Mangels Bekennerschreiben und eingestandener Zugehörigkeit einzelner Kader entgrenzt sich die Gruppe, wird für die Ermittler kaum fassbar, wer genau hinter einem Anschlag ganz oben auf der Befehlskette steht – wenn es denn überhaupt eine gibt. »Weniger ein Befehlshaber als ein Inspirator« war Bin Laden schon vor Jahren für ein von der New York Times geleitetes Rechercheteam.[6] Denn wenn die Ziele vollkommen klar und zugleich beliebig sind, bedarf es des Befehls gar nicht mehr. Trefft den Westen, wo ihr könnt – das ist das Ziel, und ebenso allumfassend ist auch der Vertretungsanspruch von al-Qaida: als Avantgarde im Kampf um einen utopischen Sieg und eine sehr viel diesseitigere Polarisierung zwischen der muslimischen und westlichen Welt.

Dabei ist es nicht so, dass Bin Laden und seine Gefolgsleute sich nicht um eine Legitimation ihrer Taten bemühen würden. Nur, dass diese traditionelle Rechtfertigungen von Gewalt im Islam derart verbiegt und entfremdet, dass sie etwa von den Scheichs der ägyptischen Azhar-Universität gänzlich abgelehnt wird.[7] Aber der Anspruch genügt zu behaupten, sich in die islamische Tradition zu stellen, um Gefolgsleute hinter sich zu scharen.

Dabei verfolgt Bin Ladens Argumentation im groben folgende Linie: In seiner militärischen Definition als Krieg unterscheidet die traditionelle Islam-Auslegung zwischen zwei Formen: dem offensiven Dschihad, der als Angriffskrieg geführt werden, aber ausschließlich vom Kalifen, vom Führer aller Muslime, ausgerufen werden darf – und dem defensiven Dschihad, der als militärische Pflicht des Einzelnen zu begreifen ist im Falle eines feindlichen Angriffs. Unterlag ersterer vielen Restriktionen und Reglements (ohnedies war zum Zweck der Missionierung der friedliche Dschihad mittels Handel und Missionstätigkeit vorzuziehen), so galt dies nicht für letzteren. Und genau an diesem Punkt setzen die Radikalen bei ihrer Umdeutung an: indem die gesamte islamische Welt unisono für bedroht erklärt und damit der Krieg gegen den Westen in jedweder Form zur Pflicht wird. Damit einher gehen weitere Aufweichungen der ansonsten geltenden Einschränkungen: Anstelle einer militärischen Intervention genügt die bloße Anwesenheit westlicher Nicht-Muslime in einem muslimischen Land als Angriffsgrund; die Unterscheidung zwischen militärischen und zivilen Zielen entfällt, selbst Kinder werden legitimiert als zu tötende Feinde; es bedarf zum Befehl nicht mehr einer etablierten Regierung, sondern gläubige und geeignete Personen können sich durch »Erfolge« beim Dschihad als Führer legitimieren.[8] Das Ergebnis ist ein absoluter Krieg – wie Osama Bin Laden ihn in seiner bekannten Fatwa 1998 beschrieben hat, in der er zum Dschihad gegen »Juden und Kreuzritter« aufrief. Denn die islamische

Welt werde von den »Truppen der Kreuzritter« angegriffen, die sich »wie Heuschrecken ausbreiten«, sei es die »Besetzung« Saudi-Arabiens oder die »fortwährende Aggression gegen das irakische Volk«, und insbesondere natürlich die »Besetzung« Jerusalems durch »den bedeutungslosen Staat der Juden«. Die Fatwa mündet im »Gebot, die Amerikaner und ihre zivilen wie militärischen Verbündeten zu töten«. Dies »ist eine Pflicht für jeden einzelnen Muslim, der dazu imstande ist, und zwar in jedem Land, in dem die Ausführung möglich ist«.[9]

Es begann im kleinen Stil und bereits Jahre früher. Die beiden führenden Radikalengruppen in Ägypten, die Gama'at al-Islamiya und der Islamische Dschihad (deren ehemaliger Führer Ayman az-Zawahiri als Bin Ladens rechte Hand und ideologischer Kopf gilt), führten je eine Attacke aus: Die Gama'at schlug im Oktober 1995 in Kroatien zu, als sie eine lokale Polizeistation in Rijeka angriff als Vergeltung für das Verschwinden eines ihrer Anführer dort und seine anschließende Auslieferung an Ägypten. Die Dschihad-Gruppe entsandte zwei Selbstmordbomber, um im November 1995 die ägyptische Botschaft in Pakistan zu zerstören und 15 Menschen zu töten, ebenfalls als Vergeltung für die Auslieferung ägyptischer Radikaler an Ägypten.[10] Beide Gruppen vermieden, im eigenen Land solche Taktiken anzuwenden – vermutlich aus Furcht, sonst Unterstützer zu verlieren.

Nahm die al-Qaida ihren Kampf 1992 noch mit konventioneller Bombenlegerei auf[11], so begann die Serie verheerender Anschläge 1998 mit zwei Selbstmordattentaten: Am 7. August 1998 explodierten im Minutenabstand zwei mit Sprengstoff beladene Lieferwagen vor den US-Botschaften in Nairobi und Daressalam. Obwohl keiner der beiden Todesfahrer es schaffte, direkt vor den Gebäuden den Sprengsatz aus TNT und Gasflaschen zu zünden, kamen sie dicht genug heran, um insgesamt mindestens 224 Menschen umzubringen, darunter zwölf Amerikaner, und mehr als 4300 zu verletzen. Die US-Botschafterin Prudence Bushnell in Nairobi hatte selbst mehrfach um besseren Schutz gebeten – was abgelehnt worden war, weil dafür kein Geld bereitstünde.[12] Einer der später als Verdächtige Festgenommenen, der Ägypter Mustafa

Mahmud Said Ahmed, konnte vor Gericht sogar beweisen, dass er bereits im November 1997 die US-Botschaft in Nairobi vor einem solchen Attentat gewarnt hatte.[13] Man hatte ihn nicht ernst genommen.

Den entscheidenden Hinweis auf die Hintermänner lieferte ein »gescheiterter« Märtyrer: Eigentlich hätte der saudische Staatsbürger Mohammed Awhali ebenfalls im Führerhaus des Sprenglasters in Nairobi sterben sollen. Seine Aufgabe war es gewesen, auf den Torwärter zu schießen, um auf das Botschaftsgelände zu kommen. Doch im letzten Augenblick bemerkte Awhali, dass er seine Pistole vergessen hatte. Er sprang aus dem Wagen, rannte auf den Wärter zu, warf eine Handgranate – und lief fort, während der Fahrer auf das Tor zuraste und seine tödliche Fracht beim Aufprall explodierte.[14] Er wurde zusammen mit anderen Verletzten ins Krankenhaus gebracht, wo ihn die Munition in seiner Hosentasche verriet. Awhali und drei weitere Mittäter des Anschlags in Nairobi wurden im Oktober 2001 in New York zu lebenslanger Haft verurteilt, ebenso ein Tansanier, der 1999 in Südafrika festgenommen worden war. Die Ermittlungen ergaben, dass die Täter zum Teil seit Jahren in Kenia und Tansania gelebt hatten.[15] Die Hintermänner hatten sich rechtzeitig absetzen können, dennoch gelang es in der Folgezeit, mehrere geplante große Anschläge zu verhindern – darunter einen auf das Straßburger Münster[16], einen auf die Abfertigungshalle des Flughafens von Los Angeles und einen auf israelische Touristen in Jordanien.[17] Bei Vergeltungsbombardements zerstörten US-Flugzeuge am 20. August 1998 im Sudan eine pharmazeutische Fabrik – irrtümlich hatte man sie für eine Produktionsstätte chemischer Kampfstoffe gehalten; in Afghanistan trafen Marschflugkörper al-Qaida-Trainingslager nahe Khost an der pakistanischen Grenze – und töteten mehrere pakistanische Kaschmir-Kämpfer, die dort zum Training weilten. Eine Weile blieb es danach ruhig.

Bis die nichts ahnende Besatzung des Zerstörers USS Cole am 12. Oktober 2000 gerade für sechs Stunden in den Hafen von Aden eingelaufen war, um neuen Treibstoff zu bunkern. Viele aus der 300-köpfigen Besatzung des rund eine Milliarde Dollar teuren, 142

Meter langen, hochmodernen Kriegsschiffs, saßen beim Lunch, schauten »Mission: Impossible« auf der Videoleinwand in der Messe, als um 11.18 Uhr das Schiff regelrecht hochgeschleudert wurde.[18] Es hätte nicht viel gefehlt, und es wäre in zwei Teile gerissen worden. Ein sechs mal zwölf Meter großes Loch klaffte im Rumpf. Rasch war klar, dass die zwei Männer in ihrem großen, weißen Schlauchboot, die noch freundlich gewinkt hatten, als sie dem Zerstörer näher kamen, den Sprengsatz längsseits positioniert und sich selbst mit in die Luft gejagt hatten – mit einer raffinierten Bombenkonstruktion, die deren gesamte Sprengenergie in Richtung des Schiffes lenkte.[19] 17 Seeleute starben. In diesem Fall war es ein kleiner Junge, der rasch den entscheidenden Hinweis lieferte: Ihm hatte ein Mann den Auftrag gegeben, auf das Auto aufzupassen, mit dem das Schlauchboot ans Wasser gebracht worden war.[20] Einerseits führte von hier aus der Weg rasch zu einem Netzwerk von Vorbereitern, die ebenfalls zum Teil seit Jahren in Aden gelebt hatten und weiterverwiesen auf Führungsleute von al-Qaida, darunter Mohammed Omar al-Harazi, einen Sprengstoffexperten. Andererseits gerierten sich die FBI-Agenten in Aden so selbstherrlich, dass selbst die US-Botschafterin Barbara Bondine sich weigerte, den verantwortlichen FBI-Ermittlungsleiter John O'Neill überhaupt in den Jemen kommen zu lassen.[21] Hinzu kam, dass Jemens Präsident Ali Abdullah Saleh an allzu eingehenden amerikanischen Ermittlungen nicht interessiert schien: Waren es doch dieselben jemenitischen Afghanistan-Veteranen, die al-Qaidas Ränge bevölkerten, die ihm 1994 im Bürgerkrieg gegen die kommunistischen Sezessionisten im Südjemen geholfen hatten. Zumindest die geistige Urheberschaft des Anschlags hat Osama Bin Laden ohnehin nicht bestritten: Im Sommer 2001 ließ er ein Video verteilen, das mit Aufnahmen eines kleinen Bootes im Hafen von Aden beginnt, dann das gewaltige Loch in der USS Cole zeigt, dazu sein Kommentar, dass »Allah uns heute siegreich sein ließ mit der Zerstörung des Schiffes«.[22]

Und wieder war es ruhig. Im Sommer 2001 wurden mehrere vor allem arabische und pakistanische TV-Korrespondenten nach Afghanistan, in die Lager der al-Qaida geladen, durften sogar Bin Laden filmen, wenn auch nicht interviewen. Vor ihrer Abfahrt gab man ihnen noch mit auf den Weg, die al-Qaida-Führung gehe davon aus, dass die Amerikaner mit einem »sehr großen Schlag« zu rechnen hätten – als ob sie höheren Ortes von Gottes Plänen wüssten. Der Schlag kam.

Am Morgen des 11. Septembers 2001, bei stahlblauem Himmel und bestem Flugwetter, wunderten sich morgens um Viertel vor neun die Menschen auf der Südspitze Manhattans für Sekunden über den ungewohnt nahen Fluglärm einer großen Passagiermaschine. Bis das Inferno über sie hereinbrach, das schon eine Stunde früher seinen Anfang genommen hatte. Um 7.45 war der American-Airlines-Flug 011 von Boston nach Los Angeles gestartet, 13 Minuten später der United-Airlines-Flug 175 mit derselben Destination. Um 8.01 Uhr hatte vom Flughafen Newark nördlich von New York Flug United Airlines 93 gen San Francisco abgehoben. Und um 8.10 Uhr schließlich war in Washington der American-Airlines-Flug 77 nach Los Angeles gestartet. An Bord der vier Flugzeuge: 19 Entführer, bewaffnet mit stabilen Tapeziermessern. Als die Maschinen ihren Steigflug beendet haben, bringen die Hijacker sie in ihre Gewalt, besetzen die Pilotenpositionen und verkünden noch, niemandem werde etwas passieren, man kehre zurück zu den Flughäfen.

Um 8.45 schlägt als erste Maschine die American Airlines 011, mutmaßlich gesteuert vom Anführer der Gruppe, Mohammed Atta, in den Nordturm des World Trade Center ein. Zwanzig Minuten später rammt United-Airlines-Flug 175 den Südturm. Vollgetankt für einen Kontinentalflug, verwandeln sich die Flugzeuge mit jeweils mehr als 30 000 Liter Kerosin in gigantische Bomben, treffen sie die Wolkenkratzer mit solch verheerender Wucht, dass im folgenden Brand die verbliebenen Stahlkerne weich werden und beide Türme nur noch anderthalb Stunden stehen werden. Um 9.39 Uhr stürzt die dritte Maschine, American Airlines 77, ins Pentagon. Nur die letzte Maschine, United Airlines 93, wird ihr vermutliches Ziel verfehlen: Nach einem Kampf mehrerer Passagiere mit den Entführern stürzt sie auf einem Feld südöstlich von Pittsburgh in Pennsylvania ab.

Innerhalb weniger als einer Stunde waren mehr als 3000 Menschen ums Leben gekommen – Amerikaner, aber auch 200 Briten, Menschen aus mehr als 50 Nationen, Christen, Juden, Muslime.

Mit diesen Anschlägen geriet der Welt endgültig ins Bewusstsein, dass der Selbstmordanschlag keine Waffe allein ferner Radikalengrüppchen ist, die ihre Kriege aus mehr oder minder nachvollziehbaren Gründen, vor allem aber nur auf ihrem eigenen Terrain (oder dem des unmittelbaren Gegners) führen. So, wie al-Qaida sich radikal selbst von religiösen Gruppen wie Hamas oder Hisbollah unterscheidet, so hat sie dies unter größtmöglichem Entsetzen an jenem Tag dem Rest der Welt gezeigt. Mit einem Schlag war al-Qaida Inbegriff des Schreckens schlechthin und Osama Bin Laden die Verkörperung des Bösen.

Dieser Anschlag veränderte die Welt, führte zu den Kriegen 2001 in Afghanistan und 2003 im Irak (auch wenn Pläne für letzteren früher existiert haben mögen, aber erst mit dem 11.9. waren sie politisch durchsetzbar geworden), machte aus dem bis dato unspektakulär bis erfolglos agierenden US-Präsidenten Bush junior einen Kriegshelden im eigenen Land und eine Hassfigur in weiten Teilen der übrigen Welt. Aber der Anschlag verändert auch al-Qaida. Aus einer Gruppe, die bis dato vollkommen offen in Afghanistan ihre Vorstellungen von einem mittelalterlichen islamischen Idealstaat mit militärischer Macht und finanziellen Mitteln umsetzen und bei mäßigem Verfolgungsdruck im Rest der Welt agieren konnte, waren auf einmal die prominentesten Terroristen der Welt geworden.

Seither genügt eine Ankündigung, ein Videoband oder ein Ton-Mitschnitt, der im Regelfall vom quatarischen Satellitensender al-Dschazira ausgestrahlt wird, und westliche Regierungen versetzen ihr auswärtiges Botschaftspersonal in Alarmbereitschaft, Flüge werden gestrichen, Urlaubsländer zu Krisenzonen erklärt. Händeringend haben die Nachrichtendienste arabisch sprechende Mitarbeiter gesucht, fahnden Hundertschaften von Auswertern nach verräterischen Telefonaten, Geldströmen, Kurieren, Anschlagsplänen. Mit Afghanistan hat al-Qaida ihr Rückzugsgebiet verloren. Zwar entkamen die meisten Führer in den Untergrund des pakistanischen Grenzgebiets und konnten sich bis zu 150 ihrer Kader in den kurdischen Nordirak flüchten, wo die ursprünglich kurdische Islamistengruppe unter dem neuen Namen Ansar al-Islam (Haus des Islam) eine Art Bonsai-Variante des afghanischen Talibanreiches errichtet. Doch insgesamt muss sich die Bewegung komplett neu ordnen, aus dem Untergrund operieren, stets die Entdeckung ihrer Pläne fürchten. Und trotzdem zeigt sich seither immer wieder: Mit ihrer klandestinen, dezentralen Kriegsführung gegen beinahe beliebige Ziele ist al-Qaida nicht zu besiegen. Mit Leichtigkeit kann dieses Netzwerk gefangene oder getötete Führer ersetzen, die relative Offenheit Afghanistans eintauschen gegen Untergrundaktivitäten in den Großstädten Asiens und Afrikas und sogar neue Brückenköpfe aufbauen.

Dass immer wieder Männer aus dem Führungszirkel der Al-Qaida verhaftet worden sind, verdankt sich zumindest in einem Fall zum Teil dem Fluch ihres Erfolgs: Denn dass die im September 2002 in Karachi verhafteten zwei Top-Leute, 11/9-Planer Ramzi Binalshibh und al-Qaida Militärchef Khaled Scheich Mohammed, sich überhaupt dort aufhielten, war ihren Fahndern dank deren Eitelkeit bekannt geworden. War es bislang unerklärte Maxime der al-Qaida gewesen, sich nicht zu Attentaten zu bekennen, geschweige denn Details preiszugeben, so hatten die beiden den al-Dschazira-Reporter Yosri Fouda nach Karachi gelotst, weil sie, prall vor Stolz, der Welt endlich erzählen wollten, wie genial sie waren – als wären sie ernsthaft in Sorge, ihren Ruf zu verlieren und wollten sich, wenn schon nicht mit einem Anschlag, so doch wenigstens mit einem spektakulären Interview der Weltöffentlichkeit ins Gedächtnis rufen. Um die Planung geheimzuhalten, seien in Telefonaten und E-Mails Codenamen für die Ziele verwandt worden, »Kunstakademie« fürs Pentagon, »Jura-Fakultät« fürs Capitol und »Fakultät für Stadtplanung« für die Türme des World Trade Center. In seinem Mailverkehr mit Mohammed Atta habe er, Binalshibh, sich als dessen deutsche Freundin Jenny ausgegeben. Wochen später wurden sie in ihrer konspirativen Wohnung, wo auch das zweitägige Interview stattfand, festgenommen.

Was den religiösen Kadern hilft, ist – neben Geld und Knowhow – ihr hermetisches, intern unumstrittenes Gerüst ihrer Weltanschauung: Zum einen bedarf es keiner zentralen Führung, wenn die Ziele ohnehin klar sind, zum anderen funktioniert es beängstigend gut, lokale Konfliktherde in allen Teilen der islamischen Welt zu besiedeln, existente Gruppen auf die eigene Ideologie einzuschwören und in regelrechte Ableger zu verwandeln. Dabei funktioniert al-Qaida im Grunde nicht anders als McDonalds: nach dem Franchise-System. Wo immer (sunnitische) Muslime sich in kämpfenden Gruppen organisieren, ob gegen ausländische, »ungläubige« Besatzungsmächte, ob gegen muslimische Regierungen oder sogar nur gegen ihre schiitischen Nachbarn, infiltrieren al-Qaida-Männer und tauschen ihr Knowhow in Sachen Bombenbau, Giftherstellung, Kriegsführung, ihre finanzielle Hilfe gegen Gefolgschaft. Dies hat in der Vergangenheit bereits in Kaschmir und Tschetschenien funktioniert, wo dieser Prozess allerdings noch Jahre brauchte. Doch seit dem Krieg in Afghanistan sind zwei neue Fälle dazugekommen, an denen sich exemplarisch die rasante Ausbreitung von al-Qaida zeigt, selbst wenn die betroffenen Gruppen unter eigenem Namen agieren: Karachi und Kurdistan.

Dass Menschen in Karachi für ihren Glauben ermordet werden, ist nichts Neues – aber hat den Westen lange nicht interessiert, denn bis vor einem Jahr beschränkten sich die lokalen Terrorsekten wie Lashkar-e-Jangvi darauf, Muslime der jeweils anderen Glaubensrichtung zu massakrieren. Schiiten erschossen Sunniten, Sunniten brachten Schiiten um. Lashkar-e-Jangvis Killer etwa erschossen hunderte von Ärzten, Anwälten, Ladenbesitzern und Geistlichen, bloß weil sie Schiiten waren. Doch seit Oktober 2001 hat sich die Situation verändert: Erst wurden 16 Menschen in der »Amerikanischen Kirche« im zentralpakistanischen Bahawalpur ermordet, dann starb der im Januar entführte US-Journalist Daniel Pearl unter dem Messer seiner Kidnapper, und im Mai und Juni 2002 schließlich erschütterten zwei Selbstmordanschläge Karachi: erst auf einen Bus voller französischer Ingenieure vor dem Sheraton-Hotel, einen Monat später auf das US-Konsulat. Eine bislang unbekannte Gruppe namen »al-Qanun«, das Gesetz, bekannte sich.

Im Juli 2002 haben, so ein pakistanischer Geheimdienstler[23], ISI-

Offiziere in einer bislang geheimgehaltenen Operation Scheich Ahmed Salim festgenommen, einen kenianischen al-Qaida-Offizier, der in New York angeklagt ist, weil er jenen Lastwagen gekauft haben soll, mit dem Selbstmordbomber 1998 den Anschlag auf die US-Botschaft in Nairobi verübten. Salim war aus Afghanistan nach Karachi geflohen. Und erzählte seinen Vernehmern, dass es al-Qaida gelungen sei, Asif Ramzi, den Führer von Lashkar-e-Jangvi, zu ihrem Werkzeug zu machen. Was ihnen dabei entgegenkam, war Ramzis dringende Suche nach Sponsoren, da er sich in einem internen Machtkampf durchsetzen wolle.[24] Seine Gruppe, bislang berüchtigt für Todesschüsse aus fahrenden Autos, sei mit Selbstmordanschlägen vertraut gemacht, er selbst überredet worden, anstatt Schiiten fortan Ausländer umzubringen. Asif Ramzi stecke hinter den jüngsten Anschlägen in Karachi, sagen pakistanische Ermittler.

Weit stärker ins Interesse der Weltöffentlichkeit geriet ein anderer Brückenkopf von al-Qaida: das kleine, äußerst abgelegene und unzugängliche Bergrefugium einer einstmal rein kurdischen Islamistengruppe im bis zum jüngsten Irak-Krieg autonomen Nordirak. Dort, direkt an der Grenze zum Iran in den Hawraman-Bergen, hatte sich die radikalste Gruppierung der kurdischen Islamisten unter dem Namen »Jund al-Islam«, »die Armee des Islams«, niedergelassen und lieferte sich gelegentliche Scharmützel mit den kurdischen Peshmerga-Kämpfern der in Ostkurdistan herrschenden Patriotischen Union Kurdistans, PUK. Bis zum Oktober 2001: Zeitgleich mit der Flucht Dutzender arabischer Afghanistan-Veteranen vor den US-Streitkräften ins kurdische Bergland änderte die Gruppe ihren Namen ins harmloser klingende »Ansar al-Islam«, »Haus des Islams« – und begann zugleich einen mörderischen Kleinkrieg gegen die PUK. Ausgerüstet mit Unmengen Granatmunition beschossen sie fast jede Nacht die gegnerischen Frontlinien, schlachteten im Dezember 2002 mehrere Dutzend gefangen genommener PUK-Peshmerga mit Messern und Äxten, erstachen kurz darauf mehrere hohe PUK-Offiziere, die sie in eine Falle gelockt hatten. Zugleich errichteten sie wie in Afghanistan ihr rigides Gottesreich, verboten Alkoholkonsum, Musikgenuss und CDs (außer jene mit Predigten), stellten Mahnschilder zur Gottesfurcht auf und ließen Regelbrecher öffentlich auspeitschen. Anfang 2002 schließlich verübte Ansar den ersten von vier Selbstmordanschlägen: Am 26.Februar sprengte sich ein junger Mann an einem Checkpoint am Rand der nächstgelegenen Stadt Halabja in die Luft, tötete sich, einen Taxifahrer sowie zwei Soldaten. Weit mehr Menschen wären umgekommen, hätte er sein Ziel Suleimaniye erreicht, aber vermutlich geriet er bereits angesichts der drohenden Kontrolle in Panik. Drei weitere solcher Anschläge folgten in den kommenden Wochen, wobei nur einer der Attentäter die Regionalhauptstadt Suleimaniye erreichte, in Panik geriet und allein sich tötete.

Nichts, aber auch gar nichts konnte selbst in der weit gedehnten Legitimationspraxis islamischer Extremisten diese Attentate rechtfertigen: Der Islam war nicht in Gefahr, denn nebenan herrschten ebenfalls Muslime, die nur eben zu Erzfeinden von Ansar erklärt worden waren; keine ausländische Macht besetzte kurdisches Territorium, sondern Ansar war es, die ein halbes Dutzend Dörfer und ihre Bewohner unter ihre unbarmherzige Kuratel gebracht hatte. Insofern passte die Rekrutierungspraxis der Selbstmordbomber von Ansar al-Islam ins Muster einer vollkommen von allen realen Bezügen losgelöst agierenden Sekte. Dass diese Praxis bekannt wurde, verdankt sich zwei seinerzeit 17- und 18-Jährigen, die sich im letzten Augenblick ihrer Mission verweigerten und sich stellten, anstatt sich zu sprengen. Beide sitzen im Frühjahr 2003 noch im Geheimdienstgefängnis von Suleimaniye und sind bereit zu erzählen, wenn auch nicht, ihre wirklichen Namen preiszugeben. Osman nennt sich der eine, verhaftet im Sommer 2002, als er sich der Polizei ergab.

All die Klischees von Gehirnwäsche, billigen Paradiesversprechungen, Drogen, die im Falle von Palästinensern und den meisten anderen Suizidmördern so fehl liegen – hier treffen sie zu. »Wir waren 60, meist junge Männer, die in der Märtyrereinheit »al-Aqsa« zusammengefasst waren«, erzählt der schüchterne, schmächtige Junge, den Blick permanent zu Boden geheftet, als sei sein Dasein schon eine Anmaßung. Genau der richtige Kandidat für seine Mission: »Ali Wali und Ayub Afghani, die beiden Führer unserer Einheit, haben permanent auf mich eingeredet, stundenlang jeden Tag, wie wichtig das sei, wie unrein Suleimaniye sei, dass wirklich 72 Jungfrauen nur auf mich warten würden. Mit dem ersten Tropfen Blut sei ich schon dort, und glücklich würde ich da sein. Dann haben sie uns Cassetten vorgespielt von Abdullah Azzam, aber die waren auf arabisch«, und Osman hat sie, im tiefsten Wortsinn, nicht verstanden. »Die haben soviel geredet, verrückt haben die mich gemacht. Und als ich losgehen sollte, bekam ich zwei Tabletten im Pudding, nach denen fühlte ich mich unbesiegbar.« Aber entweder hielt die Wirkung nicht lange genug an, oder die Zweifel schoben im letzten Moment der eigenen Entscheidung Osmans Gehorsam beiseite: Anstatt sich in die Luft zu jagen, flüchtete er sich zur gemäßigten Islamistenbewegung im Nachbarort. Woraufhin ein groteskes, Tage währendes Gezerre begann: Ansar überredete ihn zurückzukommen und abermals auf seine letzte Mission zu gehen, woraufhin er nochmals floh, wiederum überredet wurde, sich nun doch zu sprengen – und sich bei der dritten Flucht schließlich stellte. Der zweite verhinderte Attentäter, der sich Didar nennt, wurde verhaftet, nachdem er nach eigenem Bekunden so lange vor dem PUK-Hauptquartier im Ort Said Sadeq herumgestanden hatte, bis er den Wächtern auffiel. Er bestätigt alle Details der Rekrutierung.

Es ist eine dramatische Entwicklung, dass sich dieser Virus der al-Qaida-Ideologie von totaler Vernichtung und Selbstopferung derart rasant ausbreitet. Denn hier verlassen Selbstmordattentate den letzten Rahmen rationaler Berechenbarkeit. Hier sind sie keine Taten mehr, die aus Verzweiflung und tatsächlicher Ausweglosigkeit auch nur dann begangen werden, wenn sie gesellschaftlich Akzeptanz finden. Hier sind es die blindwütigen Terrorakte einer Sekte, der mit keinem Verhandeln und – angesichts ihrer vollkommen irrealen Ziele – nicht mal mehr mit einem Sieg begegnet werden kann.

Doch zugleich zeigt die relative Erfolglosigkeit der Ansar-Anschläge auch die Grenzen des Selbstmordanschlags als gezieltes Mittel der sie einsetzenden Bewegung: Letztlich bleiben sie eine autonome Entscheidung des Einzelnen, der bei klarem Bewusstsein von seiner Mission überzeugt sein muss. Sonst geht es schief, geraten die Täter in Panik oder springen in letzter Minute ab.

Recherchen des Autors in den Tagen nach der Eroberung des Ansar-Refugiums durch US-amerikanische Special Forces und kurdische Einheiten ergaben, dass die US-Vorwürfe in einem Fall stimmten, im anderen nicht. Schriften wie die Predigtensammlung von Zawahiri, Anleitungen zur Herstellung von biologischen und chemischen Giften sowie Sprengstoffen (nebst Funden der hergestellten Stoffe), die zum Teil wortgleich in Afghanistan gefunden worden waren[25], Videos mit Kampfszenen aus Tschetschenien und Afghanistan, bestätigten, was zuvor gefangengenommene Ansar-Mitglieder[26] bereits ausgesagt hatten: dass Ansar al-Islam von eingesickerten Afghanistan-Veteranen regelrecht geschaffen worden war. Dass sie sich ihrem Kampf gegen das »Weltjudentum« verschworen, aber mit ihren Anschlägen nie über ihre feindlichen Nachbarn hinausgekommen waren, bildete sozusagen die lokale Mutation der Neugründung. Nur die von den USA unterstellte Verbindung zu Saddam Husseins Regime in Bagdad war mit nichts zu belegen.

Neben den Selbstmordanschlägen dieser regional agierenden al-Qaida-Ableger sowie mehreren in Tschetschenien hat es aber in der Zeit nach dem 11.9. auch an ganz verschiedenen Orten der Welt teilweise verheerende Selbstmordattentate gegeben, die, wenn auch nicht direkt von al-Qaida ausgeführt, so doch allen Erkenntnissen nach von ihr inspiriert worden sind:

- Am 12. April 2002 raste der Fahrer eines Flüssiggastanks in die Synagoge von Djerba, Tunesien, und tötete 17 Menschen, darunter elf deutsche Touristen
- Am 12. Oktober 2002 sprengten sich mehrere Attentäter in und vor der Diskothek »Sari Club« in Kuta Beach auf Indonesiens Ferieninsel Bali und töteten 202 Menschen, wobei der hohen Opferzahl die diabolische Machart des Anschlags zugrunde lag: Die erste Bombe ging in der vor allem bei Touristen beliebten Diskothek hoch, woraufhin hunderte Gäste ins Freie rannten – genau in die nächste, weit heftigere Detonation

- Am 28. November 2002 jagten sich die drei Insassen eines sprengstoffgefüllten Geländewagens in der Eingangshalle des vor allem von israelischen Urlaubern frequentierten Hotels »Paradise« im kenianischen Mombasa in die Luft, töteten sich, zehn Kenianer und drei Israelis, unter ihnen zwei Kinder. Kurze Zeit zuvor hatten Attentäter zwei Flugabwehrraketen des russischen Typs SA-7 auf einen startenden Jet der israelischen Chartergesellschaft Arkia geschossen, das rasch an Höhe gewinnende Flugzeug allerdings knapp verfehlt

Dabei zeigt sich, dass die Attentäter die Ziele gewechselt haben: anstatt schwer bewachte Botschaften zu attackieren, greifen sie »weiche« Ziele an, Hotels, Diskotheken, Orte, die unmöglich zu schützen sind. Diese Anschläge al-Qaida zuzurechnen, in dem Terrornetzwerk zumindest die inspirierende Instanz zu sehen, liegt nahe, auch wenn beileibe nicht in allen Fällen klar war, ob tatsächlich die bekannten Drahtzieher hinter den Anschlägen steckten. Das ist aber auch gar nicht entscheidend. Denn al-Qaida pflegt zum einen keine sonderliche Exklusivität bezüglich ihrer Gruppenzugehörigkeit. Außerdem waren das ideologische Fundament und die Vorgehensweise der Attentäter etwa auf Bali, in Kenia und – im Mai 2003 – in Marokko identisch mit denen von al-Qaida, egal ob die konkreten Befehle nun von dort kamen oder nicht.

Ihre – zumindest zeitweilige – Vertreibung aus Afghanistan hat die Gefolgsleute Osama Bin Ladens eben nicht besiegt, sondern in den Untergrund getrieben und die Gefahr weltweit verteilt. Was dieses Netzwerk so gefährlich macht, ist seine Fähigkeit, zwei verschiedene Arten militanter Gruppierungen auf brillante, diabolische Art und Weise miteinander zu kombinieren: Denn einerseits ist al-Qaida mit ihrer vollkommen realitätsabgewandten Weltsicht, ihrer Ergebenheit und der Losgelöstheit von realen Konflikten eine Sekte. Andererseits bezieht sie immer neues Personal und Mobilisierungspotenzial aus ganz realen Konfliktherden. Wie ein Parasit bewegt sie sich zwischen den Konflikten in der islamischen Welt und besiedelt diese wie ein Wirtstier, das im Kampf um Tschetschenien, Kaschmir, aber selbst bei Konflikten innerhalb von Staaten wie in Karachi oder Kurdistan perfekte Lebensbedingungen vorfindet. Die Vernichtungsprediger und -praktiker von al-Qaida sind die Parasiten der Zorns, der echt und begründet sein mag, aber der gar nicht aufgehoben, gelöst, sondern nur genutzt werden soll.

Insofern war es hoch aufschlussreich zu sehen, wie sie sich während des Irak-Krieges verhalten haben. Denn ausgerechnet zu jener Zeit, als vielfach mit neuen Anschlägen gerechnet wurde, geschah – nichts. Während des US-Krieges gegen das Regime in Bagdad hätten, der US-Argumentation von der engen Kooperation al-Qaidas mit Saddam Hussein folgend, sich die todesfreudigen Anhänger Bin Ladens ja eigentlich mit Anschlägen melden müssen, um die amerikanischen Invasoren zu strafen. Doch wahlweise ihre Unfähigkeit, zu beliebiger Zeit an beliebigen Orten zuzuschlagen, oder ihre Fähigkeit zum strategischen Timing stellte al-Qaida unter Beweis, als sie während des Irak-Krieges eben nicht tat, womit viele gerechnet hatten und Anschläge verübte – sondern wartete. Wartete, bis George W.Bush siegestrunken nach dem raschen Kollaps des irakischen Regimes kundtat: »Die Leute von al-Qaida sind auf der Flucht! Diese Terroristen werden langsam, aber sicher dezimiert und stellen kein Problem mehr dar!«[27] Es sei »kein Zufall«, dass die al-Qaida-Terroristen während des Irak-Krieges still hielten, verstieg sich der Anti-Terrorismus-Koordinator des US-Außenministeriums zwei Tage später: »Sie haben versagt! Das beweist, dass der globale Krieg gegen den Terrorismus effektiv gewesen ist«, so der ursprünglich von der CIA kommende Cofer Black.[28]

Recht hingegen sollte Ägyptens Präsident Hosni Mubarak behalten mit seiner Warnung, der US-geführte Irak-Krieg werde »100 neue Bin Ladens«[29] hervorbringen: Präzise koordiniert, brach am 12. Mai an ganz verschiedenen Orten der Welt die Hölle los. Erst raste im tschetschenischen Snamenskoje, 60 Kilometer nordwestlich der Hauptstadt Grosny, ein mit fünf Tonnen Sprengstoff beladener Allrad-LKW in ein Verwaltungsgebäude des verhassten russischen Geheimdienstes. 59 Menschen starben, vor allem Zivilisten, selbst acht Kinder. Stunden später, kurz vor dem Besuch des US-Außenministers Colin Powell, sprengten sich in Saudi-Arabiens

Hauptstadt Riyadh gleich mehrere Attentäter beinahe zeitgleich an insgesamt drei Stellen und attackierten wenig später noch die Büros einer saudisch-amerikanischen Firma. 23.28 Uhr zeigte eine stehen gebliebene Uhr im al-Hamra-Compound nordöstlich von Saudi-Arabiens Hauptstadt Riyad: Kurz zuvor hatten zwei Fahrzeuge, ein mit Sprengstoff beladener Lieferwagen sowie ein Auto voller Bewaffneter, das bewachte Tor durchbrochen. Während die Männer sofort das Feuer eröffneten, raste der Lieferwagen ins Zentrum des Compound und detonierte in einer gigantischen Feuersäule. Hier und in den anderen beiden Compounds Jadawal und Vinell, starben insgesamt 35 Menschen, darunter neun Amerikaner und neun der Attentäter.

Die Compounds gehörten zu den exklusivsten Siedlungen für die im Königreich arbeitenden westlichen Ausländer, umgeben von Mauern und 24 Stunden am Tag bewacht. Einige Lehrer der British School in al-Hamra waren erst kurz zuvor während des Irak-Kriegs hierher gezogen, weil die Anlage als besonders sicher galt. Was alles nichts half.

Fast vollkommen unter ging in den Eilmeldungen der großen Anschläge, dass 48 Stunden nach den Riyadh-Anschlägen im pakistanischen Stadtmoloch Karachi ebenfalls fast zeitgleich Motorradfahrer 12 Brand- und Sprengsätze auf Shell-Tankstellen warfen und nur wie durch ein Wunder niemand verletzt wurde; dass am Tag nach Riyadh in einem Gerichtssaal der jemenitischen Stadt Jibla eine Bombe explodierte – dort war eine Woche zuvor ein Islamist wegen Mordes an drei amerikanischen Missionaren zum Tode verurteilt worden; dass am selben Tag libanesische Fahnder den zweiten Bombenanschlag binnen weniger Wochen in Beirut verhinderten, dessen Ziel die US-Botschaft sein sollte.

Al-Qaida ist mitnichten besiegt, war die Botschaft. Sondern hat sich Ziele gesucht, die es jederzeit treffen kann, selbst wenn die Terrorwarnungen so präzise und so eindringlich sind wie in Riad: Dort hatte noch Tage zuvor der US-Botschafter Robert Jordan die Regierung um besseren Schutz für die Compounds westlicher Ausländer gebeten – nichts geschah. Eindringlich wie nie zuvor hatte er am 6. Mai vor nahenden Anschlägen gewarnt und dringend geraten, das Land zu verlassen. Und in der Woche vor dem Anschlag hatte die saudische Polizei beim Sturm auf eine konspirative Wohnung mutmaßlicher Terroristen 380 Kilogramm des Militärsprengstoffs RDX entdeckt sowie Kalaschnikows, Munition, Computer, Telefone, Reisepässe – nur die meisten Verdächtigen hatten entkommen können, indem sie sich den Weg freischossen und auf der Straße mehrere Autos anhielten und damit flohen.

Vier Tage nach den konzertierten Anschlagsserien kam der nächste Schlag, diesmal in Marokkos Wirtschaftskapitale Casablanca: Ebenfalls fast zeitgleich attackierten Attentäter am Freitagabend fünf Orte in der Millionenstadt: Außer einem Hotel, zwei jüdischen Einrichtungen und dem belgischen Konsulat griffen sie die »Casa de Espana« an, einen beliebten Treffpunkt für die etwa 2000 Spanier in Casablance; drei Terroristen überwältigten den Wachmann, schnitten ihm die Kehle durch. Insgesamt starben 42 Menschen, darunter 13 Attentäter. König Mohammed VI. verurteilte die Anschläge sofort als »Werk eines internationalen Netzwerks des blinden Terrorismus«[30], und ideologisch gesehen werden die Täter ihre Ideologie aus dem Umfeld von al-Qaida bezogen haben. Was die Ermittlungen allerdings ergaben, war vor allem, wie leicht es fällt, zum Terroristen zu werden: Alle Attentäter stammten aus Casablancas Slum Sidi Moumen; der Sprengstoff, Triacetone Peroxide, ist leicht herzustellen aus handelsüblichen Ingredienzien wie u.a. Nagellackentferner – die Anleitung dafür kursiert in Handbüchern, die sowohl in Afghanistan wie in der Ansar-Enklave in Irakisch-Kurdistan gefunden wurden und zwischenzeitlich sogar im Internet gestanden haben sollen.[31] Die Attentäter kamen zu Fuß und sprengten sich, bis auf den Fall der Casa de Espana, am Eingang der angegriffenen Gebäude in die Luft, sobald ein Türsteher sich in den Weg stellte. Dass das jüdische Clubhaus am Freitagabend, dem beginnenden Sabbat, leer sein würde, haben sie offenbar nicht gewusst. Und auch der selbsternannte »Emir« der Gruppe, Miloudi Sakaria, hatte keine Terror-Karriere in Afghanistan oder Tschetschenien hinter sich, sondern sein Slum nie verlassen und als Lokalprediger eine kleine Gruppe von Jüngern um sich geschart

Insofern war die plakative Erleichterung der US-Regierung vor den Anschlägen über das nahende Ende von al-Qaida nicht nur verfrüht – sondern lag gänzlich falsch. Denn es mag stimmen, dass das Netzwerk nur über begrenzte Ressourcen und Einsatzmöglichkeiten verfügt und mitnichten an jedem Ort, zu jeder Zeit zuschlagen kann. Aber dass es imstande war, binnen kürzester Zeit selbst oder mittels kooperierender Gruppierungen an einem halben Dutzend Orten zuzuschlagen, legt eher den Schluss nahe, dass das Abwarten gezielt war: warum sich für einen Diktator in die Bresche werfen, den man ohnehin nicht mag? Ayman az-Zawahiri, Nr.2 in der Hierarchie und ideologischer Kopf von al-Qaida, hatte es schon Monate vorher in einer Predigtensammlung[32] formuliert, die der Autor Anfang April 2003 in einem verlassenen Giftlabor von Ansar al-Islam in Irakisch-Kurdistan fand: Über lange Passagen begründet az-Zawahiri unter Rückgriff auf Koran-Zitate quälend und halbherzig, warum man eigentlich gegen Saddam Hussein sein, ihn aber im Falle eines US-Angriffes nicht bekämpfen, sondern zur Seite stehen müsse: »Helft nicht den Ungläubigen gegen die Gläubigen! Wer Juden und Christen gegen Muslime hilft, ist ein Ungläubiger. Man darf nicht mit Ungläubigen kämpfen, selbst wenn es zum eigenen Tod führt; Mohammed hat gesagt: Ihr müsst eure Schwerter zerstören! Da sagten sie ihm: Wir sterben. Mohammed daraufhin: Besser, ihr sterbt so denn als der, der den Krieg begonnen hat.«

Selbst auf die Zerstörung ihres wichtigen Brückenkopfes im kurdischen Nordirak reagierte die islamistische Terrorinternationale nicht. Sondern wartete ab, bis Saddam gestürzt war. Denn der war eben nicht, wie Bush und die Falken seines Kabinetts trotz Beweismangel nicht müde wurden zu behaupten, in einer Allianz mit al-Qaida verbunden, sondern stand ihren Ambitionen eher im Wege: Wenn die beste Ausgangsposition für Osama Bin Ladens hochaggresive Variante des Dschihad darin besteht, muslimisches Gebiet gegen ausländische Besatzungstruppen zu verteidigen (wie geschehen im Falle Saudi-Arabiens, Tschetscheniens, Afghanistans), so konnte seiner Bewegung kaum etwas besseres passieren, als die US-Besetzung des Irak. Nun hat man es dort nicht mehr mit einem gnadenlosen, sich aber islamisch gebärdenden Diktator zu tun, sondern mit »Kreuzrittern«, einer nicht-islamischen Streitmacht, die überdies nur deswegen den Irak erobert hat, um sich dessen Ölquellen zu sichern. So jedenfalls lautet die Argumentation az-Zawahiris

Insofern gibt es keinen Anlass zu Vermutung, dass die Anhänger von al-Qaida und ihre Anschläge in Zukunft weniger werden. Im Jahresbericht des renommierten Londoner Instituts für Strategische Studien (IISS) vom Mai 2003 wird davon ausgegangen, dass al-Qaida weiterhin die »größte Bedrohung für die weltweite Sicherheit« darstelle. Zwar seien ein Drittel der 30 Führungskader und rund 2000 der Anhänger gefangen genommen oder getötet worden, aber es existiere weiterhin eine »intakte Rumpfführung« mit rund 18 000 Kämpfern. Die einzige für al-Qaida notwendige physische Infrastruktur seien konspirative Wohnungen zum Bau von Bomben und Waffenverstecke ihr größter strategischer Vorteil bestehe darin, dass die Terrororganisation keinen Staat zu verteidigen habe und daher als transnationale und verborgene Organisation agieren könne.[33]

Vollkommen untergegangen ist im Entsetzen über die Anschläge von Riyadh, Casablanca und andernorts, dass Osama Bin Ladens ursprünglicher Grund für seinen Krieg, der Abzug aller US-Truppen aus Saudi-Arabien, just zur selben Zeit verkündet wurde. Aber darum geht es seinen Anhängern schon längst nicht mehr. Solange es Konflikte gibt, die sich nutzen lassen, Weltgegenden, die anarchisch genug sind, um Unterschlupf zu bieten – wie bereits wieder Afghanistan, demnächst vermutlich Irak, darüber hinaus Somalia, Teile Pakistans und überdies Megastädte wie Karachi – werden die Internationalisten des islamisch verbrämten Sektenterrors genügend Freiwillige und Helfer finden, ihren Kampf fortzusetzen. Der braucht ein gewisses Maß an Anarchie, Abwesenheit staatlicher Kontrollmacht und Überwachung, um gedeihen zu können. Und dazu möglichst eine militärische Präsenz oder Besetzung durch »Ungläubige«, vulgo: Amerikaner, gegen die sich Bin Ladens Extrem-Auslegung des Dschihads am trefflichsten in Position bringen lässt. All das gab es nicht im Irak. Jetzt existiert es.

Pakistans nützliche Selbstmordbomber: Der Kampf um Kaschmir

Es war 20 vor zwölf in der indischen Hauptstadt Neu-Delhi, als am 13. Dezember 2001 ein Wagen mit einem offiziell aussehenden Blaulicht auf dem Dach und einem Aufkleber des Innenministeriums hinter der Windschutzscheibe das Haupttor vor dem Nationalparlament passierte. Einmal drinnen, sprangen fünf schwer bewaffnete Männer aus dem Auto, schossen wild um sich und warfen Handgranaten. Sie liefen auf drei verschiedene Eingänge des Gebäudes zu. Einer der Attentäter, mit Sprengstoff verkabelt, jagte sich vor dem Haupteingang in die Luft, durch den er in den mit Abgeordneten gefüllten Sitzungssaal hätte gelangen können. Nach einem 20-minütigen Schusswechsel waren alle fünf Angreifer tot, wie auch acht Wachleute und ein Gärtner, der in die Schusslinie geraten war. Nach dem Blutbad stellten die Sicherheitskräfte die Mobiltelefone der Angreifer sicher und analysierten die letzten Anrufe: Sie waren nach Kaschmir und nach Pakistan gegangen.[34]

Endlich sah Indien den Beweis geführt, dass hinter den militanten islamistischen Separatisten in Kaschmir jener Drahtzieher steckt, den sie dahinter schon immer vermutet hatten: Pakistan. Und dass es sich nicht etwa um einen Befreiungskampf handelt, sondern um Terrorismus. Islamistischen Terrorismus, wie er am 11. September auch die USA heimgesucht hatte.

Der indische Premierminister Atal Behari Vajpayee verglich den Anschlag auf das indische Parlament unverzüglich mit den Anschlägen auf das World Trade Center und das Pentagon. Er wählte bewusst dieselbe Rhetorik wie George W. Bush, beschuldigte Pakistan der Unterstützung und Beherbergung von Terroristen, verlangte deren Auslieferung und drohte ansonsten mit Krieg.[35] Und tatsächlich findet Indien mit seinen Klagen, in Kaschmir würden islamistische Terroristen mit pakistanischer Unterstützung marodieren, seither deutlich mehr Gehör.

Kaschmir, die ewige Wunde zwischen Indien und Pakistan: Zwei der drei großen Kriege zwischen den Nachbarstaaten drehten sich um die Bergprovinz, und die Gefahr, dass sich an der »Line of Control«, die den indischen vom pakistanisch kontrollierten Teil Kaschmirs trennt, ein weiterer Krieg entzündet, ist noch lange nicht gebannt.

Seinen Anfang nahm die Tragödie im Jahr 1947 mit dem Abzug der Briten. Der hinduistische Maharadscha von Kaschmir, Hari Singh, misstraute dem neu gegründeten islamischen Staat Pakistan, der Kaschmir als konstituierendes Element der Nation betrachtete.[36] Als Tausende von bewaffneten Muslimen auf Srinagar zumarschierten, um den Maharadscha vom Anschluss zu überzeugen, rief er die indische Armee zu Hilfe. Die kleine Provinz unterzeichnete mit dem großen Nachbarn einen Vertrag, der ein Referendum zur Selbstbestimmung vorsah. Diese Forderung ging später sogar in eine UN-Resolution über – sie wurde aber nie erfüllt. Nach einem kurzen, aber brutalen Krieg wurde das Land geteilt. Pakistan kontrolliert das westliche Drittel und nennt seinen Teil *Azad Kaschmir*, freies Kaschmir. Unter indischer Hoheit stehen das Kaschmir-Tal, die südliche Region Jammu, die überwiegend von Hindus bewohnt wird, sowie die wilde östliche Himalaya-Region Ladakh, die mehrheitlich buddhistisch geprägt ist.

Zunächst waren es fast ausschließlich Einheimische, die im Streben nach säkularer Unabhängigkeit gegen die Besatzungsmacht vorgingen. Doch wurden diese Gruppen weitestgehend von der indischen Armee zerrieben. An ihre Stelle traten neue, verdeckt von Pakistan unterstützte Gruppen, die auf der Grundlage von islamischem Fundamentalismus und globalem Dschihad um den Anschluss Kaschmirs an Pakistan kämpfen.[37]

1988 explodierte die erste Bombe in Kaschmir, im September desselben Jahres starb der junge Kaschmiri Ajaz Dar bei einem Zusammenstoß mit der Polizei. Dies wird heute rückblickend als der Beginn eines brutalen Bürgerkriegs betrachtet, der seither mindestens 30 000 Menschen das Leben gekostet hat. Dem Ausbruch des blutigen Befreiungskampfs war die Enttäuschung über eine hemmungslose Wahlfälschung 1987 durch die indische Regierung vorausgegangen. Rechtens hätte bei den Wahlen, die Kaschmir mehr Demokratie und Selbstbestimmungsrechte bringen sollten, das

Parteienbündnis der muslimischen Einheitsfront gegen die Regierungspartei National Conference gesiegt. Doch heraus kam, durch Manipulationen, eine Mehrheit für die andere Seite. Damit nicht genug: Wahlhelfer der für Unabhängigkeit eintretenden Kandidaten wurden verhaftet und gefoltert. Viele von ihnen verließen als militante Widerstandskämpfer das Gefängnis.[38]

Pakistan nutzte die Gunst der Stunde: Seit 1989 unterstützten praktisch alle pakistanischen Regierungen islamistische Guerillakämpfer in Kaschmir mit Geld, Logistik und Raum für Trainingscamps, oft auch in Zusammenarbeit mit dem afghanischen Nachbarn. »Binnen Jahren«, schreibt der Journalist Muzamil Dschalil – in Kaschmir geboren, von dort im Oktober 1999 geflohen –, »verwandelte sich Kaschmir in ein weiteres Schlachtfeld im panislamischen Dschihad, und seine Krieger wie auch seine Führer waren nun Nicht-Kaschmiris, deren Agenda die Selbstbestimmung bei weitem überstieg.«[39]

Dass der Befreiungskampf in Kaschmir ausgerechnet im Jahr 1989 in einen bewaffneten umschlug, der zunehmend auch von ausländischen Dschihadis geführt wurde, war kein Zufall. Denn 1989 war das Jahr, in dem die Mudschaheddin in Afghanistan die Sowjetunion besiegt hatten. »Das weckte große Begeisterung, und viele glaubten damals, man könne in Kaschmir wiederholen, was den Mudschaheddin in ihrem Land gelungen war«, so der Publizist Tahir Mohiudin.[40] Gottes Bataillone waren arbeitslos geworden – und fanden ein neues Schlachtfeld.

Heute kann kaum jemand noch die Vielzahl der Splittergruppen von Splittergruppen von Splittergruppen übersehen, die in Kaschmir aktiv sind. Die Gruppen *Lashkar-e-Taiba* (Armee der Reinen) und *Jaish-e-Mohammad* (Armee Mohammeds) sind die bekanntesten, was nicht zuletzt daran liegt, dass ihre bevorzugte Waffe der Selbstmordanschlag ist. Am 16. Januar 2001 wollte ein sechsköpfiges Kommando von Lashkar-e-Taiba den Flughafen von Srinagar im indischen Teil von Kaschmir stürmen. Sie wurden von Sicherheitskräften aufgehalten, mit denen sie sich ein Feuergefecht lieferten, bei dem vier der Rebellen und zwei Zivilisten getötet wurden. Im Oktober desselben Jahres verübten vier Selbstmordattentäter von

Jaish-e-Mohammad einen Anschlag vor dem Landesparlament in Srinagar, bei dem 38 Menschen starben.

Die Selbstmordattentäter, oder Fida'ijjin, wie sie in arabischer Anlehnung auch in Kaschmir heißen, sind oft kaum älter als 14 Jahre. Kinder aus Pakistan, Afghanistan und den Dörfern des Himalaya, die in den Bergen von Kaschmir auf ihr Startzeichen warten: einen Brief ihrer Eltern mit der immer gleichen Formel: »Warum lebst du noch?«[41] Es sind auch Kaschmiris unter den Attentätern; die Strategie als solche aber ist eindeutig ein Import.

Militärisch spielen diese Angriffe kaum eine Rolle; meist sterben deutlich mehr eigene Leute als indische Soldaten. Aber sie sind ein deutliches Zeichen des Widerstands. Jedes der Selbstmordkommandos hinterlässt dieselbe unmissverständliche Botschaft: Unser Weg ist der bewaffnete Kampf; wir suchen nicht den Dialog, sind zu Kompromissen nicht bereit, und um euch zu vertreiben, sind wir sogar bereit zu sterben.

Den Befürwortern eines unabhängigen, säkularen Kaschmirs ist das Treiben der militanten Islamisten fremd – so fremd wie die Herkunft der selbst ernannten Gotteskämpfer, die aus Pakistan, Afghanistan, Tschetschenien kommen. »Nach Kaschmir gehen wir Palästina befreien«, erklärte einer der Kommandeure seinen Männern.[42] Die Inder nennen es die »Talibanisierung« des Kaschmir-Konflikts und versuchen, die Amerikaner davon zu überzeugen, dass dieses Problem zu lösen wäre – wenn nur Pakistan endlich seine Unterstützung für diese »Terroristen« einstellen würde. Doch zum einen wollen die Amerikaner einen wichtigen Verbündeten im Kampf gegen al-Qaida nicht vor den Kopf stoßen. Zum anderen ist es sehr zweifelhaft, dass tatsächlich allein die pakistanische Unterstützung hinter den Kämpfen in Kaschmir steckt. Die indische Armee, derzeit mit mehr als 500 000 Soldaten in Kaschmir präsent, ist in der Bevölkerung verhasst – und sorgt durch ihr brutales Vorgehen dafür, dass die Islamisten jederzeit problemlos Nachwuchs für den Dschihad gegen den verhassten Feind finden. Vor allem durch die Special Operation Group (SOG) und die paramilitärischen Rashtriya-Rifles-Einheiten kommt es immer wieder zu Übergriffen gegen die Zivilbevölkerung, werden Unschuldige erschossen oder verhaftet und am nächsten Tag tot aufgefunden, werden Frauen vergewaltigt und Dörfer abgebrannt, weil dort angeblich Terroristen beherbergt würden. Pakistan muss den Hass gar nicht schüren, das besorgt die indische Armee schon allein. Fast jedes Dorf hat Geschichten zu erzählen von unschuldig des Terrors Verdächtigten, die ihren Familien tags darauf als Bündel Fleisch vor die Tür gelegt wurden oder als brennende Fackeln ins Krankenhaus eingeliefert wurden, nachdem Spezialkräfte sie in kochendes Öl getunkt und angezündet hatten.

Was bei der kriegerischen Rhetorik Indiens außer Acht bleibt: Selbst wenn Pakistan wollte – die internationalen Dschihadis lassen sich nicht einfach per Knopfdruck wieder abschalten oder auf Kommando zurückpfeifen. Innenpolitisch geriet Pakistans Präsident Pervez Musharraf bereits heftig unter Druck, weil er die Gangart gegenüber den religiösen Extremisten verschärft hat.

Dabei war Musharraf in Kaschmir zunächst ziemlich populär. Doch seit er sich nach dem 11. September an die Seite der USA stellte und nun die Islamisten im eigenen Land verhaften lässt, suchen die Kaschmiris nach einem neuen Helden – und wurden schnell fündig. Bereits am 21. September riefen gleich mehrere islamistische Milizen zu einem Generalstreik in Srinagar auf, der sich gegen jede militärische Operation in Afghanistan richtete. Die Massen strömten aus der großen Moschee und skandierten: »Möge Allah den wahren Dschihadi Osama Bin Laden segnen.«[43] Wenn Osama nach Kaschmir komme, hieß es in den Straßen, werde man ihn willkommen heißen und ihm Asyl gewähren.

Tschetscheniens Bürgerkrieg: Mit Gott gegen die Russen

Sie kannten einander. Zumindest hatte Aisan Sasujewa versucht, den Mann kennen zu lernen. Immer wieder war die 18-Jährige vor dem russischen Armeehauptquartier im Ort Urus-Martan erschienen, hatte Stunden gewartet, um ihn zu sprechen: Ortskommandant General Gadschijew. Ihn zu fragen, wo ihr Mann geblieben sei, den russische Soldaten verschleppt hatten zusammen mit ihrem Onkel und zwei Brüdern. Vermutlich waren sie längst tot, und es gab wenig Hoffnung, dass General Gadschijew ihr überhaupt eine Antwort gegeben hätte. Aber Aisan Sasujewa wollte, musste es wenigstens versuchen. Am 29. November 2001 war sie wieder da. Der General stand auf der Straße. Sie fragte ihn: »Erkennen Sie mich?« Gadschijew winkte ab, herrisch, unwirsch: »Gehen Sie weg, ich habe keine Zeit!« In diesem Moment drückte Aisan Sasujewa einen irgendwo unter ihrer Kleidung verborgenen Zündknopf. Sekundenbruchteile später waren beide tot, auch zwei Soldaten starben bei der Detonation.[44]

Eine Frau als Selbstmordattentäterin: in der archaischen Gesellschaft Tschetscheniens noch vor kurzem undenkbar. Doch Aisan Sasujewa wurde zur Heldin wie die anderen vor ihr, die sich mit einem Sprengstoffgürtel oder einem Lastwagen voller Dynamit in russischen Stellungen, vor Straßensperren oder Armeeunterkünften in die Luft gejagt haben. In der Hauptstadt Grosny begegnen einem jeden Tag junge Tschetschenen, die erzählen, sie hätten einen Bruder, eine Schwester, ein Elternteil verloren. Sie würden jeden rächen, bis alle Russen gegangen seien. Es klingt wie Aufschneiderei. Ist aber keine.

Menschen werden verschleppt, willkürlich ermordet, und längst laufen die Fronten quer durch die beiden Völker. Russen, aber genauso die mit ihnen kollaborierenden Tschetschenen sind in den Augen ihrer Gegner zu Todfeinden geworden. Tschetschenen verraten Tschetschenen, aber auch Russen verraten Russen; Offiziere verkaufen ihre Rekruten an tschetschenische Kidnapper, die sie ihrerseits an die Eltern verkaufen oder eintauschen wollen gegen gefangen genommene Angehörige. Tschetschenische Zivilisten werden überfallen, ausgeplündert, erschossen oder entführt – um gegen Geld oder Waffen wieder freigelassen zu werden.

Doch worum wird überhaupt mit solcher Grausamkeit gerungen? Wie ein Spiegelbild der barbarischen Maßlosigkeit dieses Kriegs steht ihm die Abwesenheit klarer Ziele gegenüber. Es steht nichts mehr in Tschetschenien, worum sich zu kämpfen lohnte.

Die Raffinerien, die einst 40 Prozent des sowjetischen Flugzeugbenzins lieferten, liegen schon seit dem ersten Bürgerkrieg in Trümmern. Das Terrain ist derart überschaubar, kaum halb so groß wie die Schweiz, dass es nicht ums Land selbst, sondern um die Macht in der Region geht: darum, all den anderen Minderheiten, die noch im geschrumpften russischen Reich leben, zu zeigen, dass nicht jeder ungestraft die Förderation verlassen darf. Jedenfalls nicht ein solcher Bonsaistaat wie Tschetschenien. Außerdem geht es beim neuen »Great Game« um die Gas- und Ölreserven rund ums Kaspische Meer, darum also, die USA daran zu hindern, im Kaukasus Fuß zu fassen. Was denen ironischerweise im Frühjahr gerade wegen des Kriegs doch gelungen ist, als sie offiziell von Georgien gerufen wurden im gemeinsamen Kampf gegen die »tschetschenischen Terroristen«.

In Russland selbst wuchs schon Anfang der Neunzigerjahre ein neues Feindbild: *Tschernije*, Schwarze, nannte man die Leute aus dem Kaukasus, die pauschal verdächtigt wurden – in Einzelfällen mitnichten zu Unrecht –, hinter Drogen- und Waffengeschäften, Schutzgelderpressung, all den boomenden Wirtschaftszweigen der Mafia zu stecken.

Auf der Gegenseite, in Tschetschenien, begann man die Russen zu hassen. Die verblichenen Helden der tschetschenischen Geschichte, über 100 Jahre zuvor im Kampf gegen die Zaren gefallen, wurden wieder hervorgeholt. Den zentralen Platz in Grosny tauften sie nach dem ersten tschetschenischen Widerstandskämpfer, Scheich Mansur. Die ersten Briefmarken der neu gegründeten Republik zeigten Mansur, Imam Schamil, einen islamischen Führer aus dem 19. Jahrhundert, und Präsident Dudajew, gewissermaßen den legitimen Nachfolger. Bruchlos wurden die Linien gezogen, dass die muslimischen Tschetschenen seit zwei Jahrhunderten einen *Gasavat*, einen Heiligen Krieg, gegen die russischen Ungläubigen geführt hätten. Sie nannten ihn nicht Dschihad. Aber sie meinten dasselbe, und als die UdSSR mit ihrem säkularen Sowjetglauben untergegangen war, spielte die Religion auf einmal wieder eine Rolle. Sie war nicht der Grund, aber sie beschleunigte noch die Separationsbewegung.

Als Moskau den ersten Krieg 1994 vom Zaun brach, versprach der damalige Verteidigungsminister Gratschow, in einer Woche werde man Grosny erobert haben. Der Krieg dauerte anderthalb Jahre, endete in einem Fiasko und zwang Jelzins Regierung zu Friedensverhandlungen mit den Separatisten. Im September 1999, nach einer Reihe mysteriöser Bombenanschläge in russischen Städten, die Russlands Geheimdienste unbewiesenermaßen Tschetschenen zuschrieben, machte der flugs ausgerufene zweite Feldzug Ministerpräsident Putin zum siegesgewissen Kandidaten für die folgende Präsidentschaftswahl. Mit 100 000 Mann marschierte Russlands Armee 1999 ein. Diesmal wurden Grosny und das ganze Land erst monatelang aus der Luft bombardiert, bevor die Bodentruppen einrückten – und abermals auf erbitterten Widerstand stießen.

Während die Generäle gebetsmühlenartig immer wieder das baldige Ende aller Kämpfe ankündigten, rasten in der Nacht zum 3. Juli 2000 in einer konzertierten Attacke fünf sprengstoffbeladene schwere Lkws in russische Militäranlagen. Am schlimmsten traf es die Polizeikaserne im Ort Argun. Mit hoher Geschwindigkeit durchbrach um 4.50 Uhr morgens ein schwerer Ural-Laster die russischen Sperren und rammte die zweistöckige Unterkunft. Das Timing hätte fataler nicht sein können: Die Milizionäre, abgeordnet aus der Uralstadt Tscheljabinsk, waren gerade von einer Patrouille zurückgekommen und hatten sich schlafen gelegt, als das gesamte Gebäude kollabierte. Mindestens 30 Männer starben, und die Explosion hinterließ einen fünf Meter tiefen Krater. In Gudermes rammte der zweite Laster ein Gebäude des Innenministeriums, neben dem Fahrer starben drei Soldaten. In zwei anderen Fällen gelang es, die Fahrer an Straßensperren aufzuhalten, und der letzte Lkw kam noch vor der Kommandantur in Urus-Martan zum Stehen, als er am bunkerartig gesicherten Eingang detonierte; doch auch in diesen Fällen starben mehrere wachhabende Soldaten.[45]

Diese Idee des planvollen Selbstopfers hatten die arabischen Kämpfer im Gepäck, die ab Mitte der Neunzigerjahre ins Land sickerten: Wie freie Radikale auf der Suche nach einer Bindungsmöglichkeit entdeckten sie nach Afghanistan nun auch Tschetschenien als Bühne für ihren weltumspannenden Dschihad. Mittlerweile kämpfen unter dem Befehl des jordanischen Kommandeurs Chattab nicht nur mehrere hundert *Wahhabiten*, wie die Tschetschenen die vielfach aus Saudi-Arabien stammenden Kämpfer und Marodeure nennen, sondern auch Einheimische.

Von denen sind für die meisten auch im zweiten Krieg die Regeln des *Adat*, ihres traditionellen Ehrenkodexes, wichtiger als alle religiösen Motive. Im Finale des Opfermords treffen sich so zwei Linien: was den eingesickerten arabischen Kämpfern ihre Vorstellung vom Dschihad, ist den Tschetschenen ihre Pflicht zur Rache um der Ehre willen. Selbstmord gilt als Schande. Geht es jedoch darum, getötete, entehrte Mitglieder der Familie zu rächen, kann sich diese Schande zur Ehre wandeln.

Selbstmordattentate scheinen für die Tschetschenen zur Ultima Ratio geworden zu sein in einem Kampf, in dem sie schon alles verloren haben und nun eher ihr Leben aufgeben werden als ihre Würde. Doch sosehr diese Attentate in die Situation zu passen scheinen – sie haben einen verschlungenen geographischen und konfessionellen Umweg genommen, bis sie in Tschetschenien ankamen. Einen Weg, der vor allem eines zeigt: wie wenig der Islam hier mit Glaube und wie viel er mit Politik zu tun hat. Denn erst haben radikale sunnitische Araber des al-Qaida-Umfelds das ihnen aus keiner Tradition überlieferte Konzept des Selbstmordattentats übernommen – und zwar von schiitischen Gruppen, denen sie sonst mit tiefster Feindseligkeit begegnen. Nun geben sie es ihrerseits weiter an eine Kultur, die von alten Stammesregeln, russischer Erziehung und einem Islam geprägt ist, der überhaupt erst im 18. Jahrhundert das Land erreicht hat. Wobei sich die marodierenden Kombattanten aus mehreren Nationen nicht daran stören, an der Seite jener zu kämpfen, die in Afghanistan noch auf der Gegenseite standen: Die meisten tschetschenischen Kommandeure der Aufständischen haben ihre militärische Ausbildung in jener einst ruhmreichen Roten Armee der UdSSR absolviert, gegen die sie nun antreten.

Es ist ein Krieg, der in Europa und den USA kaum jemanden

interessiert: Als sich die Unabhängigkeitsbewegungen in Kroatien, Bosnien, Kosovo erhoben, intervenierten Nato und EU erst politisch, bis sie schließlich Serbien bombardierten. Nicht so in Tschetschenien. Und nach dem 11.September haben Russlands Präsident Wladimir Putin und die Generalität sich unverzüglich eingereiht in die amerikanisch geführte Weltallianz: In Tschetschenien leiste Russland seinen Beitrag zum Kampf gegen den Terrorismus. Als Putin Mitte November 2001 zu Besuch in New York war, nannte er Tschetschenien nicht mehr eine »Hochburg des Separatismus«, sondern eine »internationale Terroristen-Enklave«. Und auch Bundeskanzler Gerhard Schröder war plötzlich der Meinung, die Völkergemeinschaft müsse zu einer »differenzierteren Bewertung« des Konflikts in Tschetschenien kommen.[46]

Wie wenig Verhandlungen für Moskau eine Option sind, zeigte Putins Regierung in den furchtbaren Oktobertagen 2002: Drei Dutzend tschetschenische Geiselnehmer, darunter auch acht Frauen, hatten am Abend des 23.Oktober mitten in der Vorstellung des Heldenmusicals »NordOst« das Theatergebäude an Moskaus Melnikowa-Straße gestürmt und die fast 800 Zuschauer als Geiseln genommen. Vermummt die meisten, mit Sprengstoff umgürtet, stellten sie den Kreml vor die Wahl: Rückzug aus Tschetschenien, oder sie würden sich samt ihren Geiseln in die Luft sprengen. Drei Nächte und zwei Tage lang dauerten die Verhandlungen, die keine waren, denn für den Kreml gab es nichts zu verhandeln. Sondern nur zu stürmen: Mit eingeleitetem Gas betäubten russische Spezialeinheiten alle Insassen des Theaters, erschossen sämtliche Geiselnehmer. Das Gas allerdings war in einer Konzentration, dass am Ende 129 Geiseln tot waren – erstickt unter den Augen verzweifelter Ärzte, die Verletzte und nicht Vergiftete erwartet hatten und denen niemand mitgeteilt hatte, was für ein Gas überhaupt eingesetzt worden war. Ob die Geiselnehmer ihre scharfen Bomben gezündet hätten, wird nie geklärt werden können. Fakt ist, dass sie noch mehrere Minuten Zeit dazu gehabt hätten, als das Gas hochkroch, es aber nicht getan haben.

»Beim nächsten Mal wird nicht verhandelt. Da werden sofort die Bomben gezündet«, sagte ein Angehöriger eines Geiselnehmers zwei Monate später dem Russland-Korrespondenten der *Süddeutschen Zeitung*.[47] Und genau so geschah es:

- Am 27. 12. 2002 starben 57 Menschen, als ein mit Sprengstoff beladener LKW die Absperrung zu einem Regierungsgebäude in Grosny durchbrach und kurz darauf detonierte
- Am 12. 5. 2003 durchbrach abermals ein Sprengstoff-LKW mit drei Attentätern, darunter eine Frau, die aus Beton bestehende Absperrung vor der Stadtverwaltung von Znamenskoje und konnten von den Wachmannschaften nicht mehr gestoppt werden, obwohl die das Feuer eröffneten; 59 Menschen starben
- Am 14. 5. 2003 sprengten sich zwei Attentäterinnen, die Bomben unter ihrer Kleidung trugen, bei einer Feier zur Geburt des Propheten Mohammed im Ort Ilaskhan-Jurt östlich von Grosny und töteten zwölf, nach anderen Quellen 14 Menschen. Ihr Ziel war vermutlich der nicht anwesende Ahmed Kadirow gewesen, Vorsitzender der prorussischen Verwaltung, da dessen Kreml-Partei »Vereintes Russland« das Fest organisiert hatte
- Am 5. 6. 2003 tötete eine junge Selbstmordattentäterin mindestens 18 Angehörige der russischen Luftwaffe, als sie in Mosdok in Nord-Ossetien einen Bus in die Luft sprengte, der mit mehr als 30 Personen auf dem Weg zur Arbeit auf dem örtlichen Militärflughafen unterwegs war. Die Frau, die im weißen Kittel einer Krankenschwester in den haltenden Bus einsteigen wollte, rief nach Zeugenaussagen noch »Gott ist groß«, bevor sie den Sprengsatz unmittelbar am Bus zündete, weil die Türen schon geschlossen waren.[48]

Im selben Muster, durch nichts zu bremsen, gehen die Selbstmordanschläge weiter. Immer mehr Frauen, die »schwarzen Witwen«, sind unter den Tätern. Und nichts deutet darauf hin, dass dieser Krieg zu stoppen ist. Russische Soldaten, Sondereinheiten, Geheimdienstler und »Kontraktniki« plündern, verschleppen, foltern, mordern weiterhin ungehindert, ohne dass sie mit beinahe 100 000 Mann die 1000 bis 2000 Widerstandskämpfer im bewaldeten Bergterrain besiegen könnten.

Überdies ist der Krieg längst für die Kämpfer auf beiden Seiten zu zu einem Instrument des Kampfes um interne Macht und äußeren Einfluss geworden: Denn auf russischer Seite wird mit ihm Geld verdient, macht sich das Militär unverzichtbar. Auf der anderen Seite der tschetschenischen und international islamistischen Widerstandskämpfer wiederum ist Tschetschenien zum Magneten und Mythos geworden. Der Kampf um Tschetschenien gilt als nobelster Schauplatz auf der Landkarte der Dschihads und ist zum Magneten für arbeits- und missionslose Kämpfer geworden, die seit Herbst 2001 Afghanistan und damit ihre Basis verloren haben. Denn hier passt alles: Muslimische Nationalisten kämpfen um die Unabhängigkeit ihres Landes von einer christlichen, gar gottlosen Besatzungsmacht, die mit aller Grausamkeit vorgeht.

Als der aus Saudi-Arabien stammende Feldkommandeur Chattab im April 2002 mit Hilfe von russischen Geheimdienstlern vergiftet wurde, waren die saudischen Zeitungen voll mit huldigenden Nachrufen: Ein großer Kämpfer für den Islam, gegen die Ungläubigen, gegen ausländische Besatzer sei im Kampf getötet worden, und stolz vermeldeten mitnichten konservative Blätter wie die »Arab News« endlose Kondolenzschlangen vorm Haus der Angehörigen. Und dass, obwohl sich Chattab in Ideologie und Biographie nur wenig von Osama Bin Laden unterschied, mit einem Unterschied: Wen er umbringen ließ, waren russische Soldaten.

Wie soll das alles enden?

»Gar nicht«, meinte ein Kommandeur von 15 Kämpfern mit milder Stimme und glatt rasiertem Gesicht gegenüber der New-York-Times-Reporterin Elisabeth Rubin auf der Fahrt durch die Trümmerwüsten am Stadtrand von Grosny. »Ich weiß, die meisten Menschen wollen nicht, dass wir diesen Krieg führen. Aber wir können ihn nicht mehr beenden.« Es seien zu viele umgekommen, und nach den Regeln der Ehre sei dies nicht zu vergessen. Vor Tagen habe er im Bus in Grosny einen Jungen reden gehört. Als sie eine Kaserne passierten, habe der unwillkürlich laut zu allen gesprochen: »Könnte ich mich an einem russischen Posten in die Luft sprengen, ich würde es tun!« Keiner im Bus lachte oder sagte etwas. Er meinte es ernst. Es war normal.

So sehr auch die Araber mit ihrem Geld, ihren Waffen und Kämpfern eine wichtige Rolle spielten – sie seien dabei, die tschetschenische Gesellschaft zu zerstören mit ihrer Erbarmungslosigkeit: »Wenn das noch lange so weitergeht, wird hier eine Generation von Monstern heranwachsen, die keine Bildung kennt, nur Islam, Waffen, Messer. Sie werden weder ihr eigenes Leben wertschätzen, noch das von irgendwem anders.«

10

Tödliche Emanzipation – Selbstmordattentäterinnen in Kurdistan und Sri Lanka

»Du wirst auf jeden Fall sterben. Im Reich der Märtyrer haben wir einen Platz für dich. Warum also weinst du?«

Vellupillai Prabhakaran zugeschrieben, dem Führer der Tamil Tigers

»Diese Frauen hatten das Bewusstsein und den Willen, freie Frauen zu sein, eine wichtige Botschaft zu übermitteln, ein Beispiel für Frauen in aller Welt zu sein.«

PKK-Führer Abdullah Öcalan über die ersten kurdischen Selbstmordattentäterinnen 1996

Sterben für ein letztes Abendmahl: Die Tamil Tigers auf Sri Lanka

Wie für einen Festtag hat sie sich geschmückt, die junge Tamilin in ihrem glänzenden Gewand und mit Blüten im Haar. In den Händen hält sie eine Sandelholzgirlande. Diese will sie Rajiv Gandhi umhängen – wie all die anderen Menschen, die mit Blumen auf die verspätete Ankunft des indischen Oppositionsführers warten. Der Sohn der legendären Indira Gandhi steht nach seiner Niederlage 1989 kurz vor der Wiederwahl zum Premierminister und kommt als Wahlkämpfer nach Sriperumbudur im südindischen Staat Tamil Nadu. Es ist der 21. März 1991.[1]

Als Rajiv Gandhi um zehn Uhr abends endlich am roten Teppich eintrifft, stürmen die Wartenden auf ihn zu. Eine Leibwächterin will die Tamilin zurückhalten, doch Gandhi, dessen Mutter und Großvater bereits Opfer von Attentaten wurden, sagt: »Lassen Sie jedem eine Chance.« Auf genau diese Chance hat die Frau gewartet: Sie verneigt sich zu Gandhis Füßen und zündet mit der rechten Hand den Sprengsatz, den sie in einer eigens dafür geschneiderten Weste unter ihrem Sari trägt. Um ganz sicher zu gehen, dass ihre Mission Erfolg hat, haben die Planer des Anschlags eine so große Menge Sprengstoff verwandt, dass Gandhis Körper durch die Explosion vollkommen zerfetzt wird.

Mit dem Anschlag auf Rajiv Gandhi bombten sich die tamilischen Rebellen endgültig ins Bewusstsein der restlichen Welt: als die entschiedenste, lebensverachtendste, einfallsreichste und im Treffen ihrer Ziele präziseste Bürgerkriegsarmee der Welt. Die Liberation Tigers of Tamil Eelam, LTTE, kämpfen seit 20 Jahren für einen tamilischen Staat auf der von der singhalesischen Bevölkerungsmehrheit regierten Insel Sri Lanka.[2] In einer Weise, die ein Kabinettsminister aus Colombo so zusammenfasste: »Wir kämpfen, um zu leben. Sie kämpfen, um zu sterben.«[3]

Der Anschlag auf Gandhi war nur eine von zig Selbstmordoperationen der Black Tigers, jener speziell ausgebildeten Eliteeinheit der LTTE: Bereits im Juli 1987 hatte sich ein LTTE-Offizier samt 40 Regierungssoldaten in die Luft gesprengt, als er mit einem Lastwagen in ein Militärcamp der Regierungstruppen gerast war – eine Kopie jenes legendären Selbstmordanschlages der libanesischen Hisbollah im Oktober 1983 auf das Quartier der US-Marines in Beirut. Und erst zwei Monate vor dem Tod Gandhis war Sri Lankas Verteidigungsminister Ranjan Wijeratne von einem harmlos aussehenden Radfahrer gesprengt worden. 1993 wurde Staatspräsident Ranashinge Prendesa Opfer eines Manns, der es zuvor geschafft hatte, ein Jahr im inneren Kreis um den Präsidenten zu verbringen, bevor er seine Mission ausführte. 1994 starb Oppositionsführer Gamini Dissanayake. Prendesas Nachfolgerin Chandrika Kumaratunga überlebte 1999 einen Anschlag, aber verlor dabei ein Auge. Am 5. Januar 2000 wurde die Residenz der Premierministerin von einem Selbstmordbomber angegriffen. Außerdem wurden über die Jahre mehrere hohe Armeeoffiziere, weitere Politiker, selbst kompromissbereite Tamilen getötet – die LTTE hat, so scheint es, nichts weniger vor, als die herrschende Elite Sri Lankas auszurotten. Allein bis zum Jahr 2000 hat sie insgesamt 168 Selbstmordanschläge verübt, mehr als 500 Menschen umgebracht und Tausende verwundet.[4]

Die jahrzehntelange Apartheidspolitik von Regierungen, die glaubten, die Tamilen allein mit militärischen Mitteln unterwerfen zu können, hat dieses Monster gezüchtet, dem sie nun ohnmächtig gegenüberstehen: »Der einzige Weg, wie wir unser ›Tamil Eelam‹ bekommen können, ist mit Waffen. Nur so wird uns jemand anhören«, glaubt der 18-jährige Vasantha, dessen Bekenntnis in einem der raren Interviews[5] mit Tamil Tigers zu lesen war: »Das ist das höchste Opfer, das ich bringen kann. Selbst wenn ich dabei sterben muss.«

Die gegebenen Umstände: Das ist eine erbarmungslose Spirale der Gewalt, entstanden aus der Diskriminierung einer Minderheit[6], deren Militante so vehement zurückschlagen, dass die Armee ihrerseits Vergeltung übt. Das Ergebnis ist ein seit fast 20 Jahren wütender Bürgerkrieg mit rund 65 000 Toten und 1,6 Millionen Vertriebenen.[7]

Die Hoffnungslosigkeit ist ein gewichtiger Grund. Aber es kommt noch etwas hinzu, denn Separatistenbewegungen unterdrückter Völker gibt es auch anderswo in Asien, sei es das Volk der Aceh auf Nordsumatra, seien es die Tibeter in Tibet, bis vor kurzem die Timoresen in Ost-Timor – aber niemand von ihnen greift zu diesem letzten Mittel. Warum also Sri Lanka? Die Antwort besteht letztlich aus einem schwer auszusprechenden Namen: Vellupillai Prabhakaran – Gründer der LTTE und Gott in nichts nachstehend, was seine Macht über ihre Kader angeht. Beinahe drei Jahrzehnte Guerilla-Erfahrung haben aus dem einstigen Fischer und eher mittelmäßigen Studenten einen genialen Strategen werden lassen. Immer an seiner Seite: sein Stellvertreter und ideologischer Berater Anton S. Balasingham, ein Nationalist mit britischem Pass und australischer Ehefrau.

Die Organisation der LTTE ist streng hierarchisch. Es gibt unterschiedliche Einheiten für Ausbildung, Planung, Einsätze auf See oder eben Selbstmordkommandos – jede befehligt von einem *Deputy Commander*. Doch letztlich entscheidet Prabhakaran allein über Strategie, Hinrichtungen, Selbstmordkandidaten. Ein Mann für Legenden: Als Jugendlicher soll der 1954 Geborene sich selbst gefoltert haben, um sich abzuhärten – mit Splittern unter den Fingernägeln oder indem er sich stundenlang in einem Sack in die Sonne legte.[8] Mit einer eklektizistischen Mixtur aus Lehrbüchern der West-Point-Militärakademie, Comics, einer Vorliebe für Clint-Eastwood- und Karate-Videos[9] und tiefer Bewunderung für Napoleon[10] hat er die Mythenwelt der LTTE geschaffen. Und mit seinem untrüglichen Machtinstinkt, seiner Menschenkenntnis sowie einem grenzenlosen Glauben an sich selbst und sein Ziel hat er im Dschungel eine Armee aufgebaut, die im Inneren eher einer Sekte gleicht.

Die Selbstmordanschläge werden akribisch geplant. Die Täter bekommen speziell angefertigte Westen, die mit »Selbstmörderkugeln«, kleinen Stahlpellets, gespickt sind. Die Sprengstoffe werden vorher an Hunden und Ziegen getestet, um die exakt nötige Dosierung zu finden. Monatelang trainieren die »Intelligenz- und Begleitungsteams« jeden Schritt.[11]

Begonnen hat der Konflikt bereits vor einem halben Jahrhundert: Als die Briten ihre damalige Kolonie Ceylon 1948 in die Unabhängigkeit entließen, übernahm die singhalesische Bevölkerungsmehrheit die Macht. Tamilische Plantagenarbeiter aus Indien – von den Briten seit Mitte des 19. Jahrhunderts ins Land geholt – durften die Einbürgerung in den neuen Staat nur beantragen, wenn sie nachweisen konnten, dass sie vor der Unabhängigkeit bereits zehn Jahre in Ceylon gelebt hatten. Ein Dokument, das für die meisten unmöglich zu beschaffen war. Unter der Präsidentschaft von Srimavo Bandaranaike, der Mutter der heutigen Präsidentin Chandrika Kumaratunga, wurde die Bearbeitung der Einbürgerungsanträge abgeschlossen. Nur ein Sechstel wurde angenommen: Mit einem Schlag verlor 1963 die Hälfte der tamilischen Minderheit ihre Bürgerrechte – immerhin acht Prozent der Gesamtbevölkerung Sri Lankas.

Als 1971 die Republik Sri Lanka ausgerufen wurde, deren bis heute gültige Verfassung die Rechte der tamilischen Bevölkerung weiter beschnitt, wuchs der Widerstand gegen die zunehmende Diskriminierung und wurde militanter. Es entstanden marxistisch orientierte Studentengruppen, die Vorläufer der späteren Rebellenorganisationen. Moderatere Tamilen gründeten die Partei Tamil United Liberation Front (TULF). Alle hatten ein gemeinsames Ziel: die Gründung eines eigenen Tamilenstaats, eine Art Homeland – genannt Tamil Eelam. Mehr als 40 Prozent der höher gebildeten Tamilen waren in jener Zeit arbeitslos, falls sie nicht ohnehin ins Ausland geflüchtet waren. Ein idealer Nährboden für die Widerständler, die sich in ihren Anfangszeiten nach Art von Stadtguerilleros durch Banküberfälle finanzierten. Sie erhielten schnell großen Zulauf: Mitte der Achtzigerjahre gab es rund 20 Rebellenorganisationen mit 3000 bewaffneten Kämpfern. Die stärkste Gruppe war damals schon die 1976 gegründete LTTE mit rund 1500 Kämpfern.

Als im August 1983 die gemäßigte TULF-Partei durch eine Verfassungsänderung aus dem Parlament verdrängt wurde, hatte sich der Aufstand der Tamilen bereits stark radikalisiert. Am 23. Juli desselben Jahres führte die LTTE ihren ersten militärischen Schlag gegen Regierungstruppen, bei dem 13 Soldaten ums Leben kamen. Danach erlebte die tamilische Bevölkerung die bis dato schlimmsten Ausschreitungen, bei denen aufgebrachte Singhalesen unter den Augen der Polizei Hunderte von Menschen umbrachten.[12] Der damals 20-jährige Student Shan musste zusehen, wie vor seinen Augen ein alter Mann bei lebendigem Leib verbrannt wurde. »Da beschloss ich, das Zurückschießen zu lernen«, erzählt der spätere Widerstandskämpfer.[13]

Selbst die gemäßigten Tamilen begannen nun mit den bewaffneten Rebellen zu sympathisieren. Singham – ein Tamile, der 1980 als Student nach Deutschland flüchtete – erinnert sich an die explosive Stimmung: »Ich hatte nichts mit der LTTE zu tun, aber das zählte nicht. Die Soldaten haben damals junge Tamilen willkürlich verhaftet, sie lange eingesperrt, gefoltert und so viele Jugendliche erst zu ›Terroristen‹ gemacht. In ihrem Hass auf die Soldaten und den Staat haben sie sich dann den ›Tamil Tigers‹ angeschlossen.«[14]

Der Machtvirtuose Vellupillai Prabhakaran sah seine Chance, zum alleinigen Herrn des Widerstands und der »tamilischen Sache« zu werden: Am 29. April 1986 griff die LTTE die zweitgrößte Widerstandsbewegung Tamil Eelam Liberation Organisation (TELO) an, überrannte in einer Woche alle Camps und tötete 200 TELO-Kämpfer, darunter sämtliche Anführer. Die Tiger hatten die uneingeschränkte Vorherrschaft auf der tamilischen Seite übernommen. Wer sich ihnen seitdem in den Weg stellt, wird genauso niedergemacht wie die singhalesischen Feinde. Abweichler werden brutal abgestraft.[15]

In den von ihnen beherrschten Gebieten des Nordostens von Sri Lanka fordert die Organisation von jeder tamilischen Familie mindestens ein Kind als Soldat ein. Folgen sie nicht freiwillig, werden die Jugendlichen vielfach zwangsrekrutiert – aus ihren Wohnhäusern, in den Schulen oder einfach von der Straße weg. Dabei schrecken die Tiger nicht davor zurück, 14-Jährige in Nacht- und Nebelaktionen aus ihren Betten zu holen und mitzunehmen.[16] Doch viele folgen auch freiwillig: frustrierte Schulabgänger, die mit patriotischen, mythisch verklärten Geschichten, Liedern und Filmen über die Befreiungskämpfer groß geworden sind. Die sich erhoffen, ihre elende wirtschaftliche Lage und gleichzeitig das soziale Ansehen ihrer Familie aufzubessern. Teenager, deren Eltern, Geschwister, Freunde vor ihren Augen von Regierungssoldaten willkürlich verhaftet, misshandelt oder getötet worden sind.

Durch die undurchsichtigen Kommandostrukturen der LTTE ist es für die normale Bevölkerung schwer, wirklich Einblick in ihre Aktivitäten zu bekommen. »Die Tiger sind eher eine Sekte als eine Armee«, meint ein tamilischer Intellektueller aus Colombo, »sie dürfen keinen Sex haben, dürfen nicht rauchen oder trinken.«[17] Denn wer keusch ist und seinen Samen zurückhält, kumuliere ihn zu einer magischen Potenz, zu übermenschlichen Kräften, die dann im entscheidenden Moment freigesetzt werden.[18]

Das ganze Repertoire der Gehirnwäsche, hier kommt es tatsächlich zum Einsatz: In den Lagern dröhnen aus Lautsprechern von früh bis spät Heldenlieder. Wer sich der LTTE anschließt, hat nicht mehr zu heiraten – er ist schon verheiratet mit Tamil Eelam. Ihr höchstes Ziel, wird den Jugendlichen eingeschärft, müsse die Bereitschaft sein, für die gemeinsame Sache zu sterben: »Sich lebend vom Feind fangen zu lassen ist die schlimmste Schande«, hat der Führer verkündet.[19] Die höchste und letzte Ehre ist es, von Prabhakaran zum »last supper« eingeladen zu werden – einem opulenten Mahl, an dem normalerweise nur diejenigen teilnehmen dürfen, die für ein Selbstmordattentat bestimmt wurden. Wie die muslimischen Selbstmordattentäter in ihren Testamenten oft davon schreiben, im Himmel an Gottes Seite Platz zu nehmen, gibt es hier das erste und letzte Abendmahl an der Seite dessen, der Gott am nächsten kommt – noch im Diesseits, denn ein jenseitiges Paradies steht den mehrheitlich hinduistischen Tamilen nicht in Aussicht, ist aber auch gar nicht notwendig.

Die ernsten, meist schüchtern wirkenden jungen Männer und Frauen werden posthum verehrt wie Heilige. Räucherkerzen, Blumengirlanden und nachgebaute Pappmaché-Puppen schmücken ihre Schreine. Ihre – wenn möglich – zusammengeflickten Leichen werden in einem Triumphzug zum Begräbnis getragen.[20] Ein Teil dieses mit grellem Neonlicht bestrahlten Ruhms fällt auf die Angehörigen zurück: Sie haben nicht einen Toten zu betrauern, sondern eines Helden, eines Black Tiger, zu gedenken, der das Ziel seiner Mission erreichte. Eine Frage der Familienehre.

Wo kein tradierter Glaube nötig ist, um den Trost eines paradiesischen Weiterlebens zu spenden, fallen auch seine Einschränkungen weg. Was zu einem der markantesten Unterschiede zu den islamischen »Märtyreroperationen« geführt hat: Ein Drittel der schätzungsweise 10 000, fast zur Hälfte minderjährigen »Tiger«[21] sind Frauen und Mädchen. Ausgerechnet bei den Selbstmordkommandos sind es sogar 60 Prozent. Über die Gründe dafür gehen die Meinungen auseinander. Anhänger der LTTE preisen die Emanzipation der tamilischen Frau zur gleichberechtigten Kämpferin. Seit 1984 werden weibliche Einheiten in die Kämpfe mit einbezogen, seit 1987 gibt es eigene Ausbildungslager für Frauen auf der Jaffna-Halbinsel. 1990 kommandierte zum ersten Mal eine Frau eine Rebelleneinheit. Srilankische Frauenrechtlerinnen bezweifeln, dass hinter der Gleichstellung im Kampfeinsatz ideologische Werte stehen, entscheidend sei vielmehr der ständige Bedarf an Nachwuchs für die LTTE-Kader. Letztlich ergänzen sich beide Gründe.

Viele Männer im kampffähigen Alter sind gefallen oder ausgewandert. Die wenigen, die noch zur Verfügung stehen, werden für die aufreibenden Kämpfe gegen die Regierungstruppen benötigt. Männer können länger marschieren, schwerere Lasten tragen – während Frauen unter ihren Kleidern, als vermeintliche Schwangere, leichter Bomben verbergen können. Eine geschlechtsspezifisch tödliche Arbeitsteilung: Der Sprengstoffgürtel der Selbstmordattentäter, den die LTTE im Laufe der Jahre immer weiter perfektioniert hat, ist ursprünglich sogar speziell für den weiblichen Körper entwickelt worden.[22] Außerdem erscheinen Frauen meistens unverdächtiger, sodass sie viel seltener kontrolliert werden.

Die Selbstmordanschläge sind das effektivste Druckmittel gegen die zahlenmäßig mehr als zehnfach überlegenen Gegner. Dabei terrorisiert die LTTE nicht so sehr die Bevölkerung mit wahllosen Anschlägen, wie es etwa die Hamas in Israel betreibt. Sondern zielt mit umsichtiger Präzision auf die Nervenstränge des Staates – sei es mit Anschlägen gegen Entscheidungsträger oder mit Angriffen auf die empfindlichsten Schwachstellen der Infrastruktur: Die »Black Tigers« zerstörten unter anderem das Hauptquartier der Streitkräfte, die Öllager in Kolonnawa und den »Tempel des Zahns«, das wichtigste buddhistische Heiligtum der Singhalesen.

Besonders empfindlich trafen die Rebellen die Republik mit ihrem spektakulären Schlag gegen den Internationalen Flughafen von Colombo am 24. Juli 2001. Obwohl der Plan nicht vollständig zu Ende gebracht werden konnte, hatten die Rebellen ihr Ziel erreicht: Mit 13 beschädigten oder zerstörten Zivil- und Militärflugzeugen legten die Tiger nicht nur die einzige internationale Anbindung der Insel zum Ausland lahm,[23] sondern zerstörten zugleich die Hälfte der einsatzfähigen Luftwaffe Sri Lankas und ruinierten nachhaltig das Image der Insel als Ferienidyll. Die großen Airlines stellten ihre Flüge nach Colombo bis auf weiteres ein, Bilder von Touristen, die um ihr Leben rannten, gingen um die Welt.

Unterstützung für ihre material- und kostenintensiven Programme erhält die LTTE vor allem von Exil-Tamilen aus dem westlichen Ausland.[24] Ein weltweites Netzwerk von rund einer halben Million Exil-Tamilen sorgt mit Spenden, Waffenlieferungen und propagandistischer Schützenhilfe für den Nachschub an der Heimatfront. Selbst in der Diaspora ist es schwer, den Forderungen der Tiger zu entkommen: Wer nicht zahlt, wird unter Druck gesetzt. So beobachtete der Bundesverfassungsschutz, dass besonders so genannte Heldengedenktage und Kulturveranstaltungen für derartige Sammelaktionen benutzt werden. Weltweit kommen monatlich schätzungsweise eine Million Dollar Spenden für die LTTE zusammen.[25]

Doch es sind nicht nur die Gelder der Exil-Gemeinden – die Tamil Tigers unterhalten außerdem gute Kontakte zu anderen Widerstandsbewegungen und Terrororganisationen. Bereits in den Siebzigerjahren haben Kämpfer der LTTE gemeinsam mit der PLO trainiert. Und auch die Tamil Tigers haben wiederum andere Gruppen trainiert, darunter Sikhs und Kaschmir-Rebellen.[26] Unklar ist, in welchem Maß die LTTE von islamischen Gruppen beeinflusst oder instruiert worden ist, was die Übernahme der Selbstmordanschläge betrifft. Seit 1996 soll es Kontakte der LTTE-Sprengstoffexperten zur al-Qaida geben.[27] Andererseits: Prabhakaran brauchte nur fernzusehen, um von den fatal erfolgreichen Hisbollah-Angriffen 1983 zu erfahren. Oder vom al-Qaida-Anschlag auf die USS Cole im Jahr 2000, woraufhin der LTTE-Kommandant der »Sea Tiger«, Soosai, in einem BBC-Interview verlautbarte, das sei eine Nachahmungstat ihres Attentats auf ein Kriegsschiff der Marine Sri Lankas aus dem Jahr 1991.[28] Den entscheidenden Schritt mussten die rebellierenden Tamilen ohnehin selbst gehen: Menschen zu finden, die zum Opfermord bereit sind.

Obwohl die Regierungstruppen mit Waffentechnik und Knowhow aus den terrorerfahrenen Ländern Israel und Pakistan unterstützt werden, konnten sie die Rebellen militärisch bislang nicht in die Knie zwingen. Im Gegenteil: Am 27. April 2000 haben die Tiger den strategisch wichtigen Elefantenpass, der die Kontrolle über die Jaffna-Halbinsel garantiert, nach fünf Jahren harter Kämpfe zurückerobert. Dabei kesselten 6000 LTTE-Kämpfer

40 000 srilankische Soldaten ein und schnitten sie von der Außenwelt ab.[29] Vor allem aber mit ihren verheerenden Selbstmordattacken haben sie es geschafft, die Regierung in eine Patt-Situation zu bomben. »Keine Seite kann militärisch gewinnen«, sagt ganz offen der norwegische Diplomat Eric Solheim, der im November 2000 die internationale Vermittlung zwischen den beiden Bürgerkriegsparteien aufgenommen hat.[30] Immerhin ist ein unbefristeter Waffenstillstand in der Nacht zum 24. Februar 2002 zwischen Regierung und Rebellen ausgehandelt worden. Der im Dezember 2001 neu gewählte Premierminister Ranil Wickremesinghe hatte zuvor allen Warnungen von Präsidentin Kumaratunga zum Trotz See- und Straßenblockaden im umkämpften Gebiet im Nordosten der Insel gelockert.

Bislang haben die Tamil Tigers dreimal Waffenruhen dazu genutzt, aufzurüsten und neue Soldaten zu rekrutieren. Doch nach dem 11. September 2001 ist der internationale Druck auch auf die LTTE stärker geworden. Tamilische Vereinigungen in den USA, Kanada und Großbritannien sind verboten worden, der Geldfluss ist merklich schmaler geworden, und die Legitimität des selbstmörderischen Kampfes an sich hat auch in den Augen vieler Tamilen verloren. Prabhakaran hat sich nun friedenswillig gezeigt. Allerdings müsse dazu die LTTE als »Freiheitsbewegung, die für das unterdrückte tamilische Volk kämpft«[31], und somit als gleichwertiger, legaler Verhandlungspartner anerkannt werden. Schwer vorstellbar angesichts der Eskalation des Hasses auch aufseiten der Regierenden. Und doch hat die Kombination aus Erfolg und Legitimations- sowie Geldverlust in einem bereits Wirkung gezeigt: Die LTTE hat den Einsatz von Selbstmordanschlägen erst einmal eingestellt – zum einen, weil die Anerkennung der Organisiation durch die Regierung in Colombo einen enormen Erfolg darstellt, zum anderen weil die Anschläge immer schwerer durchzuführen und insbesondere den exiltamilischen Anhängern kaum noch zu vermitteln waren.

Der Kampf der PKK:
Wo Gott Abdullah Öcalan ist

Tausende Kilometer von Sri Lanka entfernt liegt Kurdistan: keine tropisch-grüne Insel, sondern ein schroffes, sommers staubig heißes, winters klirrend kaltes Bergland. Eine andere Religion, andere Traditionen, andere Geschichte. Und doch: Als sei das gleiche Stück auf fremder Bühne aufgeführt worden, wirkt die »Kurdische Arbeiterpartei« PKK und ihre Geschichte der befohlenen Selbstmordattentate wie eine bizarre Kopie der Tamil Tigers: Wie sie ist auch die PKK in den Siebzigerjahren aus dem Konflikt einer ethnischen Minderheit mit dem Mehrheitsvolk entstanden und demselben Muster der Eskalation gefolgt: Die Minderheit begehrt auf gegen die Mehrheit. Die schlägt zurück. Und anstatt sich zu fügen, radikalisiert sich die Widerstandsgruppe, lässt ihrerseits die Auseinandersetzung eskalieren und provoziert den Staat zu Vergeltungen, um die gesamte, in diesem Falle kurdische Bevölkerung in den Widerstand gegen den türkischen Zentralstaat zu treiben.

Aber auch die beiden Gruppen an sich ähneln einander wie Zwillinge: Vollkommen fixiert auf ihren Führer, werden die Mitglieder eingeschworen wie eine Sekte und Kritiker genauso erbarmungslos verfolgt wie die eigentlichen Feinde. Traditionelle Religionen spielen keine Rolle, sondern sind abgelöst worden durch den hausgemachten Kult um die Bewegung. Selbst noch in der Person des allmächtigen Führers gleichen sich die Biografien: Wie Vellupillai Prabhakaran ist auch Abdullah Öcalan ein mittelmäßiger Student (der Politikwissenschaften) gewesen – an der Universität Ankara, die er ohne Abschluss verließ.

Und ausgerechnet im patriarchalischen, tief traditionellen und muslimischen Kurdistan gab es in den letzten Jahren des bewaffneten Kampfes der PKK noch eine selbstmörderische Parallele zu den Tamilen: Von den 15 Selbstmordanschlägen der PKK wurden elf von Frauen begangen.[32] Die wenigsten von ihnen meldeten sich freiwillig dazu[33], aber auch kaum eine verweigerte gänzlich den Befehl. Was viel mit dem grundsätzlichen Charakter der PKK-Attentäter zu tun haben dürfte: Lebten die Kämpfer ohnehin schon isoliert in ihren Berglagern oder waren auf der Flucht, galt diese Isolierung doppelt für die Frauen. Für sie bedeutete die PKK den totalen Bruch mit ihrem bisherigen Leben. Geboren in Kurdistans traditionelle, erzkonservative Gesellschaft, in der Mädchen buchstäblich an ihre Ehemänner verkauft werden und Mehrfachheiraten ebenso wie Verwandtschaftsehen noch üblich sind, haben die Frauen sich um Kinder, den Haushalt, die Tiere zu kümmern. Obwohl wenigstens der Grundschulbesuch eigentlich gesetzlich vorgeschrieben ist, bleiben bis heute viele kurdische Frauen Analphabetinnen – nicht zuletzt, weil die PKK selbst immer wieder von der Zentralregierung nach Kurdistan abgeordnete Lehrer umbrachte; denn die unterrichteten schließlich auch Türkisch und würden dadurch die »kurdische Identität der Kinder verwässern«.

Hervorgegangen aus der türkischen Linken der Siebzigerjahre, hatte sich die 1978 gegründete PKK unter dem Druck sowohl des Staates wie der islamistischen Bewegungen immer mehr auf ihre kurdische Herkunft zurückgezogen. 1984 startete sie ihre ersten Angriffe auf Ziele innerhalb der Türkei – und avancierte rasch zur einzigen kurdischen Kraft, denn alle legalen Parteien waren nach dem Militärputsch von 1980 zerschlagen worden. Was als kleine, radikale Organisation vom Lande mit ein paar Dutzend Kämpfern begonnen hatte, wuchs bis in die Neunzigerjahre zu einer regelrechten Armee mit 20 000 Männern und Frauen in ihren Rängen. Viele Anhänger hätten unter anderen Umständen nie die stalinistisch geführte PKK mit ihrem Personenkult um Öcalan unterstützt. Aber die Politik der türkischen Regierungen, die Zerstörung Hunderter Dörfer und die Vertreibung von zigtausend Kurden aus ihrer Heimat sowie das rigide Verbot, auch nur Bücher auf Kurdisch zu veröffentlichen, trieb die Kurden in die Arme der PKK.

Dabei wurde die PKK selbst zu einer regelrechten Sekte. Ungehorsam wurde mit Exekution bestraft. Nur Öcalan gab Befehle. Es gab keinen zweiten oder dritten Mann in der Führung, und was Öcalan sagte, war Gesetz. Die ganze, offiziell sozialistische Organisation funktionierte wie ein Abbild jener Stämme und Feudalclans, die doch bekämpft wurden – nur dass es eben ein politischer

Stamm war, dessen Mitglieder nicht qua Geburt, sondern qua Rekrutierung dazugehörten. Nach und nach wurde die PKK zum größten Feind der türkischen Zentralregierung – und, was ihre Struktur betraf, beinahe zu ihrem Ebenbild, getreu dem Motto des Staatsgründers Atatürk: »Revolution und Mobilisierung von oben«.[34]

Die PKK entdeckte schon früh, welches Potenzial sich ihr bot, wenn sie auch Frauen rekrutierte – die im Rahmen des Guerilladaseins nicht nur für die Befreiung ihres Landes, sondern auch ihrer selbst kämpften. Innerhalb des PKK-Fußvolks waren sie weitgehend gleichberechtigt, hatten dasselbe Training zu absolvieren, bekamen dieselbe Schulung und kämpften an der Seite der Männer. Das war undenkbar in der traditionellen Welt des Dorflebens. Gefangen in dieser doppelten Misere, Frau und Kurdin zu sein, war selbst die PKK eine Alternative. Aus dem Gefängnis ihres traditionellen Daseins waren die jungen Kurdinnen entwichen, um in eine tückischere Form der Gefangenschaft zu wechseln: Waren sie einmal ausgewählt für eine »Märtyreroperation«, gab es kein Entrinnen mehr. Bekannt geworden ist die Rekrutierung der 17-jährigen Leyla Kaplan, die sich im November 1996 vor dem Hauptquartier der Polizeisondereinheiten in der südtürkischen Metropole Adana sprengte und drei Polizisten tötete. Vor Leyla Kaplan war eine andere PKK-Kombattantin gefragt worden, Turkan Adiyaman. Sie hatte sich geweigert – und war vor den Augen Leyla Kaplans erschossen worden. Den Himmel hat die PKK den Ihren nie versprochen, auch keine Erlösung, und das Paradies wurde ebenfalls nie erwähnt. Ganz anders als bei den Iranern, Libanesen und Palästinensern, die sich und andere töteten. Heilig aber waren die Sache, der Kampf, der Führer, als ob sie die Religion ersetzt hätten – ein fast passgenaues Abbild der Tamil Tigers von Sri Lanka.

Die PKK hatte eine virtuelle Wirklichkeit errichtet, die Egos der Individuen aufgelöst und sie mit der Organisation, dem Korpsgeist und vor allem den Befehlen Öcalans verschmelzen lassen. Die Kandidaten für die Selbstmordkommandos wurden für drei bis sechs Monate von allen anderen Pflichten entbunden und isoliert – was die Ausgewählten in einer Organisation, in der jeder genau definierte Aufgaben zu erfüllen hat, schwer unter Druck setzte, sich von ihrer Mission nicht loszusagen.

Entgegen der Realität behauptete Öcalan, die Selbstmordattacken würden aus Eigeninitiative der Täter begangen: »Hätte ich die Befehle gegeben, wären die Operationen hundertmal gewalttätiger gewesen. Diese Frauen verübten symbolische Akte, die von mir nicht angeordnet wurden. Aber jetzt können wir sehen, dass, wenn wir wollen, alle Kurden lebende Bomben werden. (...) Wir haben von diesem unglaublichen Potenzial noch gar keinen wirklichen Nutzen gemacht.«

Die PKK funktionierte als säkulare Bewegung mit Heiligenstatus für Öcalan; eine abgeschottete Welt allein nach Willen und Vorstellung ihres großen Führers. Eines Willens, der stärker wirkte als der Wunsch zu überleben. Doch dann geschah das Schlimmste, was dieser Sekte des Krieges zustoßen konnte: Öcalan wurde, nach einer Odyssee durch Europa und Afrika, im Februar 1999 von türkischen Elitesoldaten in Kenia entführt. Unmittelbar danach verkündeten Kommandeure wie Cemal Bayik im PKK-eigenen Fernsehsender Med-TV noch, nun sei es an der Zeit, dass »der Feind für seine Taten bezahlt«. Beginnend mit einem Selbstmordanschlag am 4. März 1999 in der Stadt Batman, folgten sechs derartige Attentate binnen eines Monats. Es war das Fanal der Verzweifelten: Sollte der türkische Staat Öcalan, wie angekündigt, zum Tode verurteilen und hinrichten, würde die PKK das Land mit einem apokalyptischen Rachefeldzug überziehen.

Nur einer spielte auf einmal nicht mehr mit: Öcalan selbst. Was in jenen Monaten während Öcalans Haft und Prozess geschah, war eine beklemmende Demonstration der Abhängigkeit: dass sich PKK-Kombattanten reihenweise umbrachten, damit ihr Führer gerade nicht umgebracht werde. Anstatt selbst das Märtyrertum zu wählen, in das er seine Jünger jahrelang ohne Skrupel getrieben hatte, sprach Abdullah Öcalan auf einmal vom Ende des Bürgerkriegs und vom Friedensprozess. Keine Rede war mehr von der »Liquidierung« aller »Dreckskerle« und »Verräter«, die auch nur ein Jota von dieser Linie abwichen. »Was bisher nur der türkische Generalstab verlauten ließ«, so ein ehemaliges PKK-Führungsmitglied, »hören wir nun aus seinem Mund.«[35] Vor Gericht entschuldigte sich Öcalan bei den Familien der Soldaten, die im Bürgerkrieg ums Leben gekommen waren, bekannte, dass der bewaffnete Kampf ein Fehler gewesen sei, und bot sich als Vermittler an – so man ihn nur am Leben ließe.

Nachdem er die Einstellung der Kampfhandlungen befohlen hatte, verkündete die PKK offiziell am 7. Juli 1999 auch das Ende der Selbstmordanschläge. Die Verwirrung bei den Militärs ebenso wie innerhalb der PKK war groß, und die türkische Staatsführung begann sich zu fragen: Was nützt uns mehr, ein lebender oder ein toter Abdullah Öcalan? Besser einen Märtyrer schaffen oder sich den wichtigsten Unterhändler bewahren, der um den Preis des eigenen Lebens auf einmal konzessionsbereit wird? Zwar wurde Öcalan offiziell zum Tode verurteilt, aber die Regierung versprach, das Votum des Europäischen Gerichtshofs zu respektieren, das sich gegen die Todesstrafe aussprach.

Und so endete die Serie von Selbstmordanschlägen der PKK, wie sie begonnen hatte: mit einem Dekret Öcalans.

11

»Gottlose« vs. »Terroristen« – Warum Amerikas Krieg gegen Selbstmordattentäter kein Sieg beschieden ist

»Unser Kampf ist erst vorbei, wenn alle weltweit operierenden Terroristen gefunden, gestoppt und besiegt worden sind. Entweder ihr seid für uns, oder ihr seid für die Terroristen.«

George W. Bush

»Wir spielen mit einem Weltkrieg zwischen dem Islam und dem Westen. Und genau das ist Bin Ladens Programm. Genau das will er erreichen. Deshalb hat er das alles getan. Lesen Sie seine Reden und seine Erklärungen. Es steht alles drin.«

Tamim Ansary, afghanischer Schriftsteller

1992 veröffentlichte Francis Fukuyama ein oft missverstandenes Buch mit dem Titel »Das Ende der Geschichte«[1]. Seine Kernthese bestand darin, dass mit dem Ableben der Sowjetunion der letzte große, konkurrierende Systementwurf kapituliert habe. Der liberale, marktwirtschaftliche Kapitalismus sei, natürlich aus guten Gründen, übrig geblieben. Dabei schloss Fukuyama künftige Konflikte, Verteilungskämpfe der spät entkolonialisierten Nachzügler-Nationen, nicht aus, die jedoch an der Unumkehrbarkeit des geschichtlichen Prozesses und vor allem am Sieg des Kapitalismus nichts ändern würden. Dieser Teil seiner Botschaft wurde, stark verkürzt, nur zu gern in den Kabinettszimmern der westlichen Mächte aufgenommen: Nun sei doch alles geklärt, wurde dort daraus, die Machtverhältnisse stünden fest, weil das beste aller Systeme gesiegt habe.

Fukuyama hat ja Recht: Es gibt kein vollständiges, geschlossenes Gegenmodell mehr zu unserer westlich-kapitalistisch-technokratischen Welt. Selbst die engstirnigsten Maschinenstürmer in den Steppendörfern im Norden Saudi-Arabiens, die sich vor 37 Jahren noch erschießen ließen im Kampf gegen die Einführung des Fernsehens, verbreiten ihre Fanale heute im Internet, um die Staatszensur zu umgehen.

Aber die Existenz nur noch einer Supermacht und eines Systems zum Anlass zu nehmen, das »Ende der Geschichte« zu proklamieren, hieße zugleich, alle bestehenden Ungerechtigkeiten auf ewig festzuschreiben, allen Widerstandsbewegungen ihr Recht abzusprechen. Es bedeutet, »die Dritte Welt nicht nur zu übersehen, sondern legitimiert gleichermaßen die Asymmetrie der globalen Ordnung, ihre Gleichgültigkeit gegenüber den Verlierern der allgewaltigen neoliberalen Marktwirtschaft», schrieb der Nahostexperte Michael Lüders: »Wehren sich die Ausgegrenzten und Hoffnunglosen gegen die Provokation des für sie Unerreichbaren, greift das Konzept vom Kampf der Kulturen«[2] – jene These, die Samuel Huntington als Tendenz der Zukunft formuliert hat. Derzufolge wird sich die Welt entlang ihrer konfessionellen Grenzen sortieren, wird der Islam notwendigerweise gegen den christlichen Westen antreten und wird dies auch nicht mit mehr Gerechtigkeit zu verhindern sein, da die Konflikte ja irrational, religiös bedingt seien.

Ein System wie das unsere, das auf der selbstverständlich geglaubten Rationalität des Eigeninteresses beruht, bleibt nur so lange unangreifbar, wie niemand diese Rationalität infrage stellt. Doch genau diese für unterschütterlich gehaltene Plausibilität, die den Grundzügen menschlicher Existenz so sehr entspricht, wird durch Selbstmordattentate radikal verneint. Wenn nicht einmal das Grundinteresse des Überlebens Bestand hat, was dann? Das von Fukuyama diagnostizierte »Ende der Geschichte« markiert zugleich den Beginn des Widerstands der Ohnmächtigen. Die Annahme, sei die herrschende Macht nur mächtig genug, dann füge sich jeder in Unterwerfung, haben die Selbstmordattentäter zur Illusion erklärt.

Gewissermaßen sind sie die Antwort auf die herrschende Asymmetrie der neuen Weltordnung, die irrationale Erwiderung auf das

Ende der Geschichte, das keine rationale Gegnerschaft mehr zulässt, weil gegen die Übermacht jeder herkömmliche Widerstand zwecklos ist. Schaut man genauer auf jene Kriegsparteien vor allem in Israel und Tschetschenien, die heute zum Mittel des Opfermords greifen, so tun sie dies aus einer Position absoluter Unterlegenheit, in die sie in Zeiten des Kalten Kriegs vermutlich nicht geraten wären. Mehr als 40 Jahre lang herrschte in der Welt das Gleichgewicht der atomaren Abschreckung. Die Drohung des globalen Selbstmordanschlags sozusagen. Aus der ewigen Konkurrenz der beiden Supermächte USA und Sowjetunion ergab sich eine Balance für kleine Staaten, Guerillatruppen und Separatistenbewegungen, die sich mit Verweis auf die eine Supermacht die Unterstützung der anderen sichern konnten. Vorbei, links und rechts haben ausgedient, und die Welt sortiert sich in oben und unten. Die Asymmetrie der Macht ist mit zwölf Jahren Verspätung voll durchgeschlagen, seit die USA am 11. September in jenen Krieg hineingestürzt wurden, den sie nun mit patriotischem Bravado und ohne sonderliche Rücksichtnahme auf Kollateralschäden und Bedenken Verbündeter führen.

Ein Mann vom Fach, Uzi Arad, der Direktor des Instituts für Politik und Strategie in Herzliya, hat versucht, den palästinensischen Selbstmordattentätern den Nimbus des Irrationalen zu nehmen, indem er ihre Parallelen mit der 40 Jahre gültigen Doktrin der Weltpolitik freilegte: »Das Phänomen ist uns doch näher, als wir im ersten Moment dachten: Schließlich beruhte doch das gesamte Konzept der atomaren Abschreckung nach dem Zweiten Weltkrieg auf der Androhung eines institutionalisierten Selbstmordverhaltens. Es war paradox, aber es funktionierte. Die Rationalität der Abschreckung bestand darin, dass sie auf der Drohung mit dem Irrationalen beruhte: der Versicherung, dass, wenn die Abschreckung versagte, die Welt im atomaren Selbstmord unterginge.« Heute, in der asymmetrischen Welt, ist die Doktrin des »Besser tot als rot« abgelöst worden von ihrer variierten Fortsetzung: dem Angriffsselbstmörder, der »psychologischen Atombombe«. Im Gegensatz zu den nie gezündeten Atombomben des Kalten Kriegs geht der Selbstmordattentäter tatsächlich los und sprengt sich. Aber sein Schrecken ruht mehr noch als in der tatsächlich begangenen Tat in der permanenten Drohung ihrer Wiederholung.

Die Kriegsparteien, die zum Mittel des Selbstmordanschlags gegriffen haben, lassen sich grob in zwei Fraktionen teilen: eher sektenartig organisierte, geschlossene Gruppen, die ihren Mitgliedern kein Leben außerhalb mehr gestatten (oder so isoliert von der Bevölkerung operieren, dass eine Rückkehr schlicht unmöglich ist). Sie haben die Entscheidung über Leben oder Tod dem Einzelnen aus der Hand genommen, der ohnehin keine Lebensperspektive mehr hat, wenn die Führung seinen Tod beschließt. Das gilt vor allem für die Japanese Red Army, die kurdische PKK und, mit Abstrichen, für die tamilische LTTE.

Solche geschlossenen Gruppen lassen sich isolieren, militärisch bekämpfen, und mit ihrer Niederlage – im Fall der PKK besiegelt durch Öcalans Festnahme – enden auch die Selbstmordattentate. Ganz anders sieht die Lage aus, wenn eine ganze Gesellschaft Selbstmordattentate ihrer Mitglieder duldet, gutheißt, die Täter als Helden verehrt – wie im Libanon und vor allem heutzutage unter Palästinensern. Wenn mithin, sozusagen, die Anschläge aus dem Volke für das Volk begangen werden. Dagegen militärisch vorzugehen, wie Israel es seit fast 20 Jahren unternimmt, hat den gegenteiligen Effekt: Wenn eine ganze Gesellschaft so verzweifelt oder beseelt ist vom Kampf gegen eine Besatzungsmacht, dass er mehr zählt als das Leben, verstärkt die gezielte Liquidation ihrer Führer diese Entschlossenheit nur noch. Wer sich der Logik der Macht versagt, wird auch nicht durch deren Exzesse zu bremsen seien.

In Israel, wo die Anschläge seit 1993 in Wellenbewegungen ab- und zunahmen und im Frühjahr 2002 das furchtbarste Ausmaß erreichten, sind in der Bilanz alle Versuche gescheitert, den verantwortlichen Gruppen mit Gewalt Einhalt zu gebieten: Wann immer ein Bombenkonstrukteur oder Führungskader von Hamas oder Islamischem Dschihad von Israels zahlreichen Spezialeinheiten ums Leben gebracht wurde, folgte Wochen, Tage, inzwischen bereits Stunden später die sichere Rache. Die ruhigste Phase zwischen dem 29. Oktober 1998, als ein israelischer Soldat nahe der Siedlung Kfar Darom im Gazastreifen starb, und dem 2. November 2000, als zwei Zivilisten nahe des Machane-Yehuda-Markts in Jerusalem ums Leben kamen[3], lag in einer Zeit, als viele Palästinenser noch von der Aussicht auf einen gerechten Frieden und einen eigenen Staat träumten.

Der Nahostkonflikt ist, gemessen allein an der Größe des umstrittenen Territoriums und der Anzahl involvierter Menschen, eher klein – kleiner als der Konflikt Kurden gegen Türken, kleiner auch als der von Tamilen gegen Singhalesen auf Sri Lanka. Aber dass dieser Kampf, der ursprünglich um Land und Rechte ausgetragen wurde, zum Glaubenskrieg geworden ist, hat ihn zum archimedischen Punkt für die islamische Welt werden lassen. Von Marokko bis Indonesien wird für die Rechte der Palästinenser demonstriert, wie zu einem magnetischen Pol Palästina richten sich die Eisenspäne regionaler Konflikte, wird das, was rund um Jerusalem geschieht, als Stellvertreterkrieg wahrgenommen. Und das macht ihn so gefährlich.

Die Bilder israelischer Jets und Panzer in der Westbank und Gaza, das Ostentative der Machtachse Israel–USA geben der Verschwörungstheorie und dem Hass stetig neue Nahrung; sie dienen nahöstlichen Alleinherrschern als Blitzableiter für Unruhe im eigenen Volk und waren sowohl Saddam Hussein wie Osama Bin Laden willkommene Trittbretter, ihren eigenen Kriegen den Anstrich der palästinensisch-arabisch-islamischen Sache zu geben. In einem seiner kruden, per Video auf al-Dschazira ausgestrahlten Höhlenbotschaften forderte Bin Laden kurz vor Beginn des US-Bombardements noch die Befreiung von Tulkarem, Jenin und anderen palästinensischen Kleinstädten, deren Namen ihm bis vor nicht allzu langer Zeit kaum bekannt gewesen sein dürften.

Osama Bin Laden ist besiegt, (vorläufig?) verschwunden, und ohne Zweifel wäre die Welt besser dran ohne ihn. Aber er existiert, egal, ob lebendig oder schon tot: als Symbol, als Idol einer Glaubensklasse, die von Amerikas Handeln nun genau in die Richtung weitergetrieben wird, in der Bin Laden sie haben wollte. Ob dies um den Preis seines eigenen Überlebens geschieht, dürfte weniger ins Gewicht fallen, ein Finale als Märtyrer wäre folgerichtig. Ja, jedes andere Ende als der gewalttätige Tod durch die Hand seiner Gegner wäre gegen das Konzept: etwa ein Verfahren vor dem Kriegsverbrechertribunal in Den Haag – undenkbar, eine vollkommene Entmystifizierung.

Wenn sich Osama Bin Ladens Handeln überhaupt durch eine erkennbare Strategie auszeichnet, dann am ehesten durch jene, die der klassischen Mechanik des Terrorismus folgt: so massive Vergeltungsschläge und Gewaltmaßnahmen der regionalen Diktaturen zu provozieren, dass deren Untertanen tatsächlich bereit sind, sich den utopischen und dabei leeren Zielen al-Qaidas anzuschließen und aus den einzelnen Konflikten tatsächlich so etwas wie einen globalen Dschihad werden zu lassen. Ein diabolisches Ziel, für das Bin Laden auf Hilfe der USA angewiesen ist, die diese, wie es scheint, reflexartig gewähren.

Die Unterschiede zwischen nationalen Islamistengruppen und al-Qaida sind immens. So gleich manche Parolen und zitierte Suren klingen mögen, Hamas & Co. sind, bei aller religiösen Verbrämung, letztlich politische Gruppierungen, national verankert und mit klarem Ziel. Al-Qaida ist es nicht. Es ist eine Endzeitsekte, die aber, und das macht sie so gefährlich, nicht wie andere Sekten im luftleeren Raum operiert. Den Massenselbstmorden der Davidianer von Waco, der Sonnentempler in der Schweiz oder der Jünger von Jim Jones in Guyana stehen wir nur mit Fassungslosigkeit gegenüber. Al-Qaida agiert zwar weit entfernt, aber mitnichten losgelöst von den eigenen Gesellschaften. Und je massiver mit militärischer Übermacht Vergeltung geübt wird, desto mehr werden sich nationalistische Gruppen und al-Qaida annähern. Seit Jahren schon bieten sich die internationalen Dschihadisten der al-Qaida etwa in Tschetschenien und Kaschmir an mit Geld, Waffen und Männern, Stipendien an Koranseminaren und Ausbildungslagern, um jeden regionalen Krieg unter Beteiligung von Muslimen in eine weitere unheilige Unterabteilung ihres Dschihads zu verwandeln.

Die al-Qaida ist keine isolierte Gruppe, ihre Taten verpuffen nicht, sondern treffen auf einen machtvollen Resonanzboden: auf eben jene feste Überzeugung vieler Muslime, dass der Westen sie unterwerfen wolle. Nicht notwendigerweise mit Krieg, sondern raffinierter: durch, wie beschrieben, die Verführung, die Täuschung, wie sie sich manifestiert in der grassierenden Annahme, am 11.September wären die 4000 jüdischen Angestellten zu Hause geblieben, und Israel stecke hinter den Anschlägen. Alles hirnverbrannter Unsinn.

Aber das ist nicht entscheidend. Die Macht einer These wird in diesem Fall nicht von ihrer überprüfbaren Richtigkeit bestimmt, sondern von der Überzeugung der Massen, die an sie glauben. Der amerikanische Politologe Richard Hofstadter hat diesen »paranoiden Stil« der Verschwörungstheorien punktgenau beschrieben: »Das Entscheidende ist nicht, dass seine Vertreter hier und da Verschwörungen am Werke sehen, sondern dass sie eine ›breite‹ oder ›gigantische‹ Verschwörung als die treibende Kraft der geschichtlichen Entwicklung sehen. Die Geschichte ist eine Verschwörung, ins Werk gesetzt von dämonischen Kräften mit fast transzendentaler Macht, und zum Sieg über sie taugen nicht die üblichen Methoden des politischen Aushandelns, sondern nur ein letzter Kreuzzug.« Dabei sei die »paranoide Realität«, so Hofstadter, »viel kohärenter als die Wirklichkeit, denn sie lässt keinen Platz für Fehler, Versagen oder Zweideutigkeiten. Sie ist zwar nicht rational, aber doch intensiv rationalistisch; sie glaubt sich einem Feind gegenüber, der ebenso unfehlbar rational wie absolut böse ist, und sie versucht, seiner vermeintlich totalen Macht mit der ihr eigenen Allzuständigkeit zu begegnen – indem sie nichts unerklärt lässt und die ganze Wirklichkeit in einer überwölbenden, konsistenten Theorie erfasst.«[4]

Dies schrieb er 1964 – über sein eigenes Land, Amerika, in den Zeiten der McCarthy-Ära, und da liegt die zweite große Gefahr: Dass ein Land, wo nach dem 11. September 2001 Einwanderer erschossen worden sind, weil sie Turbane trugen (und nicht mal Muslime, sondern Sikhs waren), wo Mohammeds und Tariqs im Moment zu den Standesämtern laufen, um ihre Vornamen in Mitchell und Terry ändern zu lassen, sich seinerseits einrichtet im

Glauben an den gerechten Krieg. »Unser Kampf ist erst vorbei, wenn alle weltweit operierenden Terroristen gefunden, gestoppt und besiegt worden sind«, verkündete Bush: »Entweder ihr seid für uns, oder ihr seid für die Terroristen.«[5]

Wo Bin Laden und seine Jünger nur Gottlose erblicken, sehen die USA nun überall »Terroristen« am Werk. Die Weltmacht Nummer eins, die in friedlicher Isolation zwischen zwei Ozeanen den letzten Angriff auf ihr Festlandterritorium 1812 erlebte, hat sich nach dem 11.September und vor allem nach dem Sieg in Afghanistan in eine Autosuggestion militärischer Machbarkeit hineingesteigert. Das Volk und erst recht seine Führung, die Senatsausschüsse, Geheimdienstkomitees, Regierungsmitglieder leben im Gefühl, als sei ihre ganze Nation ein B2-Bomber: hoch über den Wolken, allmächtig und unverwundbar.

Sei es George Walker Bushs Cowboy-Rhetorik vom »tot oder lebendig« zu erjagenden Terrorpaten, seien es die Bilder von geknebelten, gefesselten Häftlingen auf Guantanamo Bay – das Bild von Amerikas Arroganz der Macht scheint wieder auferstanden. Diese Arroganz gebe es tatsächlich, meint der amerikanische Historiker Paul Kennedy, aber das liege »in gewisser Weise weniger an der Selbstherrlichkeit der Vereinigten Staaten als an ihrer schieren Größe«. Amerika: Dieser »500-Pfund-Gorilla« sei ein »Opfer seines Schicksals«.[6] Nun aus der Eigendynamik patriotischen Kampfgeistes heraus nicht nur Bin Laden, sondern allen als »Terroristen« identifizierten Gegnern der USA den ewigen Krieg zu erklären – einen größeren Gefallen hätte Bush Bin Laden kaum tun können. Und er musste es tun, denn nach den Regeln amerikanischer Innenpolitik wäre alles andere ein Fehler gewesen, ihm vom eigenen Volk niemals verziehen worden. Schon die ersten Stunden am Mittag des 11. September, als niemand übersah, wie viele Todesflieger noch am Himmel waren, und Bushs Airforce One aus Sicherheitsgründen auf einem Luftwaffenstützpunkt in Nebraska blieb, kamen in der amerikanischen Öffentlichkeit nicht gut an. Die wollte ihren Präsidenten im Weißen Haus sehen. Und ist begeistert über den starken Mann, an dem bei fantastischen 83 Prozent Zustimmung[7] jeglicher Skandal einfach abgleitet. Doch so grandios Bushs flammender Patriotismus die Sehnsüchte an der amerikanischen Heimatfront bedient, so wenig die Taliban als herrschende Macht vermisst werden, so sehr ist Bin Ladens Saat vom Kampf der Kulturen im Begriff aufzugehen: Wenn US-Vizeverteidigungsminister Wolfowitz und seine Mitarbeiter ganz nüchtern von den nächsten Zielen im Krieg gegen den Terror fabulieren Somalia, Irak, Sudan, Jemen aufzählen und von einem »zur Not 100 Jahre dauernden Krieg«[8] sprechen, wenn Bush selbst die »Achse des Bösen« konstruiert und sich rhetorisch bei Churchills Reden gegen Hitler bedient, dann tun sie ihr Bestes, auch noch die letzten Islamistengrüppchen gegen sich aufzubringen.

»Wenn wir den ›Krieg gegen den Terrorismus‹ als *Clash of Civilisations* interpretieren, als Krieg des Westens gegen den Rest oder des Christentums gegen den Islam, dann sehen wir die Welt nicht anders, als Bin Laden sie wahrnimmt«, warnte schon eine Woche nach dem 11.September der große, in London lebende Kulturforscher Ian Buruma: »In einer solchen Perspektive wartet am Ende nichts als der Tod. Aber wenn muslimischer Extremismus eine Form der Rebellion gegen säkulare arabische Diktaturen ist, werden sich in der jetzt geplanten ›Koalition der Alliierten‹ einige ziemlich sinistre Partner finden. Es ist sicher nicht die intelligenteste Strategie, indem man Ölscheichs, Militärregime und absolute Monarchen unterstützt, zumal bei einer Sache, die viele ihrer Untertanen erzürnen wird.«[9]

Es ist der alte Generalvorwurf der Doppelmoral an Amerika, der jählings wieder an Bedeutung gewonnen hat: dass jene Werte, die es hochhalte und in deren Namen es seine Kriege führe, nicht für die anderen gedacht seien. Alle Gegner Amerikas sind jetzt Terroristen. Was binnen Wochen dazu geführt hat, dass auch die Despoten von Algerien bis China seit dem 11. September 2001 die Bekämpfung jedweder Opposition unter »Terrorismusbekämpfung« firmieren lassen. Ägyptens Präsident Hosni Mubarak verkündete schon vorsorglich: »Wer Terrorakte begeht, hat keinen Anspruch auf Menschenrechte!«[10] Ägyptens Polizei und Militär haben in den vergangenen Jahren die militanten Islamistengruppen zerschlagen, Hunderte erschossen und Tausende ohne faire Gerichtsverfahren in Gefängnissen verschwinden lassen. Davon, so US-Außenminister Colin Powell, »haben wir viel zu lernen. (...) Ägypten ist uns in dieser Angelegenheit wirklich voraus!«[11] Tunesien, ein veritabler Polizeistaat, bekam das Etikett »stabile Demokratie« und Zuschüsse für die Ausbildung von Armeeoffizieren; Algeriens Präsident Bouteflika wurde, 15 Jahre nachdem kein algerisches Staatsoberhaupt mehr die Ehre hatte, binnen Monaten gleich zweimal ins Weiße Haus eingeladen und erhielt die Zusage, auch in den USA wieder uneingeschränkt Waffen für die Armee kaufen zu können – ungeachtet der Tatsache, dass der Bürgerkrieg mitnichten zu Ende ist, in dem Algeriens Polizei und Militärs Tausende verschwinden ließen.[12] Und auch Indien, dessen Sondereinheiten in Kaschmir willkürlich Zivilisten foltern und hinrichten, beruft sich auf den »Kampf gegen den Terrorismus«.[13] Den »Kampf gegen den Terrorismus« zu versprechen bedeutet seit dem 11. September die Generalabsolution, mit der heimischen Opposition oder, im Fall Israels, den Palästinensern weitgehend nach Belieben abrechnen zu können.

Die USA sind auf dem besten Weg, in die »Dschihad-Falle« zu tappen. In der Hoffnung, den Terrorismus militärisch zu besiegen, richten die USA in der muslimischen Welt zwischen Bulgarien und Tadschikistan 12 neue Militärbasen mit insgesamt 60 000 Soldaten ein[14] – und gehen damit das Risiko ein, selbst zum Ziel zu werden. Denn wenn es etwas gibt, das erbitterten Widerstand und Selbstmordanschläge in einem Land geradezu anzieht, dann ist es eine als Besetzung empfundene Militärpräsenz, die alle Abwehrkräfte, nationalistische wie religiöse, mobilisiert.

Israel hat das im Libanon erfahren: Dort genügte ein halbes Jahr, um aus den libanesischen Schiiten, die den Invasionstruppen am Anfang Reis und Rosenwasser reichten, Todfeinde werden zu lassen. Und erfährt es immer noch – in den Palästinensergebieten, deren Bewohner lieber zu sterben scheinen, als sich zu unterwerfen. Im Südlibanon hielt die israelische Armee 22 Jahre lang jenen Landstreifen besetzt, den sie als »Sicherheitszone« deklarierte, sollte er doch die Dörfer und Siedlungen Nordgaliläas vor Katjuscha-Raketen und einsickernden Kämpfern der Hisbollah sichern.

Der Name hätte auch aus George Orwells Wahrheitsministerium stammen können: Wenn diese Zone eines nicht schuf, dann war es Sicherheit. Israels Norden wurde trotzdem – oder vielmehr gerade wegen der Sicherheitszone attackiert, und vor allem starben bei der Sicherung der Sicherheitszone Hunderte Soldaten.

Dass US-Truppen im Land dessen Bewohner selbst dann gegen sich aufbringen, wenn sie eigentlich als Schutztruppe gerufen wurden, zeigt sich in Saudi-Arabien: Dort, wo Neugeborene 1990 noch den Namen *Bush* erhielten aus Verbundenheit mit den amerikanischen Allierten[15], hat die permanente Anwesenheit von 5000 Soldaten die Reputation der USA gründlich ruiniert. 1995 und 1996 gab es Anschläge auf US-Basen in Riad und Dhahran. Bin Laden hat sich den Abzug der GIs von der »heiligen arabischen Erde« auf die Fahne geschrieben und trifft damit den Nerv der meisten Saudis: Die sehen, was so falsch nicht sein dürfte, die fremden Truppen im Land als Militärmacht, die nicht allein dem Schutz saudischer, sondern auch der Kontrolle amerikanischer Interessen dient.[16]

Was sich seit April 2003, verschärft durch ihre Funktion als tatsächlich herrschende militärische Besatzungsmacht, für die Amerikaner im Irak wiederholen dürfte. Denn egal, was die US-Verwaltung dort tun wird, die Rolle des neutralen Schiedsrichters wird ihnen kaum abgenommen werden. Zu verlockend dürfte für die neuen politischen irakischen Kräfte im Irak das Mobilisierungspotenzial sein, das im Kampf gegen eine amerikanische Besatzungsmacht steckt.

Goldene Zeiten für eine Ausweitung der Kampfzone. »Die Zukunft der Dschihadis, der heiligen Kämpfer, war nie rosiger als heute«, prognostizierte ein langjähriger Beobachter im britischen Economist. »Gewalt ist wie ein Virus«, so Kamal Hilbawi, der frühere Chef der Muslimbrüder in Europa: »Je mehr du sie mit Bomben bekämpfen willst, desto stärker breitet sie sich aus.« Die USA werden jeden Krieg gewinnen. Aber gegen jedes Selbstmordattentat, das nicht im Vorbereitungsstadium verhindert werden kann, unterliegen. Es ist ein Kampf ohne Sieger.

Dem amorphen Schrecken eines Bin Laden wirklich ein Ende zu

bereiten wird sicher weder auf militärischem noch allein auf dem Wege politischer Einflussnahme von außen gelingen. »Bin Laden wird nicht von außen beseitigt werden können, gleichgültig, wie vernichtend dieses Äußere auch sein mag«, schrieb der bedeutendste arabische Lyriker Adonis als Antwort auf die »Barbarei« des gegenwärtigen Krieges: »Er wird nur von innen besiegt werden können, von der Gesellschaft, der er angehört, von der Kultur, aus der er hervorgeht, und von den Werten, nach denen er erzogen wurde. Deshalb muss der zu führende Krieg ein Krieg sein, der die Ursachen, die zu einem Phänomen wie Bin Laden geführt haben, von innen heraus vernichtet: ein Krieg für Demokratie, Freiheiten, Menschenrechte und für Institutionen, die diese Werte schützen, verteidigen und festigen, beziehungsweise wirksamer machen. Nur ein solcher Krieg gegen Unterdrückung, Ungerechtigkeit und gegen die Missachtung der Menschen- und Völkerrechte, gegen Armut und Unwissenheit kann Terrorismus, Gewalt und Barbarei vernichten und dazu beitragen, die Würde des Menschen zu bewahren.«[17]

Es gibt diesen Krieg bereits. Aber er wird nicht geführt als Krieg, sondern weit raffinierter: als ein zähes, vor lauter Winkelzügen und Rückschlägen schwer überschaubares Manövrieren in der Mitte des ersten islamischen Staates selbst. Im Iran.

Ausgerechnet jenes Land, dessen Führung vor 20 Jahren Zehntausende junger Kriegsfreiwilliger sehenden Auges in den Tod schickte und von dem aus Chomeini die Islamische Revolution in alle Welt exportieren wollte, ist vom Brückenkopf der Extremisten zum ersten islamischen Staat geworden, in dem es eine breite Aufklärungsbewegung gibt: in Politik und Volk, aber auch innerhalb der Geistlichkeit selbst, die nun zwei Jahrzehnte lang erfahren hat, was es für einen Glauben heißt, wenn in seinem Namen regiert wird. Es ruiniert ihn – aber löst ihn zugleich aus seiner defensiven Erstarrung uneingelöster Heilsversprechen und sinistrer Verschwörungstheorien, dass immer nur die anderen schuld seien. Eine Katharsis, die einen furchtbaren Umweg genommen hat über die Schlachtfelder eines achtjährigen Krieges, über die Klerikaldiktatur der frühen Jahre. Das wird man nicht zur Nachahmung empfehlen können, zumal da derartige gesellschaftliche Wirbelströme ergebnisoffen sind. Aber es könnte der schmerzhafte Preis der islamischen Gesellschaften sein, einen solchen Weg gehen zu müssen, um zu einem entmystifizierten, klaren Bild ihrer selbst zu gelangen. Den Weg müssen sie alleine gehen. Aber der Westen muss ihn nicht zusätzlich erschweren, indem er mit den algerischen Generälen, den Saddams und Mubaraks der Region kooperiert, die stets die bequemere Variante des Machterhalts wählen.

Der Islam war ein hervorragender Nährboden für den Aufstieg des Märtyrertums. Aber auf doppelte Weise hat sich die Kultur des Angriffsselbstmords heute von jenen Mythen gelöst, die den Anfangsimpuls gaben: Den Sunniten (mithin Palästinensern, Kaschmiris, Tschetschenen) fehlt der ganz spezielle Glaubenssatz des schiitischen Islam, denn sie standen in Kerbala auf der anderen Seite, und auf Sri Lanka war der Islam ohnedies nicht involviert, denn dort kämpfen Hindus gegen Buddhisten. Im Herzen der schiitischen Glaubenswelt dagegen, in der Islamischen Republik Iran, ragen die Wandbilder und Parolen der Märtyrerbegeisterung in die Gegenwart wie Zeugnisse einer untergegangenen Welt.

12

Aufklärung aus der Mitte des Radikalismus – Der Iran und die verlorene Sehnsucht nach dem Opfertod

»Soll unser System ein islamisches sein, muss es sich einer demokratischen Ordnung unterwerfen. Denn wahrer Glaube basiert auf Willensfreiheit.«

Abdolkarim Sorusch, iranischer Reformtheologe

»Mehr als ein Dutzend Iraner, die pünktlich zu einem Termin am Flughafen kommen – ausgeschlossen. Außerdem wären sie nach Hawaii geflogen.«

Der iranische Satiriker Ibrahim Nabawi darüber, warum seine Landsleute nicht für die Anschläge des 11.September 2001 verantwortlich sein konnten.

Es war nicht leicht, Ahmed zu finden: den Sohn des Schneiders aus Meschhed, der 1986 so begeistert an die Front gegangen und blind zurückgekehrt war. Im Iran des Winters 1998/99 gab es Tausende wie ihn. Aber kaum einer mochte reden.

Anlässlich ihrer zwanzigjährigen Wiederkehr waren wir auf der Suche, was aus der Islamischen Revolution insgesamt geworden war. Vor allem aber: Was war aus Kerbala geworden? Was war geschehen mit jener glühenden Verehrung des Märtyrertums, der Verherrlichung des Sterbens für Gott, für den Opfergang des Imam Hussein, die Zigtausende Jungen, Kinder freiwillig im Krieg gegen den Irak in den Tod hatte gehen lassen? Was war aus ihrer Euphorie geworden, mit Schärpe um die Stirn und Schlüssel am Bändchen vor der Brust, das Paradies aufschließen zu können? Was aus dem Schmerz der Angehörigen der Toten, denen öffentliches Weinen nur erlaubt war, um Trauer über die schiitischen Büßer in neuen Zorn zu verwandeln? Und was war aus denen geworden, die überlebt hatten – mit einem Bein noch im Diesseits, zu Krüppeln gesprengt und geschossen, aber nicht im Paradies angekommen, das ihnen in so glühenden Farben versprochen worden war?

Was war aus diesen *Dschanbazan* geworden, übrig geblieben aus einer Epoche, die erst wenig mehr als zehn Jahre zurücklag, aber endlos fern schien? Als der Märtyrertod das höchste gesellschaftliche Gut war, auf dem Friedhof von Teheran der »Blutbrunnen« rotes Wasser spie und Chomeini einen 13-Jährigen, der sich mit einer Handgranate einem Panzer entgegengeworfen hatte, als »wahren Führer des Iran« pries?

Tagelang telefonierten wir die Veteranenorganisationen ab auf der Suche nach jenen Übriggebliebenen. Doch niemand wollte Auskunft geben über seinen gescheiterten Handel mit Gott, darüber, stecken geblieben zu sein auf der misslichsten Vorstufe zum Märtyrer: nicht im versprochenen Paradies, sondern immer noch hier und zudem als Krüppel. Dabei war Meschhed ein guter Ort für unsere Suche: »Maschhad«, das im Persischen zu »Meschhed« wurde, heißt »Grabesplatz« auf Arabisch und meint den Ort, an dem der Märtyrer begraben liegt, der in der Schlacht gegen den Feind fiel. In der grauen Stadt am Fuß der Berge liegt der einzige im Iran Bestattete unter den zwölf heiligen Imamen der Schiiten, liegt der Schrein von Imam Reza, dem achten aus der Apostelreihe. Das Epizentrum iranischer Heiligkeit, zu dem alljährlich zwölf Millionen aus dem eigenen Land und ganz Zentralasien pilgern. Eine Stadt, die von der Trauer lebt, ihr die vergoldeten Kuppeln über dem Schrein verdankt, ihren Sinn, ihre Geschichte und ihr Lebenselixier daraus bezieht. Hierhin pilgern selbst jene, denen der politische Islam längst zuwider, die Berührung der goldenen Gitterstäbe am Grab des Imam aber immer noch tiefstes Bedürfnis ist – sei es als Bitte um Vergebung, um Rettung aus heillosem Dasein oder um die Stundung eines Kredits, um einen Job, die Geburt eines Sohnes, eine glückliche Heirat. Oder um Gott näher zu sein, wie manche der überlebenden Kindersoldaten, die nach Meschhed zogen, um nahe beim Schrein zu leben.

Per Zufall fanden wir Ahmed: nachdem wir stundenlang durch die Stadt gekreuzt waren und dem Taxifahrer, eher beiläufig, von unserer Suche erzählt hatten. »Ich bin, was ihr sucht«, sagte er, der zuvor still unserer Unterhaltung gefolgt war. Er und Ahmed waren in derselben Einheit, sie beide hatten überlebt. Auch der Taxifahrer war ein »Minenspringer«, mit 17 Metallsplittern im Körper davongekommen – was ihm erst anzumerken war, als er ausstieg, zitternd und langsam auf dem Weg zu Ahmeds Wohnung voranging: »Redet mit ihm! Gott hat ihn schwerer geprüft als mich.«

Ahmed saß an die Wand gelehnt, einen Stock in Reichweite, und versuchte, die Fremden ihm gegenüber nicht mit seinen toten Augen, sondern der Stimme zu fixieren. Er bemühte sich, die Dinge etwas anders zu sehen. Das Geschoss, sagte er, das hinter seinen Augen eingeschlagen war, die Sehnerven durchtrennt hatte und über der Nase stecken geblieben war, schnell genug, ihn blind zu machen, zu langsam, ihn zu töten – das war sein Glück. »Könnte ich sehen, wäre ich nur Schneider geworden – wie mein Vater und sein Vater. So hat die Stiftung der Kriegsversehrten mir ein Studium finanziert, und jetzt bin ich Lehrer.« Er hat geheiratet, zwei Kinder bekommen. Aber eigentlich wollte er tot sein. Das heißt, »so richtig nachgedacht hatte ich mit 14 über den Tod noch gar nicht. Über das Paradies schon, ja. Aber den Tod?« Von den 25 seiner Einheit überlebten zwei – er und der Taxifahrer.

Ein paar Jahre nach seiner Rückkehr hatte er einen leichten Druck in der Nase gespürt und das Projektil irgendwann ausgeschnäuzt. So zumindest erzählten sie die Geschichte in dem fast kahlen Raum, wo wir auf Schaumstoffmatratzen mit Blümchenbezügen saßen, das Geschoss herumgereicht wurde wie ein Talisman und die Narbe deutlich zu sehen war. »Was wir damals getan haben, war richtig.« Unsicher hielt er die Hände auf Abstand, als schwebe in der Luft etwas zum Festhalten. »Der Imam Chomeini hat bestimmt gewusst, warum er uns das befohlen hat. Sonst hätte doch alles gar keinen Sinn gehabt. Es muss richtig gewesen sein! Nur manchmal wäre es schön, wenn ich meine Kinder sehen könnte. Und den Frühling. Wissen Sie, ich habe die Mandelbäume immer sehr gemocht.«

Ahmed war Verlierer in jeder Hinsicht. Der Krieg endete 1988, ohne dass er irgendeinen Gewinn gebracht hätte, nachdem die verlorenen Gebiete bereits 1982 zurückerobert waren. Und den Jungen von damals begegnet heute kein Stolz, höchstens Mitleid, meist aber beschämte Ignoranz. Sie ragen hinein in die iranische Gegenwart wie ein anachronistischer Fremdkörper, ein Phänomen aus weit vergangener Zeit. Gemieden von der Gesellschaft, die nicht mehr erinnert werden möchte, herumgereicht höchstens bei Erbauungsvorträgen der Revolutionsgardisten.

Von innen heraus hat sich das Land, die Gesellschaft stetig, aber radikal verändert, und an den wenigsten Orten, in den seltensten Momenten wird dies so klar wie am Umgang mit dem Mythos der Märtyrer, den Angehörigen der Toten und den Überlebenden der Selbstmordkommandos. Gerade hier, im schiitischen Iran mit seinem Passionsmythos vom Opfergang des Imams Hussein für die gerechte Sache und den wahren Glauben, wo der moderne Märtyrerkult seinen Ausgang genommen hat, ist er 23 Jahre nach der Revolution derart gründlich verschwunden wie kaum irgendwo sonst in der islamischen Welt.

Vorbei, verschwunden: Die Euphorie des Sterbens als Märtyrer, möglichst noch selbst herbeigeführt beim Lauf ins feindliche Maschinengewehrfeuer, hat sich aufgelöst. Sich selbst, gar noch andere umzubringen, um ins Paradies einzufahren, das ist der iranischen Gesellschaft von heute fremd. Als die Nachricht der Anschläge vom 11.September den Iran erreichte, gab es, was nicht in Kairo, nicht in Karatschi, nicht in Beirut zu sehen war: spontane Trauerzüge für die Opfer. Auch andernorts in der islamischen Welt überwog Entsetzen bei weitem die Schadenfreude mancher, dass es die USA getroffen hatte. Aber es blieb ein stummes Entsetzen, gepaart oft mit dem Unterton, dass die Amerikaner es sich selbst zuzuschreiben hätten, verwoben mit der grotesken Verschwörungsversion, dass Israel hinter den Anschlägen stecke. Aber ausgerechnet in der Heimstatt des antiamerikanischen Islamismus, wo der Terminus vom »Großen Satan« geprägt worden ist, regierte Anteilnahme. So fern, so fremd war der iranischen Öffentlichkeit im Jahr 2001 die Vorstellung an eine derartige Tat, dass der Satiriker Ibrahim Nabawi aus sicherer Entfernung seine Begründung lieferte, warum seine Landsleute nicht für die Anschläge verantwortlich sein konnten: »Mehr als ein Dutzend Iraner, die pünktlich zu einem Termin am Flughafen kommen – ausgeschlossen. Außerdem wären sie nach Hawaii geflogen.«[1]

Tatsächlich wäre es kaum denkbar, dass iranische Selbstmordattentäter auf den Plan treten, wenn auch aus anderen Gründen. Verschwunden sind im Iran nicht nur die Märtyrer, verschwunden ist auch jede organisierte, oppositionelle Form einer islamistischen Massenbewegung, die das soziale Fundament solcher Täter wäre. In Staaten wie Ägypten, Pakistan oder Algerien beziehen solche fundamentalistischen Bewegungen ihre Unterstützung daraus, dass sie – mangels Alternativen – den radikalisierten, politischen Islam als Instrument gegen ihre korrupten, den Mächten Amerikas und Europas hörigen Regierungen nutzen.

Im Iran gibt es solch eine Bewegung nicht – weil es sie schon einmal gab, vor 23 Jahren. Damals hat sie das Schah-Regime gestürzt, aber dann selber die Macht übernommen. Und das Land seither in eine Art politisches Freiluftlaboratorium verwandelt: Was passiert, wenn ein Staat »islamisch« regiert wird, radikal mit dem ungläubigen Westen bricht und eine neue Verfassung die Kleriker an die Spitze befördert?

Über zwei Jahrzehnte blieb der Iran sich, den Öleinnahmen und dem Glauben überlassen. Und nahm in den folgenden zwei Jahrzehnten einen sonderbaren Umweg, um wieder am Ausgangspunkt anzukommen: Heute liegen Macht, Waffen und finanzielle Mittel wieder in der Hand einer Herrscherclique, die qua Verfassung keinem Plebiszit unterworfen ist. Wieder wollen die Massen des Volkes auf andere Art regiert werden. Doch die Machthaber von heute sind die Revolutionäre von einst. Und die Mehrheit von heute fordert keinen Gottesstaat, sondern Demokratie. Nicht die Bekämpfung der Islamisten, wie es der Westen im Falle Algeriens befürwortete und in Usbekistan, Ägypten, Tunesien heute gutheißt, sondern ihr Sieg ist das Ende der Utopie vom Gottesstaat – und hat das iranische Volk in die säkularste, modernste Gesellschaft der Region geführt.

Die schmerzhafte Desillusionierung hat das Heilsversprechen des politischen Islam gründlicher ruiniert, als es jeder Einfluss von außen vermocht hätte. Das Ende kam von innen. »Der Islam ist die Lösung«, hieß es 1979, und die Geistlichkeit trat an, in ihrem und Gottes Namen die Dinge zum Besseren zu wenden. Doch weder die Armut noch die Arbeitslosigkeit nahmen ab, die neuen Herrscher entpuppten sich als ebenso korrupt wie die alten. Das Moraldiktat brachte keine beseelten Gläubigen, sondern entnervte Eskapisten hervor.

Die Geschichte, wie die iranische Gesellschaft sich verwandelt, spielt in allen Etagen, der Politik, der Theologie, der jugendlichen Rebellion, der Philosophie, und sie offenbart eine große Ernüchterung. Es ist eine lange, komplizierte Geschichte, und man mag sich fragen: Was hat sie mit Selbstmordanschlägen zu tun? Auf indirektem Weg: sehr viel. Geboren aus Kränkung und Unterlegenheit ist jenes tief sitzende, vielerorts zu vernehmende Ressentiment gegen den Westen. Es steigert sich zum Hass bei vielen islamistischen Bewegungen in der arabischen Welt, der sich jedem rationalen Diskurs entzieht und das Fundament für den Bauunternehmer Bin Laden bereitet hat.

Hier nun tritt ein Volk an, die Ursachen dieses Ressentiments aufzulösen. Wie Europas Aufklärung aberwitzige, vielleicht nötige Umwege genommen hat, so besitzt das iranische Volk nun die Freiheit, gerade gegen die im Namen des Islam Herrschenden die verhängnisvolle Kombination von Macht und Glauben aufzulösen. Die oberflächlichen Bekenntnisse zum Westen, wie sie von den Herrschenden in Algerien, Tunesien, Ägypten oder Usbekistan abgegeben werden, erreichen nicht deren Völker. Im Gegenteil: Sie treiben den Spalt eher noch tiefer, wenn nun im Namen der Terrorbekämpfung in diesen Ländern jede Opposition noch drastischer verfolgt wird.

Als Chomeini den Gottesstaat schaffen wollte, gab er ihm mit der Verfassung jene Kombination aus Diktatur und Demokratie, die den heutigen Machtkampf so zäh und faszinierend zugleich sein lässt: Zum einen existiert ein republikanisches System mit Parlament und Präsident, der – wie in den USA – nur zweimal in Folge gewählt werden kann. Darüber gilt die *Velayat-e Faqih*, die »Herrschaft der Rechtsgelehrten«, die für jene das Recht beanspruchte, »über die Vorstellungen, Gedanken und das Verhalten der Menschen zu urteilen«.

Solange Chomeini lebte, fiel dieses Geburtsschisma der Islamischen Republik nicht weiter auf. Denn unter ihm waren Institutionen kaum mehr als federleichte Gebilde, ausgeliefert dem Windspiel seiner Macht. Aber Heilige hinterlassen Lücken, nicht jeder Mensch ist ersetzbar. Heute besitzt der Nachfolger im Amt, Revolutionsführer Chamenei, kaum den Abglanz von Chomeinis Charisma – während der gewählte Präsident Sayyed Mohammed Chatami trotz aller Niederlagen, aller Ohnmacht verehrt wird wie ein Popstar.

Diese nationale Sympathie mit dem Helden ohne Macht und Mittel treibt wundersame Blüten. Man stelle sich die Situation in Deutschland vor: Ein Bundeskanzler, der mit fast 70 Prozent der Stimmen gewählt wurde, über eine ebenso große Parlamentsmehrheit verfügt, kündigt seine erneute Kandidatur für die nächste Wahl an. Unter Tränen. Erklärt, dass er »persönlich lieber irgendwo anders« wäre. Erzählt, dass er eigentlich gar nicht wieder habe antreten wollen. Sagt mit zitternder Stimme: »Ich hätte der Nation lieber in einer anderen Position gedient« und bekennt, dass die Menschen zu Recht von ihm enttäuscht seien, die sich von ihm eine Demokratisierung erhoffen: »Ich kann nur geringes Kapital einbringen. Das ist nichts, verglichen mit den Opfern des Volkes.« Eine undenkbare Kombination. Doch mit genau diesen Worten trat Chatami vor die Mikrofone, bewarb sich darum, am 8. Juni 2001 für eine zweite Amtszeit gewählt zu werden – und wurde wieder gewählt, mit acht Prozent mehr als beim ersten Mal bei etwas niedrigerer Wahlbeteiligung. »Im Iran«, schrieb der Publizist Navid Kermani, einer der genauesten Porträtisten des feingliedrigen Räderwerks der iranischen Veränderungen, »kann der Scheiternde oder beständig Geschlagene zum Helden avancieren, wird nur sein Bemühen für redlich gehalten.«

Die Radikalkleriker, Oligarchen und Revolutionsfunktionäre haben in den vergangenen Jahren fast nichts unversucht gelassen, Chatami zu demütigen und seine Politik zu paralysieren. Sie haben seine engsten Weggefährten aus dem Amt gedrängt wie Kulturminister Ataollah Mohadscherani, verhaftet wie Innenminister Abdollah Nuri, zum Krüppel geschossen wie Said Hadscharian, Chatamis Strategen und Planer, der einst Geheimdienstvize war. Aber es waren verheerende Siege. Jedes ihrer Opfer wurde nur noch populärer.

Und so erbittert um die künftige Form des iranischen Staates gekämpft wird, so verdeckt geschieht dies zugleich. Keine Seite kann es wagen, die andere vollkommen zu verdrängen – die Reformer müssten kurzfristig fürchten, einfach abgesetzt zu werden, die Machthaber langfristig damit rechnen, in einem Bürgerkrieg unterzugehen, wenn sie Chatami stürzen und alle Fassaden der Legitimität einreißen. »Beide sitzen in einem Boot«, beschreibt es der Publizist Navid Kermani, »und jeder versucht, den anderen vom Ruder zu verdrängen.« Sich keine Blöße geben, nicht offen angreifen, auf die Fehler des anderen warten – alles wird angedeutet, und selbst das Schweigen ist beredt.

So widersprüchlich wie der Bauplan ist das ganze Gebäude des revolutionären Gottesstaates in den vergangenen 23 Jahren geworden: Er hat die Korruption zu grotesker Blüte getrieben, zugleich aber den Dörfern Strom, Wasser und medizinische Versorgung gebracht. Er hat die Menschen unter ein bigottes Reglement, die Frauen unter Mäntel und Kopftücher gezwungen. Kein Vergleich zur Schah-Zeit, als die Frauen der Großstädte äußerlich nicht viel anders aussahen als in Europa. Andererseits haben die im ganzen Land gegründeten Schulen und Universitäten mittlerweile der zweiten Generation von Frauen die Chance auf ein anderes Leben gegeben. Obwohl sich die Bevölkerung verdoppelte, hat sich die Analphabetenrate halbiert, und Frauen drängen mit Macht in eine Welt, die den meisten bis vor 20 Jahren so fern war, wie es heute noch ein unverschleierter Spaziergang durch Teheran ist: die Welt der bezahlten Arbeit. Wer lesen, schreiben, studieren, Geld verdienen kann, erwirbt, was ihm kein Tschador nehmen kann: Unabhängigkeit. Und Lust auf mehr Freiheit. Der Gottesstaat hat eine Jugend heranwachsen lassen, die zwar nie etwas anderes kennen gelernt hat als die Islamische Revolution – ihr aber nichts mehr abgewinnen kann.

Gebärt Kinder, so viele wie nur irgend möglich, proklamierten die Geistlichen der frühen Jahre – auf dass die Islamische Revolution sich halte und mehre. Doch genau diese Kinder machen heute als Jugendliche und junge Erwachsene zwei Drittel der iranischen Bevölkerung aus – und wollen alles andere, als sich unter der Kuratel rigider Sittenwächter vorschreiben zu lassen, welche Kleidung zu tragen und welche Musik zu hören sei.

Entzogen hat sich damit den Machthabern ausgerechnet die Generation derer, die, wäre es planmäßig gegangen, doch der Überzeugung sein müssten, dass die religiöse Führung das Richtige für sie tut und denkt. Die Realität sieht umgekehrt aus. Hinter den Türen der Wohnung, des Hauses, des Gartens öffnet sich die andere Welt, die der privaten Freiheiten, werden verbotene Filme geschaut, wird gezecht, getanzt und gefeiert. Eine ganze Generation ist aufgewachsen im Bewusstsein, dass es ein normales Leben gibt im falschen.

Der Umweg ist zur Kunstform geworden im Iran, zum virtuosen Spiel, in dem nichts gesagt, aber alles gemeint wird: Wenn der Mullah in Qom das »Herrschaftssystem der Rechtsgelehrten« preist mit einem Vergleich: »Wie Platons Utopia, als Idee fantastisch …« Wenn der Lehrer einer Teheraner Mittelschule seinen Schülern die Geschichte des europäischen Mittelalters, den Aufstieg und Fall kirchlicher Macht erzählt, um sie von selbst auf die Parallelen kommen zu lassen. Wenn der Filmregisseur die Farbe Schwarz, Lieblingston der Herrschenden, als Todesfarbe erscheinen lässt.

Ein ganzes Volk hat sich eingerichtet in der Topographie des gespaltenen Daseins. Stetig, wie Termiten, höhlen sie das rigide Regelgerüst der Islamischen Republik aus und lassen dabei die Hülle stehen, so dünn, dass die Wirklichkeit bereits durchschimmert. Und in einem Land, wo schon eine Party, eine Satellitenschüssel oder gar vorehelicher Sex einen Angriff auf die Staatsgewalt bedeutet, gerät eben bereits die Rückeroberung des Privaten zum politischen Widerstand.

Nur wer, fragt man sich nach einer Weile im Iran, wer steht

eigentlich noch hinter dem System? Gewiss, es gibt sie noch, die Radikalkleriker im Glauben an die eigene Mission, die Bazaris, die bis heute keine Steuern zahlen, die korrupten Direktoren der Staatsbetriebe und die Herren der Stiftungen. Wobei das Wort »Stiftung« auch nicht annähernd dem gerecht wird, worum es geht: Es sind milliardenschwere Konzerne, Kartelle, Staaten im Staat, mit Grundbesitz von der Größe Belgiens, Firmen und Immobilien selbst in New York. Es ist diese kleine Schicht der Oligarchen, die nach Angaben eines lieber anonym bleibenden Wirtschaftswissenschaftlers »mindestens 25 Prozent unseres Bruttosozialprodukts kontrolliert, die grüne Nomenklatura!« *Aghazadeh-ha*, Söhne der Herren, nennt man diese Günstlinge des Systems, und neu ist das alles nicht: Früher waren es eben die »Söhne des Schahs«, die das Land plünderten.

Etwas eint diese Melange aus machtbesessenen Klerikern, Oligarchen und aufgestiegenen Habenichtsen: Sie haben zu viel zu verlieren, um kampflos zu gehen. Und es ist dieser Staat im Staate, diese Verquickung von Macht, Geld und Militär, die sich jeder Kontrolle entzieht und immer wieder Vermutungen nährt, der Iran betreibe ein heimliches Atomwaffenprogramm, habe al-Qaida-Kämpfern Unterschlupf gewährt und finanziere sowieso islamische Militante in aller Welt, darunter auch die Hamas in den Palästinensergebieten.

Nur: Selbst wenn einzelne Vorwürfe zutreffen – es ist nicht *der* Iran, es sind seine machtversessenen Hardliner, denen keiner einen größeren Gefallen hätte tun können als US-Präsident George W. Bush, der Anfang 2002 den Iran zusammen mit dem Irak und Nordkorea einreihte in die neu kreierte »Achse des Bösen«. Als wollte Bush post mortem Chomeinis Parole vom »Großen Satan« USA bestätigen, zwang er Reformpräsident Chatami und mit ihm die Dreiviertelmehrheit der Iraner hinter die alte Anti-Amerika-Position zurück. Was, schaut man allein auf die iranische Afghanistan-Politik, ignorant bis aberwitzig ist: Einen ärgeren Feind als den Iran haben die Taliban nie erlebt. Spätestens nach deren Massakern an der schiitischen Minderheit der Hazara in Zentralafghanistan 1998 sowie der Ermordung mehrerer iranischer Diplomaten wäre es beinahe zum Krieg gekommen. Der Iran hat jahrelang die Nordallianz unterstützt, hat Hunderte Soldaten im Kampf gegen die von den Taliban geduldeten Heroinschmuggler verloren, tritt als eines der wichtigsten Geberländer für den Wiederaufbau an und hat mitgeholfen, diverse Warlords unter die Kuratel des neuen Präsidenten Karzai zu bringen. Eine »Achse des Bösen«? Eher eine Allianz der Ewiggestrigen aus US-Regierung und iranischen Hardlinern, die genau das blockiert, was Chatami und mit ihm die Mehrheit der Iraner sich für ihr Land wünschen – und was Bush doch einfordert: Rechtssicherheit, Beschränkung der Staatsmacht, Frauenrechte, Schutz des Eigentums, der freien Rede, der Gerechtigkeit, religiöse Toleranz.[2]

Jene kämpferische Todesbereitschaft hingegen, die Preisung und gesellschaftliche Akzeptanz des Märtyrertums sind ausgerechnet dort verschwunden, wo sie ihren Anfang genommen haben. Ein Phänomen, das sich militärisch nicht besiegen lässt, sosehr es in Israel auch versucht wird und die USA dem nacheifern, ist seinen eigenen Widersprüchen erlegen.

Versucht man, jene zu finden, die noch heute daran festhalten, die an die Macht der religiösen Führer wahrhaft glauben, ohne Gewinn aus ihrer Parteinahme ziehen zu können, so bleiben sehr wenige. Und die finden sich eines Abends unter einer Straßenlaterne auf einer regennassen Verkehrsinsel in Teheran: vor einem Invalidenkrankenhaus der Stiftung der Kriegsversehrten. Dort landet man, wieder, bei den Dschanbazan. »Der Imam hatte Recht«, sagt Marjid, der Rollstuhlfahrer, der mit zwei versehrten Freunden wie ein Trio verlorener Nachtfalter unter dem Lichtkegel sitzt: »Es war *Taklif*, religiöse Pflicht, damals in den Krieg gegen den Irak zu ziehen. Und würde Chamenei uns heute den Kampf befehlen gegen die Anhänger der zionistischen Verschwörung hier, wir würden folgen.«

Nach und nach rollen weitere Rollstuhlfahrer heran, schleppen sich zwei auf Krücken zum regennassen Flecken Grüns mitten auf der Kreuzung. Hören zu. Sagen manchmal etwas, und Marjid verteilt mit zittrigen Fingern seine Bahman-Zigaretten an alle. Von oben schaut, drei Stockwerke hoch, Chomeini streng auf seine Jünger, schaut von der anderen Seite ebenfalls aus einer zweiten Hauswand, aber Nezam, einer der Jubelperser ohne vollständige Arme und Augen, kann ihn nicht sehen. Er muss das Deckelglas seiner Armbanduhr aufklappen und die Finger nehmen, um zu fühlen, wie spät es ist. Die Finger, denen überall ein Stück fehlt, seit er damals versuchte, Minen zu entschärfen. Keine große Geschichte, die Aufgabe sei wichtiger gewesen als das Paradies: »Wer es für das Paradies tut, ist doch ein Händler.« 97 Minen hat er geräumt, dann fiel eine Granate in seiner Nähe, brachte die Mine zur Explosion, die er gerade entschärfen wollte. Mit 15 war er zur Front gekommen. Erst wollten die Soldaten ihn dort nicht akzeptieren. »Du bist zu jung, warte doch, der Krieg geht weiter«, und es ist das einzige Mal, dass er lacht in diesen Stunden, als er sich daran erinnert. »Die Welt ist eine Prüfung für uns. Und wir haben uns prüfen lassen und bestanden. Obwohl ich gerne Märtyrer geworden wäre.« Ich bitte den Übersetzer zu fragen, welche Wünsche er denn jenseits davon habe. Die Reaktion fällt heftig aus: »Wünsche? Was für Wünsche? Das ist ein sehr europäischer Blick! Du kannst über uns nur schreiben, wenn du unsere Werte kennst, diese Kultur, dann kannst du etwas schreiben! Manchmal, wenn ich den Koran aufschlage, finde ich ein Haar des Imam darin«, und ein anderer versichert, Chomeini im Mond gesehen zu haben. »Wir werden alles tun, wir werden losgehen und töten«, krächzt ein Chemiewaffenopfer mit den Resten seiner Stimme wie ein erschöpfter Vogel, »sobald der Imam es befiehlt«, und dann muss er wieder husten.

Übriggebliebene aus einer fernen Zeit, denen vom Leben wenig blieb außer dem Glauben, dass es richtig war, was sie taten. Auch das ist Iran heute, und nach so einem Abend versteht man besser, warum die Teheraner Stadtverwaltung auf Hunderten Teheraner Hauswänden immer wieder die meterhohen Bilder der Kriegsgefallenen auffrischen oder neu malen lässt. Ein Memento, und doch nur noch ein Firnis über der Realität von heute.

Ratlos steht Nedda, die 16-jährige, aufmüpfige Schülerin auf dem Gras im Bahman-Kulturzentrum und schaut nach oben. Auf eine Hauswand schräg gegenüber jener nach dem 13-jährigen Märtyrer benannten Kinderbibliothek ist ein Bild gemalt: Sieben Pasdaran mit ihren Stirnbändern der Todesfreude warten auf das Zeichen des entrückten Schemengesichts Chomeinis. »Ich verstehe nicht, wie man sich freuen kann, wenn jemand aus der eigenen Familie erschossen wird oder jemand, den man liebt. Ich war traurig, als Großvater starb. Und der war ja schon alt.«

Im Süden Teherans, mitten in einem bis zum smogverhangenen Horizont reichenden Arme-Leute-Viertel schmuckloser, zweistöckiger Häuser mit winzigen, ummauerten Höfen, nimmt sich das Bahman-Kulturzentrum vergleichsweise paradiesisch aus: eine lichte Welt aus Rasenflächen, Parkbänken, Springbrunnen, Kino und Planetarium, Vortrags- und Konzertsälen und einer kleinen Kinderbibliothek. Das Bahman-Kulturzentrum steht hier auf den Grundmauern eines ehemaligen Schlachthofs, und in der Kinderbibliothek nimmt eine Unterwanderung ihren Lauf. Bücher zum Lesenlernen, Lieder- und Spielebücher stehen dort zu Hunderten in den Blechregalen, ein paar Lehrwerke für Englisch und Französisch – kurz: Anleitungen zum Leben.

Hier ist die »Märtyrer-Fahmide-Bücherei« für Kinder, benannt nach einem Kind: nach Fahmide, der sich mit 13 Jahren und einer entsicherten Handgranate 1982 bei der Wiedereroberung der Stadt Chorramschar unter einen irakischen Panzer warf. Der den Rekrutierungswerbern für Selbstmordkommandos gefolgt war. Ein Vorbild für Kinder, ja für den ganzen Iran: ein Kind, das Chomeini mit seiner sonoren, eindringlichen Stimme als »wahren Führers des Iran« empfahl, als leuchtenden Stern des gottgefälligen Märtyrertums. Kurzum: die gelungene Anleitung zum Sterben.

Aber niemand findet etwas an dem grotesken Widerspruch. »Das mit den Märtyrern, das muss so sein«, sagt Nedda und zuckt mit den Schultern, als ginge sie solche Historie nichts an. Fahmide starb, da war sie gerade geboren, und zwischen ihren Biografien liegen Welten. »Das war der Krieg, damals, darüber haben wir in der Schule gehört«, aber deswegen hat sie mich nicht hergeführt. Sondern um zu zeigen, was der ehemalige Teheraner Bürgermeister Karbastschi aus dem mörderisch stinkenden Schlachthof in ihrer Nachbarschaft gemacht hat. Im Park neben der Bibliothek spielen

Kinder, Frauen stehen Schlange vor der Familienberatung, aus einer kleine Halle sind die fiepsigen Kampfrufe der Karategruppe für Mädchen zu hören. »Wenn ich Glück habe, schaffe ich vielleicht die Aufnahme ins Orchester des Zentrums.« Nedda zieht ihr Kopftuch wieder über die renitenten Haarsträhnen: »Ich würde so gerne Violinistin werden. Und hier zu spielen wäre die einzige Chance, umsonst Unterricht zu bekommen. Privatstunden können wir uns nicht leisten.«

Plötzlich, leise erst, kommt Musik auf, klingt ein Piano-Recital aus Lautsprechern über den Hof. Eine kleine Melodie nur, ein Fluss melancholischer Akkorde, und doch: Die Musik nimmt dem Agitprop-Gemälde alle Wirkung, verwandelt die sieben lebensmüden Pasdaran in ein Requiem, ein Bild der Trauer ums Leben. Der Tod war ein Meister aus Qom gewesen, und der alte Mann, der unter seinen hoch gewölbten Brauen ins Irgendwo schaut, mag gewusst haben, was die Musik anrichten würde mit seiner Idee von der süßen Gunst des Märtyrertums.

»Es war einfach das Radioprogramm«, sagt später der Hausmeister, aber solche Musik hätte es früher nicht gegeben. Genauso wenig wie Schach, Karategruppen für Mädchen, Kinos und all die anderen kleinen Revolutionen des Alltags.

Welch faszinierende Umkehr diese urschiitische, iranische Bereitschaft zum Opfer hat, zeigt der momentane Machtkampf im Iran: Als der von den Konservativen beherrschte Justizapparat im November 2002 den Geschichtsprofessor Haschem Aghadschari wegen angeblicher Blasphemie zum Tode verurteilte, um damit die gesamte Reformbewegung einzuschüchtern. Doch was tat Aghadschari: Er verkündete, das Urteil nicht anfechten zu wollen. Er »sei bereit, als Märtyrer zu sterben«. Genau das aber durchkreuzte die Grundidee der Einschüchterung, denn was es im Iran bedeutet, einer Bewegung einen Märtyrer zu geben, erfuhren die Generäle des Schahs vor einem Vierteljahrhundert: Untergang. Also ruderte die Justiz von sich aus zurück und kassierte das Urteil. Dieselbe Zurückhaltung war bei den Studentenprotesten gegen das Urteil zu beobachten: Hatte die Polizei sich zwei Jahre zuvor noch an Prügelorgien in den Studentenheimen beteiligt, hielt sie sich diesmal zurück, trug weder Helme, noch Schilder, noch Schlagstöcke und bat die Studenten höflich, doch nach Hause zu gehen.[3] Denn das schlimmste, was den Widersachern der Studenten hätte geschehen können, wäre ein toter Student gewesen. Denn der Blutzeuge der Niederlage wird als Märtyrer im Moment des Todes umgedeutet zum Sieger. Er verpflichtet die Nachfolgenden zur absoluten Gefolgschaft, stachelt ihren Widerstandsgeist an, der buchstäblich über Leichen geht. Ihre eigenen.

Stille Melancholie liegt über dem riesigen Friedhof Beheschte Zahra. Das uferlose Gräberfeld im Süden Teherans ist langsamer gewachsen. Der Blutbrunnen ist verschwunden, abgebaut worden vor Jahren schon. Die Säle der Märtyrerfeierlichkeiten stehen noch, »aber keiner nutzt sie mehr«, sagt ein gelangweilter Hausmeister: »Schade eigentlich; aber kaum waren die Zelte ersetzt durch richtige Hallen, hörte der Krieg ja auf. Die Leute kamen noch eine Weile, aber jetzt gehen sie nur noch zu den Gräbern da draußen. *Vale*, ja, diesen Ort meiden sie regelrecht.«

Viele der Blumen auf den verwitternden Gräbern der Märtyrer aber sind frisch. Die Trauer ist zurückgekehrt zu den Einzelnen, zu den Menschen. Die Trauer jener, die leben möchten, und nicht der unheimliche Zorn derer, die das Paradies verpasst haben. Eine grau gewordene Mutter steht vor einem der kleinen Steinquader, weint leise am Grab ihres Sohnes, und aus einiger Entfernung scheint es, als halte sie dort Zwiesprache. Als wir näher kommen, ist es ihr erst unangenehm, aber dann beginnt sie doch zu erzählen: davon, wie ihr kleiner Reza mit 13 Jahren eines Tages von der Schule nach Hause kam und stolz erzählte, er werde nun an die Front gehen. Von ihrer Angst, sich dem entgegenzustellen, was doch alle für richtig hielten, die Lehrer, die Regierung, und ihren Mann konnte sie nicht fragen, der war selber an der Front. Vom Tod Rezas nach fünf Wochen 1984 und von den langen Jahren danach: als sie sich immer wieder versuchte einzureden, es sei doch ein guter, ein sinnvoller Tod gewesen. Wie sie vor Schmerz »schwarz« wurde, wie sie sagt, beim Psychiater landete, aber lange Zeit nicht den Mut hatte, Rezas Grab zu besuchen. Wie sie eigentlich erst Jahre später gewagt habe, um ihren Sohn zu trauern, nicht um den

Imam, die Revolution. »Aber ich kann mir nicht anmaßen zu urteilen«, sagt sie mit dieser irritierenden iranischen Höflichkeit: »Vielleicht mussten wir diesen furchtbaren Umweg gehen, um daraus zu lernen. Ich glaube nicht, dass es Gottes Wille ist, wenn jemand sein Leben einfach so wegwirft.« Sagt es, steht auf, rafft ihren Tschador und verschwindet, rasch kleiner werdend im Steinwald der Gräber.

Danksagung

Großer Dank gilt all jenen Menschen in verschiedenen Ländern, die über die Jahre mit ihren Ideen, Kontakten, ihrer Mühe, ihrer Zeit und, gelegentlich, ihrer Courage, zum Entstehen dieses Projektes beigetragen haben. Präziser: Ohne sie wäre dieses Buch gar nicht denkbar: Mohammed Ali Abtahi, Javed Afridi, Chalid Amayreh, Ghada Aqueel, Yossi Bercovich, Rolf Behrens, Walid Dschunblad, Johannes Duchrow, Robert Fisk, Wiebke Ghalandaran, Jan Grarup, Gaby al-Habaschi, Marwan Hamad, Anja Herold, Reinhard Hesse, Andreas Hetzel, Bernhard Hillenkamp, Karin Hörner, Naghmeh Hosseini, Walter Keller, Navid Kermani, Susanne Knaul, Albrecht Metzger, Farschid Motahari, Jamil K. Mroue, Nidal al-Mughrabi, Amos Oz, Linda Rifkind, Gernot Rotter, Olivier Roy, Said Sadr, Mohammed Salam, Eyad Sarradsch, Stefan Scholl, Tina Schott, Reinhard Schulze, Yoram Schweitzer, Haidar Abdel Shafi, Bassam Abu Sharif, Taher Shriteh, Marie Claude Souaid, Anuschka Tomat, Kai Wiedenhöfer, Graham Usher und – am allermeisten – Susanne Fischer.

Nicht geringerer Dank gilt jenen zahlreichen Informanten, denen es – unter den heutigen Umständen in vielen islamischen Ländern – Schwierigkeiten bereiten könnte, mit allzu offenherzigen Äußerungen an die Öffentlichkeit zu treten, und die deshalb ungenannt bleiben.

Einzelne Szenen, Fragmente und Interviews der Kapitel über den Iran, Libanon und Israel stammen aus Texten, die in den vergangenen Jahren in Geo, Stern, Die Zeit und Middle East International erschienen sind.

Anmerkungen

1 Selbstmordattentate

1 Dale, Stephen Frederic: »Religious Suicide in Islamic Asia: Anticolonial Terrorism in India, Indonesia, and the Philippines«, in: Journal of Conflict Resolution, Ohio 1988, S. 7–59
2 Krätz, Otto: »Der Mann, der den Sprengstoff zähmte«, in: Süddeutsche Zeitung, 10./11.11. 2001
3 Die Weltwoche, 20.9. 2001
4 New York Times, 10.10. 2001
5 Wall Street Journal, 16.10. 2001
6 Diplompsychologe und Sektenforscher Steven Hassan in: Psychologie Heute, Februar 2002, S. 67
7 Sofsky, Wolfgang: »Zeiten des Schreckens. Amok, Terror, Krieg«, Frankfurt 2002, S. 181
8 Die Zeit, 19.9. 2001
9 Laut Ehud Sprinzak haben die GIA, die »Bewaffneten islamischen Gruppen«, in den Neunzigerjahren ein Selbstmordattentat verübt. Allerdings fehlt ein Bekennerschreiben, und es ist auch ungeklärt, ob es sich nicht um einen Unfall gehandelt hat.
10 Die Woche, 28.9. 2001

2 Woher kamen die Assassinen?

1 »Die anthropologische Wunde in unserer Beziehung zum Westen«, abgedruckt in: »Islam, Demokratie, Moderne«, loc. cit., S. 82
2 Genau genommen handelte es sich um eine Sekte innerhalb der ismailitischen oder auch »Siebener-Schia« genannten Abspaltung vom schiitischen Islam, die nicht zwölf, sondern nur sieben legi-

time Nachfahren des Propheten anerkennt und sich durch eine große Offenheit in der Aufnahme mystischer und philosophischer Traditionen sowie eine elitäre Geheimlehre auszeichnet. Aus ihr sind u.a. die heute noch existierenden Gemeinschaften der Drusen (vor allem in Syrien, Israel und dem Libanon) sowie der Alawiten (vor allem in Syrien) hervorgegangen.

3 Lewis, Bernard: »Die Assassinen. Zur Tradition des religiösen Mordes im radikalen Islam«, Frankfurt 2001, S. 49

4 Ibd., S. 74

5 Überliefert von Raschid ad-Din und anderen mittelalterlichen Quellen, zitiert aus: Lewis, S. 4

6 Woraus sich viele mittelalterliche europäische Autoren wie Marco Polo, aber auch Arnold von Lübeck, Benjamin von Tudela oder Denis Lebey de Batilly bedienten, waren vor allem Polemiken sunnitischer Autoren, die pro domo schrieben und die Assassinen als Ausgeburten der Sünde schlechthin darstellten. Besonders dabei hervorgetan haben sich Ibn Rizam und Achu Muhsin, die den Assassinen sogar »eine geheime Verschwörung zur Abschaffung des Islam« vorwarfen. Vgl. Daftary, Farhad: »The Assassin Legends: Myth of the Isma'ilis«, London 1994

7 Dschuweini, Ata Malik (1226–1283): »Ta'rich-i Dschahan Guscha«, aus: Lewis, S. 132

8 Die öffentlich vor allem von US-Regierungsstellen und amerikanischen Medien (so von Ken Timermann am 11. 8. 1998 im Wall Street Journal) vorgebrachte Verurteilung, der Iran stecke hinter allen islamistischen Terroranschlägen, ignoriert den tief sitzenden Antagonismus zwischen schiitischen und sunnitischen Radikalen. So waren Irans Führung und die Taliban mitnichten verbündet, sondern Todfeinde, insbesondere nachdem Taliban-Milizen Tausende Schiiten vom afghanischen Volk der Hazara ermordet hatten. In Büchern und Zeitschriften etwa in Pakistan finden sich immer wieder anti-schiitische Polemiken wie die Freitagspredigten von Scheich Huzaifi; vgl. Roy, Olivier: »Die sunnitische Internationale aus dem Niemandsland«, in: Le Monde diplomatique, 16.10. 1998

9 Djait, Hischam: »Das arabisch-muslimische Denken und die Aufklärung«, in: »Islam, Demokratie, Moderne. Aktuelle Antworten arabischer Denker«, S. 31

10 Arslan, Shakib: »Limadha ta'khara al-muslimun wa limadha taqaddama ghairahum«, Kairo 1930, zitiert in: Tibi, Bassam: »Der Islam und das Problem der kulturellen Bewältigung sozialen Wandels«, Frankfurt 1985, S. 160

11 Tibi, Bassam: »Der Islam und das Problem der kulturellen Bewältigung des sozialen Wandels«, Frankfurt 1985, S. 59
12 Rosiny, Stefan: »Islamismus bei den Schiiten im Libanon«, Berlin 1996, S. 9
13 Ayubi, Nazih: »Political Islam – Religion and Politics in the Arab World«, London/New York 1991, S. 3

3 Ein Schlüssel um den Hals

1 Halm, Heinz: »Der schiitische Islam«, München 1994, S. 28
2 Said: »Der lange Arm der Mullahs. Notizen aus meinem Exil«, München 1995, S. 12
3 Geo, Nr. 2, 1999
4 Halm, S. 146
5 Lewis, Bernard: »Die Assassinen«, Frankfurt 1989, S. 9
6 Ghalandaran, Wiebke: »Die Mütter der Märtyrer. Der iranisch-irakische Krieg und seine Auswirkungen auf das Bild der Frau in der Ideologie der Islamischen Republik«, Bonn 1997, S. 76
7 Ghalandaran, S. 66
8 Halm, S. 155
9 Göbel, Karl-Heinrich: »Moderne Schiitische Politik und Staatsidee«, Opladen 1994, S. 181
10 Ghalandaran, S. 65
11 Stern, 14.4. 1988
12 Stern, 24.3. 1983
13 Ibd.
14 Ghalandaran, S. 72
15 Ibd., S. 71
16 Nirumand, Bahman: »Krieg, Krieg bis zum Sieg«, aus: »Bis die Gottlosen vernichtet sind«, Reinbek 1987, S. 95
17 Munzinger-Archiv und Interview mit einem Sprecher der Boniad-e Mustazafan, jener milliardenschweren Stiftung aus früherem Schah-Besitz, die sich um die Kriegsversehrten kümmert und zu den wichtigsten Finanzquellen der konservativen Teheraner Oligarchie um Ayatollah Chamenei zählt.
18 Stern, 11.3. 1982
19 Nirumand, S. 89

4 Marketingstrategen des Märtyrertums

1 Wright, Robin: »Sacred Rage«, New York 1985, S. 72
2 Ibd., S. 70
3 Tophoven, Rolf: »Sterben für Allah. Die Schiiten und der Terrorismus«, Herford 1991, S. 134
4 Friedman, Thomas L.: »From Beirut to Jerusalem«, New York 1989, S. 191
5 Wright, S. 70
6 Wright, S. 77
7 Wright, S. 84
8 Friedman, S. 203
9 Wright, S. 94
10 Wright, S. 82
11 Vgl. auch die sehr ausführliche Abwägung verschiedener Spuren in: Ranstorp, Magnus: »Hizb'allah in Lebanon. The Politics of the Western Hostage Crisis«, London 1997, S. 38ff.
12 Tophoven, S. 68
13 Jaber, Hala: »Hezbollah. Born with a Vengeance«, New York 1997, S. 76
14 Wright, S. 245
15 Tophoven, S. 50
16 Al-Manar TV, 11.11.1999
17 Wright, S. 39
18 Wann genau die ersten Pasdaran kamen, darüber gibt es widersprüchliche Angaben: So nennen Hala Jaber (S. 20), Rolf Tophoven (S. 68) und Stefan Rosiny (S. 353) das Jahr 1982, der Hisbollah-Chronist Mohammed Abi Samra hingegen erwähnt, dass bereits 1980 die ersten Einheiten ins Land gekommen seien (al-Hayat, 26.6. 2000).
19 Adressaten eines offenen Briefes der Hisbollah aus dem Jahr 1985
20 Interview mit Fadlallah in der Hisbollah-Wochenzeitung al-Ahd, 14.11. 1986, Nr.125, in: Kramer, Martin: »The Oracle of Hizbullah. Sayyid Muhammad Husayn Fadlallah«, New York 1997
21 Nach Paz, Reuven: »The Islamic Legitimacy of Suicide Terrorism«, in: »Countering Suicide Terrorism«, S. 88
22 Wright, S. 230
23 Ibd.
24 Metzger, Albrecht: »Der Himmel ist für Gott, der Staat für uns. Islamismus zwischen Gewalt und Demokratie«, Göttingen 2000, S. 160

25 Rosiny, Stefan: »Islamismus bei den Schiiten im Libanon«, Berlin 1996, S. 67

26 Wright, S. 246

27 Sowohl Scheich Hussein Fadlallah wie auch Hisbollah-Sprecher Hussein Nabulsi und Hisbollah-Vize Naim Quassem bestätigten in Interviews, dass die – im Vergleich zu den iranischen Bassidsch-Einsätzen – neue Taktik, einzelne Attentäter mit einer Sprengstoffladung inmitten ihrer Gegner detonieren zu lassen, essenziell gewesen sei, um die Zahl der eigenen Opfer niedrig zu halten.

28 Aus einer Rede von Ibrahim al-Amin, abgedruckt in der Hisbollah-Wochenzeitung al-Ahd, 23.1. 1987, Nr. 135

29 Korrekt zitiert lautet der Vers 32 aus der Sure 7 (»der Wall«): »Und jedes Volk hat einen Termin; und so sein Termin gekommen ist, so können sie ihn um keine Stunde aufschieben oder beschleunigen«, in der deutschen Übersetzung von Max Henning (1960). Im arabischen Original ist von Umma die Rede, was sich auch als Gemeinschaft übersetzen ließe – der Einzelne ist auf jeden Fall nicht gemeint.

30 Jaber, S. 86

31 Manar TV, 11.11. 1999

32 Der Begriff des Schahid, des Märtyrers, wird von allen libanesischen Konfessionen für ihre im Kampf Gefallenen verwandt, auch von Christen und selbst von Säkularen, vgl. Rosiny, S. 233

33 Zu den Begriffen: Rosiny, S. 227ff., Jaber, S. 81; sowie Interviews mit Hisbollah-Sprecher Hussein Nabulsi, dem Hisbollah-Kulturbeauftragten Malek Wabdeh und Mohammed Salam, einem libanesischen Journalisten

34 Jaber, S. 26

35 Abi Samra, Mohammed: »Märtyreroperationen in der Kultur der Hisbollah, im Apparat der Partei und ihren sozialen Institutionen«, in der libanesischen Tageszeitung al-Hayat, 26.6. 2000

36 Jaber, S. 161

37 Ibd.

38 Aus einer Rede Fadlallahs, abgedruckt in der libanesischen Tageszeitung an-Nahar, 14.5. 1985, zitiert aus: Kramer, S. 119

39 Ranstorp, S. 8

40 Jaber, S. 3

41 Jaber, S. 96

42 Metzger, S. 167

43 Ibd., S. 78

44 Taheri, Amir: »Morden für Allah – Terrorismus im Auftrag der Mul-

lahs«, München 1993 (englische Originalausgabe 1987), S. 26, aus: Metzger, S. 155

45 So bezeichnete der israelische Politologe Yaron Ezrahi in einem Interview die Selbstmordanschläge, in: »Mit TNT in den Märtyrertod«, www.secumag.de.

46 The Daily Star, libanesische Tageszeitung, 14.9. 2001, und eigenes Interview

47 Economist, 1.12. 2001

48 Middle East International, 11.1. 2002

49 Vgl. Rosiny, S. 181

5 Die Kultur des Todes

1 Name auf Wunsch der Betroffenen geändert

2 Eine berühmte Mutter in der islamischen und arabischen Geschichte, die vier Söhne im Krieg, aber nie ihre Geduld verloren hat

3 Das reguläre Diplom

4 Die Ehre, ein Märtyrer zu sein

5 Interview mit Yoram Schweitzer

6 New York Times, 23.4. 1998

7 Interview mit Graham Usher, dem Israel-Korrespondenten des Economist

8 New York Times, 15.3. 1996

9 Neue Zürcher Zeitung, 7.3. 1996

10 New York Times, 15.3. 1996

11 Die Zeit, 12.9. 1997

12 Ibd.

13 Ibd.

14 The New Yorker, 12/2001

15 Ibd.

16 Neue Zürcher Zeitung, 7.10. 1997

17 New York Times, 23.10. 1997

18 Vgl. Mishal, Schaul/Sela, Avraham: »The Palestinian Hamas«, New York 2000, deren Grundthese sich auf diese Vielschichtigkeit bezieht: »Hamas ist nicht Gefangene ihrer eigenen Dogmen«, S. VIII

19 Ibd.

20 Frankfurter Allgemeine Zeitung, 8.10. 1997

21 Neue Zürcher Zeitung, 7.3. 1996

22 Neue Zürcher Zeitung, 16.4. 1994

23 Die Welt, 7.11. 1995

24 New York Times, 15.3. 1996
25 tageszeitung, 8.1. 1996
26 New York Times, 15.3. 1996
27 New York Times, 15.1. 1996
28 Ibd.
29 Ibd.
30 Der Spiegel, 8.1. 1996
31 New York Times, 15.3. 1996
32 Der Spiegel, 15.1. 1996
33 New York Times, 15.3. 1996
34 Ibd.
35 New York Times, 8.1. 1996
36 New York Times, 28.2. 1996
37 New York Times, 5.3. 1996
38 New York Times, 4.3. 1996
39 Stern, 7.3. 1996
40 New York Times, 4.3. 1996
41 Financial Times, 5.3. 96
42 New York Times, 15.3. 1996
43 Ibd.
44 New York Times, 4.3. 1996
45 Ibd.
46 Die Woche, 1.3. 1996
47 New York Times, 22.3. 1997
48 International Herald Tribune, 31.7. 1997
49 Nach Stern, 16.10. 1997
50 tageszeitung, 6.10. 1997
51 Stern, 16.10. 1997
52 New York Times, 23.10. 1997
53 Frankfurter Rundschau, 26.6. 1998
54 Neue Zürcher Zeitung, 23.5. 1998
55 Auch Ende 2001 liegen beide ungefähr gleichauf und haben jeweils ein Viertel der Bevölkerung hinter sich.
56 Süddeutsche Zeitung, 21.8. 2000
57 Nach Amos Elon, in: The New York Review of Books, 18.10. 2001
58 Interview mit Graham Usher
59 Konferenzprotokoll der ICT-Konferenz »Bekämpfung des Selbstmordterrorismus«, 22.–24.2. 2000
60 Laut Émile Durkheim, der eine der ersten groß angelegten Untersuchungen zum Selbstmord schrieb, »führt Individualismus zum Selbstmord«.

61 Broder, Henryk M.: »Die Irren von Zion«, Hamburg 1998, S. 260
62 Goldberg, Jeffrey: »Arafat's Gift«, in: The New Yorker, 29.1. 2001
63 Ibd.
64 Middle East International, 13.7. 2001
65 Friedman, S. 60ff.; Elie Hobeika stirbt im Januar 2002 durch eine Autobombe – nachdem er gegenüber einer Delegation belgischer Parlamentarier zuvor seine Bereitschaft bekundet hat, über die Mitwisserschaft und Beteiligung Ariel Scharons vor dem belgischen Gericht auszusagen, vor dem gegen Scharon Klage eingereicht worden ist wegen »Verbrechen gegen die Menschheit«.
66 The New Yorker, 29.1. 2001
67 Süddeutsche Zeitung, 1.8. 1997
68 Süddeutsche Zeitung, 19.5. 2001
68a Palestine-Israel-Journal, 8/2001, S. 73
69 The Jerusalem Report, 15.7.2002
70 Weitgehend decken sich, was Profil und Motivation der Täter angeht, alle Untersuchungen:
– Laut Terrorexperte Eli Kadmon sind »die Täter heute deutlich älter und zum Teil schon Familienväter. Allen gemein ist ihre strenge Religiosität, die demonstrative Zielorientiertheit und die Bereitschaft zur Selbstaufgabe.«
– Nachman Tal, ehemals Angehöriger des Schabak, auf einer Pressekonferenz: »Über die Hälfte der Hamas-Täter verfügt über eine akademische Ausbildung«, abgedruckt in: tageszeitung, 13.9. 2001.
– Der israelische Psychologe Israel Orbach nennt vier zentrale Antriebsmomente, darunter Fatalismus, individuelles Leid und Perspektivlosigkeit, gesellschaftliche Isolation und Altruismus, ibd.
– Eine statistische Erhebung, abgedruckt am 20.5. 2001 in der israelischen Tageszeitung Yediot Achronot, ergab, dass 64 Prozent der Täter zwischen 18 und 23 Jahre waren, es aber auch weit Ältere gab; und obwohl er umzäunt und abgeriegelt ist, stammten 68 Prozent aus dem Gazastreifen; 83 Prozent sind unverheiratet, 47 Prozent besitzen einen Universitätsabschluss, lediglich 24 Prozent haben nur die Grundschule besucht. Von den 72 aktenkundigen Selbstmordattentätern, die zwischen 1993 und Mai 2001 losgingen, sich in die Luft zu sprengen, konnten nur 18 vorher verhaftet werden oder ergaben sich, weil die Zweifel an ihrer Mission größer waren als ihr vorheriger Entschluss.
71 Vortragsprotokoll der ICT-Konferenz »Bekämpfung des Selbstmordterrorismus«, 22.–24.2. 2000
72 The New Yorker, 12/2001

73 International Herald Tribune, 3.7.2002
74 Interview mit Gad Schimron in der isralischen Zeitung Ma'ariv, 6/2001
75 New York Times, 2.6. 2001
76 Jerusalem Post, 4.6. 2001
77 Ibd.
78 Ha'aretz, 4.6. 2001
79 Palestinian Center for Public Opinion, ermittelt am 24.–26.5. 2001
80 Neue Zürcher Zeitung, 22./23.12. 2001
81 Die Weltwoche, 24.1. 2002
82 Dasselbe Prinzip beschrieb schon 1995 der ägyptische Forscher Dr. Hudasch al-Scharawi von der Kairoer Kazic-Universität anhand der Attentäter, die versucht hatten, Staatspräsident Hosni Mubarak in Äthiopien zu ermorden. Zitiert bei: Reuven Paz, »The Islamic Legitimacy of Suicide Terrorism«, in »Countering Suicide Terrorism«, S. 6ff.
83 Der Psychologe Schaul Kimchi erarbeitete zusammen mit Schmuel Even vom Jaffee Zentrum für Strategische Studien der Universtität Tel Aviv ein Persönlichkeitsprofil Arafats, aus: Frankfurter Allgemeine Sonntagszeitung, 9.12. 2001
84 Friedman, S. 111
85 Jerusalem Post, 20.12. 2001
86 Der Transfer von Zivilbevölkerung auf militärisch besetztes Gebiet verstößt gegen Artikel 49 der 4. Genfer Konvention.
87 Das Magazin, 20.10. 2001
88 Human Rights Watch-Report über Selbstmordanschläge: »Erased in a moment«, zitiert in: Neue Zürcher Zeitung, 8.11.2002
89 The Economist, 27.7.2002
90 ibd.
91 International Herald Tribune, 12.6.2003
92 Vortrag auf der »Herzliya Sicherheitskonferenz«, zitiert aus: Ha'-aretz, 19.12.2001
93 Interview mit einem hohen Reserveoffizier, der während der Wiederbesetzung in der südlichen Westbank seinen Dienst tat
94 New York Times, 18.7.2002
95 International Herald Tribune, 19.8.2002
96 Auskunft der Israeli Defense Force, zitiert in: Time Magazine, 15.4.2002
97 The New Yorker, 9.7. 2001
98 Radio Monte Carlo, 22.8. 2001
99 Frankfurter Allgemeine Zeitung, 5.3. 2002

100 Ibd.
101 Interview
102 Interview mit Ghassan Khatib, Direktor des Jerusalem Media & Communication Centre, Dezember 2001
103 The New Yorker, 12/2001
104 International Herald Tribune, 10.9. 2001
105 Frankfurter Allgemeine Zeitung, 5.3. 2002
106 Der Tagesspiegel, 11.2. 2002
107 Al-Ayyam, palästinensische Tageszeitung, 31.1. 2002
108 Der Spiegel, 4.2. 2002
109 Ad-Dustur, jordanische Tageszeitung, 5.2. 2002
110 Al-Achbar, ägyptische Tageszeitung, 1.2. 2002
111 Al-Quds al-Arabi, islamistische Tageszeitung aus London, 6.2. 2002
112 Asch-Scharq al-Awsat, Tageszeitung aus London, 31.1. 2002
113 Ibd., 2.2. 2002
114 Interview im Deutschlandfunk, 28.1. 2002
115 Frankfurter Allgemeine Zeitung, 19.6.2002
116 Der Spiegel, 29.4.2002
117 The Sunday Times Magazine, 6.1.2002, aus einem Interview mit einem christlichen Palästinenser aus Bethlehem: »They (the Israelis) hit us in our homes, our villages, our cities with missiles. We have no sophisticated weapons. We only have our bodies with which to reach Israelis in their homes. Our bodies are the best weapons that we have.«
118 Oz, Amos: »Die Hügel des Libanon. Politische Essays«, Frankfurt 1995, S. 202

6 Die Fehde der Fatwas

1 Al-Dschazira, 12. 11. 2001
2 Ibd., 12. 10. 2001
3 Milwa, Markus: »Selbstmord in arabischen Gesellschaften«, Magisterarbeit Hamburg 1999, S. 1
4 Koranübersetzung von Friedrich Rückert (1788–1866)
5 Koranübersetzung von Ullman, 1897
6 Koranübersetzung von Richard Bell, 1937
7 Koranübersetzung von Max Henning, 1960
8 Koranübersetzung von Rudi Paret, 1966, die in den meisten Fällen herangezogene Standardübersetzung
9 Milwa, S. 36

10 Al-Buchari, »Sahih«, Sammlung der Hadithe, bearbeitet von al-Imam az-Zubaidi, Riad 1994, Buch 23 (der Begräbnisse), Kapitel 41, S. 340
11 Milwa, S. 40
12 Rosenthal, Franz: »On suicide in Islam«, in: Journal of the American Oriental Society 66 (1946), S. 245
13 Milwa, S. 25
14 Ibd.
15 Al-Buchari: »Nachrichten von Taten und Aussprüchen des Propheten Muhammad«. Ausgewählt, aus dem Arabischen übersetzt und herausgegeben von Dieter Ferchl, Stuttgart 1991, S. 301ff.
16 Vgl. Björkmann, Walter: Artikel »Schahid« in der »Enzyklopädie des Islam«, Bd. IV, Leipzig 1934, S. 279
17 Interview mit Nizar Hamzeh, Soziologe und Hisbollah-Experte, American University of Beirut, 12/2000
18 Fadlallah, Hussein Mohammed: »Masa'il fighiya – intihar am schahada?«, in: »Silsila nadwat al-hiwar al-usbu'iya bi dimaschq«, Beirut 1997, S. 730ff.
19 Ar-Raya, Tageszeitung, Qatar, 25.4.2001
20 Al-Ahram al-Arabi, ägyptische Tageszeitung, Kairo, 3.2. 2001
21 Asch-Scharq al-Awsat, 21.4.2001
22 Al-Hayat al-Dschadida, palästinensische Tageszeitung, Ramallah, 27.4. 2001
23 Al-Hayat, Tageszeitung, London/Beirut, 25.4. 2001
24 Al-Hayat, 25.4. 2001
25 Von der »amerikanischen Fatwa« schrieb Ahmed al-Houny am 24.4. 2001 in der Tageszeitung al-Arab, die ebenfalls in London herausgegebene al-Quds al-Arabi befand am selben Tag in ihrem Editorial, dass »die wahren Gelehrten jene sind, deren Fatwas den arabischen Mangel an Unterstützung verdammen für jene, die ihr Blut für al-Aqsa (die Moschee, gemeint sein dürfte die Intifada) opfern«.
26 Asch-Scharq al-Awsat, 5.3. 2001: Selbstmordattentate seien der einzige Weg, »Ariel Scharon zu überzeugen«.
27 Interview mit einem israelischen Sicherheitsexperten, der nicht namentlich genannt sein wollte
28 Saut al-Ama, Kairo, 26.4. 2001
29 Al-Quds, palästinensische Tageszeitung, Jerusalem, 17.8. 1998
30 Zitiert vom ägyptischen Jura-Professor Taufiq asch-Schawi in: ad-Hayat, 27.4. 2001
31 Ibd.
32 Gezeichnet wurde diese Erklärung von Dr. Mohammed Rafat Oth-

man, Dekan der Scharia-Fakultät, Dr. Mohammed Ibrahim al-Fayyumi, Professor an der al-Azhar, und Dr. Mohammed Ruschdi, alle drei Mitglieder des al-Azhar Research Center; abgedruckt in: al-Hayat al-Dschadida, 27.4. 2001

33 Neue Zürcher Zeitung, 3.6.2002, 18./19.1.2003

34 Neue Zürcher Zeitung, 18./ 19.1.2003

35 Al-Istiqlal, unregelmäßig erscheinende Zeitung des Islamischen Dschihad, Gaza, 20.8. 1999

36 Unter diesem Titel schrieb der prominente Kommentator in al-Quds al-Arabi, dass die »Rechtsgelehrten Tantawi und as-Sabil« sich »von ihren Regierungen einschüchtern lassen«, nach: Frankfurter Allgemeine Zeitung, 10.12. 2001

37 The Jerusalem Post Internet Edition, 6.9. 2001

38 ibd.

39 Sure ar-Rahman (55), Vers 58

40 Sure al-Waqia (56), Vers 23

41 Sure ar-Rahman (55), Vers 70

42 Sujuti, in: Abdelwahab Bouhdiba: »La Sexualité en Islam«, Paris 1975, S. 96

43 Nwyia, Paul: »Exégèse coranique et langage mystique«, Beirut 1970, S. 103

44 Sujuti, S. 602

45 Bistami, Bajazid (gest. 874), zitiert in: Dermenghem, Émile: »Vie des saints musulmans«, Paris 1983, S. 171

46 Al-Buchari: »Les Traditions islamiques«, Paris 1903–1914, Bd. II, S. 440

47 As-Saleh, Subhi: »La Vie future selon le Coran«, Paris 1986, S. 151

48 Ibn Quteiba, »Le Traité des divergences du hadith«, Damaskus 1962, S. 15

49 Sujuti, S. 94

50 Ibd.

51 Sujuti, S. 96

52 Al-Maqdisi: »Le livre de la création et de l'histoire«, Paris 1899, S. 179

53 Ibn Quteiba, S. 602

54 Bernheim, Pierre-Antoine & Stavrides, Guy: »Paradis, paradis«, Paris 1991, S. 228

55 Al-Maqdisi, S. 180

56 Tageszeitung, 13.9. 2001

57 Al-Istiqlal, 4.10. 2001

58 Ar-Risala, 16.8. 2001

59 Aacher Sâa, ägyptische Wochenzeitung, 9.5. 2001

7 Die Verschwörung

1 Nierenstein, Fiamma: »How suicide bombers are made«, Jerusalem 2001

2 Lewis, Bernard: »The Political Language of Islam«, Chicago 1988, S. 122ff.

3 Nach Lewis, Bernard: »Die Revolte des Islam«, Lettre IV/2001

4 Al-Musawi, as-Sayyid Sadiq: »Hört auf zu schweigen, o Muslime!«, Beirut 1978 (Flugblatt)

5 Anfang 2001 wurde im niederländischen Camp Zeist einer der beiden libyschen Verdächtigen freigesprochen, der für den Anschlag auf den Pan-Am-Flug 103 über Lockerbie verantwortlich gewesen sein sollte. Dabei hatten ihn die USA jahrelang der Welt als bereits quasi überführten Täter präsentiert. Doch hatte, wie bereits im Frühjahr 2000 die Zeitschrift Geo (»Todesflug PA 103«, Nr. 2/2000) aufdeckte, der Hauptzeuge Abdel Madschid Giacha vor und nach der Tat im Sold der CIA gestanden. Und mit seinem Wissen just in dem Moment aufgewartet, als ihn der Geheimdienst 1991 vor die Wahl stellte, verwertbare Informationen zu liefern oder gefeuert zu werden.

6 Im Golfkrieg 1991 waren es gleich mehrere Vorfälle, die Amerikas Glaubwürdigkeit empfindlich beschädigten: Erst versicherte die US-Botschafterin in Bagdad, April Glaspie, Saddam Ende Juli 1990, dass die USA kein Verteidigungsabkommen mit einem der Golfstaaten geschlossen hätten und den irakisch-kuweitischen Grenzkonflikt als eine innerarabische Angelegenheit betrachteten – was der verantwortliche US-Außenstaatssekretär John Kelly noch zwei Tage vor der Invasion Anfang August wiederholte.
Wochen später erläuterte General Schwarzkopf dem saudischen König Fahd in einer Krisensitzung, Saddam wolle den ganzen Nahen Osten erobern, und Kuweit sei nur die erste Etappe gewesen. Satellitenbilder, die in den USA bis heute »top secret« sind, würden belegen, dass bereits 250000 irakische Soldaten und 1500 Panzer an der Grenze zu Saudi-Arabien aufmarschiert seien. Das genügte der sonst so vorsichtigen Königsfamilie der Sauds, um ins vormals Undenkbare einzuwilligen: die Stationierung Zehntausender US-amerikanischer, mithin ungläubiger, Soldaten auf saudischem Sand, um einen Krieg mithilfe eben dieser Ungläubigen gegen einen arabisch-islamischen Bruderstaat zu führen.
Irak-Experten wie der israelische Historiker Amatzia Baram haben sich in der Folgezeit immer wieder gewundert, wieso Saddam, der

massiven Reaktion des Westens rasch gewahr geworden, auch noch Krieg mit Saudi-Arabien beginnen sollte. Nach allgemeiner Überzeugung wollte er alles vermeiden, was zu einem solchen Konflikt führen würde – wissend, dass dann ein US-amerikanischer Gegenschlag unvermeidbar wäre. Er hatte darauf spekuliert, dass es gelingen könnte, Kuweit zu besetzen und zu annektieren, ohne einen Gegenschlag zu riskieren. Warum also der Truppenaufmarsch an der saudischen Grenze? Und warum, konnte man sich fragen, hatte es zuvor keine deutlichen Warnungen an die irakische Führung gegeben, da den Aufklärungsexperten der Defense Intelligence Agency (DIA) bereits im Juli 1990 klar gewesen sein musste, dass in der Tat ein massiver Truppenaufmarsch an der irakisch-kuweitischen Grenze stattfand?

All das fragte sich auch die Redaktion der kleinen Tageszeitung St. Petersburg Times in Florida, als sie im September 1995 die Chance erhielt, zwei kommerzielle Aufnahmen der russischen Satellitenfirma Soyuz Karta zu erwerben, die genau in jenen Tagen des verkündeten Aufmarsches über dem gesamten saudisch-irakischen Grenzgebiet aufgenommen worden waren. Es waren gestochen scharfe Bilder; ein wolkenloser, klarer Himmel ließ, so Times-Reporter Jean Heller, »auf dem Flugplatz von Riad noch die amerikanischen Flugzeuge erkennen sowie die Überlandstraße zwischen Kuweit und Saudi-Arabien, teilweise von Sand überweht, und es war klar, dass hier keine Armee durchgekommen war«.

Von einem Truppenaufmarsch keine Spur, nirgends.

7 Wie glaubwürdig die von US-Regierungsübersetzern aus der extrem schlechten Tonqualität herausgehörten Passagen der vorherigen Kenntnis und Vorbereitung des Attentats durch Bin Laden sind, ist umstritten. Als die Redaktion des deutschen TV-Magazins Monitor im Dezember 2001 erst zwei vereidigte Dolmetscher, dann den Hamburger Orientalistikprofessor Gernot Rotter bemühte, konnten alle drei die vorgeblich entscheidenden Passagen schlicht immer noch nicht hören. Sie riefen die US-Übersetzer an und fragten nach, wieso die aus dem knackenden Rauschen Sätze hatten heraushören können, was ihnen trotz aller Tontechnik der größten Landessendeanstalt Deutschlands nicht möglich war. Da sei nichts zu verstehen, sagte der vom WDR bestellte Übersetzer, und sein US-Kollege habe sich schließlich auf ein vorsichtiges »Mag sein, dass Sie Recht haben« verlegt. Nach Auskunft von Prof. Rotter war die Kopie des Videobandes überdies versehen mit dem Hinweis, es sei »als Beweismittel vor Gericht nicht zugelassen«.

8 Der Spiegel, 1.10. 2001

9 So veröffentlichte die saudische Tageszeitung al-Watan aus Abha, Hauptstadt jener Provinz Asir, aus der die meisten der 15 saudischen Beteiligten stammten, mehrere Interviews mit den Angehörigen, die unisono den Verdacht aussprachen, die jungen Männer seien gekidnappt und ihrer Pässe beraubt worden, aber gar nicht selbst in den Maschinen gewesen. Auch Saudi-Arabiens Innenminister Prinz Naif Ibn Abd al-Aziz erhob im Interview (Der Spiegel, 17.12. 2001) Einwände gegenüber dem Offenkundigen: »Wahr ist, dass saudi-arabische Bürger in den Maschinen waren. Aber wer kann mit Sicherheit sagen, dass diese Saudis die Täter waren?«

10 Al-Wuafd, September 2001, aus: Der Spiegel, 1.10. 2001

11 Krämer, Gudrun: »Minderheit, Millet, Nation? Die Juden Ägyptens 1914–1952«, Wiesbaden 1982, S. 278

12 Bishara, Azmi: »Die Araber und die Schoa – Die Problematisierung einer Konjunktion«, in: Winkel, Rainer/Nordbruch, Götz: »Die Araber und die Schoa«, Trier 2000

13 Schmidinger, Thomas: »Export und Hopp. Der Antisemitismus in arabisch-islamischen Gesellschaften basiert auf europäischen Quellen«, Jungle World Nr. 48/2001, 21.11. 2001

14 Harkabi, Yehosfahat: »Noch einmal über den arabischen Antisemitismus« (hebr.), Jerusalem 1980, und Bishara, S. 15

15 Siehe dazu Keret, Edgar: »Die ganze Welt ist gegen uns – Israelis wie Palästinenser sehen sich nicht als Täter, nur als Opfer«, in: Die Zeit, 16.8. 2001

16 Das Parlament, 7.12. 2001

17 Winkel/Nordbruch, S. 39

18 Nach Aly, Götz: »Den Tod nicht fürchten. Auf dem breiten, roten Schlussstrich: Ein Treffen zwischen Ernst Jünger und Osama Bin Laden«, in: Berliner Zeitung, 20.11. 2001

19 Buruma, Ian/Margalit, Avishai: »Occidentalism«, in: The New York Review of Books, 17.1. 2002

20 Holtom, D. C.: »Modern Japan and Shinto Nationalism«, Chicago 1943, S. 10

21 Nach Aly, loc. cit.

22 Kermani, Navid: »Die Gärten der Märtyrer. Über das Selbstopfer im Islam und den modernen Willen zum Nichts«, in: tageszeitung, 20.11. 2001

23 Körner, Theodor: »Bundeslied vor der Schlacht. Am Morgen des Gefechts bei Dannenberg« (1813)

24 Nach Aly, loc. cit.

25 Buruma/Margalit
26 Ibd.

8 Bushido statt Allahu akbar

1 »Sturm der Götter«, hrsg. von der Tokyo University Press, eine Sammlung von Abschiedsbriefen der Kamikaze-Piloten, deutsche Ausgabe: Wiesbaden 1956, S. 67ff.
2 Andere Schätzungen gehen sogar von 4000 bis 5000 aus.
3 Hoyt, Edwin P.: »The Kamikazes«, New York 1983, S. 11
4 Ibd., S. 23
5 Scherer, Klaus: »Kamikaze. Todesbefehl für Japans Jugend«, München 2001, S. 117ff.
6 »Kamikaze-Pilot Atta« (Süddeutsche Zeitung, 9.11. 2001), »Kamikaze-Netzwerk vom 11. September« (Die Zeit, 4.10. 2001), »Kamikaze-Aktionen« (Der Spiegel, 1.10. 2001), »Kamikaze-Terroristen« (Die Woche, 2.11. 2001)
7 Inenaga, Saburo: »World War II and the Japanese: 1931–1945«, New York 1978, S. 185
8 Es sei an dieser Stelle darauf hingewiesen, dass der Samurai-Klassiker kurioserweise nach einer Periode ausgedehnten Friedens in Japan entstand. Der Samurai Yamamoto Tsunetomo, auf dessen Gedanken das Buch beruht, lebte zurückgezogen in einem Kloster und hat nie in einer Schlacht gekämpft.
9 Barker, A. J.: »Suicide Weapon«, London 1971, S. 111
10 Neue Zürcher Zeitung, 23.8. 2001
11 »Sturm der Götter«, S. 93
12 Scherer, S. 92
13 Ibd., S. 51
14 Milwa, S. 14
15 Minois, Georges: »Geschichte des Selbstmords«, Zürich 1996, S. 60
16 Die Zeit, 22.3. 2001
17 Vgl. Frankfurter Allgemeine Zeitung, 21.2. 1998
18 Lifton, Robert Jay: »Destroying the World to Save It«, New York 1999, S. 285
19 TV-Dokumentation »Japan: Jahre des roten Terrors«
20 Murakami, Haruki: »Underground. The Tokyo Gas Attack and the Japanese Psyche«, deutsch: »Untergrundkrieg«, Köln 2002, zitiert nach: kulturSPIEGEL, Nr. 12/2001

9 Die Parasiten des Zorns

1 Schulze, Reinhard: »Die Geschichte der islamischen Welt im 20. Jahrhundert«, München 1994, S. 286
2 Details stammen aus der Beschreibung der Besetzung von Johannes Reissner, in: Orient 21/2, 1980
3 Jane's Intelligence Review: Special Report »Blowback«, von Phil Hirschkorn, Rohan Gunaratna, Ed Blanche und Stefan Leader, London 1.8. 2001, S. 14
4 Roy, loc. cit.
5 »Die Wiederkehr des Menschenopfers«, in: Frankfurter Allgemeine Zeitung, 18.9. 2001
6 Süddeutsche Zeitung, 17.9. 2001
7 »Religion und Gewalt«, von James Turner Johnson, in: Neue Zürcher Zeitung, 2.3.2002
8 ibd.
9 ibd.
10 Schweitzer, Yoram: »Suicide Bombings. The Ultimate Weapon?«, Herzliya 2001
11 Am 29.12. 1992 explodierte eine Bombe in einem Hotel in der jemenitischen Hafenstadt Aden, die US-Soldaten treffen sollte, doch diese waren bereits abgereist. Nach Alexander, Yonah: »Usama Bin Laden's al-Qaida: Profile of a Terrorist Network«, New York 2001, S. 39
12 New York Times, 9.1. 1999
13 Ibd., 23.10. 1998
14 Jane's Intelligence Review, S. 24
15 Jane's Intelligence Weekly, 1.4. 2000
16 Ibd.
17 Lüders, Michael: »Wir hungern nach dem Tod. Woher kommt die Gewalt im Dschihad-Islam?«, Hamburg 2001, S. 104
18 Newsweek, 16.3. 2001
19 International Herald Tribune, 17.11. 2000
20 New York Times, 19.10. 2000
21 Time, 16.7. 2001
22 New York Times, 21.8. 2001
23 The Guardian, 4.9.2002
24 Pepe Escobar: »Pakistan in the shadow of terror«, in: Asia Times, April 2002
25 Interview mit Al-Qaida-Experten eines westlichen Nachrichtendienstes

26 Im Verlauf mehrer Wochen konnte der Autor mehrstündige Interviews im Geheimdienstgefängnis der PUK in Sulimaniye führen, darunter mit dem bekennenden Al-Qaida-Kader Kais Ibrahim Qadir, mit dem ehemaligen irakischen Geheimdienstmitarbeiter Aderrahman asch-Schammari, der jahrelang bei Ansar gelebt hatte sowie zwei ausgesandten Selbstmordattentätern, die kurz vor Ausübung ihrer Mission die Furcht überkam und die sich stellten, aber ihre Namen nicht nennen wollten
27 Der Stern, 22.5. 2003
28 Der Spiegel, 19.5. 2003
29 Der Stern, 22.5. 2003
30 Süddeutsche Zeitung, 19.5. 2003
31 Eigenfund im Ansar-Gebiet sowei Interviews mit deutschen Al-Qaida-Ermittlern
32 Ayman az-Zawahiri: »Loyalität und Vergebung«, Dezember 2002, Ort der Veröffentlichung unbekannt
33 International Institute for Strategic Studies, IISS, London, 13.5. 2003
34 Time International, 14.1. 2002
35 Ibd.
36 Der Staatsname Pakistan ist ein Akronym aus Pandschab, Afghan, Kaschmir, Sind und Belutschistan
37 Newsweek, 29.10. 2001
38 Paringaux, Roland-Pierre: »Keine demokratische Lösung in Sicht«, in: Le Monde diplomatique, 11.1. 2002
39 Guardian, 10.2. 2002
40 Le Monde diplomatique, 11.1. 2002
41 Süddeutsche Zeitung, 6.12. 2001
42 Ibd.
43 Far Eastern Economic Review, 11.10. 2001
44 Novaja Gazeta, 12/2001
45 International Herald Tribune, 4.7. 2000
46 dpa, 26.9. 2001
47 Süddeutsche Zeitung, 20.12.2002
48 Frankfurter Allgemeine Zeitung, 6.6. 2003

10 Tödliche Emanzipation

1 Nach dem Bericht des »Special Investigation Teams« von 1996 konnte der Anschlag sehr rasch weitgehend aufgeklärt werden, weil unter den Toten auch der Fotograf war, der für die LTTE Bilder des

Anschlags machen sollte. Die Kamera überstand die Explosion, und auf den Bildern aus den Momenten vor der Tat waren die Täter und weitere Beteiligte zu erkennen.

2 Ungefähr 12 bis 17 Prozent der Bürger Sri Lankas gehören zur tamilischen Bevölkerungsgruppe, darunter sind viele, die im 19. Jahrhundert aus Indien ins Land kamen als Arbeiter auf den Teeplantagen.

3 The Boston Globe, 22.7. 2000

4 Gunaratna, Dr. Rohan: »Suicide Terrorism: a global threat«, in: Jane's Intelligence Review, 20.10. 2000

5 Joshi, Charu Lata: »Ultimate Sacrifice«, in: Far Eastern Economic Review, 1.6. 2000

6 Von 18,6 Millionen Einwohnern sind etwa 75 Prozent Singhalesen, die überwiegend dem Buddhismus angehören. Die 17 Prozent Tamilen sind zumeist Hindus. Die restliche Bevölkerung ist zu etwa gleichen Teilen muslimisch und christlich. (AP, 15.11. 2001)

7 Aus: »Fortschritte auf Sri Lanka«, in: Frankfurter Allgemeine Zeitung, 8.2. 2002

8 Swamy, Narayan: »Tigers of Lanka«, Delhi 1997

9 The Boston Globe, 22.7. 2000; Die Woche, 24.5. 1995

10 The Times, 24.7. 1996

11 Interview mit Dr. Rohan Gunaratna, Research Associate, Center for Study of Terrorism and Political Violence, University of St. Andrews, Schottland

12 Tschentscher, Axel: »Deutsches Fallrecht«, Universität Würzburg, 1994ff. Darin werden Zeugenaussagen von Tamilen herangezogen zur Erörterung eines Falls von Asylablehnung bei einem Tamilen.

13 Ibd.

14 Keller, Walter: »Der gute Tamile aus Berlin«, in: tageszeitung, 14.3. 2001.

15 Ein Report der University Teachers for Human Rights in Jaffna vom 14.7. 2000 berichtet von Folter und Hinrichtungen an Verweigerern.

16 Report der University Teachers for Human Rights in Jaffna vom 14.7. 2000

17 Nach McGirk, Tim: »Tigerinnen töten leise«, in: Die Woche, 24.5. 1995.

18 The Hindu, indische Tageszeitung, 4.6. 1986

19 Die Woche, 24.5. 1995

20 Die Leichen der Hindus werden in diesem Fall nicht verbrannt, da die bunt geschmückten Gräber die Erinnerung an die gefallenen Helden plastischer wach halten.

21 Patterns of Global Terrorism 2000, United States Department of State, April 2001
22 Keller, Walter: »Tamilinnen in Sri Lanka. Frauen in Konfliktsituationen. Kurzstudie für Schweizerische Flüchtlingshilfe«, Dortmund 1997
23 Die internationale Schifffahrt ist aus Sicherheitsgründen stark eingeschränkt.
24 Hauptsächlich von Exilgemeinden aus den USA, Kanada, Großbritannien, Frankreich, Deutschland, den Niederlanden, Italien, Skandinavien, Australien und aus Südafrika
25 Bonner, Raymond: »Tamil Guerrillas in Sri Lanka: Deadly and Armed to the Teeth«, in: New York Times, 7.3. 1998
26 Nach Smith, Rohan Chris, Centre for Defence Studies, Kings College, University of London, April 1997
27 »Tamil Guerrillas in Sri Lanka«
28 The New York Times, 14.1. 2003
29 Aus: »Die Logik des Terrors in Sri Lanka«, in: Neue Zürcher Zeitung, 8.6. 2000
30 Centre for Defence Studies, op. cit.
31 Aus der Rede von Vellupillai Prabhakaran anlässlich des Heldengedenktages vom 25.11. 2001
32 60 Prozent der tamilischen LTTE-Anschläge werden von Frauen verübt; bei der PKK waren es elf von 15 sowie drei von sechs, die im letzten Moment verhindert werden konnten. Im Libanon haben in den Achtzigerjahren Frauen fünf der insgesamt ca. zwölf Selbstmordanschläge verübt, die auf das Konto der säkularen Syrischen Sozialistischen Nationalpartei, SSPN, gingen. Quelle: The International Policy Institute for Counterterrorism, Herzliya, Israel. Die Zahlen sowie faktische Informationen über die Attentate in der Türkei stammen, so nicht anders vermerkt, aus folgenden Untersuchungen: Tavas, Taner: »Terorizm Baglaminda Intihar Saldirilari«, Universität Ankara 1999; Alkan, Necati & Karademir, Kemal: »Teror Orguitlerinin Intihar Eylemlerindeki Psikodinamik Gercekler«, Ankara 1997
33 Bekannt geworden ist nur ein Fall: Wie der türkische Polizeioffizier Kemal Karademir in einem Report für die türkische Polizeiakademie schrieb (»Teror Orgutlerinin Intihar Eylemlerindeki«, Ankara 1999), meldete sich die erst 14-jährige Umut Gulay aus einem Dorf bei Urfa 1999 für einen Selbstmordanschlag im westtürkischen Mus. Am vereinbarten Tag bekam sie es jedoch mit der Angst zu tun, floh vor der PKK und wurde später von der Polizei verhaftet.

34 Ergil, Doğu: »Suicide Terrorism in Turkey: The Workers' Party of Kurdistan«, in: »Countering Suicide Terrorism«, S. 107
35 Roth, Jürgen: »Netzwerke des Terrors«, Hamburg 2001, S. 97

11 »Gottlose« vs. »Terroristen«

1 Deutsche Ausgabe: München 1992
2 »Wir hungern nach dem Tod«, Hamburg 2001, S. 113
3 Israelisches Presse- und Informationsamt, www.israel.org/mfa/go.asp?MFAHOi5dO
4 Hofstadter, Richard: »The Paranoid Style in American Politics«, in: Harper's Magazine, 11/1964, S. 77ff.
5 Rede vom 20. 9. 2001, in: Die Woche, 19.10. 2001
6 Interview in: Der Spiegel, 4.2. 2002
7 Ibd.
8 Die Woche, 16.11. 2001
9 Süddeutsche Zeitung, 19.9. 2001
10 Middle East International, 25.1. 2002
11 Economist, 2.2. 2002, und Human Rights Watch-Report, New York 2002
12 Economist, 2.2. 2002
13 Guardian, 9.2. 2002
14 Economist, 2.2. 2002
15 Middle East International, 7.12. 2001
16 Dass Saudi-Arabiens König Fahd der US-Stationierung 1990 überhaupt zustimmte, geschah unter den drei Bedingungen, dass sich Washington schriftlich zum Abzug seiner Truppen verpflichtet, sobald die irakische Bedrohung vorüber sei; dass für jede Militäraktion gegenüber dem Irak die Zustimmung Saudi-Arabiens eingeholt werde; und dass der »Hilferuf« so lange geheim gehalten werde, bis die ersten Soldaten gelandet seien. Zumindest die ersten beiden Bedingungen wurden nie eingehalten.
17 Adonis: »Der Araber und der Andere«, in: Die Zeit, 29.11. 2001

12 Aufklärung aus der Mitte des Radikalismus

1 Der Spiegel, Nr. 44/2001
2 Economist, 9.2. 2002
3 Frankfurter Allgemeine Zeitung, 22.11.2002

Personenregister

Abbas, Mahmoud, s. Abumazen
Abed (paläst. Fotograf) 114
Abu Anas 171
Abu Bakr 29, 32
Abu Halabiya, Nabil 100
Abu Hanud, Mahmud 103
Abu Mazen 177, 181
Abu Moussa 154
Abu Saif, Mohammed 137
Abu Wardeh, Mohammed 201
Adabi, Ali Reza Najar 60
Adiyaman, Turkan 280
Adonis 294
Aghadschari, Haschem 309
Ahmed (Kindersoldat) 64, 296 ff.
Ahmed, Mustafa Mahmud Said 239
al-Adhami, Yassir 204
al-Amin, Ibrahim 80
al-Assad, Baschar 216
al-Assad, Hafiz 176
al-Bitawi, Hamid 197
al-Buchari (musl. Gelehrter) 191
al-Dschamal, Mohammed Ismail 197
Alexander III. (russ. Zar) 13
al-Fattah, Abd 205
al-Harazi, Mohammed Omar 240
al-Husseini, Hadsch Amin 121, 217
Ali (Kindersoldat) 85
Ali (Kalif) 42, 49, 188
Ali, Mohammed 91
al-Manfaluti 192
al-Masri, Izzedin 204
al-Mulk, Nizam 35
Aloni, Miri 127
al-Qaradawi, Yusef 188 f., 196, 200
al-Qassam, Izzedin 121
al-Rantisi, Abdelaziz 188, 197
al-Utaibi, Dschuhaiman 234
Aly, Götz 221
Amir, Yigal 127
Anderson, Terry 45
Ansary, Tamim 283
Aqueel, Hadil 105, 113 f.
Aqueel, Kamal 104, 106
Aquin, Thomas von 191
Arad, Uzi 285
Arafat, Yassir 70, 104 ff., 116, 120 f., 123, 125 f., 128, 130 ff., 134 ff., 139 ff., 144 f., 154, 159, 172, 175 ff., 187, 195
Arrani, Bu Tahir 35
Arslan, Shakib 29, 41
as-Sabah, Nidschra 213
as-Sabil, Mohammed Bin Abdallah 200
asch-Schawi, Taufiq 199

asch-Scheich, Abdelaziz Bin Abdallah 197 f.
at Tabari (musl. Gelehrter) 191
Atatürk, Kemal 280
Atschan, Leyla 172 f.
Atta, Mohammed 9 f., 15 f., 211 f., 214 f., 226, 243
Augustinus 190 f.
Avneri, Uri 187
Awhali, Mohammed 239
Ayalon, Ami 181
Ayubi, Nazih 44
Ayyasch, Yahya 123, 128–131, 134
Aziz, Anwar 159
Aziz, Tariq 122
Azzam, Abdullah 235, 247
az-Zawahiri, Ayman 248, 253 f.

Babak (Kindersoldat) 64
Badredin, Mustafa 70
Bahar, Osama 100
Balasingham, Anton S. 270
Bandaranaike, Srimavo 271
Barak, Ehud 139–142
Barghouti, Marwan 177
Bayik, Cemal 281
Beads, Barry 137
Begin, Menachem 71
Beilin, Yossi 135
Benbineshti, Avi 170
Bercovich, Yossi 163
Berri, Nabih 183
Bin Baz, Abdelaziz 198
Bin Laden, Osama 9, 18, 25 ff., 29 f., 38, 198, 208, 213, 220 ff., 235–238, 240, 249 f., 253 f., 259, 266, 283, 287 f., 290 f., 293 f., 301
Bishara, Azmi 131, 217
Black, Cofer 250
Bondine, Barbara 240
Boock, Peter-Jürgen 14
Bouteflika (alg. Präsident) 292
Broder, Henryk M. 144
Brunner, Alois 207
Buruma, Ian 291
Bush, George W. 9, 103 f., 213, 250, 253, 255, 283, 290 f., 305 f.
Bushnell, Prudence 238

Carré, John le 137
Chamenei, Ali (Ayatollah) 95, 302
Chatami, Sayyed Mohammed 51, 61, 302 f., 305 f.
Chattab (jord. Kommandeur) 263, 266
Chomeini (Ayatollah) 19, 32, 38, 45, 48, 52–63, 77, 92, 117 f., 122, 193 f., 205, 235, 294, 297 f, 301 f., 305, 307 f.
Churchill, Winston 291
Clinton, Bill 140
Cohen, Geula 127

Daigo (jap. Kaiser) 227
Dankner, Amnon 134
Dar, Ajaz 256
Diana (Prinzessin of Wales) 208, 212
DiFranco, Eddie 67, 69
Dissanayake, Gamini 269
Djait, Hischam 40
Dschalil, Muzamil 257
Dudajew, Viktor 261

Eagleburger, Lawrence 172
Eichmann, Adolf 207
el-Nasser, Gamal Abd 41, 195, 217 f.

Enzensberger, Hans Magnus 236
Ezra, Gideon 183

Fadlallah, Sayyed Mohammed Hussein 75, 80, 84, 97 f., 194, 208
Fahs, Bilal 83
Fouda, Yosri 243
Freedmann, Sara 161
Friedman, Thomas L. 176
Fukuyama, Francis 283 f.

Gadschijew (russ. General) 260
Gal, Schlomo 163
Gandhi, Indira 268
Gandhi, Rajiv 268
Ganor, Boaz 195
Geraghty, Timothy 67, 69 f.
Ghandour, Saleh 87 ff.
Ghat, Mohammed 94
Go-Daigo (jap. Kaiser) 227
Göksel, Timur 76 f., 79, 92
Goldberg, Jeffrey 149
Goldstein, Baruch 124
Gratschow (russ. Verteidigungsminister) 262

Habeishi, Mohammed Shakur 185
Hadscharian, Said 303
Halm, Heinz 50
Hamad, Kamal 129
Hamad, Osama 129 f.
Hamdane, Kamal 97
Hassan (Imam) 32
Hassan, Galal Hadsch 92 f.
Hathout, Maher 201
Hauerstock, Andrew 133
Herzl, Theodor 141
Hilbawi, Kamal 293
Hiss, Jehuda 164, 166, 169
Hitler, Adolf 68, 215, 217, 291
Hobeika, Elie 146
Hofstadter, Richard 289
Horgan, John 17
Huntington, Samuel 284
Hussein (Imam) 32, 49 f., 55, 59, 62, 78, 81, 299
Hussein (jord. König) 127, 133, 138
Hussein, Saddam 13, 55, 59, 121 f., 212, 236, 248, 250, 253, 287
Husseini, Faisal 183
Hutari, Said 168

Ibn Saud 234
Ibrahim, Ali 77
Idris, Wafa 185 f.

Jaber, Hala 70
Jarrah, Ziad 15
Jasin (Scheich), Hamas-Führer 179
Jelzin, Boris 262
Jordan, Robert 67, 251
Jünger, Ernst 221 f.

Kadirow, Ahmed 265
Kahlout, Ala'a 122
Kam, Ephraim 156
Karbastschi (Bürgermeister von Teheran) 308
Karmi, Read 179
Karzai (afgh. Präsident) 306
Katzav, Mosche 153
Kendall, Shawn 137
Kennedy, John F. 66, 208, 212
Kennedy, Paul 290
Kennedy, Ted 114
Kermani, Navid 302 f.
Keshet, Judith 174

Kleopatra 190
Koren, David 160
Körner, Theodor 221
Kosrani, Waji 76
Kumaratunga, Chandrika 269, 271, 277

Lenin (d.i. Uljanow Wladimir Iljitsch) 52
Lewis, Bernard 34
Liebermann, Avigdor 177
Lipkin-Shahak, Amnon 142 f.
Lüders, Michael 284

Machule, Dittmar 15
Mansur (Scheich) 261
Mao Zedong 52, 185
Marcus Antonius 190
Martucci (Korporal) 66
Masahige, Kusunoki 227 f.
Masawabi, Ismail 108, 110
McFarlane, Robert 68
Menachem, Eli Ben 170
Merari, Ariel 17, 69, 124, 158, 186
Mernissi, Fatima 39
Meschal, Chaled 137
Mirzrahi, Ben 169
Mishal, Schaul 123
Mohadscherani, Ataollah 303
Mohammed (Prophet) 24, 29, 31 f., 49, 58, 192, 216, 253, 265
Mohammed VI., König von Marokko 252
Mohammed, Umm 66, 90
Mohiudin, Tahir 257
Mohtaschemi, Ali Akbar 70
Moses 31
Muawiya 49
Mubarak, Hosni 198, 250, 291
Murakami, Haruki 230, 232
Musharraf, Pervez 259
Mussaw, Abbas 85
Mussawi, Ibrahim 87
Mussolini, Benito 68
Mustafa, Abu Ali 103

Nabawi, Ibrahim 296, 299
Nabulsi, Hussein 94
Nadi, Mahmud 168
Napoleon I. 40, 206
Nashashibi, Rana 153
Nasr, Mohammed Mahmud 11 f.
Nasrallah, Hassan 86, 95 f., 98
Naveh, Danny 168
Nelimov, Julia 168
Nelimov, Yelena 168 f.
Nelson (Admiral) 40
Netanyahu, Benjamin 133 ff., 137–141
Nietzsche, Friedrich 221
Nobel, Alfred 13
Nuri, Abdollah 303

O'Neill, John 240
Öcalan, Abdullah 180, 268, 278–282, 286
Okamoto, Kozo 231
Onishi, Takijiro 224
Osman, Hafiz al-Mirazi 201
Oz, Amos 147, 187

Palazzi, Abdelhadi 202
Pascha, Mustafa Kemal s. Atatürk, Kemal
Pearl, Daniel 244
Pedazur, Ami 182
Peled, Uzi 162
Peres, Schimon 127, 132–135
Pinguet, Maurice 223, 228

Polo, Marco 37
Powell, Colin 250, 292
Prabhakaran, Vellupillai 268 f., 274, 277 f.
Prendesa, Ranashinge 269
Pundak, Ron 135
Putin, Wladimir 262, 264

Qadan, Wael 186
Qasim (Neffe Husseins) 62
Qotbzadeh, Sadegh 53
Quassem, Naim 80

Rabin, Yitzhak 79, 122, 124–127, 129, 131, 145
Ramzi, Asif 245
Rantisi, Abdel Aziz 181
Reagan, Ronald 70, 236
Reza (Imam) 297
Rosiny, Stefan 43
Rotem, Yoram 162
Roy, Olivier 26
Rubin, Elisabeth 266
Ryoji, Uebera 223

Saad, Ahmed 90
Sabbah, Hassan-i 34 f., 38
Sadr, Mussa 68, 92
Said, Edward 219
Sakaria, Miloudi 252
Salam, Mohammed 45 ff.
Saleh, Ali Abdullah 240
Salim, Ahmed Scheich 245
Sanadiq, Mohammed 105
Sarradsch, Eyad 157 f., 175, 186
Sasujewa, Aisan 259 f.
Schahal, Mosche 130
Schamil (Imam) 261
Schamir, Yitzhak 127
Schamni, Ahmed 204
Scharon, Ariel 22, 71, 103 ff., 138, 140, 144 ff., 170, 178, 180 ff., 187
Schikaki, Fathi 115, 118 f., 128
Schikaki, Ibrahim 115 ff.
Schikaki, Khalil 17, 114 f., 118 f., 124 f., 134, 143, 157, 179
Schröder, Gerhard 264
Schwarzkopf, Norman 46
Schweitzer, Yoram 143, 157
Sela, Avraham 123
Seneca 190
Sharietmadari (Ayatollah) 54
Shehada, Saleh 180
Shigenobu, Fusako 232
Shinkichi, Uesugi 220
Simmons, Bill 225
Singh, Hari 256
Sokrates 190
Solheim, Eric 277
Sorusch, Abdolkarim 296
Stern, Dimitri 270
Swaftah, Aschraf 204

Taheri, Amir 93
Takauji, Ashikaga 227
Talib, Maha 87 ff., 91
Tahtawi, Mohammed Said 198 f.
Tawil, Dia 147
Tibi, Bassam 42
Tokatly, Pinchas 185
Tophoven, Rolf 72

Usher, Graham 178
Vajpayee, Atal Behari 255

Wabdeh, Malek 95
Waite, Terry 70

Warhol, Andy 11
Wickremesinghe, Ranil 277
Wijeratne, Ranjan 269
Wolfowitz (amerik. Verteidigungsminister) 291

Yagodovsky, Yonatan 100
Yassin, Ahmed 120, 138 ff., 187
Yazid (Kalif) 49

Zimmermann, Moshe 219

Sachregister

Abbasiden 32 ff., 36
Abu Dhabi 168
Abu-Dhabi-TV 171
Abu Kabir 101, 163, 169
Abu Quasch 154
Aceh 270
Adana 280
ad-Dawa 70
Aden 213, 239 f.
Afghanistan 9, 26, 29, 98, 102, 189, 234 ff., 239 f., 242–245, 248 f., 252 ff., 257 ff., 263, 266, 290
Afrika 234, 243, 281
Ägypten 40, 94, 98, 116, 119, 145, 195, 207, 217, 238, 291 f., 300 f.
Akrabah 173
Aleppo 15
Al Fawar 133
Alamut (Burg) 34, 36
al-Aqsa-Brigaden 22, 179, 185
al-Aqsa-Intifada 141, 149 f., 152, 209
al-Aqsa-Moschee 140
al-Arisch 145
al-Dschazira 29, 188, 196, 242, 287
Algerien 18, 26, 67, 236, 291 f., 300 f.
Algier 209
al-Hambra 251
al-Qaida 9, 21, 25 ff., 98, 213, 220, 234, 237 f., 240, 242–245, 249–254, 258, 263, 276, 288, 305
al-Usair 46
Amal-Bewegung 68, 76, 83
Amman 137 f., 155, 209
Amsterdam 161 f.
Ankara 278
Ansar al-Islam 17, 248, 253
Antisemitismus 216 ff., 222
Argun 262
Armenier 74
Aschkelon 132
Aschura-Fest 32, 51, 55, 78, 90, 98
Ashdod 122
Asien 220, 243
Assassinen 12 f., 29, 32, 35, 36–39, 44
Aum Shinrikyo 18, 232 f.
Australien 205

Baabda 68
Bagdad 32, 34, 41, 248, 250
Bahrain 114, 122
Bali 14, 248 f.
Basra 47
Battini 35

Beheschl-e Zahra (Friedhof) 62 f., 310
Beirut 12, 20, 45, 66 f., 71, 74, 80, 86, 89, 92, 108, 145 ff., 178, 183, 188, 208 ff., 251, 269, 299
Beit Hanina 185
Beit Lahiya 129
Beita 173
Bekaa-Ebene 74, 80, 93, 96
Ben-Gurion-Flughafen 231
Ben-Yehuda-Straße 100, 167
Bethlehem 135
Bid'a 31
Bint Jbeil 96
Birzeit 129
Black Tigers 269, 274 f.
Bosnien 18, 264
Boston 241
Buddhismus 24, 295
Buenos Aires 86
Bulgarien 292

Capitol 243
Casablanca 10, 13, 252, 254
Ceylon 271
Chatila 71, 146
China 26, 52, 291
Chomeini-Hilfe 90 f.
Chorramschar 47, 57, 64, 308
Christen 31, 38, 68, 74, 86, 122, 187, 192, 200, 216 f., 220, 242, 252
Christentum 12, 31, 98, 190, 230, 291
Chusistan 55
CIA 69, 208, 212
Colombo 17, 39, 72, 269, 273 ff., 277

Damaskus 12, 32, 49, 118 f., 127, 206, 209, 215
Daressalam 238
Deutschland 15, 18, 57, 208, 211, 215, 221
Dhahran 293
Djebel Abu Ghneim 135
Djerba 248
Doha 199
Drusen 68 f., 74
Dschalalabad 213
Dschihad 10, 22, 24–27, 30, 56, 70 ff., 81, 88, 98, 102, 107, 111, 115–118, 122, 128, 131, 139, 143, 159, 168, 172, 175, 178, 183–186, 196 f., 199, 204, 209 f., 220 ff., 230, 235–238, 253 f., 256 ff., 261 ff., 266, 286 ff.
Dubai 188

Ein Arik 174
England 192
Erster Weltkrieg 48
Europa 9, 40 f., 94, 189, 192, 208, 215 ff., 230, 263, 281, 300 f., 303
Europäische Union 264

Falange 68
Fatah-Bewegung 120, 125, 139, 154
Fatwa 79 f., 188 f., 192 ff., 196–200, 237 f.
FBI 67
Flandern 48
Frankreich 20, 40, 67, 71 f., 94, 183
Fundamentalismus 44

Galiläa 71
Gama'at al-islamiya 238
Gaza 15, 61, 101 ff., 105, 109, 115, 119 ff., 127–131, 138 f., 144, 148, 157 f., 163, 173

Gazastreifen 41, 103 ff., 116–119, 126, 163, 181–184, 187, 287
Georgien 261
GIA 18
Gizeh 214
Golanhöhen 41, 85, 207
Golfkrieg 45, 80, 212
Griechen 39, 218
Grosny 250, 260 ff., 265 f.
Großbritannien 277
Guantanamo Bei 290
Gudermes 262
Gush Katif 105 f., 178, 184

Ha'aretz 134, 137, 161
Haganah 145
Haifa 11, 28, 121, 174
Halabja 246
Hama 73, 133
Hamas 18, 22, 27, 75, 102 f., 106 ff., 120–129, 131, 134, 136–140, 143, 146 f., 154, 172, 175, 177–181, 183 ff., 195, 201, 220, 242, 275, 286, 288, 305
Har Homar 135
Haram asch-Scharif 141
Hazara 305
Hebron 124, 126, 133, 136, 148, 174
Heiliger Krieg s. Dschihad
Hermel 96
Herzliya 141 f., 195, 285
Hevra Kadisha 136
Hill & Knowlton (Agentur) 213
Hindus 19, 256, 295
Hisbollah 19 f., 27, 45, 65 f., 72–75, 79–98, 108, 122, 135, 146, 182, 193 f., 242, 269, 276, 292
Hiyal-Schriften 43
Ibrahim-Moschee 124
Ichwan 234
ICT 142 f.
Indien 255, 259, 271, 292
Indonesien 10, 208, 248, 287
International Policy Institute for Counterterrorism s. ICT
Intifada 102, 104 f., 120, 146, 158, 178 f., 181, 190, 196
IRA 18
Irak 9, 19, 27, 45, 48, 55 ff., 61, 73, 80, 109, 122, 133, 213, 217, 242 f., 245, 250 f., 253 f., 291, 293, 296, 305
Iran 9, 18 f., 32, 34, 38, 44 f., 46 ff., 55 f., 63 ff., 71–75, 80, 84, 94, 121 f., 190, 193 f., 216 ff., 235, 245, 294 ff., 299 f., 302, 304–309
Islam 11 f., 14, 18 f., 20 ff., 24 f., 30 f., 36, 38 f., 41–44, 46 ff., 53, 60, 81, 94, 98, 111, 118, 122, 153, 189 f., 192, 194 f., 197 f., 209, 216, 220, 230, 237, 246, 263, 266 f., 291, 295 f., 300
Islamische Revolution 32, 38, 44, 53, 71, 73 ff., 79 f., 235, 296, 304
Israel 9, 12, 18, 28, 43 f., 72, 79, 83–86, 89, 97 f., 100 ff., 104, 107, 114–120, 122 ff., 127–132, 135 ff., 138–142, 144 ff., 152–155, 158, 160 ff., 171 f., 174, 177, 180 ff., 184, 187–190, 206–210, 212, 215 ff., 231, 275 f., 285 f., 289, 292 f., 299, 306
Italien 142, 161, 202
Izzedin-al-Qassam-Brigaden 111, 121, 136, 218

Jaffa 163
Jaffa-Straße 185
Jaffna 274 f.
Jaish-e-Mohammad 275 f.
Jammu 256
Japan 18, 219–222, 224 f., 228 ff., 232
Japanese Red Army 231 f., 286
Jemen 218, 236, 240, 291
Jenin 101, 126, 287
Jericho 126, 181
Jerusalem 22, 40 f., 56, 65, 96, 103, 111, 126, 132 f., 135, 139 f., 147 ff., 155, 160 f., 163, 167, 174, 177 f., 181, 185, 188, 219, 238, 287
Jibla 251
Jordanien 121, 137, 144 f., 155, 171 f., 207, 236, 239
Juden 13, 38, 111, 123, 127, 136, 153, 184, 195, 200, 214, 216 ff., 237 f., 242, 253

Kairo 98, 117, 119, 128, 188, 203 f., 208 f., 215, 299
Kalifornien 201
Kalkiliya 172
Kamikaze-Flieger 12 f., 68 f., 219, 222–226, 228 ff.
Kanada 138
Karachi 10, 13 f., 27, 208, 243 ff., 250 f., 254, 299
Kaschmir 9, 21, 25, 27, 244, 249, 255, 257 f., 288, 292
Katamon 133
Kenia 199, 213, 239, 249, 281
Kerbala 32, 47–52, 55 f., 62 f., 65, 78, 81, 295 f.
Khan Yunis (Flüchtlingslager) 103–106, 108, 113
Khost 239
Kindersoldaten 61, 297
Kioto 220, 227
Kiryat Arba 124
Kolonialismus 42
Kolonnawa 275
Konstantinopel 40
Koran 24, 27, 29, 31 f., 42, 45, 58, 92, 107 f., 113, 188, 191, 193, 200 f., 205, 210, 307
Kosovo 18, 264
Kriegsverbrechertribunal 288
Kroatien 238, 264
Kufa 49, 109
Kufr Malik 173
Kurden 287
Kurdische Arbeiterpartei s. PKK
Kurdistan 27, 244, 250, 268, 278 f.
Kuta Beach 248
Kuweit 114, 121, 212 f
Ladakh 256
Lashkar-e-Taiba 257
Libanesischer Bürgerkrieg 45, 74 ff.
Libanon 9, 18–20, 65, 70–79, 91, 93 f., 98, 121 f., 145 f., 183, 189, 204, 231 f., 286, 292
Liberation Tigers of Tamil Eelam s. LTTE
Libyen 92, 195, 218
Lidice 183
Likud-Block 133, 135, 141
Lockerbie 212
London 198
Los Angeles 201, 239, 241
LTTE 269–277

Machpelah 125
Malta 115, 118

Manar TV 92 ff.
Manhattan 241
Marokko 27, 195, 208, 218, 249, 252, 287
Maroniten 74, 94
Marrakesch 196
Märtyreroperation 20, 38, 81, 84, 88, 99, 189, 194, 199, 280
Medina 216
Mekka 29, 49, 56, 65, 200, 234
Meschhed 59, 64, 296 f.
Minatogawa, Schlacht von 228
Mitchell-Bericht 178
Modiin 160
Mombassa 10, 249
Mongolen 41
Moskau 262, 264
Mossad 118, 137 f., 214 f.
Muskat 196
Mu'taziliten 33
Mudschaheddin 26, 110 f., 235 f., 257
Muslime 26, 29 f., 32, 40 f., 44, 73, 75, 81, 86, 112, 119, 184, 188 f., 191 f., 195 f., 202, 204, 209 f., 216, 219, 237 f., 242, 244, 246, 253, 256, 289

Nabatiye 78, 89
Nablus 101, 103, 114, 126, 142, 173 f., 209
Nagano 232
Nahariya 185
Naher Osten 220, 231
Nairobi 238 f., 245
Nato 340
Nebraska 390
Negev-Wüste 139
Neonazis 215
Netanya 160, 163
Neu-Delhi 28, 255
New York 11, 15, 17, 28, 38 f., 72, 97, 162, 239, 241, 245, 264
Newark 241
Nordirak 17
Nordkorea 305

Okinawa 223
Omaijaden 32
Oradour 183
Oslo 114, 119, 125 ff., 144, 146 f., 159, 178, 181
Osmanisches Reich 39 f.
Ost-Timor 270

Pakistan 195, 236, 238, 254 ff., 258 f., 276, 300
Palästina 115, 117, 171, 174, 176, 195, 197, 258, 287
Palästinenser 13, 15, 17, 19, 21, 26, 71, 78 ff., 98, 100, 102, 108, 114–117, 122, 125 ff., 129, 131–136, 141, 143–146, 148, 150, 152 f., 156 f., 159, 161, 170–178, 181 ff., 195 f., 198, 204, 212, 216 f., 231 f., 246, 280, 286 f., 292, 295
Palästinensische Befreiungsorganisation s. PLO
Paris 161
Pasdaran 57, 73
Patriotische Union Kurdistans, PUK 245
Pearl Harbor 220
Pennsylvania 241
Pentagon 241, 243, 255
Peshawar 235
PFLP-GC 231
Pittsburgh 241
PKK 189, 268, 278–282, 286

PLO 18, 36, 71, 79, 120 f., 126, 128, 145, 183, 195, 215, 218
Pogrome 216

Qalandiya 174
Qatar 200
Qlea 83
Qom 52, 62, 309
Quibbiya 144

Rafah (Flüchtlingslager) 116 f.
Ramallah 101, 114, 126, 129, 140, 147–150, 152, 154, 156, 158, 172 ff., 177, 185 f., 209
Rehovot 116
Religion 11, 24, 43, 59, 76, 98, 122, 124, 261, 278, 280
Riad 188, 251, 293
Rijeka 238
Rote Brigaden 18
Ruseifa 171
Russisch-Japanischer Krieg 225
Russland 13, 52, 94, 260 ff., 264 f.

Sabra 71, 146
Samurai 224, 228
Saudi-Arabien 27, 73, 98, 122, 195 f., 198, 213, 234 ff., 238, 250 f., 253 f., 263, 266, 284, 293
Schabak 129
Scharia 30, 33, 42, 196 f., 200
Schatt al-Arab 47
Schia 50 f., 54
Schiiten 19, 24, 32, 34, 38, 49 f., 54 f., 59, 68, 71 f., 74 f., 78 f., 92, 94, 98, 204, 244 f., 292, 297
Schintoismus 220
Sechstagekrieg 116, 126, 207, 218
Seldschuken 36
Sendero Luminoso 18
Serbien 264
Sex 201 ff.
Shiriat Motzkin 11
Sicarier 12
Sikh 289
Sinai 41, 145
Singhalesen 272, 275, 287
Snamenskoje 250
Somalia 254, 291
Sowjetunion 26, 285
Sri Lanka 9, 18, 20 f., 83, 96, 142, 268–271, 273, 275 f., 280, 287, 295
Srinagar 256 ff., 259
Sriperumbudur 268
Südafrika 239
Sudan 239, 291
Südlibanon 74 f., 78 f., 83, 87, 123, 135, 141
Sueskrise 218
Suleimaniye 246
Sunniten 32, 38, 94, 122, 195, 244, 295
Syrien 71, 73, 85, 133, 207, 216 f.

Tadschikistan 292
Taibeh 173
Taif 85
Taliban 195, 291, 305 f.
Tamil Eelam 272 f.
Tamil Eelam Liberation Organisation s. TELO
Tamil Nadu 268
Tamil Tigers 18, 21, 189, 268, 270, 276 ff., 280
Tamil United Liberation Front (TULF) 272
Tamilen 269 f., 272, 274, 276 ff., 287
Tansania 199, 213, 239
Teheran 52, 59, 62 ff., 194, 199, 235, 297, 303, 306, 308, 310

Tel Aviv 39, 101, 107, 115, 123, 126, 133, 141, 145, 156, 161, 163, 168, 171, 186, 209, 231
TELO 272
Tempelberg 135, 140 f.
Thailand 140, 162
Tibet 270
Tokio 232
Tripolis 218
Tschechoslowakei 183
Tscheljabinsk 262
Tschetschenien 9, 21, 25, 27, 96, 244, 248 f., 252 f., 258 f., 260 f., 263 f., 266, 285, 288, 295
TULF 272
Tulkarem 126, 287
Tunesien 10, 218, 248, 292, 300 f.
Türkei 9, 21, 40, 96, 142, 279
Tyros 20, 75, 97

Umm al-Fahm 185
Unesco 113
UNIFIL 76, 92
United Nations Interim Forces in Lebanon s. UNIFIL
UN-Resolution 242–139
UN-Resolution 425–76
Urus-Martan 259, 262
USA 9 f., 12, 18, 20 f., 28, 43 f., 68, 71, 94, 98, 114, 139, 142, 189, 198, 207, 214, 235, 248, 259, 263, 285, 290, 292 f., 299, 305 f.
Usbekistan 300 f.
USS Cole 213, 239 f., 276

Wahhabiten 263
Washington 38, 72, 94, 97, 140, 185, 201, 241
Weißes Haus 290, 292
Westbank 27, 103, 114, 119 ff., 126 ff., 139, 144, 148, 158, 161, 163, 172, 174, 177 f., 181, 185, 187, 212, 287
West-Beirut 71
Westjordanland 41
Wien 40
World Trade Center (New York) 9, 157, 214, 241, 243, 255

Yatrib 216

Zarnouga 116
Zawahiri 248
Zoroastrier 216
Zweiter Weltkrieg 13, 67